인적자원관리

전략을 넘어
지속가능 인재경영으로

SUSTAINABLE HUMAN
RESOURCE MANAGEMENT

| 이 책의 특징 |

〈인적자원관리: 전략을 넘어 지속가능 인재경영으로〉는 인적자원관리를 공부하는 학생과 경영 현장에서 인사업무를 담당하는 전문가를 위해 인적자원관리의 이론과 전략을 풀어놓은 책입니다. 전략에 초점을 두되, 이의 바탕이 되는 개념과 이론, 역사에 대한 분석과 설명에 많은 양을 할애했습니다.

이 책의 특징은 다음과 같습니다.

첫째, 인적자원관리 분야에서 다소 소홀이 다뤄지고 있는 이론과 역사에 대해 좀 더 풍부한 설명과 해석을 담고자 했습니다. 인적자원관리는 실천전략이 중요한 분야임에 틀림없지만, 이론과 역사에 대한 학습의 중요성 또한 간과할 수 없습니다. 이론을 통해 실제 전략의 오류를 수정할 수 있을 뿐만 아니라 보다 풍요로운 응용이 가능하기 때문입니다. 역사에 대한 이해는 향후 한국의 바람직한 인재경영이 무엇인가를 고민하기 위해 반드시 선행돼야 합니다. 과거를 통해 현재를 이해하고 미래를 전망하는 데 역사인식 만큼 중요한 것이 없기 때문입니다.

둘째, 원저자들의 연구내용을 원어로 인용하고 이를 해설하고자 노력했습니다. 원서와 원논문의 핵심 내용을 원어(영어)로 인용한 이유는 여럿입니다. 우선 최근 대학에서는 원어강의에 대한 요구가 늘고 있으나 마땅한 교재가 없어 교수자는 물론 수강생들의 불편도 이만저만이 아닙니다. 외국원서를 교재로 사용하는 경우가 많으나 실제 효과가 있다고 말하기는 어렵습니다. 양이 방대해 한 학기에 소화하기가 버겁고 미국 또는 유럽의 인사관리제도에 초점을 두고 있어 한국의 현실과 동떨어져 있는 경우가 많기 때문입니다. 또한, HR 전문가들의 경우, 인적자원관리 분야의 고전(classic)이나 핵심 논문들을 차분히 학습할 수 있는 시간적 여유가 없는 경우가 많습니다. 주요 이론과 전략에 대해 원저자들의 연구 중 핵심을 추려 원어로 인용하고 해설함으로써 좀 더 깊이 있는 학습을 돕고자 했습니다. 시중의 많은 교과서가 원저자들의 연구에 대한 정확하고 상세한 설명을 누락하고 있다는 점도 이유 중 하나입니다. 간단한 소개와 짧은 해설에 그치는 경우가 많고 경우에 따라서는 부정확한 인용이나 설명도 눈에 띕니다. 이는 무엇보다 원저자의 연구에 대한 면밀한 탐구가 부족하기 때문인 것으로 생각됩니다. 이해를 돕기 위해 인용한 원문의 우리말 번역은 각 장의 말미에 실었습니다.

셋째, 이론과 전략을 망라해 설명하면서도 저의 주장과 입장을 명확히 하고자 했습니다. 토론의 계기를 마련하고자 함이거니와 향후 보다 적극적인 토론이 이뤄지길 기대합니다. 아울러 주요 핵심 이슈들은 아직 집필이 마무리되지 않아 이 책에는 포함시키지 못했습니다. 일-가정양립, 직장스트레스, 세대연구, 경력개발 전략 등이 그러합니다. 이를 포함해 한국의 인재경영을 이해하고 발전시키는 데 필요한 다양한 이슈들을 앞으로 지속적으로 보완해 나가겠습니다. 책을 집필하는 과정에서 많은 이의 도움을 받았습니다. 모두에게 감사드립니다. 특히, 젊은 출판사 〈사람과 경영〉의 조승옥 대표에게 고마움을 전합니다.

부디 경영의 현장과 학문의 현장에서 건승하시길 기원합니다.

신은종 올림

| 프롤로그 |

전략을 넘어
지속가능한 인재경영으로

• 1

이제 인적자원관리는 전략적 인사관리(strategic HRM)를 넘어 지속가능한 인재경영(sustainable HRM)의 새 지평을 열어야 한다. 지난 30년 동안 전략적 인사관리는 성과창출에만 지나치게 몰두한 나머지 기업과 경영에 필요한 더 중요한 가치를 잃고 말았다. 자연과의 화해, 인간과 인간 간 관계의 회복, 인간과 공동체의 조화와 상생은 돈을 잘 버는 것만큼이나 중요하다. '좋은 기업'이란 바로 이런 것이다. 성과를 창출하되 환경, 인간, 공동체에 대한 철학과 비전을 갖춘 기업, 유행을 타지 않고 그 철학과 비전을 지속적으로 실천하는 기업이 우리가 지금 바라는 좋은 기업이다.

• 2

그 중심에는 사람에 대한 철학이 자리해야 한다. 사람은 돈에 앞선다. 일찍이 가포(稼圃) 임상옥(1779~1855)이 상인의 도(道)로 삼은 것이다. "재물은 평등하기가 흐르는 물과 같고, 사람은 바르기가 저울과 같다(財上平如水 人中直似衡)"고 했던가. 평등한 속성을 지닌 재물을 독점하려 들면 모두가 괴멸에 이르고 말 것이라는 200년 전의 경고는 지금 우리의 기업경영이 달게 받아야 할 질책이다. 사람의 저울 같은 바름에 대한 믿음을 한 번도 저버리지 않았던 가포는 이윤이 아닌 사람을 남기는 장사를 최고의 장사라 했다. 사람과 돈에 대한 임상옥의 철학은, 현대경영에서는 '지속가능한 인적자원관리'로 재구현될 수 있을 것이다.

• 3

지속가능한 인적자원관리를 위해서는 무엇이 필요한가. 무엇보다, '성과주의'라는 편향된 경향에서 '올바른 성과'라는 건강한 가치를 회복해야 한다. 잘난 인재만을 위한 인사관리를 극복하고 모두가 자신의 개성과 창의를 발현할 수 있도록 돕는 인재경영으로 나아가야 한다. 근본적으로는 인간을 넘어 가치 있는 모든 것 - 그것은 자연, 공동체는 물론 4차 산업혁명을 감안하면 기계와 같은 무기물까지 포함할 것이다 - 과의 조화와 협력을 구현하는 인재경영 철학이 서야 한다. 이를 전략적 인사관리와 대비해 '지속가능한 인재경영'이라 한다면, 그 새 지평을 열기 위해 우리는 먼저 인적자원관리에 대한 인식을 새로이 해야 한다. 인적자원관리의 근본적 개념과 이론을 다시 숙고하고 지난 한 세기의 역사를 세밀히 회고해야 한다. 개념은 본질을 드러낼 것이고 역사는 그 변형과정을 조명할 것이다. 개념과 역사의 인식에 기초해 그동안의 인사관리전략을 성찰한다면 우리는 "무엇이 문제이고 앞으로 무엇을 해야 할 것인가"에 대한 단초와 계기를 찾을 수 있을 것이다. 전략적 인사관리를 대체할 수 있는 '지속가능 인적자원관리'가 무엇인지를 섣불리 정의하려 드는 것은 – 데이비드 울리히 등 서양의 학자들이 시도하고 있으나 –, 지금은 적당하지 않다. 지난 세기의 전략적 인사관리에 대한 더 많은 성찰이 필요하기 때문이다. 이 책에서 나는 그 성찰을 위해 필요한 작은 기초를 놓고자 노력했다. 이 작업은 앞으로 계속돼야 하며, '지속가능 인적자원관리'의 구체를 형성하는 데에까지 나아가야 한다. 경영의 현장에서, 학문의 현장에서 고군분투하는 동도제현의 동참과 가르침을 기대한다.

목 차

10. HR Separation _이직과 해고

1

인적자원관리란 무엇인가

01 경영과 사람
02 인적자원관리란 무엇인가
03 핵심역량_인적자원관리의 핵심
04 몇 가지 문제들_현대 인적자원관리에 주어진 과제

1

경영과 사람

1. 사람은 정말 중요한가

경영에서 사람은 중요한가. 현대경영에서 사람의 중요성을 부정할 이는 없다. 사람을 자원으로 보고 전략적으로 관리하는 인적자원관리(HRM, Human Resource Management)의 중요성 역시 그러하다. 그러나 모두가 사람의 중요성과 인적자원관리의 필요성을 강조하고 있지만, 정작 경영현장에서의 실천은 이러한 인식에 크게 못 미친다. 인식과 실천의 괴리가 가장 큰 경영분야가, 나는 인적자원관리 분야라고 생각한다. 흔히 말하길, "인사(人事)는 만사(萬事)"라 하지만, 만사(萬死) – 무수한 희생만을 초래하는 재앙 - 나 망사(亡事)에 빠지지 않으면 다행이다. '조직은 사람이다', 라는 말 역시 인적자원관리 분야에서는 격언의 위상을 가지나 실천적으로는 무의미하다. 혈연, 지연, 학연의 망을 빠져나오지 못하는 인사 관행, 좋은 사람을 뽑기 보다는 말 잘 듣는 사람을 뽑고자 하는 채용, 경기가 나빠지면 가장 먼저 삭감되는 교육훈련 예산, 동기부여를 더 일하도록 만드는 기술쯤으로 인식하는 천박함, 위기 때 마다 해고로 돌파하려는 단순한 대응 등 경영자들의 시대착오적 인식의 예는 무수히 많다. 인식과 실천의 괴리를 극복하고 올바른 인적자원관리를 정립하기 위해서는 중요성에 대한 인식과 행동들 때문이다. 인적자원관리의 전략적 중요성은 세 측면에서 살펴볼 수 있다. 첫째, 비용의 측면이다. 둘째, 부가가치 원천의 측면이다. 셋째, 사회적 정당성의 측면이다. 이를 먼저 살펴보자.

2. 비용절감과 인적자원관리

첫째, 인적자원관리전략은 비용절감을 위해 필수적이다. 실제 경영에서 투입되는 비용의 절반 이상은 인건비가 차지하고 있다. 따라서 인건비, 즉 사람을 고용해 사용하는 데 쓰는 비용을 제대로 관리하지 못하면 기업은 성과를 창출할 수 없다. 사람을 사용하는 데 드는 비용이 절대적 비중을 차지한다면, 인사관리전략은 경영자가 가장 신경 써야 할 경영전략이다.

렝닉-홀(Lengnick-Hall, 1988)은 비용의 관점에서 인적자원관리의 중요성을 잘 드러내고 있다. 절대비중을 차지하고 있는 인건비를 제대로 관리하지 않으면 실패할 수밖에 없다는 점을 부각시키거니와, 이는 1980년대 이전의 근대적 인사관리의 핵심을 이룬다. 특히 효과적인 비용관리를 위해서는 인사부서(HR department)의 구조와 기능이 체계적으로 발전해야 함을 강조하고 있다.

> In many firms labor costs account for more than 50 percent of the total costs of doing business(Fombrum, 1982). Russ(1982) argued that "human resources are probably the last great cost that is relatively unmanaged." Cheek(1973) indicated that personnel departments cannot effectively manage cost improvements through productivity increases due to inadequate staff and an inability to channel resources to alternate undertakings. Human resources valuation considers the economic risk and opportunity losses caused by ineffective manpower management.
>
> -Lengnick-Hall and Lengnick-Hall, 1988, 454-70면 P) 61 ··· (1)

3. 부가가치의 원천

둘째, 인적자원관리는 부가가치의 원천인 사람에 대한 전략적 관리를 통해 의미있는 차이를 생산하는 전략이다. 1980년대 이후 진행된 탈(脫)산업사회에서는 이전의 산업사회와 달리 지식과 정보가 부가가치의 중요한 근원으로 자리 잡았다. 지식과 정보는 사람에게만 저장되고 활용(응용)될 수 있는 자원인 만큼, 사람을 어떻게 관리하느냐에 따라 기업의 성패가 결정될 수밖에 없다.

부가가치의 원천인 사람은 동시에 '차이'를 만들어 내는 근원이다. 현대 경영은 차이의 경영이라 할 수 있다. 경쟁에서 우위를 지속적으로 확보하기 위해서는 품질, 서비스, 이미지 등에서 수준 높은 차별화를 달성해야 한다. 그 차이는 어떻게 만들어지는가. 다른 기업이 쉽게 모방할 수 없는 자원을 확보할 때 가능해진다. 좋은 원료, 공장의 입지, 선진적인 기술과 기계, 체계화된 작업라인 등 다양한 물적 자원은 성과를 창출하는 데 있어 중요한 투입요소임에 틀림없다. 그러나 모방이 쉽다는 단점이 있다. 누구라도 쉽게 모방할 수 있다면, 차이를 생성하는 '비교우위'를 확보하기는 어렵다.

동일한 양(수준)의 물적 자원을 투입한다 해도 이를 다루는 사람, 즉 인적 자원의 질에 따라 그 성과는 크게 달라진다. 도요타(Toyota)에서는 잘 작동하나 지엠(GM)에서는 무용지물이었던 전사적 품질관리시스템(TQM, total quality management)의 예는 이를 잘 드러낸다. 일본식 생산을 대표하는 TQM은 도요타에서는 잘 작동했지만, 이를 모방한 GM이나 포드에서는 제대로 기능하지 못했다. 밀키맨(Milkiman, 1998)은 〈공장이여 잘 있거라〉에서 그 이유를 제대로 포착했다.

> *"아무도 스톱워치를 누르려하지 않습니다. 혹시라도 이상이 없으면 모두 자기 책임으로 돌아오기 때문입니다."*
>
> —밀키맨, 1998

좀 더 살펴보자. 품질관리 전략의 일종인 TQM은 노동자의 자발적 참여와 문제해결능력을 전제하는 시스템이다. 참여는 다름 아닌 실질적 의사결정권을 작업자에게 위임할 때 비로소 완성된다. TQM 시스템에서는 문제를 발견한 노동자는 언제라도 생산라인을 중지할 수 있는 권한이 부여된다. 안전문제나 비효율이 발생할 가능성을 발견한 노동자는 자신의 판단에 따라 작업라인을 멈추고 문제되는 곳을 점검한다. 품질분임조(quality circle)를 중심으로 현장에서 즉각적인 점검과 토론이 이뤄지고, 그 자리에서 문제가 해결된다. 작업라인이 재가동되면 그때의 생산성은 – 즉 안전문제 해소, 불량률 저하 등 – 이전과는 비교할 수 없을 정도로 향상된다. 이처럼 이 시스템의 효과는 작업자에게 '얼마나 자율적인 권한이 부여돼 있는가'에 달려있다.

〈출처: Wikimedia Commons〉

그러나 미국 GM의 일부 공장에서는 이 시스템을 도입했음에도 불구하고 생산성 효과를 보지 못했다. 이를 테면 이런 이유다. 한 작업자가 불량이 생길 가능성 때문에 작업라인을 중단했다. 그러나 확인해 보니 별 문제가 없었다. 결국 생산라인의 중단으로 생산대수에 차질이 발생했다. 그런데 그 손해를 작업라인의 노동자에게 책임지라 한다. 이제 누가 그 위험을 부담하면서 생산라인을 중단하겠는가. 결국 TQM의 효과는 시스템 자체에 있는 것이 아니라 이를 운용하는 사람의 참여와 역량에 달려 있는 것이다. 참여를 위한 실질적 권한을 부여하고 적극적인 문제제기와 개선방안을 도출할 수 있도록, '사람이 활동할 수 있는 공간'을 부여할 때, 비로소 시스템은 성과를 창출할 수 있다.

TQM의 예를 다소 장황하게 든 이유는 사람의 중요성 혹은 인적자원관리의 중요성을 설명하기 위함이나, 좀 더 넓게는 '제도(시스템)인가, 주체(사람)인가'라는 경영학의 담론(discourse)과도 밀접하게 연관돼 있기 때문이다. 경영의 본질을 거칠게나마 '자원을 활용해 성과를 내는 전략적 게임'이라 정의한다면, 성과는 시스템에 의한 것일까, 주체에 의한 것일까. 물론 경영현장에서는 시스템과 사람 모두 중요하다. 이들의 조화로운 결합이 성과를 결정하는 기반이기 때문이다.[1] 그러나 이론적 관점에서는 시스템(혹은 제도)과 주체(사람) 중 무엇이 더 '결정적' 요인인가, 라는 문제는 여전히 남는다.

여러 논쟁이 가능하나 후에 상술키로 하고, 나의 입장을 결론삼아 먼저 밝히면, 나는

1) 무엇이 더 중요한가, 라는 다소 이분법적 혹은 이항 대립적 질문은 언제나 당혹스러운 것이 사실이다. 그러나 가장 경계해야 할 것은 '양면성이 있다'는 식의 절충적 대답이다. 예를 들면, 시스템과 사람 모두가 중요하다는 식의 답이다. 물론 이 답은 틀리지 않으나, 현장에서의 경영전략의 발전이나 경영학의 이론적 진전을 위해서는 어떤 공헌도 하지 않는다. 나아가 이러한 해법은 지적(知的) 게으름의 결과이기도 하거니와 질문의 핵심을 파악하지 못한 무지에서 비롯되는 경우도 많다. 질문의 요지는 '무엇이 더 결정적인 요인인가', '둘 중 하나를 선택해야 할 극단적 상황이라면 무엇을 취하고, 무엇을 버려야 하는가', 라는 다분히 '이론적' 질문이다. 따라서 양면성이 있다거나 모두가 중요하다는 식의 안이한 결론에 (설사 현실이 그렇다 하더라도) 도달해서는 안 될 일이다. 근거에 대한 치열한 토론이 필요한 문제이며, 우리는 그 과정에서 시스템에 대한 이해, 주체에 대한 이해, 시스템과 주체의 결합에 대한 이해를 모두 높일 수 있다.

제도보다 주체에 더 큰 비중이 있다고 본다. 제도는 주체의 상호작용에 의해 구성되는 산물인 만큼 '올바른' 주체들 간의 '올바른' 토론을 거친다면 '올바른' 제도가 만들어질 수 있다. 결국 '주체가 시스템에 선행한다'는 것이 나의 생각이다. 부연하면, 시간의 풍화를 견딜 수 있는 시스템이 많지 않거니와, 현대 경영에서처럼 항시 변화하는 환경 아래에서는 시스템의 지속가능성은 매우 낮은 것이 사실이다. 이러한 변화무쌍의 현실적 경영환경을 고려한다면, 시스템은 늘 시간의 경과에 따라 '낡은 무엇'이 될 가능성이 높다. 환경 변화를 해석하고 이를 시스템에 적절히 반영하는 주체의 역량이 시스템 자체보다 더 중요하다. 곧, 현대 경영에서 시스템은 생물처럼 유연해야 하며, 그 유연성은 결국 시스템의 정신과 작동과정을 생산하고 운영(지배)하는 주체의 역량에 의해 결정된다.

〈위험한 경영학〉의 저자, 스튜어트(Stewart, 2009)역시 엘톤 메이오(Elton Mayo)의 전통을 잇는 인간 중심 경영의 흐름을 지지하면서, 사람을 시스템보다 우위에 놓는다. 이때 스튜어트가 강조하는 사람이란, '올바른' 사람이다. 스튜어트의 주장을 인용한다.

> "At bottom, of course, as anyone with experience in managerial situations will confirm, Mayo remains correct in the basic insight that management is all about people. But management is all about people in the sense that raising a family is all about people. (중략) The keys to success in such endeavors, however, has never been to study 'human relations' in a formal way; it is to become ***a better person.***"
>
> -Matthew Stewart, 2009, 138면 강조는 인용자 P) 61 … (2)

경영이란 결국 사람에 관한 일이다. 스튜어트의 말처럼, 가정, 즉 집안의 경영이 곧 그 구성원인 가족의 문제인 것처럼, 기업의 경영은 곧 그 구성원인 사람의 문제다. 사람의 문제는 시스템의 문제에 선행한다. '더 나은 사람' 즉 더 나은 주체를 형성하는 일, 이것이 좋은 시스템의 요건이자, 나아가 좋은 경영과 좋은 사회를 만드는 핵심요소다.

4. 인적자원관리와 기업의 사회적 정당성

셋째, 인적자원관리는 기업이라는 제도의 사회적 정당성을 결정하는 주요한 요소라는 점에서 중요하다. 인적자원관리는 인격을 갖춘 인간 존재를 자원으로 관리하는 전략인 만큼, 인간의 측면과 자원의 측면이 늘 충돌할 가능성이 존재한다. 인간의 측면이 인격과 개성의 존중을 요구한다면, 자원의 측면은 성과 향상을 위한 효율적 전략을 더 중시한다. 자원의 측면이 인간의 측면보다 더 강조될 경우, 노동의 상품화는 심화되고 작업장의 비인간화는 가중된다. 따라서 인적자원관리는 기업의 사회적 정당성을 결정하는 중요한 위상을 지닌다.

다양한 법률적 규제가 존재하는 것도 같은 맥락이다. 인적자원관리와 직접 연관되는 법적 규율은 근로기준법과 노동조합 및 노동관계 조정법(노조법)이 대표적이다. 근로기준법은 노동조건의 최저한을 정한 법으로 주로 개별적 노사관계를 규율하는 반면, 노조법은 노동자의 단결권(노동조합을 결성하거나 가입할 권리), 단체교섭권, 쟁의행위 등 단체행동권 등 주로 집단적 노사관계를 규율한다. 두 법을 비롯해 비정규노동자의 남용과 차별금지를 규정한 '기간제 및 단시간근로자 보호 등에 관한 법률', 여성에 대한 불합리한 차별을 금지하는 '남녀고용평등법' 등 기업이 인적자원관리를 수행함에 있어 준수해야 하는 여러 법이 있다. 이에 대해서는 인적자원관리의 환경을 다룬 장(3장)에서 상술한다.

법적 규율은 인적자원관리제도의 정당성을 규정하는 사회적 규범이다. 근로기준법은 최소한의 노동조건을 규율함으로써 노동자의 삶의 안정을 도모할 뿐 아니라 노동력의 보호를 통해 기업의 생산성을 유지하고 향상시키는 데에도 기여한다. 노조법은 노동조합의 권리를 보장함으로써 스스로 노동조건의 향상을 꾀하도록 할 뿐만 아니라 작업장 내에서 민주적 의사소통을 촉진한다. 인적자원관리는 법이 정한 최소한의 기준을 충족할 때, 비로소 사회적 정당성을 획득한다. 이때 확보되는 정당성은 법적 요구를 충족하는 정도에 그친다는 점에서 기초적인 수준에 불과하다. 법적 규율을 넘어 보다 적극적으로 사회적 책임을 다하는 기업이 늘어나야 한다.

법이 정하는 기준을 충족하지 못하면, 기업은 사회적 정당성을 상실하는 것은 물론 커다란 비용을 감수해야 한다. 형사처벌의 대상이 되기도 하며 손해배상 책임도 면할 수 없기 때문이다. 실제로 인사부서가 기업의 독립된 부서로 발달하기 시작한 것도 노동조건이나 고용과 관련된 법적 처벌이 강화됐기 때문이었다.

데니시와 그리핀(DeNisi and Griffin, 2013)은 인적자원관리가 법적 규율을 충족해야 하는 이유를 비용과 사회적 정당성의 차원에서 다음과 같이 설명한다.

> "In general, organizations try to follow such laws and regulations for several reasons. One is an inherent commitment in most organizations to ethical and socially responsible behavior. Another is to avoid the direct costs and bad publicity that might result from lawsuits brought against the organization if those laws and regulations are broken. (...) [The labor-related] laws and regulations are sometimes ambiguous and open to different interpretations. (...) The proliferation of laws and regulations affecting employment practices in the 1960s and 1970s was a key reason for the emergence of human resource management as a vital organizational function. Managing within the complex legal environment that affects human resources practices requires a full understanding of that legal environment and the ability to ensure that others within the organization also understand it."
>
> -DeNisi and Griffin, 2013, 36면 P) 61 ··· (3)

근래에 심각한 문제가 되고 있는 차별문제를 살펴보자. 차별 문제 - 비정규노동자, 여성, 장애인, 이주노동자, 고령자, 탈북자 등 - 는 노동관련법이 가장 중요시 하는 대상이다. 채용이나 보상, 교육훈련, 해고 등 인적자원관리의 전 과정에서 항상 주의 깊게 고려해야 할 문제로 이는 법이 규율하는 핵심적 사항이기도 하다. 동시에 기업에서의 차별은 사회적 차별로 이어진다는 점에서 사회적 의미를 띠고 있기도 하다. 한국사회에서는 아직까지도 여성의 사회적 지위는 남성에 비해 낮은 것이 사실이거니와 이는 직장에서 승진기회의 차별, 교육훈련에서의 차별, 임금차별 등에서 비롯된다. 실제로 '유리천정' 현상은 공직사회는 물론 민간기업에서도 보편적으로 나타나고 있다.

장애인에 대한 고용차별 역시 심각한 수준이다. 고용문제는 근본적으로 시장의 문제인 만큼, 장애인에 대한 사회보장 수준이 높아져야 하는 것이 사실이다. 그러나 일을 수행함에 있어 비장애인과 차이가 없는 경우에도 고용기회와 근로조건에서 심각한 차별이 만연해있다.

이주노동자 문제 역시 심각한 차별 문제를 내포하고 있다.[2] 이주노동자의 임금이나 근로조건 등 처우 수준은 국내 노동자에 비해 매우 열악하다. 열악한 근로조건 수준은 한편으로는 차별 문제를 야기할 뿐만 아니라 다른 한편으로는 국내 노동자의 근로조건을 저하시키는 요인으로 작용하기도 한다.[3]

차별에 민감한 인적자원관리 전략, 더 나아가 공정한 인적자원관리 전략이 제대로 정착되지 못할 경우, 기업의 이미지가 하락함은 물론 처벌의 대상이 된다. '착한 기업'은 단순한 이미지가 아니라 현대 경영에서는 기술 못지않게 중요한 무형의 자산이다. 시대마다 착한 기업의 상(像)은 다르다. 현재 우리사회는 법을 준수하는 기업을 넘어 사회적 책임을 적극적으로 수행하는 기업을 요구하고 있다. 기업이 수행해야 하는 사회적 책임은 대부분 노동자의 삶과 직접 관련된 것들이 많다. 질 좋은 일자리를 제공하는 일, 비정규직을 무분별하게 남용하지 않는 일, 여성, 장애인, 이주노동자, 탈북자 등 소외계층에게 일할 기회를 제공하고 불합리한 차별을 금지하는 일, 작업장 내에서의 민주적 의사소통을 활성화하는 일 등은 모두 기업의 사회적 책임과 관련된 인적자원관리의 중요 의제들이다. 인적자원관리의 중요성을 고려할 때, 선진적 전략을 통해 얻을 수 있는 사회적 효용, 곧 민주적이고 공정한 공동체의 발전에 기여한다는 사실을 염두에 둔다면 인적자원관리 전략이 갖는 사회적 의미가 좀 더 풍부해 질 것이다.

---

2) 고용허가제 도입 및 건설업 취업등록제 실시로 외국인 노동자에 대한 관리 체제가 어느 정도 자리 잡힌 것이 사실이나, 아직도 불법체류자 수가 증가하는 추세다.

3) 독일 건설노동자들이 이주노동자의 근로조건을 내국인과 동일하게 할 것을 주장하는 이면에는 싼 임금의 이주노동자가 증가할 경우 자국 노동자의 일자리는 물론 노동조건 전반을 위협하기 때문이다 (신영철, 2016).

2 인적자원관리란 무엇인가

1. 인사관리와 인적자원관리

인적자원관리란 무엇인가. 지금은 '인적자원관리(human resources management)'라는 용어가 보편적으로 사용되고 있으나 그 역사가 그리 오래된 것은 아니다. 10여 년 전만 해도 인적자원관리보다는 '인사관리(人事管理, personnel administration)'가 더 일반적인 명칭이었다. 지금도 두 용어는 같은 의미로 혼용되기도 하지만, 언어의 변화는 그가 지시하는 사물(또는 현상)의 본질적 내용의 변화(단절적 변화)를 반영한다면, 그 차이를 명확히 이해하는 것이 인적자원관리의 본질을 이해하는 데 도움이 된다.

개념을 이해하는 데 있어 차이에 중심을 둔 비교방식은 그 개념의 본질과 특성을 드러내는 데 도움이 된다. 가령 남성을 설명하고자 한다면, 남성이 지닌 특성을 나열하기 보다는 여성과의 비교를 통해 차이를 드러냄으로써 남성의 특성을 더 명확하게 드러낼 수 있다. 인적자원관리의 개념 역시 그러하다. 인적자원관리라는 용어가 인사관리를 대체했다면, 둘 간의 비교를 통해 차이를 드러냄으로써 지금의 인적자원관리의 특징과 본질을 좀 더 명확하게 이해할 수 있다.

비교를 위해서는 일정한 준거가 필요하다. 인적자원관리는 다양한 차원으로 구성되는 복잡한 제도인 만큼 서로 구분되는 차원에 따라 인사관리와 비교하여 설명하는 것이 개념을 포괄적으로 이해하는 데 도움이 된다. 나는 비교의 준거로 시대적 배경, 노동관, 접근전략, 추구하는 가치와 목표 등 4가지를 제시하고자 한다. 각 요소에 대한 비교에 앞서 인사관리와 인적자원관리의 총체적 상을 제시하기 위해 개괄적인 개념을 먼저 살펴보자.

인사관리란 산업시대에서 생산요소인 노동에 대해 과학적 관리를 통해 낭비를 제거하는 효율적 활동의 총체로 정의할 수 있다. 이에 비해, 인적자원관리는 탈산업시대를 배경으로 특수한 자산인 인간에 대해 전략적 투자를 통해 새로운 가치를 창출하는 활동이다. 비교의 준거에 따라 두 개념을 대비하면 아래의 표와 같다.

차원	인사관리	인적자원관리
시대적 배경	산업사회 (industrial society)	탈산업사회 (post-industrial society)
노동/인간관	생산요소, 상품	특수한 자산
접근전략	과학적 관리	전략적 투자
중심가치와 목표	비용절감, 효율성	새로운 가치 창출, 효과성

주요 내용을 절을 달리하여 각각을 살펴보자.

2. 인사관리

2.1 산업사회시대의 노무관리

인사관리는 산업사회(industrial society)를 시대적 배경으로 발달한 전략이다. 일반적으로 산업사회는 2차 세계전쟁이 종료된 후 1980년대까지를 일컫는다. '산업사회'는 매우 다의적 개념으로 학문분과마다 서로 다른 특징을 중시하는데, 이를 테면 정치학에서는 2차 세계전쟁 이후 지속된 냉전, 국민국가(nation-state)의 발달 등 정치적 요인에 초점을 두는 반면, 경제학에서는 대량생산시스템의 발달, 사회학에서는 대중사회의 대두나 소비사회의 등장 등을 중시한다. 경영학(특히 인사조직분과)에서 중시하는 특징은 대량생산양식의 정착과 확산, 이로 인한 사회적 변화(대량소비에 따른 소비사회화 등)다.

이 시기에 발달한 대량생산체제를 흔히 포드주의(Fordism)라 부르는 데, 1910년대 헨리 포드의 컨베이어벨트 혁명의 성과를 사회적으로 비유한 것이다.

산업사회를 특징짓는 생산양식인 대량생산체제란 대량생산과 대량소비가 선순환을 이루는 사회적 축적체제다. 대량생산은 대량소비에 의해 뒷받침되지 않는 한 지속될 수 없다. 1950년대 이전 인류는 1890년대 유럽 공황과 1930년대 대공황을 경험했거니와 이는 기술의 발전 등으로 대량생산이 이뤄지고 있음에도 불구하고 이를 뒷받침할 수 있는 소비(케인즈의 유효수요, 곧 소비/구매력)가 부족해서 발생한 비극이다. 소비에 의해 지지되지 않은 생산은 공황으로 치달을 수밖에 없다는 뼈아픈 경험을 통해 인류는 소비의 중요성을 절감하기 시작 했다. 종전 후 구축된 대량생산체제는 생산뿐만 아니라 소비에도 초점을 생산양식이다. 대량으로 생산된 상품과 서비스가 시장에서 적절히 소비될 수 있도록 사회적 차원에서 구매력을 유지하는 정책을 취했거니와, 대량고용, 노동조합에 대한 법적 보호, 임금인상을 위한 단체교섭의 제도화, 근대적 사회보장(실업보험이나 연금보험) 등은 대량소비를 지속하기 위한 대표적인 정책적 개입이다. 1950년대 이후 발달한 국가를 '복지'국가라 부르거니와 이는 케인즈 경제학의 유효수요에 기초한 국가를 말하며, 이를 케인지안 사회국가라 하기도 한다.

대량생산체제는 분업의 원리에 따라 세분화된 기능이 유기적으로 결합된 생산양식이다. 분업을 체계화하는 조직 원리는 테일러의 과학적 관리다. 이때 '과학적'이란 수사는 '비과학적'에 대비되는 의미로서 과학이 아니라 낭비를 제거하는 데 효율적이라는 점을 의미한다. 테일러는 구상(conception)과 실행(execution)의 엄격한 분리를 통해 경영의 역할과 노동의 역할을 구별했다. 구상의 기능은 '무엇을, 얼마나, 어떻게' 만들 것인가[4], 에 대한 포괄적 기획기능으로 경영자의 역할이자 권리에 속한다. 반면 실행은 구상에 의해 설계된 기획에 따라 실제 작업을 수행하는 과정을 말한다. 실행과정의 핵심은 효율성에 있다. 테일러는 단순화, 표준화, 전문화를 통해 효율성의 극대화를 달성할 수 있다고 보았다.

4) 이는 리카도 이후 고전경제학이 제기하는 생산의 3대 질문이다.

인사관리는 이러한 테일러주의에 기초한 개념으로 인적 자원에 대한 관리이기 보다는 단순한 '노무'관리의 의미가 강하다. 인간의 노동을 창의적인 활동(인적 자원)으로 보기보다는 지시된 일을 효율적으로 수행하는 기계적 작업(노무)으로 보기 때문이다.

2.2 생산요소로서 상품화된 노동

인사관리는 노동을 생산요소로 본다. 리카도는 생산의 3요소를 토지, 노동, 자본으로 보았다. 인사관리가 바라보는 인간은 리카도가 말한 생산요소로서의 노동이다. 한 단위, 두 단위 등으로 셀 수 있는 노동을 의미한다. 생산요소로서의 노동, 즉 인사관리의 시각에서 바라본 노동은 다음과 같은 특성을 갖는다.

우선, 상품으로서의 노동을 강조한다. 자본주의 시장경제에서 상품이란 시장을 통해 거래될 수 있는 모든 것을 의미한다. 자발적 계약을 통해 거래가 성사되면 그 상품에 대한 소유권이 이전된다. 소유권은 소유자가 자신의 의지에 따라 처분할 수 있는 권리를 말한다. 노동(력) 역시 노동시장에서 거래되는 상품이다. 기업은 노동계약을 통해 필요한 노동을 '구입'한다. 노동자는 노동계약에 따라 일정시간의 노동을 제공할 의미를 지는 대신 그 대가로 임금을 받는다. 기업은 임금을 제공하는 대신 노동계약에 따라 노동력을 자신의 계획에 따라 처분, 즉 작업에 활용할 수 있다.

그러나 노동이라는 상품은 여타 상품과는 구별되는 특수한 상품이다. 노동은 인격체인 인간 존재에 내재돼 있으므로 노동만을 따로 분리해 거래할 수 없다. 노동력을 제공하는 것 역시 노동자의 자발적인 활동에 의해서만 가능하다. 무엇보다 노동자는 노동력을 제공하는 자이기 이전에 불가침의 인격을 보유한 존재다. 따라서 노동력을 활용하는 데 있어 다른 여타 상품을 '처분'하는 것과는 달리 많은 제약이 따른다. 인격체로서 존중해야 하며 비상식적이거나 불합리한 지시를 내려서는 안 된다. 필요할 경우에는 노동자가 자신의 의견을 제시할 수 있도록 민주적인 공간을 허용하기도 해야 하며, 노동력의 재생산을 위해 필요한 휴식을 취할 수 있도록 배려해야 한다. 자본주의 사회에서는 노동을 상품으로 거래할 수 있으나, 인격적 존재인 노동자와 분리 불가능한 특수한 상품인 만큼 노동을 구입한 기업이 이를 활용하는 데는 일정한 사회적 제약이 필요하다. 20세기 초

이후 노동기준법이나 단체교섭법, 노동조합법 등 노동관련법이 발달하게 되는 배경이 여기에 있다.

노동은 이처럼 이중적 성격을 지닌 독특한 상품이다. 노동계약을 통해 거래할 수 있는 상품으로 이를 구입한 기업은 자신의 의지에 따라 '사용'할 수 있지만, 인격과 분리될 수 없는 특성으로 인해 그 사용에는 일정한 제약이 따를 수밖에 없다. 그러나 인사관리의 노동관은 상품적 특성에 주로 기초해 있다. 생산요소로서 상품인 노동은 인간이라는 존재의 특질/특성이 제거된 개념이다. 생산과정에 투입되는 수많은 요소와 동일하게 하나의 요소로서 인간을 본다는 의미다. 주로 '인건비'라는 비용항목을 구성하는 요소일 뿐이다. 따라서 인사관리는 노동계약을 통해 구입한 상품인 노동에 대해 기업은 자유로운 처분권을 행사할 수 있다고 본다. 해고는 대표적인 '인사관리적' 전략이다. 해고는 기업이 자유롭게 행할 수 있는 노동처분권이며 따라서 이를 제약하는 것은 기업의 효율성을 해치는 일이다. 무분별한 해고가 남용될 가능성이 커진다. 최근 문제가 되는 비정규노동의 확산도 노동을 상품으로만 바라보는 관점에서 비롯됐다. 노동은 하나의 상품인 만큼 기업이 필요한 시간만큼을 자유롭게 사용하고 처분할 수 있는 것으로 보기 때문이다.

인사관리가 바라보는 노동의 속성 중 중요한 또 한 가지는 동질적(homogeneous)이라는 점이다. 인사관리의 세계에서 노동은 이질적(heterogeneous)이기보다는 동질적인 생산요소다. 서로 다른 노동이라도 노동시간을 기준으로 한 단위 혹은 두 단위 등으로 측정되는 물질적 요소일 뿐이다. 동질적 속성을 갖는 노동은 다른 노동으로 쉽게 대체될 수 있다. 대체의 용이성, 즉 쉽게 대체될 수 있는 속성을 가질 뿐만 아니라 노동의 양을 조절하는 것 역시 어렵지 않다. 기능적으로 업무가 세분화되다 보니 단순한 내용으로 구성되며 그만큼 다른 기계로 대체하는 것이 쉬워진다. 기술에 의한 대체 가능성이 높은 노동이 인사관리의 대상인 노동의 특징이다.

인사관리는 노동자를 '비용' 관점에서 바라본다. 한 사람을 고용하는 것은 한 단위의 노동을 추가 투입하는 것일 뿐이며, 투입에 따른 비용이 산출되는 성과보다 크다면 낭비가 발생한다. 효율적 경영을 위해서는 비용을 넘어서는 산출이 지속적으로 생산돼야 하며, 이러한 소위 한계효용(이익 혹은 성과)이 영(zero)이 된다면 더 이상 추가 고용이 있어서는 안 된다. 비용의 관점에서 노동을 바라볼 경우, 해고 등 인력감축은 중요한 경영수단이 되며, 노동조합에 대해서도 부정적 인식을 가질 수밖에 없다. 노동조합은 노동의 가격, 즉 임금을 높이기 위한 독점체로서 그 자체가 비용유발자로 인식된다. 인사관리시대에서 경영자가 노동조합에 적대적인 이유는 이 때문이다.[5)]

2.3 과학적 관리 전략

〈프레드릭 테일러(왼)와 그의 저서(오)〉

과학적 관리란 테일러의 '고유한' 용어다. 그렇기에 과학적(scientific)이라는 수사가 비과학적 혹은 비상식적이라는 의미의 반어가 아님을 주의해야 한다. 이는 '낭비를 최대한 제거한다'는 의미로 비용-효율성을 극대화하는 것이 테일러식 과학이라는 뜻이다.

1890년대 중반, 미드베일 철강회사에 엔지니어로 근무하던 테일러는 당시의 공장 경영이 체계적이지 못함을 발견했다. 테일러의 회상에 따르면, 경영자의 역할이 뚜렷하지 않을 뿐 아니라 하루 임금을 지급하는 방식도 일당제로 주먹구구식이었다. 노동자들은 성과와 상관없이 일당을 받아가는 식이어서 늘 태업이 만연했다. 그러나 테일러는 노동자의 태업이 만연할 수밖에 없었던 구조적 원인을 이해하지 못하고 있다. 그가 엔지니어로 활동했던 당시는 유럽공황 여파로 세계경기가 위축된 시점이었고, 일부 기업들이 공황으로 도산에 몰린 기업들을 헐값에 매수하면서 독점기업으로 성장한 때다. 철강(카네기), 석유(록펠러), 금융(모건) 등 거대 독점자본이 산업의 모든 분야를 장악하던 때다. 이로 인해 노동시장에서도 수요독점 현상이 나타났다. 즉, 독점자본이 유일한 노동력의 수요처가 됐거니와 이는 노동자의 입장에서는 자신의 노동력을 사줄 수 있는 기업이 몇 개로 한정됨을 의미한다. 결국 각 산업을 독점한 거대 기업이 요구하는 임금, 근로시간 등 근로조건을 수용할 수 밖에 없는 수동적 처지에 놓이게 된다. 당시 노동자들의 임금이나 노동조건은 매우 열악했다. 하루 노동시간은 16시간을 넘기 일쑤였고 임금은 기아를 겨우 면할 수 있는 수준에 불과했다. 게다가 임금 대신 공장이 운영하는 식당이나 잡

5) 한국 노동시장의 경우 여타 OECD국가와 달리 비정규노동의 비중이 크다. 무분별한 해고가 남용되기 십상이고 노동조합에 대해서도 배타적인 시각을 가진 기업이 많다. 이는 한국의 경영자들이 인사관리시대의 인식에 사로잡혀 있다는 사실을 드러낸다.

화점에서 사용할 수 있는 쿠폰을 지급하기도 하는 등 경영자들의 횡포도 이만저만이 아니었다. 이런 상황에서 노동자들이 저항할 수 있는 방법은 일을 게을리 하는 것이 유일했다. 해고를 당하면 다른 일자리를 찾을 수가 없을 만큼 노동시장은 독점기업에 의해 장악돼 있었고, 설사 다른 일거리를 구한다 하더라도 노동조건이 더 나아지는 것은 아니었기 때문이다.

낭비를 판단하고 제거하기 위해서는 표준이 필요하다. 과학적 관리는 늘 표준적 행위양식을 설정한다. 어떤 작업을 수행하는 데 낭비를 최소화 할 수 있는 표준적 매뉴얼을 만들고, 그 매뉴얼에 따라 인간의 노동을 기계적으로 접합한다. 매뉴얼에서 벗어나는 행동은 시간의 낭비를 초래하는 만큼 처벌의 대상이 된다. 이 점에서 과학적 관리는 감시와 처벌에 초점을 둔 통제적 노무관리다.

2.4 효율성 가치와 뺄셈의 전략

가치와 목표의 측면에서 보면, 인사관리는 낭비제거를 통한 효율성 제고를 가장 중시한다. 효율성만이 유일한 선(善)이며 이를 달성하기 위해서는 어떤 전략도 수용될 수 있다는 입장을 취한다. 효율성이란 투입 대비 산출의 비(比)를 말한다. 효율성 원리가 갖고 있는 문제점은 투입을 줄임으로써 산출의 상대적 양을 늘리는 데 초점을 두고 있다는 점이다. 또한 단기적 관점에 사로잡혀 있다는 점도 문제점 중 하나다. 대개 사회적으로 의미 있는 성과는 짧은 기간에 나타나지 않는다. 중장기를 거쳐 서서히 나타나는 경향이 있다. 효율성 중심의 사고는 빠른 성과만을 중시하며 성과의 의미나 크기보다는 상대비 – 몇 퍼센트 증가, 성장 등 – 에 골몰한다. 단기적 관점은 경영자로 하여금 빠른 시간 내에 투입 대비 산출비를 높이도록 강요한다. 결국 효율성을 단기적으로 높이기 위해서는 분모인 투입의 양을 줄이는 일 밖에는 없다. 임금삭감, 노동시간 단축(상대적으로는 노동 강도 강화), 고용 양의 축소 등 '쉽고 빠른' 길을 선택한다. 노동자의 역량을 향상시키기 위해 교육훈련에 대한 투자를 확대하기 보다는 인건비 절감을 통해 경쟁력을 확보하려 한다. 이른바 '뺄셈의 전략'을 통해 투입을 줄임으로써 상대적 성과를 높이고자 하는 전략이 인사관리의 핵심이라 할 수 있다.

부연한다면, 감시와 통제를 통해 낭비되는 노동시간을 제거함으로써 산출량의 상대비 – 비용 대비 산출 – 를 제고하는 데 인사관리는 주된 목적을 두고 있다. 과학적 관리의 과정은 '행정적' 성격을 지닌다. 테일러식 관리는 종종 '스톱워치의 과학'으로 불린다. 지속적인 관찰을 통해 낭비적 요소를 발견하고 이를 매뉴얼화한다. 표준화된 매뉴얼에 따라 인간의 행동을 분류하고 기준에 부합하지 못할 경우 처벌하는 식 혹은 이를 예방하기 위해 감시하는 식으로 노동을 관리한다. 따라서 인사관리는 구성원의 요구나 동기, 나아가 창의나 소통에 주목하기 보다는 표준화된 매뉴얼의 기준에 부합하는가 그렇지 못한가에 따라 매우 단순하고 건조하게 이뤄진다. 노동에 대한 과학적 관리를 통해 인사관리가 달성하고자 하는 목표는 비용절감의 최대화, 즉 효율성 제고에 있다.

3. 인적자원관리

인적자원관리는 노동에 대한 관점, 접근전략, 가치와 목표에 있어 인사관리와 뚜렷하게 구별된다. 1980년대에 접어들면서 기업은 기존의 근대적 인사관리 전략에 내재한 한계를 발견하기 시작했다. 인사관리 시대에서 인간노동은 단순한 상품으로 취급됨에 따라 개성과 인격을 갖는 인격적 존재로 존중받기 보다는 부품으로 전락한 채 도구화되고 말았다. 작업장에는 경영자의 권위주의적 지시와 일방적 감독이 팽배했고, 노동자는 자율적인 존재가 아닌 상사의 지시에 복종해야 하는 수동적 존재로 전락했다. 이러한 상황에서는 지속가능한 생산성 향상을 기대할 수 없다.

무엇보다 지식경제화의 진전은 기존의 인사관리전략을 비판적으로 성찰하는 계기가 됐다. 지식과 정보가 부가가치의 원천으로 자리 잡으면서, 테일러식 지시나 통제는 생산성을 높이는 데 한계를 드러냈기 때문이다. 자발적 몰입, 협업, 자율적 문제해결, 창의와 소통이 생산성을 향상하는 데 더 중요한 자원으로 인식되기 시작했다. 인간노동을 상품화된 노동으로만 바라보는 관점(인사관리의 노동관)은 지식경제의 시대와는 부합하지 않는다. 자율과 창의를 발현시킬 수 있는 새로운 접근전략이 필요했거니와 '인적자원관리 전략'은 그 고민의 결과다.

3.1 탈산업사회의 인재경영

인적자원관리란 인격과 개성을 갖는 사람에 대해 전략적 투자를 통해 새로운 가치를 창출해나가는 경영전략이다. 첫째, 인적자원관리는 탈(脫)산업사회를 배경으로 하는 인재경영 전략이다. 산업사회를 배경으로 하는 인사관리가 대량생산체제에 부합하는 '복종하는 노동(혹은 인간)'을 만들어 냈다면, 인적자원관리전략은 탈산업사회의 특성에 부합하는 지식노동을 형성, 발전시키는 데 초점을 둔다. 지식노동이란 피터 드러커가 처음 사용한 용어로, 그 핵심은 지식과 정보에 기초해 자율적이고 창의적으로 활동하는 주체라는 점이다.

인적자원관리의 시대적 배경인 '탈산업사회' 역시 다양한 맥락에서 해석될 수 있거니와 경영학이 주목하는 특성은 지식과 정보의 상대적 역할 강화, 창의와 소통 중시, 중앙집권(중심화)의 해체와 권한위임의 보편화, 집합(사회 혹은 공동체, 국가 등) 보다는 개별(개인, 소집단 등) 중시, 유연화, 불확실성(절대지식의 해체와 상대화에 따른 불확정성의 가중) 등이다. 소위 '포스트 모더니즘(post modernism)'으로 지칭되는 탈산업사회화 경향은 경영학의 흐름에 커다란 변화를 가져오는데, 산업사회에서 중시됐던, 경직된 근대성을 상징하는 조직과 시스템의 역할이 감소하고, 개별 인간의 역량의 중요성이 증가하는 경향이 주된 변화다. 인간(노동)의 전략성이 증가함에 따라 인적자원관리의 전략적 위상은 탈산업회의 진전과 함께 더욱 높아지게 됐다.

3.2 개성과 인격을 갖춘 특수한 자원으로서의 인간

둘째, 노동관 역시 인사관리와 구별된다. 인적자원관리의 관점에서 인간은 (상품으로서의 노동, 언제나 처분 가능한 노동이 아니라) 인격과 고유한 개성을 갖는 사람(human-being)이다. 인간은 지시나 통제에 순응하는 수동적 존재가 아니라 스스로 문제를 정의하고 해결방법을 찾고자 하는 자율적 존재다. 노동자는 단순히 지시에 복종하는 주체가 아니라 자율과 창의를 바탕으로 성과창출을 함께 책임지는 파트너의 위상을 확보한다. 단순한 종업원이 아닌 조직의 중요한 한 축을 담당하는 구성원의 지위에 선다.[6] 따라서 전략의 초점은 인격과 개성의 존재인 인간의 욕구를 관리하고 충족함으로써 더 나은 역량으로 성장시키는 데 두어진다.

3.3 전략적 투자

셋째, 접근전략에 있어서도 인적자원관리는 인사관리와 뚜렷하게 구별된다. 인사관리의 과학적 관리가 세분화된 기능을 효율적으로 수행토록 지시와 처벌에 초점을 둔다면, 인적자원관리는 구성원이 자신의 고유한 창의를 발현할 수 있도록 '투자'하는 접근전략을 취한다. 이때 투자는 비용이 아니라 생산적인 자산증식 과정이다. 자산(asset)이란 투자할수록 투자에 소요된 자원보다 더 큰 가치를 창출하는 자원을 의미한다. 인적자원에 대한 투자 역시 그러하다. 직무역량을 높일 뿐만 아니라 창의적 사고, 소통능력, 리더십 등을 함양시킴으로써 더 많은 가치를 지속적으로 창출할 기반을 조성한다. 나아가 직원의 '자율성'에 투자함으로써 성공한 예도 많다. 3M이나 사우스웨스트는 대표적 기업이다. 업무시간 중 20%를 자신이 스스로 정한 일을 하도록 '시간'을 지급하며, 설사 업무와 상관없는 일이라도 이에 대해 보상한다. 자율시간 동안 성과가 창출되는 지 여부는 경영진이 개입하지 않는다. 그러나 그 효과는 기대이상이었다. 포스트 잇(Post-it)의 발명이나 사우스웨스트의 지속적인 성장은 자율적 시간 배분 정책과 문화가 낳은 성취였다.

전략적 투자의 관점은 멜로우(Mellow, 2002)가 그 중요성을 적절히 제시하고 있다.

> "Taking an investment perspective towards human resources/assets is critical considering that other physical assets such as facilities, products and services, technologies, and markets can be readily cloned or imitated by competitors. Human assets cannot be duplicated and therefore become the competitive advantage that an organization enjoys in its market(s). This is becoming

6) 종업원이 지시에 복종하는 노동자의 관념을 표상한다면, 구성원은 성과달성에 공동으로 책임지는 파트너로서의 노동자를 의미한다. 이 책 전반에서 노동자는 가치중립적 개념으로 사용하되, 경영진의 지배에 종속된 노동자를 강조할 때는 종업원이라는 용어를, 파트너서로서의 역할을 강조할 때는 구성원이라는 용어를 사용한다. 인사관리시대에서는 노동자가 종업원이었다면, 인적자원관리시대의 노동자는 파트너의 지위로 격상된다.

increasingly important as the skills required for most jobs become less manual and more cerebral and knowledge-based in nature. Rapid and ongoing advances in technology have created a workplace where laborers are being replaced by knowledge workers. An organization's "technology" is becoming more invested in people than in capital. Thought and decision-making processes as well as skills in analyzing complex data are not owned by an organization but by individual employees."

-Mellow, 2002, 5면 P) 61 … (4)

"The characterization of employees as human assets has important implications for the strategic management of human resources in that it allows us to consider HR from an investment perspective. Physical and capital assets in organizations such as plant, property, machinery, and technology are acquired and subsequently managed most effectively by treating them as investments; the organization determines the optimal mix of high-performance, high-return assets to its strategic objectives. (...) Viewing human resources from an investment perspective, much as physical assets are viewed, rather than variable costs of production, allows an organization to determine how to best invest in its people."

-Mellow, 2002, 5면 P) 62 … (5)

투자 중심 전략은 단지 교육훈련 투자나 시간배분을 넘어 높은 수준의 보상과 인센티브로 연결된다. 성공에 대한 높은 보상, 그러나 실패를 처벌하지 않는 배려는 투자중심 전략이 갖는 또 하나의 특징이다. 특히 실패를 처벌하지 않음으로써 더 많은 창의를 발현케 하는 전략은 대범한 기획이라고 볼 수 있다. 실패가 낳은 성공은 포스트 잇, 코카콜라, 비아그라 등의 성공은 이를 반증한다. 잘 알려진 것처럼, 포스트 잇은 테이프를 만드는 과정에서 접착력이 떨어지는 불량품의 단점을 장점으로 전환하면서 탄생했다. 코카콜라는 소화제를 만드는 과정에서 실패한 결과물이 세계를 장악하는 탄산음료로 탈바꿈한 것이다. 비아그라 역시 심장병 치료제를 만드는 과정에서 나타난 부작용을 외려 장점으로 전환해 새 상품으로 개발한 결과다.

투자 중심 전략은 채용과 해고에서도 인사관리와 다른 모습을 보인다. 인사관리전략은 채용에 많은 투자를 하지 않는다. 세분화된 단순 업무를 효율적으로 수행하는 것이 가장 중요한 목표인 만큼 지식과 소양을 겸비한 탈렌트(talent)에 대한 수요는 상대적으로 적다. 무엇보다 채용 후 성과가 도출되지 않으면 언제라도 해고하기에 채용전략에 대한 투자도 인색하다. 그러나 인적자원관리는 이를 기각한다. 창의적 업무 수행을 위해서는 업무에 적합한 지식을 보유하고 있어야 할 뿐만 아니라 창의적인 사고와 문제해결능력이 뛰어나야 한다. 동시에 기업의 문화에도 부합하는 인재이어야 한다. 기업이 추구하는 가치와 목표를 자발적으로 수용하는 구성원이 존재할 때, 기업은 비로소 지속가능한 성과를 창출할 수 있기 때문이다. 따라서 다양한 채용도구를 개발하고 이를 통해 직무와 업(業), 기업문화에 적합한 인재를 뽑는 데 많은 관심을 기울인다.

제프리 페퍼(J. Pfeffer)는 지속적인 성과창출 의해 구성원의 고용안정을 높이고 채용전략에 투자할 것을 모든 기업에 권고했다. 실제로 사우스웨스트 항공사는 자사에 가장 잘 맞는 '올바른 직원'을 뽑기 위해 우수 고객 일부를 면접에 참여토록 하는 획기적인 선발전략을 선보이기도 했다. 뽑힌 우수고객은 직접 항공편에 탑승해 승무원 지원자들의 서비스를 직접 체험하면서 그들이 경험했던 최고의 서비스와 비교하고, 신입직원들을 뽑는 데 영향력 있는 의견을 제시하기도 한다. 페퍼는 이를 다음과 같이 강조했다.

> "Security in employment and reliance on the workforce for competitive success mean that one must be careful to choose the right people, in the right way. (...) Southwest Airlines worries a lot about hiring the right people. In fact, it flies some of its best customers to Dallas and involves them in the flight attendant hiring process, believing that those who are in contact with the frontline employees probably know best what makes a good employee."
>
> -Jeffrey Pfeffer, 1995, 55-69면 P) 62 ··· (6)

이와 유사한 맥락에서 인적자원관리전략이 취하는 해고에 대한 접근도 인사관리와 구별된다. 인사관리의 세계에서 해고는 경영자의 의지에 따라 언제라도 가능한, 정당한 관리 행위다(employment at will). 노동은 상품일 뿐이고 효율성의 원칙에 따라 유연하게 조정될 수 있는 대상이기 때문이다. 그러나 현대 사회에서 해고란 노동자에게는 소득의 단절만이 아니라 중요한 삶의 지평의 상실을 의미한다. 해고의 불안은 창의와 몰입을 가로막는다. 인적자원관리는 페퍼의 주장처럼 고용안정을 가장 중요한 핵심가치로 삼기 때문에 해고에 매우 신중하다. 무엇보다 인적자원관리 전 과정을 통해 해고의 가능성을 진입의 단계부터 관리한다. 채용의 선별성(selectivity)을 높이기 위해 적극적으로 투자하는 것은 이 때문이다. 역량과 문화적 적합성을 갖춘 인재를 채용함으로써 해고의 가능성을 진입 단계부터 최소화하는 것이다. 인적 자원은 기업의 핵심 자산인 만큼 이들을 해고하는 것은 그만큼 비용이 늘어나는 것이기 때문이다. 구조조정의 가능성을 인적 자원의 진입 단계에서부터 전략적으로 관리함에 따라 해고의 빈도나 규모가 상대적으로 작다. 예를 들어 선진적 HRM시스템을 갖춘 대표적 기업으로 평가되는 SAS는 2000년대 말 이후 세계경제가 장기 불황의 늪에 빠졌을 때도 비자발적 해고를 단행하지 않았으며 그럼에도 불구하고 지속적인 성장을 이뤄냈다. 미국 인적자원관리협회(SHRM, society of human resource management)는 SAS의 성과는 진입단계에서부터 훈련 및 보상 등 전 과정에 이르기까지 적극적인 투자를 통해 달성된 것으로 평가하고 2012년 '최고의 기업'으로 선정한 바 있다.

여기서 다시 한 번, 전략적 투자의 관점과 고용안정성의 긴밀한 관계를 강조할 필요가 있다. 고용안정은 직원들로 하여금 조직이 자신의 성장을 위해 늘 배려하고 지원할 것이라는 믿음을 심어준다. 이는 충성과 몰입, 자발적 노력 확대로 이어지고 기업의 경쟁력의 근간을 더욱 단단하게 만든다. 고용안정은 교육훈련의 양과 질을 제고함은 물론 효과도 높인다. 고용이 안정될 경우, 기업은 교육훈련 투자에 보다 적극적인 태도를 취하게 된다. 만약 고용이 불안정하다면, 곧 떠날 가능성이 높은 직원들에게 누가 충분한 교육훈련 기회를 제공하겠는가. 페퍼는 이를 잘 드러낸다. 안정된 고용은 직

원들로 하여금 교육훈련에 좀 더 적극적으로 참여토록 하는 유인책으로 작용하기도 한다. 교육훈련을 통해 자신의 역량을 잘 계발하면 이후에 성과를 창출할 수 있고 이에 따른 더 많은 보상도 기대할 수 있기 때문이다. 페퍼는 이를 다음과 같이 강조하고 있다.

> "Security of employment signals a long-standing commitment by the organization to its workforce. Norms of reciprocity tend to guarantee that this commitment is repaid. However, conversely, an employer that signals through words and deeds that its employees are dispensable is not likely to generate much loyalty, commitment, or willingness to expend extra effort for the organization's benefit. (...) Employment security enhances employee involvement because employees are more willing to contribute to the work process when they need not fear losing their own or their coworkers' jobs. Employment security contributes to training as both employer and employee have greater incentives to invest in training, because there is some assurance that the employment relationship will be of sufficient duration to earn a return on the time and resources expended in skill development."
>
> -Jeffrey Pfeffer,1995, 55-69면 P) 63 … (7)

3.4 효율성을 넘어 새로운 가치 창출로

넷째, 추구하는 가치와 목표에 있어서도 인적자원관리는 인사관리와 대비된다. 인적자원관리는 효과성(effectiveness)제고를 추구한다. 앞서 살핀 바와 같이 효율성(efficiency)이 단기적 관점에서 투입 대비 산출에 초점을 둔 개념이라면, 효과성은 장기적 관점에서 투입 대비 목표달성을 강조하는 개념이다. 효율성이 투입요소를 줄여 성과를 높이는 접근을 취한다면, 효과성은 투입을 더 확대하되 투입된 양보다 목표달성의 양을 더 늘려 새로운 가치를 창출하는 적극적 개념이다.

새로운 가치의 창출은 효율성이라는 단기 목표를 통해 달성되는 것이 아니라 효과성이라는 중장기 목표를 통해 달성되는 것이다. 인적자원관리는 '목표에 대한 끊임없는 지향'이라는 방향성을 중시한다. 따라서 '전략적'이다. 목표와 방향을 상실한다면 단기에서 성취되는 효율성은 결국 비용만을 발생시킬 뿐이다.[7)]

7) 전략적 인적자원관리(Strategic HRM)이라는 용어를 선호하는 학자들이 많다. 그러나 불필요한 수사다. 인적자원관리는 그 개념 자체가 전략적 성격을 내포하고 있기 때문이다. 전략이란 목표와 이를 달성하기 위한 자원동원 계획의 합이다. 인적자원관리는 새로운 가치 창출이라는 조직의 목표와 긴밀히 연계된 전략이라는 점(전략이어야 한다는 점)에서 본질적으로 '전략적'이다.

3

핵심역량
_인적자원관리의 핵심

1. 핵심역량

앞에서 우리는 인적자원관리전략의 개념을 시대적 배경, 노동관, 접근전략, 중심가치 등을 중심으로 살폈다. 80년대 이전의 인사관리전략과 비교해서 분석하는 이유는 양자의 차이를 드러냄으로써 인적자원관리의 전략적 본질을 이해하고자 함이었다. 그 중 노동관은 인적자원관리의 전략적 차별성을 결정하는 핵심요소이거니와 '핵심역량으로서의 인간'은 인적자원관리의 전 과정(채용, 훈련, 평가보상, 해고 등)을 관통하는 핵심개념이다.

핵심역량이란 모방이 불가능하고 대체가 용이하지 않으며 그 자체로서 희소성을 갖는 역량을 말한다. 자원근거이론에 의해 발전된 이 개념은 현대 인적자원관리의 본질을 담는 키워드다. 이에 대한 구체적 개념과 특징은 인적자원관리 이론장(제4장)에서 상세히 살피거니와 여기서는 핵심역량의 시대적 변천을 간략히 설명함으로써 인적자원관리의 중요성을 재삼 강조하고자 한다.

2. 핵심역량의 변천

경영의 역사는 핵심역량 변천의 역사라 할 수 있다. 핵심역량의 변화를 기준으로 보면, 경영은 물적 자원의 시대(80년대 이전)를 거쳐 인적 자원의 시대(80년대 이후)로, 그리고 사회적 자원의 시대(90년대 중후반 이후 현재)에 이르고 있다. 물적 자원의 시대란 핵심역량이 주로 물적 자원에 기초한 시기를 말한다. 물적 자원은 원료, 기계, 공장 부지 등 1차적 물적 자원을 비롯해 기술[8]이나 작업조직 등 2차적 물적 자원을 포함한다. 이러한 물적 자원은 기업에게 중요한 비교우위를 제공했다. 그러나 정보통신기술의 발달과 함께 물적 자원은 모방이 쉽게 일어났으며 다양한 대체기술도 발전하면서 대체용이성이 커졌다.

물적 자원의 시대를 지나 경영은 인적 자원의 시대로 진입했다. 이 시기는 인적 자원이 기업의 핵심역량을 구성하는 시기로 그 특징은 앞서 살폈을 뿐만 아니라 이 책 전반에서 세밀하게 검토될 것이다. 인적 자원은 물적 자원에 비해 비교우위성이 높다. 즉, 잘 개발된 인적 자원일수록 그 기업에 희소한 가치를 제공할 뿐만 아니라 모방이나 대체도 용이하지 않다. 특히 부가가치 생산에 있어 지식과 정보의 중요성이 높아지면서 인적 자원의 핵심역량화는 더욱 가속됐다.

90년대 중반 이후 최근 경영은 또 하나의 시대적 변화를 경험하고 있다. 이를 사회적 자원의 시대로 부를 수 있다. 사회적 자원의 대표적 예는 사회자본(social capital)이다. 사회자본이란 미국의 정치학자 로버트 퍼트넘(Robert Putnam)에 의해 체계화된 개념으로 신뢰, 규범, 네트워크 등 무형의 연결자원을 의미한다. 이들이 자원으로 기능하는 이유는, 신뢰가 높은 공동체의 경우 상대를 속이거나 위해를 가하려는 행동이 줄어들어 결국 사회적 효용이 높아지기 때문이다. 규범이 잘 정착돼 있는 경우에도 불확실성이 줄어들어 거래비용을 최소화할 수 있다. 연결망이 활성화되면 정보공유를 통해 상호이익증대의 가능성이 높아진다.

기업 경영에 있어서도 사회자본의 중요성이 커지고 있다. 기업과 소비자의 관계, 정부와의 관계, 기업과 공동체와의 관계 등 다양한 관계의 질이 높아질수록 기업은 신뢰받는 기업으로 거듭나게 되기 때문이다. 사회적 자원 시대에서 가치를 창출하는 데 핵심 기능을 수행하는 요소는 '문화'다. 문화란 구성원의 습관화된 행동양식이다. 일관되고 지속적이며 그 자체로서 발전하는 자기 진화적 성격을 지닌다. 자기 진화성이란 어떤 외부의 개입 없이도 스스로 발전하는 속성을 의미한다. 또한 문화는 특유의 고유성을 담고 있는 무형의

8) 기술을 물적 자원으로 보아야 하는가에 대해서는 논란이 있다. 기술은 비물질적 성격을 띠고 있으며 인간과 접합돼 있다는 점에서 물적 측면으로만 이해될 수 없기 때문이다. 다만, 첨단성을 중심으로 기술의 질적 측면을 구별할 수 있거니와 물적 자원시대에서 강조된 기술은 80년대 이후 지식정보화 시대의 첨단기술과 질적으로 구별된다는 의미에서 물적 자원에 포함시켜 설명한다.

틀이기도 하거니와 정체성을 형성하는 기반이기도 하다.

문화는 어떻게 자원이 되는가. 기업은 저마다 고유한 자신의 문화를 형성하고 발전시키거니와 기업문화는 또 하나의 중요한 자원이다. '강한 문화'를 형성한 기업은 구성원들의 정체성, 조직과의 일체감, 협업의 질, 조직시민성(organizational citizenship) 등이 높아진다. 이는 현대 기업이 가장 중시하는 사회적 자본의 중요한 요소들이다. 특히 올바른 문화가 제대로 정착할 경우 이 사회적 자본은 경영자의 인위적 개입 없이도 지속적으로 재생산된다. 문화는 자기 진화적 속성을 지니기 때문이다. 그만큼 문화는 현대 경영에서 중요한 자원으로 기능한다고 볼 수 있다.

문화와 관련해 주의해야 할 점은 '좋은 문화–나쁜 문화' 식의 접근이다. 문화는 고유한 행위양식이므로 원론적으로는 옳고 그름의 문제에서 벗어나 있다. 물론 시대의 보편적 가치와 원칙을 거스르는 행위양식이 습관화되는 것은 올바르지 않다. 권위주의 문화가 대표적 예다. 그러나 이때의 권위주의 문화는 경영자들의 행위습성일 뿐 구성원 모두에 의해 공유되는 '문화'는 아니라는 점에서 문화의 경지에 이르지 못하는 '일부의 습관'에 불과하다. 기업문화는 강한 문화와 약한 문화의 구분이 있을 뿐이다. 개성과 정체성을 부여하는 정도에 따라 구별되는 것이 기업문화의 특성인 만큼 특정기업의 고유한 문화를 옳고 그름의 관점에서 파악하는 데는 신중해야 한다.

사회적 자원의 시대는 인적 자원의 시대와 단절적으로 구분되는 시대는 아니다. 신뢰, 규범, 문화 등 사회적 자원은 사람에게 저장되고 이들에 의해서만 활용될 수 있기 때문에 사회적 자원과 인적 자원은 본질적으로 결합관계에 있다. 사회적 자원이 인간과 인간의 '사이(in–between)'에 존재하는 (관념적으로 볼 때) 관계적 자원이라면, 이는 개념상 인적 자원을 자신의 내부에 포함하는, 변형된 인적 자원이기도 하다. 따라서 사회적 자원의 시대는 인적 자원 시대의 내적 진화를 의미하는 또 하나의 인적 자원의 시대라고도 할 수 있다.

다만 인적 자원의 시대가 사람에 내장된 지식과 정보 등 개별적 역량에 초점을 둔다면, 사회적 자원의 시대는 사람과 사람의 사이에 존재하는 관계적 자원과 이로 인한 '결합적' 역량에 초점을 둔다는 점에서 구별된다. 결합적 역량이란 두 요소의 결합에 의해 생겨나는 역량을 의미하며 이때 결합에 의한 역량의 총량은 요소 각각의 역량의 합보다 크다.[9]

9) 나는 이 용어를 협상이론의 '결합이익(joint interests)'에서 따왔다. 협상이론에서 결합이익이란 상호이익협상 - 소위 윈윈협상 -을 통해 얻어질 수 있는 이익 중 협상 상대방이 당초에 고려하지 못했던 혜택이 추가

이 점에서 사회적 자원의 시대인 현재는 인적 자원의 형성과 발전뿐만 아니라 인적 자원 간의 결합의 질을 어떻게 향상시킬 수 있는가의 문제가 성과창출의 관건이 된다.

좀 더 부연하면, 인적 자원의 시대, 지식과 정보는 기업의 교육훈련을 통해 형성될 수 있는 자원이었다. 그러나 사회적 자원 시대에서 강조되는 문화 등 사회적 자원은 훈련이라는 인위적 과정을 통해 형성될 수 있는 자원이 아니다. 물론 구성원에 대해 원활히 소통할 수 있는 스킬을 습득시키거나 리더십을 함양시킴으로써 더 나은 문화를 발전시킬 수 있는 가능성도 존재하는 것이 사실이다. 그러나 본질적으로 문화란 오랜 시간을 거쳐 '형성'되고 스스로 발전하는 '자기 진화성'을 특징으로 한다. 문화 자체는 고유한 어떤 것으로 자기 발전논리를 갖는 실체라는 사실이다. 이점에서 교육훈련 정책이 문화의 형성이나 발전에 영향을 줄 수 있는 정도는 매우 제한적이다. 기업이 아무리 자신의 문화를 다른 문화로 바꾸려 노력해도 쉽게 잘 바뀌지 않는 것은 이 때문이다.

이는 사회적 자원의 시대에서는 기업이라는 조직단위의 교육훈련 정책이 많은 한계를 갖는다는 점을 반증하다. 이 시대에는 따라서 기업 단위를 넘어 국가 단위의 교육정책이 더 중요해 진다. 초등교육을 통해 어린 시절부터 올바른 가치와 시민의식을 고양하고 자율적인 시민으로 성장할 수 있는 기반을 마련해야 한다. 사회적 자원 시대가 요구하는 창의, 소통, 배려, 공감 등 다양한 능력을 함양할 수 있도록 공교육의 투자 확대가 무엇보다 필요하다. 인적자원의 시대가 지식과 정보를 잘 갖춘 스타 플레이어(star-players)를 중시하고 - 실제로 인적자원의 시대에는 모두를 핵심 역량이라 불리는 스나 플레이어로 육성하려는 의욕적인 목표를 가지고 있었다 - 이들의 문제해결 능력에 의존하는 시대였다면, 사회적 자원의 시대에서는 스타 플레이어보다는 협업과 팀워크의 능력을 갖춘 파트너들의 건강하고 역동적인 관계를 중시한다. 이 '파트너'들은 창의적일 뿐만 아니라 함께 일하는 것의 중요성을 잘 이해하고 그 방법을 터득한 '시민적' 주체들이다. 시민적 주체를 형성하는 일은 기업 보다는 국가 혹은 공동체가 담당해야 한다. 공교육에 대한 적극적 투자를 통해 시대에 부합하는 인재 혹은 주체를 재생산해 나가야 한다.

로 발생한 경우를 지칭한다. 주로 새로운 시각, 새로운 의제를 결합함으로써 가능해진다. 결합적 역량은 요소역량의 합 보다 크다는 전제는 '전체는 부분의 합을 능가한다'는 구조주의 가설을 받아들인 것으로 나의 이론적 가정일 뿐이다. 이는 경험적 연구를 통해 지속적으로 검증돼야 할 명제이기도 하다. 구성주의와 같은 맥락에 있으므로 구성주의적 가성이라 해도 무방할 것이다.

4

몇 가지 문제들 _현대 인적자원관리에 주어진 과제

1. 효율성 vs 자원성

80년대 이후 경영현장에서 시도된 다양한 전략이나 경영학 연구를 회고해 보면, 인적자원관리가 핵심을 이루고 있다. '사람 중심 경영', '인재경영', '인간존중 경영' 등 인간(구성원)을 중심에 둔 경영모토가 기업현장에서 일반화된 지 오래고, 채용과 선발, 교육훈련, 평가와 보상, 이직관리에 이르기까지 인적자원관리 전반에서 다양한 전략들이 실험됐다.

경영학 연구에 있어서도 인적자원관리전략은 이전과는 다른 학문적 위상을 점하고 있다. 테일러의 '과학적 관리 원칙'에 입각한 인사관리를 벗어나 핵심역량으로서의 인적 자원을 새롭게 개념정의하고 구성원의 만족과 몰입, 동기부여 등을 위한 다양한 전략과 그 이론적 기반을 탐구했으며, 조직 성과와의 직접적 연관성을 이론적으로 분석하는 등 유의미한 학(學)적 진전을 이뤄내기도 했다.

그러나 또 다른 이면에는 여전히 비용효율성 중심의 인사관리와 감시와 통제 위주의 노무관리가 횡행하는 것 또한 사실이다. 경영현장에서는 비정규노동을 무분별하게 남용하는가 하면 정규직과 유사한 생산성을 달성하고 있음에도 불구하고 그에 합당한 임금과 복지를 제공하지 않는 경우가 허다하다. 비정규노동의 증가는 구성원을 단지 '인건비' 항목으로만 사고하는 비용효율성 중심의 '인사관리'가 편재돼 있음을 반증하는 사례다. '쪼개기계약'[10]으로 사회문제가 됐던 한 대형마트의 사례나 대형 항공사의 회항사건(이

10) 최근 한 대형 마트는 이른 바 쪼개기계약으로 사회적 물의를 빚었다. '쪼개기 계약'이란 근무 시간을 4시간 30분 또는 7시간 30분 등 30분 단위로 계약을 맺는 것으로 노조는 이를 "인건비를 줄이기 위한 사 측의 꼼

른바 땅콩회항으로 알려진 사건)은 현대 인적자원관리가 가정하고 있은 인간중심 철학과 배치되는 퇴행적 관리를 드러내는 대표적 예다. 경영자의 자의적 횡포가 작업장에 만연해 있는 것을 보면, 비합리적 권위주의 역시 경영현장에 뿌리 깊게 남아 있음을 알 수 있다. 한편으로는 인적자원의 중요성을 강조하면서도 다른 한편으로는 인간을 여전히 비용으로만 치부하거나 처분 가능한 상품으로만 사고하는 경향이 동시에 존재하고 있다. 이 '이중성의 현상'을 비단 한국 인사관리의 후진성만으로 해석할 일은 아니다. 현대 경영을 주도해 온 미국 기업에서도 폭언, 무시, 차별, 무분별한 해고 등 인간중심주의 가치와 상치되는 행태가 자주 나타나고 있기 때문이다.

선진적 인적자원관리와 후진적 인사관리가 동시에 상존하는 이유는 무엇인가. 이는 인적자원관리 전략에 내재해 있는 이중성이 드러난 결과다. 이중성이란 '효율성과 인적 자원성'이라는, 속성상 배치되는 두 경향성이 동시에 존재함을 의미한다. 효율성은 소위 신자유주의 혹은 극단적 시장주의 폐해가 생생하게 드러난 지금에는 하나의 '해악'으로 치부되는 경향이 있다. 실제로 효율성만을 추구하면 바람직하지 않은 사회적 결과를 초래하는 것이 사실이다.

그러나 경영을 성과를 창출하는 게임이라는 관점에서 본다면, 기업이 효율성 원리 자체를 거부하는 것 또한 가능하지 않다. 투자는 투입과 예상되는 산출에 대한 비교를 통해 결정되기 때문이다. 또한 산출이 동일하다면 보다 적은 투입과 비용으로 이를 달성하는 것이 필요하며 이 자체를 해악으로만 볼 수는 없는 일이다. 효율성 원리를 이해함에 있이 주의해야 할 사실은 효율성이 적용돼야 할 대상을 식별하는 것이다. 원가를 절감하려는 노력은 계속돼야 한다. 그러나 줄여야 할 비용이 무엇인가를 식별하는 것은 다른 문제다. 임금이나 교육훈련에 소요되는 비용을 먼저 줄이는 것은 당장의 효율성을 달성하는 '쉬운' 방법이지만, 성장동력과 잠재력을 잠식하는 위험하고 어리석은 행동이다.

인적 자원성은 현대 경영이 인적자원관리 전략을 발전시키기 위해 새롭게 발견한 전략적 역량이다. 효율성 원리가 노동력을 투입요소(비용)로 본다면 인적 자원성은 자원으로서의 인간에 주목한다는 점에서 구별된다. 인적 자원성은 인간이 보유한 자산으로서의 속성이다.

수"라고 주장한다. 최근에는 '쩜이 계약'도 보편화됐다고 한다. 4시간 20분, 7시간 20분 등 근무 시간을 10분 단위로 계약하는 것을 말한다. 쩜오 계약의 경우 임금은 시급의 1/2, 쩜이 계약은 1/3이 지급된다. 이 같은 계약은 다른 사업장에서는 찾아보기 힘든 방식이지만 법적으로 문제되지 않는다.
(원문보기:http://www.nocutnews.co.kr/news/1157496)

자산이란 투자를 통해 새로운 가치를 창출할 수 있는 잠재력이다. 투자가 전제된다는 점에서 요소로서의 노동력과 차이가 있다. 요소노동력은 이미 지불된 비용을 회수해야 할 대상이지만, 자산으로서의 인적자원은 새로운 가치를 창출하기 위해 투자가 선행돼야 한다. 투자는 자산성을 증가시킨다. 투자할수록 새로운 가치를 창출할 수 있는 잠재력이 증가한다는 의미다. 인적 자원성은 동시에 다른 자원과는 구별되는 속성을 갖는다. 인간 존재라는 특수성이다. 고유한 욕망을 가지고 있으며 의미 있는 행위는 동기에 의해 유발된다. 욕망과 동기에 따라 행위의 질이 달라진다. 만족, 몰입, 자발성, 헌신 등은 욕망과 동기의 차원에서 작동한다. 행위의 질이 생산성을 결정하는 만큼, 이는 중요한 비물질적 자산이다.

효율성과 인적자원성은 배치되는 경향이 있다. 효율성을 높이기 위해서는 투입을 절감해야 하지만, 투입의 감소는 자산의 형성을 저해한다. 투입의 증가는 단기적 효율성을 희생시킬 수 있지만 자산의 잠재력을 증가시킴으로써 증가된 투입을 상쇄시킬 만큼의 새로운 가치를 창출시킬 가능성이 존재한다. 투입이 늘어나지만 동시에 산출이 더 큰 규모로 증가할 수 있어 성과 전체를 증가시키는 것이다. 그러나 투자가 반드시 더 많은 가치 창출을 보장하는 것은 아니다. 잠재력을 증가시킬 수 있으나 잠재력이 현실로 구현되는 것은 또 다른 문제다. 따라서 투자에도 불구하고 자산의 현실성이 확보되지 않을 경우 효율성만 떨어뜨리는 결과가 나타나기도 한다. 인적자원관리의 문제는 서로 충돌하는 효율성과 자원성을 어떻게 조화시키는가의 문제다. 앞으로의 연구가 풀어야 할 중요한 과제다.

2. 자원으로서의 인간과 위계화

모든 사람이 핵심자원이 될 수 있는가? 이는 인적자원관리가 맞닥뜨리는 어려운 문제 중 하나다. 투입요소로서의 노동보다는 새로운 가치 창출의 원천인 자산으로서 인간을 바라보는 관점은 모두를 핵심자원으로 성장할 수 있는 잠재력을 보유한 자로 상정한다. 그러나 현실은 간단치 않다. 능력을 잠재하고 있다는 것과 실제 성과를 창출하는 인재가 된다는 것은 다른 문제이기 때문이다. 두루 알려진 것처럼, 많은 기업들은 구성원을 역량에 따라 몇 개의 등급으로 나누어 관리한다. 보상과 복지, 훈련기회 역시 등급에 따라 차이가 크다. 대략 10% 내외를 핵심인력으로 분류해 관리하고 나머지를 역량과 기능에 따라 3-4 등급으로 나누어 관리한다. 등급 간 이동기회가 주어지며 대게 일정한 훈련기회를 부여하거나 창출한 실적에 따라 이동이 결정된다.

역량에 따른 위계적 등급화는 늘 저성과 그룹(C-players)을 만든다. 등급화가 상대평가로 이뤄지기 때문이다. 저성과자 그룹에게는 워크아웃 프로그램과 같은 능력향상 프로그램이 적용되나, 실제로는 저성과 그룹에서 탈피하도록 지원하기 보다는 합법적 퇴출을 위한 형식적 절차로 이용되는 경우가 더 많다. 저성과 그룹이 발생한다는 사실은 인적자원관리의 기본가정에 곤란한 질문을 제기한다. 인적자원관리는 인간의 자원성을 신뢰하고 이를 실질적 성과로 전환시키기 위해 적극적으로 투자하는 전략이다. 투자에는 늘 불확실성이 따르는 것이 사실이지만, 더 큰 성과에 대한 기대가 없다면 적극적 투자는 불가능하다. 현대 인적자원관리가 이전의 인사관리와 다른 점은 인적자원에 대한 투자가 더 큰 성과로 이어진다는 믿음과 이를 구현코자 하는 실천에 기반하고 있다. 과학적 관리를 적극적 투자로 과감하게 대체할 수 있는 이유 역시 여기에 있다.

저성과 그룹이 늘 발생한다는 사실은 인간의 자원성이라는 가정에 도전한다. "모두가 높은 성과를 창출하는 인재로 성장할 수 있다"는 전제는 오류가 아닐까, 라는 근본적 회의가 그것이다. 인재에 대한 투자의 중요성을 알고 있음에도 불구하고 실제 경영 현장은 투자에 소극적인 이유도 이러한 회의에서 비롯되는 경우가 많다. 능력의 잠재성과 능력발현의 현실성 사이에 존재하는 수많은 현실적 문제들을 고려해야하기에 간단히 답할 수 있는 문제는 아니다. 그러나 현대 인적자원관리가 과학적 관리를 고집하는 인사관리와 구별된다면, 그 차이는 기본가정 자체에 있기 보다는 이에 대한 '믿음'과 '실천의지'에 있다. 경영의 본질은 어쩌면 인과(因果)의 과학에 있기 보다는 믿음과 실천의지에 있기 때문이다.

자원으로서 인간을 위계적으로 계층화하는 것은 노동내부의 이중화를 심화시킨다. 앞서 설명한 바와 같이, 인적자원관리는 핵심역량을 전제하는 개념이다. 핵심역량이란 모방이 불가능하며 대체가 용이하지 않고 그 자체로서 희소성을 갖는 자원이다. 인적자원관리는 과학적 관리를 기각하고 전략적 투자를 접근전략으로 취한다. 충분한 투자를 통해 모든 자원을 핵심역량으로 발전시킬 수 있다는 믿음에 기초해 있다. 그러나 현실을 고려하면 이 믿음은 '대범하고 낭만적인' 기획일 수밖에 없다. 경영의 현장에는 핵심역량에 미달되는 인적 자원이 널리 분포해 있기 때문이다. 그렇다면, 핵심역량이 아닌 C-player들은 배제돼야 하는가? 핵심역량과 비핵심역량 간의 공존은 불가피한 현실이거니와 이들의 갈등은 어떻게 해소해야 하는가?

인적자원관리가 갖는 자원성은 하나의 측면일 수도 있으나 현실경영에서는 인간성 보다 우위에 설 경우가 많을 수도 있다. 기업의 존속을 위해 자원성에 초점을 두어야 한다는 주장은 이 점에서 현대 인적자원관리의 난제를 요약한다. 하나의 작업장에 두 국민(two nations)이 존재하는 것이 한국 기업의 실제 모습이기도 하다. 정규직과 비정규직, 탑 탈렌트(top talent)와 주변적인(marginal) 탈렌트, 핵심인재와 보통자원 등, 서로 다른 계층으로 나뉘는 두 그룹의 문제는 어떻게 해결해야 하는가. 올바른 리더십이 하나의 해법으로 제시되고 있지만, 충분하지 못하다. 근본적으로는 인적자원관리에 내재한 딜레마를 이해하고 이를 해소할 수 있는 새로운 철학적 사유 혹은 이론이 필요하다.

따라서 인적자원관리전략을 지나치게 낙관적으로 평가하는 견해를 경계해야 한다. 지난 30여 년 동안 인적자원관리는 경영학 분야에서 가장 주목받는 분과로 성장해 온 것이 사실이다. 그 내면에는 인적 자원의 중요성이 높아진 까닭도 있으나, 여타 분과에 비해 '인간적' 요소를 갖추고 있기 때문이기도 할 것이다. 그러나 사정이 이러하다면, 우리는 인적자원관리에 대해 비판적인 성찰을 멈추어서는 안 된다. 이를 게을리 하면 핵심인재와 주변인재의 분리로 인한 노동의 이중화는 더욱 심각해 질 것이며 노동은 또 하나의 새로운 모습을 한(인간의 모습) 지배전략에 종속되고 만다. 이는 건강한 인적자원관리 전략이 아닐 뿐만 아니라 건강한 조직과 기업, 나아가 좋은 자본주의를 형성하는 데 커다란 걸림돌이 될 것이다.

현실적 문제 C-players 문제 역시, 관점을 달리하여 이해할 필요가 있다. 기본가정 자체에 대한 오류 가능성을 회의하기 보다는 새로운 관점에서 해석할 일이다. 저성과 그룹의 발생은 인간의 능력 차를 고려할 때 자연스럽고 불가피한 일이기도 하다. 그러나 불가피성을 과장하여 인적 자원에 대한 투자를 포기하는 것은 더 큰 오류를 낳는다. 이는 저성과 그룹의 발생 원인을 무의식적으로 성과가 낮은 구성원의 책임으로만 전가시키기 때문이다. 관점을 달리 한다면, 저성과그룹의 출현은 기업 리더의 인적자원관리의 실패를 의미한다. 구성원의 잠재적 능력을 현실적 성과로 발현시키지 못한 책임은 구성원에 있기 보다는 리더에게 있다. 적어도 그 실패에 대한 책임을 리더와 구성원이 공정하게 공유해야 한다. 실패와 그 책임을 공유한다면 인적자원관리의 고도화에 필요한 부가적 소득을 얻게 된다. 저성과 그룹이 발생하는 원인을 체계적으로 분석하고 다양한 대안을 마련하는 기회가 만들어진다. 기업의 경영철학과 조직문화에서부터 채용, 훈련, 동기부여 등 세부 전략에 이르기 까지 세밀한 점검을 통해 인적자원관리전략의 고도화를 꾀할 수 있다. 직무능력 향상을 위한 교육훈련전략의 문제점을 발견하고 구성원의 핵심 인재화를 위한 새로운 대안을 찾을 가능성도 높아진다.

드러커(Drucker)의 인재관리 원칙 역시 동일한 맥락에 있다. 드러커(2002)는 〈미래경영〉에서 알프레드 슬로언(Alfred Sloan)이 원칙으로 삼은 인재관리의 몇 가지 원칙을 자신의 이론에 따라 변형해 제시하며 경영자의 책임과 의무를 강조하고 있다.

> **첫째,** 어떤 직무에 사람을 배치했는데 그 사람의 성과가 신통치 못하다면 그 의사결정은 잘못된 것이다. 경영자는 그를 비난할 이유가 없고, '피터의 원칙'[11]을 들먹이거나 불평할 이유가 없다. 잘못은 경영자가 한 것이다.
>
> **둘째,** "병사는 유능한 지휘관을 가질 권리가 있다"는 것은 줄리어스 시저(Julius Caesar)로부터 전해 내려오는 오래된 군사 격언이다. 조직의 구성원들로 하여금, 최소한 책임감 있는 구성원들로 하여금 성과를 달성할 수 있게 대책을 강구하는 것은 경영자의 의무다.
>
> **셋째,** 경영자가 수행하는 모든 의사 결정들 가운데 사람에 관한 의사 결정만큼 중요한 것은 없다. 왜냐하면 그것이 바로 조직의 목표 달성을 결정하기 때문이다. 따라서 경영자는 인사 관리에 대한 의사 결정을 좀 더 효과적으로 잘할 수 있도록 계속 노력해야 한다.
>
> –드러커, 2002, 199–200면

11) Peter Principle: 계층사회의 구성원은 자신이 감당하기 벅찬 수준의 자리에까지 승진하는 경향이 있다는 것으로, 결국 무능한 수준에 도달한 사람들이 조직을 쇠퇴하게 만든다는 의미.

3. 전략적 투자의 딜렘마: 불확실성과 이동가능성

불확실성은 경영의 조건이다. 리스크가 상존하는 환경에서도 투자를 감행하고 이를 통해 성과를 달성하는 것이 경영의 본질이다. 성과를 보장하는 투자는 없다. 확률적 기대만이 있을 뿐이다. 확률적 기대를 실질적 성과로 전환시키고자 리스크를 감수하는 것이 경영이다. 투자의 딜렘마다. 투자하지 않으면 이윤 창출이 불가함은 물론 시장에서의 생존을 위협받지만, 투자는 늘 성과를 보장하지 않는다는 점에서 위험을 떠안아야 한다.

인적 자원에 대한 투자도 마찬가지다. 교육훈련 투자를 예로 들면, 기업의 성장동력을 확보하고 잠재력을 축적하기 위해 필요한 투자이지만, 단기적 성과가 반드시 보장되는 것은 아니다. 인적자원개발(human resource development, HRD)의 효과는 장기적으로 나타나는 것이 일반적이다. 지속적인 투자가 이뤄지지 않는 한 장기적인 성과마저도 얻기 힘들다. 인적자원에 대한 투자는 중장기적으로 지속돼야 한다는 점에서 다른 투자와 달리 '긴 리스크'를 갖는다.

인적 자원 투자에만 고유하게 있는 리스크는 이동성 확대다. 소재나 기계, 작업시스템과 같은 물적 자원에 대한 투자는 기업이라는 조직에 의해 소유되며 저장된다. 그러나 투자를 통해 축적된 지식이나 태도 등 역량은 조직에 보유되는 것이 아니라 개별 구성원에게 저장된다. 역량이 고도로 축적된 인적 자원일수록 시장내에서 이동성이 높아진다. 경쟁기업에게는 매우 탐나는 자원이 되는 셈이다. 인적 자원에 대한 투자가 증가할수록 그 기업을 떠나 경쟁기업으로 이동할 가능성이 높아지는 것이 인적자원관리가 갖는 고유한 위험이다. 이는 멜로우의 설명에 잘 나타나 있다.

> "[There is] a dilemma involving in human assets. An organization that does not invest in its employees may be less attractive to prospective employees and may have a more difficult time retaining current employee; this causes inefficiency (downtime to recruit, hire, and train new employees) and a weakening of the organization's competitive position. However, an organization that does invest in its people needs to ensure that these investments are not

lost. Well-trained employees, for example, become more attractive in the marketplace, particularly to competitors who may be able to pay the employees more because they have not had to invest in the training the employee has already received. Although an organization's physical assets can't "walk," its human assets can, making the latter a much more risky investment. An organization can certainly buy or sell its physical assets because it has "ownership" of them, but it does not own its human assets. Consequently, organizations need to develop strategies to ensure that employees stay on long enough for the organization to realize an acceptable return on its investment relative to the employees' acquired skills and knowledge, particularly when the organization has subsidized the acquisition. "

-Mellow, 2002, 6면 P) 63 … (8)

모방과 대체가 불가능한 희소한 자원인 인적 자원은 기업 내에 머물고 있을 때에만 그 기업의 핵심역량이 된다. 그러나 인적자원 역량이 고도로 축적될 수록 이동성의 위험도 그만큼 높아진다. 이동성의 위험은 인적자원에 대한 투자가 불필요함을 의미하는 것이 아니라(최소한의 지원과 감시/감독의 과학적 관리가 더 필요하다는 것을 의미하는 것도 아니다) 축적된 역량이 기업 내에 머물면서 지속적인 성과를 창출토록 유인하는, 이른 바 '보유전략(retention strategy)'이 병행돼야 함을 의미한다. 인적자원을 확보하고(채용) 개발(교육훈련)하는 것 못지 않게 보유전략이 중요하다는 점은, 인적자원관리 전략이 단순한 개별적 기술이 아니라 다양한 세부전략들이 유기적으로 종합돼야 하며 동시에 지속적이고 총체적인 과정임을 의미한다. 그만큼 인적자원관리란 복잡하고 난해한 경영전략임에 틀림없다. 그 복잡성과 난해성 자체가 어쩌면 기업의 경쟁력을 구성하는 또 하나의 원천이다. 인적자원관리 전략의 고도화 자체야 말로 기업의 질적 차별화를 달성할 수 있는 희소한 핵심역량이다. 경쟁기업이 모방하기 힘들고 유사한 효과나 성과를 달성할 수 있는 대체전략을 찾는 것도 불가능에 가깝기 때문이다.

4. 인간을 자원으로 보는 것은 인간적인가.

'인적자원관리'는 '인사관리'보다 한층 발전된 전략임에 틀림없다. 사람을 상품이 아닌 개성과 인격을 갖춘 특수한 자원으로 바라보는 인적자원관리의 인간관(노동관)은 휴머니즘에 부합할 뿐만 아니라 경영에서의 정의(justice)를 구현할 수 있는 인식론적 기반이기 때문이다.[12)]

그러나 정말 그러한가. 인간을 자원으로 바라보는 관점은 바람직한 것인가. 상품이나 생산요소로만 사고하는 인사관리의 관점보다는 진일보한 관점인 것은 사실이나, 인사관리의 관점을 완전히 극복한 새로운 접근이라고 볼 수 있는가. 그저 상대적으로 조금 나은 전략에 불과한 것은 아닌가.

이 물음은 인적자원관리라는 새로운 전략의 정당성에 대해 근본적인 문제를 제기한다. 인적자원관리는 인격체로서의 인간, 자율과 창의를 갖는 인간, 자아실현을 위해 몰입하고자 하는 인간, 일을 통해 삶의 만족을 얻고 삶 자체를 가꾸어 나가는 인간을 전제하고 있다. 그러나 전제의 심층에는 자원으로서의 인간이라는 근본 전제가 숨어있다. 나는 이를 '자원적 인간관'으로 본다. 즉, 인적자원관리는 인간의 고유한 속성인 인격, 자율과 창의에 대한 열망, 자아실현에 대한 동기, 나아가 인간답고자 하는 모든 요소를 중시하고 존중한다.

그러나 이때의 '인간'은 성과를 창출할 수 있는 자원과 역량을 갖춘 존재(혹은 가까운 미래에 갖출 수 있을 것이라고 평가되는 존재)에 한정된다. 인간이 보유한 자원성, 곧 가치를 창출할 수 있는 가능성의 측면이 더 중요한 요소다. 인간적인 수사들은 모두 자원으로서의 인간과 그 가능성을 전제하는 것일 뿐, 그 자체를 존중하는 것은 아니다. 개성과 창의가 뛰어나다 하더라도 조직의 성과에 해를 끼친다면 그는 자원으로서의 인간에서 탈락된다. 자아실현의 욕구를 갖춘 인간에 대해 인적자원관리는 "그 욕구를 실현하되 실현된 네 욕구의 양보다 더 많은 양의 성과를 창출하라"는 명령을 내포하고 있는지 모른다.

---

12) 그러나 실제로 한국의 인적자원관리 현장은 실망으로 가득 차 있다. 경영자의 권위적 행태나 '갑질'은 이를 드러내는 명확한 징후다. 이른바 '땅콩회항' 사건은 사회적 공분을 사기에 충분했으며 인간경영, 정도경영을 표방했던 많은 기업들까지도 소위 '갑질' 행적이 드러나면서 국민적 불신에 직면하게 했다. 노동자를 언제라도 처분 가능한 상품으로 바라보는 인식에서 비롯된 것이다. 현대 한국기업에 전근대적 관행이 여전히 남아 있다는 것, 외려 팽배해지고 있다는 것은 앞으로 한국 자본주의의 건강한 발전에 가장 큰 걸림돌이다.

결국 인적자원관리는 핵심역량에 부합하거나 가까운 미래에 부합할 것으로 평가되는 '인재(혹은 잠재적 인재)'에 대해서만 적용되는 전략이 되고 만다. 앞 절에서 설명한 것처럼, 반대로 자원성이 부족하거나 앞으로도 자원으로 활용될 가능성이 부재한 인간은 인적자원관리의 대상에 포함될 수 없다. 그는 여전히 인사관리의 대상인 상품이나 생산요소일 뿐이며, 투자의 대상이기 보다는 과학적으로 관리되는 대상일 뿐이다. 지금 한국사회에 존재하는 700만이 넘는 비정규직은 인적자원관리의 잠재적 대상에서 제외된 대표적 예일 것이다. 사정이 그러하다면, 인적자원관리의 전제 - 즉, 자원으로서의 인간 - 는 정말 '인간적'인 관점이라 할 수 있을까. 외려 자원성이 낮은 인간을 소외시키는 또 다른 비인간적 측면을 내재하고 있는 것은 아닐까. 이는 현대 인적자원관리가 풀어야 할 중요한 과제 중 하나다.

5. 전략적 파트너인가 기능적 관리자인가.

전략적 측면에서 풀어야 할 문제 중 하나는 '실제로 인적자원관리는 전략적 부문인가'라는 질문이다. 달리 말하면 HR 부서는 기업 경영에 있어 전략적 파트너로 역할하고 있는가, 아니면 단순한 기능적 역할만을 기계적으로 수행하고 있는가의 문제다. 데이브 울리치(David Ulrich)는 이 문제를 다음과 같이 명확히 제기하고 있다.

"인적자원관리가 기업의 전략을 행동으로 옮겨 성과를 내는 데 도움이 될 수는 없는지, 인적자원관리 활동과 성과를 정량화하여 인적자원의 존재가치를 정당화할 수는 없는지, 현상관리자의 눈에 인적자원이 소중한 존재일 수는 없는지, 단순한 행정, 관리 업무만 수행한다는 인식에서 벗어나 기업의 성과창출에 더 도움이 되는 전략적 파트너(strategic partner)가 될 수는 없는지 등"이 중요한 질문이다.

이와 관련해 크리스텐슨(Christensen, 2009)의 HR 구분이 흥미롭다. 그는 '대문자 HR'과 '소문자 hr'을 구분해, 전자는 전략적 인적자원관리를, 후자는 전술적 노무관리를 지칭하는 용어로 사용한다. 특히, HR은 비즈니스 전체를 외부환경과 내부역량과 연관해 맥락적으로 파악하고 성과를 달성하는 데 필요한 인적자원관리의 전략적 그림을 그리고 실행모델을 구축하는 기능을 수행한다.

울리치와 크리스텐슨의 견해에 좀 더 부연하면, 전략적 파트너란 기업 경영의 핵심 축을 이루며 목표달성 과정에서 중요한 의사결정의 지분을 확보한 지위를 말한다. 항상 강조하듯이, '전략적'이란 목표달성에 '직접적이고 유의미한' 공헌을 하는 정도를 의미하는 용어다. 인적자원관리가 전략적 역할을 수행한다는 뜻은 그 만큼 조직의 성과향상에 직접적이고 의미 있게 기여하고 있다는 것을 말한다.

반면 기능적 관리 역할에 머물고 있다면 이는 비록 필요한 역할을 수행하는 것은 사실이나 조직의 성과향상에 직접적 영향을 미칠 만큼 전략적 위상을 갖고 있지는 못함을 의미한다. 전략적 파트너의 지위에 설 경우에는 기업의 경영전략을 수립하고 집행하는 전 과정에서 중요한 의사결정자로 참여하지만, 기능적 관리자의 지위에 머물 경우에는 의사결정자로 참여하기보다는 정해진 전략에 따라 인사관리를 집행하는 오퍼레이션의 역할만을 수행할 뿐이다.

인적자원관리전략의 실질적 역할을 둘러싼 이 논의는 80년대 이후부터 지속적으로 제기된, 그다지 새로운 주제는 아니다. 그러나 아직까지도 전략적 파트너로 역할 해야 한다는 '당위적 해답'만이 제시돼 있을 뿐, 실제로 전략적 파트너가 될 수 있는 해법은 구체적이지 않다.

> "HR의 역할이 관리에서 변화로 전환하기 위해서는 효율적인 관리업무에서 효과적인 전략적 변화관리 실행으로 바뀌어야 한다. 이를 위해서는 새로운 사고와 모델, 관행, 역량이 필요하다. 그런데 아직도 많은 사람들이 HR을 과거의 관리업무 활동으로 인식하고 있다. 오늘날의 비즈니스는 조직에게 민첩성, 신속성, 혁신, 협력, 인재, 탄력성 등의 역량을 요구하고 있다. 그런데도 대부분의 HR 조직이 판에 박힌 관리업무만을 수행하고 있다. 관리행정업무에만 치중하는 과거의 HR은 오늘날의 HR이 전략적 가치를 창출하는 데 방해요소가 된다."
>
> – 크리스텐슨, 2009

크리스텐슨은 현대 인적자원관리가 전략적 파트너로 기능하기 위해서는 구체적 로드맵이 필요함을 강조하고 있다. “많은 HR 전문가들이 전략적 역할을 수행하고 싶어 한다. 그러나 그런 역할을 적극적으로 수행할 준비를 갖춘 이는 많지 않다. 왜 그런가? 전략적 역할을 구체화할 수 있는 로드맵이 없기 때문이다.” 그렇다면 구체적 로드맵은 무엇인가. 이는 아직도 많은 탐구가 필요한 과제이거니와 이 글은 이에 대한 잠정적 해답을 담고 있기도 하다. 이후 설명하는 역사, 환경, 이론, 전략을 함께 토론하면서 인적자원관리 전략이 ‘직접적이고 유의미한’ 성과를 창출하는 전략으로 발전할 수 있는 가능성과 구체적 조건을 탐색해 보자.

참 고

1. 드러커의 경영

인적자원관리 전략은 경영이라는 거시전략의 하위전략이다. 따라서 인적자원관리 전략의 본질을 이해하기 위해서는 전략으로서의 경영에 대한 이해가 선행돼야 한다. 경영이란 무엇인가. 드러커는 〈미래경영〉에서 어떤 경영사가보다 풍부한 의미를 제시하고 있다. 그의 견해를 인용한다.

“경영은 [다음의] 기본원칙들에 기초한 전략이다. (중략) 경영이란 인간에 관한 것이다. 경영의 과업은 서로 다른 기술과 지식을 가진 사람들로 하여금 공동의 성과를 올릴 수 있도록 하는 것이다. 각자의 강점을 활용하여 공동의 목표를 달성할 수 있도록 하고, 각자의 약점이 목표를 달성하는 데 장애가 되지 않도록 만들어 주는 것이다.”

“경영은 공동의 목표를 위해 사람들을 통합하는 것이다. 따라서 경영은 문화와 매우 깊은 관련이 있다. 모든 기업은 구성원들이 공동의 목표와 가치관을 가질 것을 요구한다. 공동의 목표와 가치관이 없는 기업이란 단지 사람들의 집합에 지나지 않을 뿐 기업으로서는 존재할 수 없다. (중략) 기업의 사명은 공동의 비전을 제공할 수 있을 정도로 충분히 명확해야 하며 또한 충분히 포괄적이어야 한다. (중략) 경영의 첫 번째 과제는 공동의 비전과 목표 그리고 가치관에 대해 깊이 생각하고, 결정하고, 구성원들에게 제시하는 것이다.”

“경영은 또한 조직과 그 구성원들이 새로운 요구와 기회 그리고 변화에 맞추어 성장하고 발전할 수 있도록 해주어야만 한다. 모든 기업은 학습하는 기관(learning institution)이자 가르치는 기관(teaching institution)이다. 훈련과 개발은 모든 경영 계층에 확립돼야 한다. 그리고 훈련과 개발은 절대로 중단돼서는 안 된다."

"모든 기업은 서로 다른 여러 종류의 작업을 하는 데 필요한 온갖 기술과 지식을 가진 사람들로 구성돼 있다. 따라서 기업은 커뮤니케이션과 개인의 책임을 바탕으로 조직되지 않으면 안 된다. 모든 구성원은 자신이 달성하려고 하는 목표가 무엇인지 깊이 생각해야 한다. (중략) 모든 구성원은 다른 사람들로부터 어떤 도움을 받아야 하는지 깊이 생각해야만 한다 – 그리고 자신이 다른 사람에게 무엇을 기대하고 있는지에 대해서 그들이 확실히 이해할 수 있도록 해야 한다."

"수익률 혹은 생산량 등은 그 자체만으로는 경영과 기업에 대한 적절한 성과지표가 될 수 없다. 시장 점유율, 혁신, 생산성, 인적자원 개발, 제품의 품질, 재무 상태가 (이 모두가) 기업의 성과와 생존에 결정적 영향을 미친다. (중략) 성과는 측정돼야만 한다. 적어도 최소한 평가돼야 한다. 그리고 성과는 끊임없이 개선돼야만 한다."

"가장 중요한 것은 경영의 결과는 언제나 기업의 외부에 나타난다는 사실이다. 기업의 결과란 곧 고객의 만족을 의미한다. 병원의 경우에는 환자의 치료율이다. 학교에서는 무언가를 배워 10년 후에 그것을 업무에 활용하는 학생이 그 결과다. 기업 내부에는 오직 비용만이 존재할 뿐이다."

2. 성과창출을 위한 전략적 게임

드러커의 견해를 다소 길게 인용한 이유는 경영의 본질과 다양한 측면이 잘 담겨 있기 때문이다. 여기서 전략적 게임으로서의 경영에 대해 좀 더 설명하고자 한다. 나는 이 장에서 경영을 '성과를 창출하는 게임'으로, 다소 거칠게 정의했다. 그러나 이 간명한 명제는 경영의 다양한 본질을 잘 담고 있다.

첫째, 경영은 전략적 게임이다. 게임이란 상대의 수에 따라 자신의 수를 수정해야 하는 상황을 강요한다. 경영에서의 상대는 경쟁사일수도 있지만 더 폭넓게는 환경 그 자체다. 기술적 환경의 변화, 시장 환경의 변화, 경쟁사의 도약 혹은 쇠퇴, 정부 정책의 변화, 인구구성의 변화, 시민의식의 변화 등 경영이 게임의 장에서 상대해야 할 유·무형의 플레이어(혹은 상대방)는 너무도 다양하다. 그만큼 경영은 생물처럼 변화하는 동태적 전략이다.

둘째, 성과창출이라는 목적으로부터 자유롭지 않다. 이는 성과창출, 특히 이윤창출만이 유일한 목적이라는 뜻이 아니다. 물론 기업은 이윤을 창출해야 한다. 지속가능한 경영을 위해서는 이윤의 확보가 필요조건이기 때문이다. 그러나 이윤창출이 기업이 달성하고 자하는 성과창출이라는 목적을 모두 설명하지 못한다. 이윤은 성과의 한 요소일 뿐이다. 기업의 성과는 그 범위가 넓다. 좁게는 이윤을 획득하는 것에서 넓게는 소비자의 필요를 충족하는 일(드러커), 사회에 건강한 인재를 육성하는 일, '살고 싶고 살기 좋은' 공동체를 만드는 데 공헌하는 일 등 그 예는 무수하다. 따라서 성과창출을 위한 게임 플레이어로서의 기업은 단지 이윤창출에만 매몰된 '옹졸한 존재'가 아님을, 그리고 아니어야 함을 주의 깊게 이해해야 한다.

한 가지 부연하면, 생산의 주체인 기업에 대해서도, 위와 같은 맥락에서 좀 더 폭 넓은 이해가 필요하다. 기업은 일정한 자원을 동원해 사회가 필요로 하는 재화와 서비스를 생산하는 주체다. 이때 생산의 주체는 자본가나 경영자가 아니라 '기업' 그 자체라는 점에 주의해야 한다. 그 기업은 하나의 사회적 조직으로서 기본적으로는 자본가, 경영자, 노동자로 구성되는 단위다. 그러나 이해관계자는 여기에 국한되지 않고 소비자, 지역공동체, 정부, 시민사회 등 다양한 주체가 포함된다. 이윤창출만을 목적으로 하는 영리단체가 아니라 공동체를 구성하는 가장 역량 있는 사회적 조직체계로서의 본질이 더 크고 중요하다.

3. 이윤추구 집단이 아니다. 사회적 기관이다.

이는 드러커에 의해서도 항상 강조되고 있는 점이다. 그는 "기업이란 무엇인가"에 대한 대답을 다음과 같이 설명하고 있다.

"기업이란 무엇인가, 라는 질문을 하면 '이윤을 추구하는 조직'이라는 대답을 한다. 하지만 그 대답은 틀린 것일 뿐만 아니라 기업을 설명하는 데 있어 적합하지도 않다."

"이윤극대화(profit maximization)는 돈벌이에 관한 오랜 상투어, 즉 "싸게 사서 비싸게 판다"는 말의 현학적 표현에 불과하다. 이 개념은 기업의 수행하는 경영활동을 제대로 설명하지 못한다. 또한 기업 경영을 어떻게 해야 하는지에 대해서는 더더욱 아무것도 설명해 주지 못한다. 기업과 기업 경영을 설명하는 데 있어 이윤극대화 개념은 사실상 의미가 없다. 이윤극대화 개념은 수익성(profitability)의 의미를 왜곡해 신화화할 위험이 있다. 이윤과 수익성은 중요한 것이다. 기업들에게 중요한 것 이상으로 사회를 위해서도 중요하다. 그러나 이윤은 기업과 기업 경영의 목적이 아니라 제약 조건일 뿐이다. 이윤은 기업 활동과 의사결정에 있어서 원인이나 이유 혹은 근거가 되지 않는다."

"이윤의 극대화 혹은 이윤 동기라는 개념은 기업의 기능과 기업의 목적, 과업을 설명하는 데 잇어 적절하지 않다. 사실 '이윤동기' 개념은 부직질한 징도를 넘어 해를 끼치고 있다. 그 개념은 산업사회에서 가장 위험한 질병, 즉 이윤의 본질에 대한 오해 그리고 이윤에 대한 뿌리깊은 증오심을 불러일으킨 주요 요인이다. (중략) 그것은 기업의 이윤 추구와 사회적 공헌 능력은 본질적으로 보순된다는 지배적 인식이 확산되는 데 상당 부분 책임이 있다. 하지만 기업은 높은 이익을 올릴 때 에만 비로소 사회적 공헌을 할 수 있다."

"기업이 무엇인가? 기업의 목적은 외부에 있다. 기업은 사회의 한 기관이므로 기업의 목적은 사회에 있어야 한다. 기업의 목적에 대한 타당한 정의는 오직 하나뿐이다. 기업의 목적은 고객을 창조하는 것이다. 시장을 창조하는 것은 신이나 자연 혹은 경제적 힘이 아니다. (중략) [고객의 욕구]는 기업활동을 통해 유효수요로 전환되기 전까지는 잠재적 욕구로서만 머물러 있을 뿐이다. 오직 기업활동을 통해 유효 수요로 전환된 후에만 고객도 시장도 존재하는 것이다. (중략) 기업이 무엇인지를 결정하는 것은 고객이다. 제품과 서비스에 대해 대가를 치를 의향이 있는 고객만이 기업의 경제적 자원을 부로, 다시 말해 단순한 자원을 재화로 전환시켜 주기 때문이다. 고객이 구입하는 것, 그리고 가치가 있다고 생각하는 것은 제품이나 서비스 그 자체가 아니다. 그것은 언제나 제품과 서비스가 고객에게 제공하는 그 무엇, 즉 효용(utility)이다."

4. 경영과 인적자원관리 전략

인적자원관리는 경영의 하위전략이다. 결국 전략으로서의 인적자원관리 역시 게임의 장에서 전략적 수단이어야 하며 동시에 성과를 창출하는 효과성도 지녀야 한다. 인적자원관리 역시 환경의 다양한 변화를 적절히 읽어내고 그 변화가 조직에게 어떤 영향을 미치는 지, 어떤 의미를 부여하는 지 등을 독해해야하며 이에 대응해 변화하는 '전략적 유연성'을 지녀야 한다. 또한 이 전략적 유연성은 성과창출과 늘 연계돼야 하거니와 '성과'가 '이윤'만을 의미하지 않는다는 것은 경영전략에 대한 설명에서와 같다.

인적자원관리에서 좀 더 주의를 기울일 성과는 무엇인가. 첫째, 인적 자원의 축적으로 기업의 재무적 성과에 긍정적으로 기여하는 것은 간과하지 말아야 할 전통적인 성과요소다. 둘째, HR 성과로 통칭되는 다양한 성과에 주목해야 한다. 구성원의 몰입, 만족, 더 넓게는 행복을 얼마나 증진시키고 있는지, 구성원들은 조직이 원하는 새로운 역량을 잘 개발하고 있는지, 이와 더불어 그들은 자신이 원하는 새로운 역량도 균형있게 개발하고 있는지, 구성원들은 일을 통해 삶을 윤택하게 하고 윤택한 삶이 다시 생산성 높은 일로 선순환을 이루는 구조에 놓여있는지, 등 인적자원관리가 주목해서 보아야 할 '성과'는 매우 다양하고 넓다. 현대 인적자원관리전략이 이러한 성과를 조화롭게 달성할 수 있는 전략으로 거듭날 수 있도록 모두가 함께 노력해야 한다.

요 약

이 장의 핵심은 세 가지로 요약됩니다.

첫째, 인적자원관리의 개념과 본질을 이해하는 데 있습니다. 인간관, 접근전략, 중심가치, 시대적 배경에서 인적자원관리는 전 단계의 전략인 인사관리전략과 커다란 차이가 있습니다. 그 차이를 단절적 변화라 불러도 좋을 것입니다.

둘째, 핵심역량은 인적자원관리의 본질을 이루는 개념입니다. 희소성, 모방불가능성, 대체비용이성 등 세 가지 요소에 기초한 핵심역량의 개념은 지속가능한 비교우위 능력을 제공하는 중요한 자원입니다.

셋째, 현대 인적자원관리가 갖는 한계에 대해서도 주의를 기울여야 합니다. HRM은 전가(傳家)의 보도(寶刀)가 아닙니다. 물론 현대 경영에서 핵심을 이루는 하위 전략임에는 틀림없지만, HRM만으로 모든 것을 해결할 수 있다거나 HRM만이 유일한 최선의 방책이라는 식의 사고는 오류일 뿐만 아니라 인적자원관리의 발전에도 도움이 되지 않습니다. 중요한 전략이지만 근원적 한계를 가지고 있다는 것을 균형 있게 이해할 때 비로소 보다 발전된 인적자원관리 전략을 고안해 낼 수 있습니다. 무엇보다 효율성과 자원성을 어떻게 조화해야 하는지, 노동시장의 이중화와 '두 국민 문제' – 아직도 비정규노동 문제는 우리사회를 양극화시키는 가장 근원적 사회문제이기도 합니다 –를 현대 인적자원관리는 어떻게 풀어야 하는지에 대해 많은 고민이 필요합니다.

과 제

생각해볼 거리

1) 인적자원관리 개념을 이론적으로만 이해하지 말고 자신의 삶을 경영하는 데 필요한 자원으로 활용하길 바랍니다. 개념적 요소에 기초해 나의 삶은 어떻게 바뀌어야 하는지를 고민하고 토론해봅시다.

2) 경영에 있어 높은 인건비 비중은 전통적인 인사관리가 발전하게 되는 배경이기도 합니다. 한국의 경우(외국과 비교해서), 경영비용 중 인건비가 차지하는 비중이 얼마나 되는지, 그 추이는 어떠한지를 산업별, 기업별 등으로 조사해 봅시다.

3) 지식정보화 사회는 한마디로 지식과 정보가 부가가치 창출의 원천이 되는 사회라 할 수 있습니다. 창의적 지식이 부가가치의 원천이 되는 예를 조사하고 토론합시다.

4) '땅콩 회항', '쩜오계약' 등 비상식적인 경영진의 행태, 인사관리 관행이 한국 사회에도 만연해 있습니다. 우리나라 경영자들의 잘못된 관행 혹은 꼴불견 중 인적자원관리와 관련된 사례는 무엇인지 조사하고 이를 극복할 수 있는 방법은 무엇인지 토론합시다. (김순천의 〈대한민국 나쁜 기업보고서: 나를 지켜주는 기업이 필요해요〉(2013, 오월의 봄 출판)는 좋은 참조가 될 수 있다)

5) 인적자원관리전략은 과거의 인사관리전략에 비해 우월한 면을 갖추고 있습니다. 그러나 많은 한계를 갖기도 합니다. 어떤 한계가 있는지를 이 장을 참고해서 고민해봅시다.

해 석

1) "대부분의 기업에서 노동비용은 전체의 절반을 넘는다. 루스가 주장한 것처럼, 인적자원은 아마도 가장 커다란 비용발생 부문일 것이다. 게다가 제대로 관리되지도 않는다. 치크 역시 인사부서 역시 생산성 향상을 통해 비용절감을 효과적으로 이뤄내는 데 실패하고 있다고 지적한다. 가장 큰 이유는 스태프들의 무능과 사업을 수행하는 데 적절한 자원을 공급하지 못하는데 있다. 인적 자원의 중요성은 비효율적인 인재경영으로 인해 초래될 수밖에 없는 경제적 리스크와 기회 손실을 충분히 고려하고 개선하는 데 있다."

2) "가장 근본적인 것은, 경영을 한번이라도 경험한 사람이라면 확신할 수밖에 없듯이, 메이오의 기본인식이 옳았다는 점이다. 경영은 정말 사람에 관한 것이다. 경영은 마치 가정이 곧 가족의 문제인 것처럼, 경영도 구성원의 문제가 중요하다. (중략) 그럼에도 불구하고 구성원에 대한 열망에 제대로 부합하는 핵심이 무엇인가, 에 대해서는 아직까지 연구가 부족하다. 인간관계에 대한 연구가 필수적이거니와 인간관계의 측면에서 가장 중요한 것은 '더 나은 사람'으로 성장하도록 돕는 것이다"

3) "조직은 법이나 사회적 규제를 따르는 것이 보통이다. 그 이유는 이러하다. 하나는 윤리적이고 바람직한 행위는 모든 조직이 수행해야 할 '내재적 사명'이기 때문이다. 다른 하나는 관련 법령 위반으로 법적 소송을 당할 경우 직접적으로 손실이 나는 것은 물론 이미지에 커다란 타격을 입거니와 이를 피하기 위함이다. (중략) [그러나] 노동관련 법령은 모호하고 서로 다른 해석이 가능한 경우가 많다. [미국의 경우] 1960-70년대 고용관계를 규율하는 법률이 다수 제정되기 시작했고 이는 대부분의 기업에서 인사관리부서가 핵심적 기능을 담당하는 부서로 성장하게 된 배경이 됐다."

4) "인적자원에 대해 투자의 관점을 취하는 것은 경쟁자로 하여금 쉽게 모방될 수 없다는 점을 고려할 때 더욱 중요한 의미를 띠게 된다. 공장시설이나 생산품, 서비스, 기

술, 시장 등 물적 자원은 경쟁자에 의해 쉽게 모방된다. 인적 자원은 또한 쉽게 대체될 수 없으며 따라서 기업이 시장에서 지속적으로 비교우위를 향유할 수 있게 한다. 이러한 인적 자원의 비교우위성은 오늘날 점점 더 중요해지고 있다. 대부분의 직무에서 요구되는 기술은 점차 매뉴얼화될 수 없으며 본질적으로 지적이고 지식에 근거한 것으로 바뀌고 있기 때문이다. 항상 현재 진행형인 급변하는 기술은 작업장을 변화시켰고 그 결과 단순노동이 지식노동자에 의해 대체되고 있다. 조직의 '기술'은 자본에 축적되기 보다는 점차 사람에게 축적되고 있다. 사고력와 의사결정능력은 복잡한 데이터를 분석하는 스킬과 더불어 개별 조직구성원에 의해 소유되는 것이지 조직이 이를 소유할 수 없게 됐다."

5) "인적 자원(자산)으로서의 조직구성원의 중요성이 커져가는 것은 인적 자원에 대한 전략적 관리가 어느 때 보다 중요해지고 있다는 점을 함축한다. 이는 HR을 이제 투자의 관점에서 파악해야 함을 의미한다. 공장시설, 재산, 기계, 기술과 같은 물적 자본은 물론 이들을 투자의 관점에서 관리함으로써 그 효율성이 높아진다. 조직은 전략적 목표에 부합하도록 고성과의 차원과 높은 투자수익의 차원에서 최적의 조합을 만들어 나가야 한다. 인적 자원을 투자의 관점에서 바라보는 것 역시 물적 자원에 대한 투자에서처럼 생산 비용으로만 바라봐서는 안 된다. 조직이 보유한 사람에게 어떻게 투자하는 것이 최선의 길인가를 고민해야 한다."

6) "고용안정 혹은 기업의 성공을 위해 인적자원을 중시하는 관점이 의미하는 바는 무엇인가. 이는 조직이 올바른 사람을 올바를 방법으로 선발하는 것이 중요함을 의미한다. 사우스웨스트 항공은 '올바른 사람'을 어떻게 뽑을 것인가를 치열하게 고민했다. 실제로 사우스웨스트 항공은 우량 고객을 선발해 달러스 행 항공편을 타게 하고 그 과정에서 신입사원을 면접하는 데 참여하도록 하기도 했다. 실제로 일선에서 일하는 승무원들의 서비스를 직접 경험한 고객이야 말로 누가 최고의 직원이 될 수 있는 지를 판단할 수 있다고 보았기 때문이다."

7) “기업의 고용안정 철학은 구성원들에 대해 지속적인 관심과 배려를 쏟을 것이라는 메시지를 전달한다. 상호호혜성이라는 규범은 이러한 조직의 배려가 충분한 보상으로 돌아온다는 점을 보장한다. 그러나 반대로 직원들이 언제라도 대체가능한 노동일뿐이라는 인식을 주는 조직은 충성이나 몰입, 더 많은 노력을 자발적으로 기울이고자 하는 마음을 만들어내지 못한다. (중략) 고용안정은 직원들의 참여의지를 높인다. 실제로 직원들은 해고에 대한 불안이 없을수록 일하는 과정에서 더 많은 공헌을 하고자 한다. 고용안정은 또한 교육훈련 투자를 촉진시키는 효과도 있다. 기업은 직원이 오랫동안 근무할 것을 기대하기 때문에 더 많은 투자를 할 유인이 생기며, 직원 역시 오랜 동안 일할 직장이라면 기술향상에 좀 더 적극적으로 참여함으로써 나중에 그 성과를 언제라도 보상받을 수 있다고 생각하기 때문이다.”

8) “인간을 자산으로 보는 것에는 딜레마가 존재한다. 인적 자원에 투자하지 않는 기업이라면 노동시장에서 유망한 인재들에게는 매력적인 기업이 아니므로 외면 받을 수밖에 없을 뿐만 아니라 현재 근무하는 직원들을 유지하는 데도 어려움이 많을 것이다. 이 경우 그 자체가 비용을 발생시킨다. 새로 충원하거나 새 직원을 훈련하는 데 비용이 들기 때문이다. 조직의 경쟁력을 떨어뜨는 것은 물론이다. 그러나 기업은 사람에게 투자하고 나면 그 투자가 손실이 돼서는 안 된다. 예를 들면, 기업의 교육훈련 투자를 통해 잘 훈련받은 직원은 시장에서는 더 매력적인 자원이 돼 있다. 특히 높은 보수를 제공할 능력이 있는 경쟁사에겐 이들이 더 매력적이다. 기업의 물적 자원은 적어도 ‘걸어 나가지는 않는다’. 그러나 사람은 걸어 나갈 수 있다. 결국 사람에 대한 투자는 그만큼 리스크가 크다. 기업은 물적 자원을 사들이고 나면 소유권을 얻는다. 그러나 인적 자원에 대해서는 그런 소유권이 인정되지 않는다. 결국 조직은 잘 훈련된 직원이 회사에 계속 남을 수 있도록 유인하는 수밖에 없다. 그래야 교육훈련으로 투자된 성과를 회수할 수 있다.”

2

경영의 역사와 인적자원관리의 전개

1

역사적 고찰은 왜 필요한가

1. 역사 인식의 중요성

역사적 고찰은 왜 중요한가. 일반적으로 사회과학이 다루는 사회적 '현상' 혹은 '제도'는 늘 자신의 고유한 기원을 가지고 있다. 어느 시점에서 발생한 현상은 시간이 지나면서 자신의 존재양식을 변형한다. 그 변형 중 의미 있는 변화 혹은 본질적 변화가 발생하는 시기가 있거니와 이는 이전과 이후를 구별하는 중요한 국면(critical phases)을 형성한다. 사회의 모든 제도는 발생 이후 몇 개의 중요한 국면을 거쳐 지금 우리가 경험하는 제도로 존재하는 것이다. 역사적 고찰은 사회적 제도의 기원을 해명하는 것이며 시간을 통해 변형된 과정 - 왜 그리고 어떻게 - 을 이해하는 것이다. 인적자원관리에 대한 역사적 고찰도 이 전략의 기원과 변화과정을 이해하기 위함이다. 처음 인적자원관리는 어떤 모습을 띠고 시작됐는가, 그 모습은 어떤 과정을 거쳐 변화했는가. 이를 이해하면 인적자원관리의 현 모습이 왜, 어떤 과정을 거쳐 지금의 상태에 이르렀는가를 이해할 수 있게 된다.

역사적 이해는 단지 과거에 대한 우리의 인식을 넓히는 데 그 목적이 있지 않다. 역사적 이해는 그 현상의 기원과 변화과정에 대한 파악을 통해 그 현상이 갖는 독특한 논리를 드러낸다. 독특한 논리는 사회과학적 법칙을 담고 있거니와 법칙에 대한 이해는 그 현상이 앞으로 어떻게 변화할 것인가, 라는 문제에 대해 중요한 실마리를 제공한다. 물론 향후 변화 방향은 단선적이지 않다. 외려 다양한 것이 일반적이다. 사회현상은 자신의 고유의 특성과 논리를 가지고 있음에도 불구하고 환경 변화, 행위자의 상호작용 혹은 역관계 등에 따라 다양한 발전 가능성을 내재하고 있기 때문이다. 인적자원관리의 역사를 이해하는 것 역시 전략에 내재된 본질과 변화의 근본원인과 과정, 향후 방향 등을 이해하는 데 커다란 도움이 된다.

유념할 또 한 가지는, 역사 인식은 현재의 상황을 고정적인 것으로 보지 않는다는 가정을 전제한다. 최근 민주주의의 기원과 발전과정에 대한 방대한 저작 〈민주주의의 삶과 죽음〉을 출간한 존 킨(John Keane, 오스트레일리아 정치학자)은 역사 인식의 중요성을 다음과 같이 설명한다.

> "[이 책은] 민주주의의 기원과 미래에 대한 새롭고 좀 더 강력한 역사 인식을 지니도록 요청합니다. 사실성(史實性)을 강조하는 것은 단지 과거에 대한 무지가 현재에 대한 오해를 낳는다는 이유 때문만은 아닙니다. 더 중요한 이유는 (중략) 민주주의라는 것은 각 시대 상황에 민감하게 반응하는 특별한 정치형태로서, 권력 관계가 바뀔 수 있다는 감각을 사람들이 공유할 수 있게 하기 때문입니다."
>
> –존 킨, 2017, 11면, 수정해서 인용함

과거에 대한 이해는 인식의 폭을 넓혀 새로운 상상력을 자극한다. 그러나 존 킨이 더욱 강조하는 것은 '변화가능성'에 대한 인식이다. 변화가능성에 대한 인식은 현재의 것에 과도한 권위를 부여하지 말라는 주문이다. 현재의 제도는 지금의 역관계(power relations)의 산물이다. 인적자원관리도 마찬가지다. 현재의 자본(경영), 노동(노동대중), 국가(정부), 제3섹터 등 관련 행위자들의 역관계가 반영된 산물이라면, 이는 고정적 권위를 지니는 현상은 아니다. 보다 나은 방향 - 그것을 거칠게 민주주의, 혹은 모두를 위한 어떤 것이라고 하자 - 으로 변형, 발전될 수 있는 가능성이 내재돼 있다. 그 가능성을 포착하고 모두를 위한 제도로 변화시키기 위해서는 무엇보다 역사적 인식을 높여야 한다.

역사에 대한 이해는 미래를 이해하는 기반임을, 앞서 언급했다. 인적자원관리론이나 경영학에서의 미래예측과 관련해 부연할 것은 불확실성 혹은 리스크에 대한 이해가 중요하다는 점이다. 미래에 대한 예측과 관련해서는 확률적 이해만이 가능하다. 어떤 상황이 나타날 것인가, 그 상황이 나타날 가능성은 어느 정도인가, 라는 문제는 불확실성에 대한 물음에 있어 중요한 질문이다. 리스크의 본질은 무엇인가. 경영학에서 중점을 두는 리스크란 의사결정과 관련된 리스크다. 이를 체계적으로 설명한 이는 경제학자 프랭크 나이트(Frank Knight)[1]다. 그는 의사결정에 필요한 정보의 속성을 확정성의 정도에 따라 확실성, 리스크, 불확실성, 무지 등 4개로 나누었다. 확실성은 어떤 현상이 어떤 시점에서 반드시 나타나는 것을 말한다. 변화의 방향과 내용을 사전에 예측할 수 있으며 따라서 효과적인 대응도 가능한 상태다. 리스크란 어떤 상황이 일어날 것인지를 알고 있고 발생할 확률도 알고 있는 상태다. 확실성에 비해 확정성의 정도가 낮지만 확률적인 예측이 가능한 상태다. 반면, 불확실성은 나타날 상황은 알고 있으나 발생 확률을 모르는 경우다. 앞으로 전개될 상황과 변화의 내용을 예측할 수 있으나 변화가 발생할 가능성이 얼마나 되는지는 알지 못하는 상태다. 변화의 내용과 발생할 확률을 모두 알 수 없는 상태라면 이는 무지의 상태다. 확실성과 무지 상태는 현대 경영에 있어 그다지 중요한 상황이 아닐 수 있다. 확실성은 명확한 대응을, 무지는 어떤 것도 할 수 없는 상태이기에 당장 할 수 있는 대안이 없기 때문이다.

반면 리스크와 불확실성은 고도의 판단을 요구한다. 그 판단의 적실성은 그 현상 혹은 제도의 기원과 변화과정을 이해할 때 높아진다. 역사에 대한 이해는 기원과 과정을 이해할 수 있을 뿐만 아니라 향후 발전 가능성 혹은 변화 가능성에 대한 확률적 이해를 높인다는 점에서, 리스크와 불확실성이 가중되는 현대 경영에서 매우 중요한 요소라 할 수 있다. 인적자원관리의 역사를 이해해야 하는 이유도 여기에 있다. 인적자원관리를 둘러싼 환경은 매우 불확실하고 리스크도 크다. 앞으로 전개될 변화에 전략적으로 대응할 수 있는 인재경영 전략을 수립하기 위해서라도 역사에 대한 이해는 모든 경영자뿐만 아니라 연구자(이론가)에게 필요한 필수 덕목이다.

1) 미국의 경제학자이자 사회철학자다. 시카고 경제학파 창시자 중 하나로 확률분석의 대상이 되는 위험문제와 대상에서 제외되는 불확실성 문제를 구별했다. 특히 불확실성을 이윤발생의 원천으로 사고하고 기회비용개념을 확립해 한계수이균등의 법칙 등을 주장했다.

2. 역사를 이해하는 방식 _ 하나의 코드가 필요하다.

그렇다면 역사적 이해를 위해서는 어떤 접근이 유용할까. 나는 역사라는 긴 시간을 꿰뚫을 수 있는 하나의 코드(code)가 필요하다고 본다. 그 코드란 기준 혹은 분석 틀이라 해도 무방하다. 인적자원관리를 '인적자원'의 전략적 형성과 활용을 통해 '성과'를 내는 총체적 활동으로 이해한다면, 그 기원과 전개과정을 이해하기 위해서는 성과드라이브, 즉 성과창출의 동력이라는 코드가 어떻게 변화해 왔는지를 살피는 것이 필요하다. 인적자원관리의 역사는 성과창출 동력으로서의 '인적 자원'에 대한 역사다. 그 핵심은 기업이 성과를 창출하는 핵심자원으로서의 인적자원을 어떻게 바라보고 어떻게 운용했는지를 살피는 일이다. 인적자원관리는 경영전략의 한 요소인 만큼 경영의 역사와 연동해서 인적자원관리의 역사를 파악해야 함은 물론이다.

2

인적자원관리의 기원 _분업과 협업

1. 피라미드의 비밀은 인적자원관리에 있었다

우선 인적자원관리의 기원을 살펴보자. 임창희(2014)는 선사시대에서도 인적자원관리의 기원을 찾을 수 있다고 말한다.

> "인천시 강화군에는 선사시대에 만들어진 지석묘가 있다. 아무런 도구도 없던 선사시대에 가로와 세로로 수 미터나 되는 돌들을 세우고 그 위에 다시 큰 돌판을 얹는 것은 어떻게 가능했을까"
>
> –임창희, 37면

많은 인력이 동원됐을 것이고 가축이나 간단한 도구들이 활용됐을 것이다. 인력의 동원은 개별 인간들의 힘을 결합해 그 합을 능가하는 힘을 생산하는 중요한 기법이거니와 하나의 축조물을 쌓을 때 인적 자원의 효율적 활용은 그 생산성을 결정하는 데 중요한 요소가 될 수 있다. 선사시대에도 역시 사람을 조직적으로 동원하는 지혜가 있었을 것이고 그 결과가 지석묘와 같은 유물로 남게 되거니와 '사람이라는 자원의 조직적 동원'은 인적자원관리의 원형적 사실로 볼 수 있다.

그보다 더 흥미로운 사실은 5천 여 년 전에도 인적자원관리가 성과창출의 핵심요소였고, 그 중 경청이 으뜸이었다는 사실이다. 현대 경영이 1990년대가 돼서야 발견한 인간적 요소를 선사시대 인류는 이미 실천하고 있었던 셈이다.

> "지금으로부터 4,700여 년 전 이집트의 이시(Issi) 왕의 신하가 왕국 관리를 위해 만든 관리지침에는 다음과 같은 글귀가 나온다. '만일 네가 백성으로부터 청원을 받는 입장이라면 그가 무슨 말을 하든지 잠잠히 귀 기울여라. 그가 나가기 전까지는 그를 거절하지 말라. 그가 청원한 모든 것을 해결해주라는 것은 아니지만, 그의 말을 경청하는 태도를 보이면 그만큼 그의 마음에 위안을 주는 것이다'"
>
> –임창희, 38면

위의 인용문에서도 고대 이집트 시대 왕국 관리의 기본 원칙이 나타난다. 그 핵심은 왕국을 구성하고 있는 구성원, 즉 인적 자원을 소중히 여기고 그들의 관심에 귀 기울이라는 점이다. 인적자원관리의 현대적 핵심이 이미 5천 여 년전 인류에 의해 구현되고 있었다는 점이 놀랍다.

> "기원전 2,500년경에 만들어진 것으로 추정되는 이집트 구푸 피라미드. 탐사 과정을 통해 밝혀진 것은 약 2만 여명이 피라미드 축조에 동원됐을 것이라는 추측이다. 발굴팀장은 다음과 같이 말했다: 2만여 명 중에는 정규직과 임시직이 섞여 있었으며 임시직은 수시로 교체됐다. 이집트 백성들은 교대로 이곳에 와서 일을 하면서 사람들과 어울렸다. 그것이 이집트 민족을 사회화하고 하나로 통합했다. 나는 어떻게 피라미드를 건설했느냐 보다 피라미드가 어떻게 이집트 왕국을 유지하는 데 기여했는지가 더 흥미롭다."
>
> –임창희, 38면

이미 고대시대에도 정규직과 비정규직의 구분이 있었다는 사실이 새삼 놀랍기도 하거니와(물론 이는 추정되는 역사적 사실이며, 현대 노동시장에서 나타나는 정규-비정규직과는 내용상 매우 다를 것이다), 추측컨대 핵심 인력과 주변 인력의 구분은 있었을 것이다. 주로 핵심인력을 중심으로 중요한 일을 수행케하고 체력 수준이 낮은 주변 인력들은 허드렛일을 담당했을 확률이 높다. 인력을 동원하는 데 있어 역량과 기술수준에 따라 과업을 배분함으로써 일의 효율적 수행을 도모했다는 점은 인적자원관리의 기원을 이해하는 데 도움이 된다.

무엇보다 노동과정을 통해 사회화를 이루고 동시에 사회를 하나의 공동체로 통합했다는 사실은 현대 인적자원관리를 이해하는 데도 중요한 시사점을 제공한다. 노동과정이란 단순히 일정한 상품이나 서비스를 생산하는 '물리적 기능'만을 의미하는 것이 아니라, 이를 통해 하나의 공동체 - 기업 혹은 노동공동체라 부를 수 있다 - 를 형성하는 사회적 기능이 함께 내포해 있다는 점에 주목할 필요가 있다. 하나의 공동체로의 통합은 일의 효율성을 높이는 데 필요한 기반일 뿐만 아니라 함께 하는 과정에서 서로가 서로에게 영향을 미치며 삶의 발전시켜 나가는(자아실현, 사회적 자아의 발전 등) 과정이기도 하다. 현대 인적자원관리는 가치 생산의 효율성뿐만 아니라 노동에 참여하는 모든 이가 주체로서 참여하고 그 과정에서 자신의 삶을 윤택하게 하는 전략으로 기능해야 함을 시사한다.

2. 근대 인적자원관리의 탄생 _ 분업과 협업

우리의 관심은 '근대(modern) 인적자원관리'의 탄생과 발전과정이다. 근대 인적자원관리란 산업자본주의가 발달하고 기계 등 물리적 사본의 발전과 함께 분업과 협업에 기초한 대량생산방식에 적용되는 인적자원관리로, 제1장에서 이를 인적자원관리전략과 구분하기 위해 '인사관리'라는 용어를 사용해 설명했다. 대략 영국 자본주의가 성장해 발전한 18~19세기 초까지의 시기로 볼 수 있다.

가장 큰 특징 중 하나는 이전 생산양식과 달리 기계의 발달로 인해 많은 수의 노동자가 기계와 결합하여 노동을 수행한다는 점이다. 기계는 육체적 노동(혹은 숙련)을 대체함으로써 생산 효율성의 증가를 가능케 했고 많은 수의 노동자가 함께 작업하는 것을 가능하게 했다. 이전 단계인 장인 중심의 수공업은 장인과 직인 등 소수의 노동자에 의해 이뤄진 소규모 수공업이 보편적임을 볼 때 기계의 도입은 노동과정에 많은 변화를 야기했다.

둘째, 분업에 기초한 노동이 일반화되기 시작했다. 아담 스미스(Adam Smith)는 그의 저서 〈국부론〉에서,

> "노동생산력을 최대로 개선·증진시키는 것은, 그리고 노동을 할 때 발휘되는 대부분의 기능·숙련·판단은 분업(division of labor)의 결과인 것 같다."
>
> –스미스, 7면

라고 말하면서, 핀 제조업의 예를 들어 분업의 효과를 설명하고 있다.

> "이 업종(핀 제조업)이 지금 운영되고 있는 방식을 보면, 작업 전체가 하나의 특수한 직업일 뿐만 아니라, 그 작업이 다수의 부분으로 분할되어 그 각 부문의 대다수가 마찬가지로 특수한 직업이 되고 있다. 첫 번째 사람은 철사를 잡아 늘리고 두 번째 사람은 철사를 곧게 펴며, 세 번째 사람은 철사를 끊고 네 번째 사람은 끝을 뾰족하게 하며, 다섯 번째 사람은 끝을 문지른다. 모두가 하나의 전문 직업들이다. 핀을 만드는 중요한 작업은 약 18개의 독립된 조작을 통해 분할되고 있는데, 어떤 공장에서는 이 18개의 조작을 18명의 직공들이 나누어서 하고 있고, 다른 공장에서는 한 직공이 두세 가지 조작을 담당하고 있다."
>
> –스미스, 8면

> "분업의 결과 동일한 수의 노동자들이 수행할 수 있는 작업량이 이처럼 크게 증가하는 원인은 다음과 같은 세 가지 사정 때문이다. 첫째, 전업(專業)으로 인하여 노동자 각자의 숙련도가 높아지고 둘째, 한 가지 일로부터 다른 일로 옮길 때 보통 허비하게 되는 시간이 절약되고 셋째, 노동을 수월하게 해주고 단순하게 해주는 많은 기계의 발명으로 한사람이 많은 사람의 일을 할 수 있게 되는 것이다."
>
> –스미스, 11면

분업은 근대 자본주의의 가장 큰 특징이다. 생산성 향상의 근원일 뿐만 아니라 노동과정과 작업조직의 변화를 야기한 역사적 사건이기도 하다. 특히, 분업은 어떻게 기획되는가에 따라 노동을 활용하는 방식의 다양화를 가져온다. 스미스의 지적처럼, 18개의 조작을 18명의 노동자가 각각 수행하고 있는 작업장과 5명의 노동자가 두세 개 조작과정을 맡아 수행하는 작업장은 많은 차이가 있다. 생산성의 차이 - 물론 전자가 후자보다 생산성이 더 높을 것이라고 단언하긴 어렵다 - 가 있을 수 있고 작업하는 노동자의 생각이나 동료들과의 관계 등에서도 차이가 있을 수 있다. 이에 대해서는 이후 테일러리즘을 설명할 때 좀 더 상세히 다룰 것이다.

셋째, 분업은 항상 협업을 수반한다. 분업이 작업의 효율성을 제고하는 기술적 과정이라면 협업은 작업을 담당하는 노동자들 간 관계의 질에 개입하는 사회적 과정이다. 기술적 과정인 분업은 낭비를 제거하는 데 목표를 두지만, 사회적 과정인 협업은 구성원들의 협력을 높여 새로운 가치를 창출한다. 협업은 단순한 기계적 과정이 아니라 사람과 사람을 연결하는 연결망이다. 한 사람의 공정이 다른 사람의 공정에 영향을 미친다. 철사를 늘리는 작업이 제대로 수행되지 않으면 핀의 끝을 다듬는 작업이 더 어려워 질 수 도 있다. 나아가 동료들 간 화합은 생산과정 전반에 커다란 영향을 미칠 수도 있다.

이제 근대 인적자원관리의 출현과 전개과정을 살펴보자. 다소 주관의 오류를 무릅쓰고 전 과정을 정리하면, 근대경영의 발달과 함께 시작한 인적자원관리는 1910년대 과학적 관리의 발견을 시작으로 태동해, 조직의 발견(1920년대), 인간관계론의 확산(1930~40년대), 소비사회화(대중사회화)에 따른 전략개념의 도입(1950~60년대), 위기의 시대(1970년대), 유연화와 개별화의 시대(80년대 이후)를 거쳐 오늘에 이르고 있다. 장을 달리하여 각 시기의 주요 특징을 살핀다.

3

인적자원관리의 역사적 전개

1. 과학적 관리의 시대(1910년대)

1.1 테일러, 과학적 관리로 낭비를 제거하라

근대 인적자원관리전략의 역사는 테일러의 과학적 관리에서 시작됐다. 주의해야 할 것은 '과학적'이라는 용어다. 테일러가 1911년 출간한 〈과학적 관리의 제원칙(이하 과학적 관리론)〉은 미드베일 철강에서 엔지니어로 일한 경험을 바탕으로 낭비를 제거하는 경영기술을 담고 있다. 테일러는 낭비를 최소화하기 위해 당시 만연했던 태업을 방지해야 한다고 보았으며 이를 방지하기 위해 5개의 기본 요소를 다음과 같이 제시했다.

1. 주먹구구식이 아닌 과학적 방법
2. 불화가 아닌 화합
3. 개인주의가 아닌 상호협력
4. 제한된 생산 대신 최대의 생산
5. 개별 종업원의 최대 능력과 번영[(1)]

화합, 상호협력, 종업원의 번영 등 테일러의 이 짧은 저작은 휴머니즘적 수사를 많이 담고 있다. 그러나 테일러의 과학적 관리에 대해서는 면밀한 비판적 이해가 필요하다.

테일러는 우선 “눈에 보이는 물적 자원보다 눈에 보이지 않는 인간의 노력이 더 크게 낭비되고 있다”는 점에 주목했다. 그는 〈과학적 관리원칙〉의 서문에서 다음과 같이 쓰고 있다.

> “이 글은 다음과 같은 목적으로 쓰였다. 첫째, 우리의 거의 모든 일상생활에서 발생하는 비능률에 의하여 나라 전체가 입는 크나큰 손실을, 간단한 일련의 사례를 통하여 지적하고자 한다. 둘째, 이 같은 비능률을 치유하는 방법은 어떤 보기 드문 비상한 인재를 찾는 것 보다 체계적인 관리시스템을 수립하는 데에 있다는 것을 독자들에게 납득시키고자 한다. 셋째, 최선의 경영은 명백히 정의된 법칙, 규칙, 원칙을 기반으로 하는 진정한 과학이라는 것을 입증하고자 한다. 그리고 더 나아가서는 ‘과학적 관리’의 기본원칙은 가장 간단한 개인동작에서부터 가장 정교한 협력을 요하는 대기업의 주된 업무에까지, 모든 인간 활동에 적용될 수 있음을 보여주고자 한다. 그리고 만약 이 원칙들이 올바르게 적용되기만 하면 진정 놀라운 결과가 뒤따른다는 것을 일련의 사례를 통하여 독자들에게 납득시키고자 한다”
>
> –테일러 〈과학적 관리원칙〉 서문, 9면

> “This paper has been written: First. To point out, through a series of simple illustrations, the great loss which the whole country is suffering through inefficiency in almost all of our daily acts. Second. To try to convince the reader that the remedy for this inefficiency lies in systematic management, rather thn in searching for some unusual or extraordinary man. Third. To prove that the best management is a true science, resisting upon the fundamental principles of scientific management are applicable to all kinds of human activities, from our simplest individual acts to the work of our great corporations, which call for the most elaborate cooperation. And, briefly, through a series of illustrations, to convince the reader that whenever

these principles are correctly applied, results must follow which are truly astounding." P) 131 … (1)

위 서문은 테일러의 철학을 잘 요약하고 있다. 무엇보다 테일러는 낭비를 제거하는 것이야 말로 경영의 가장 중요한 목표로 생각했다. 효율성을 경영활동의 핵심으로 삼는다. 둘째, 시스템 중심 사고가 엿보인다. 테일러는 '똑똑한 인재'보다는 '체계적 시스템'이 더 중요하다고 보았다. 이를 좀 더 확장하면 주체보다 시스템이 더 중요한 위상을 점하고 있다는, 시스템 우위의 사고로 해석된다. 실제로 테일러는 인간 등 주체의 측면에 대한 고민은 거의하지 않았으며 '과학적' 시스템의 체계화를 통해 인간으로부터 발생하는 모든 낭비를 제거할 수 있다고 보았다. 셋째, 보편론적 접근을 취하고 있다. 테일러는 과학적 시스템이 체계적으로 갖추어 진다면 언제 어디서나 항상 효과적으로 작동할 수 있다고 보았다. '간단한 개인동작에서 대기업의 주된 업무에 이르기까지' 과학적 관리는 보편적으로 작동하는 전략이라는 점을 테일러는 강조했다.

테일러주의의 핵심을 정리한다면, '구상(conception)'과 '실행(execution)'의 철저한 분리를 통해 역할분담에 따른 작업과정의 효율화를 극대화하고, 실행과정에서의 단순화, 표준화, 전문화를 통해 노동생산성을 극대화하며, 태업 등 노동자의 저항을 감독하고 통제하는 관리시스템이다. 구상과 실행의 분리는 테일러주의의 핵심이다. 구상이란 기업의 경영전략을 기획하는 기능이다. '무엇을', '얼마나', '어떻게' 생산할 것인가라는 질문에 답하는 과정이기도하다. '무엇을 생산할 것인가'의 문제는 어떤 상품을 가지고 시장에 진입할 것인가의 문제이다. 시장의 수요를 파악하고, 피터 드러커의 지적처럼 소비자의 '결핍'을 효과적인 '수요'로 창출하기 위한 전략을 포함한다. '얼마나 생산할 것인가'의 문제는 그 상품을 생산하기 위해 자본을 얼마나 투자할 것이며 고용을 얼마나 할 것인가 하는 자원배분전략의 문제다. '어떻게 생산할 것인가'의 문제는 생산기술과 방식의 문제이다. 반면, 실행은 구상을 통해 기획된 전략을 구체적으로 수행하는 과정이다. 테일러는 구상과 실행의 분리야 말로 주먹구구식 경영을 극복하는 필수적 과정이며, 낭비제거와 효율성 제고를 달성할 수 있는 유일한 길로 보았다.[2)]

---

2) 프랑스의 테일러라 불리는 앙리 페욜(Henry Fayol)도 테일러와 유사한 경영론을 주창했다. 그의 'General and Industrial Management': 경영관리의 14대 원칙(분업, 권한, 책임, 계층화, 고용안정의 원칙 등)을

인사관리측면에서 주목해야 할 테일러의 원칙은 실행과정에 대한 감시와 통제 원칙이다. 실제로 테일러주의는 노동자의 태업을 감시하는 체제이기도 했다. 테일러가 베들레헴 강철회사에서 경험한 노동자는 태업을 일삼는 노동자였다. 미국에서는 근무태만(soldiering)이, 영국에서는 늘어뜨리기(hanging it out)가, 스코틀랜드에서는 태업이 만연해 있었다(테일러, 2006, 18면). 그도 그럴 것이, 당시는 14시간 이상의 장시간 노동이 일반적이었으며, 임금도 작업성과에 의해 주어지기 보다는 '하루 노동에 대해 얼마'식으로 지급됐다. 노동자들은 장시간노동으로 부터의 피로를 회복하기 위해 일부러 작업 속도를 늦추었다. 테일러는 노동자의 태업에서 오는 낭비를 막아야 한다고 생각했다.

테일러는 작업과정에서 발생하는 낭비를 제거하기 위해 노동자의 동작을 관찰하고 하나의 동작에 들어가는 시간을 모두 재고 나서, 이를 바탕으로 표준 동작과 표준 시간을 매뉴얼화 했다. 실제로 〈과학적 관리의 원칙〉에 등장하는 가상 인물 슈미트[3]는 표준 동작을 만들어 내는데 필요한 표준 노동자다. 선철작업, 벽돌쌓기, 삽질 등 작업에 드는 시간과 동작으로 스톱워치로 측정하고 불필요한 동작을 모두 제거한 후, 표준 동작을 만들었다. 이 매뉴얼은 효율성을 높이는 작업지침이자 처벌규율이기도 하다. 왜냐하면 작업지침을 어기고 자기 마음대로 일을 하는 경우에는 여지없이 처벌이 가해지기 때문이다. 테일러가 개수임금제(piece rate)를 도입해야 한다고 주장한 이유 역시 처벌의 목적이 더 크다. 당시에는 매우 낯선 제도인 개수임금제는 일종의 성과급제로 '하나를 만들면 얼마' 식으로 주는 수당체제다. 개수임금제는 주먹구구식 일당체제보다 성과향상을 유인할 수 있는 보상제도로 오늘날 성과임금제의 기원을 이루고 있으나, 그 당시 테일러의 더 큰 목적은 표준 매뉴얼을 지키지 않아서 생산차질을 빚은 노동자를 '임금 삭감'으로 처벌하는 데 있었다.

테일러는 '과학적 관리'가 생산성을 높임은 물론 노동자의 생활수준을 향상시키는 효과가 있다고 확신했다. 테일러에 따르면, 가상 인물 슈미트의 생산성은 과학적 관리 도입 이후 획기적으로 증가했고 그 결과 임금도 더 많이 가져갈 수 있게 됐다. 예를 들어 그는 과학적 관리 기법이 도입되기 이전에는 하루 12.5톤의 선철을 운반하는 데 그쳤으나 과

강조했고, 특히 예측–조직–명령–조정–통제의 관리활동의 중요성을 강조했다. 그러나 불어권 학자이었기에 초기에는 잘 알려지지 않았다.

3) 슈미트는 스코틀랜드 출신 노동자로 성실하나 다소 어리석은 인물로 묘사되고 있다.

학적 관리기법이 도입된 후 그는 하루에 47.5톤의 선철을 화차에 옮겨 실을 수 있게 됐다. 일당도 1.5달러에서 1.85달러로 올랐다(테일러, 2006, 45-50면). 테일러는 과학적 관리가 생산성을 높일 뿐만 아니라 임금도 상승시켜 모두에게 이로운 것이라 믿었다.

1.2 포드의 컨베이어벨트 혁명

과학적 관리를 생산방식으로 체계화 한 최초의 시도는 헨리 포드(Henry Ford)에 의해 이뤄졌다. 지금도 과학적 관리(테일러리즘)와 포드주의[4]를 마치 동의어처럼 사용하는 이유도 여기에 있다.[5] 포드는 테일러의 과학적 관리를 컨베이어벨트와 결합(이른바, 컨베이어벨트의 혁명)시킴으로서 대량생산시대를 열었다.[6]

포드는 1910년 1월 미국 미시간 주에 하이랜드 파크 공장을 세우고 '모델 T'를 생산하기 시작했다. 1927년 문을 닫을 때까지 1,500만대를 생산했으니 연평균 80만대 이상을 생산한 셈이다. 당시의 산업구조를 감안하면 놀라운 생산이 아닐 수 없다(크레이너, 2002, 72면). 모델 T의 대량생산이 가능했던 것은 자동차 조립 라인을 세분화하고 흐름공정을 도입한데 있다. 포드는 조립 과정을 84개의 단순 업무로 쪼개어 세분화 했고 이를 컨베이어 벨트에 올려놓았다. 단순 업무를 반복하기 때문에 노동자들은 쉽게 숙달됐고, 노동생산성은 비약적으로 상승했다. 놀라운 성과가 나타났다. 연간 1만 4천여 대에 불과했던 생산수준이 흐름생산방식이 도입되고 나서 1914년에는 23만대로, 그리고 2년 후인 1916년에는 58만대로 늘어났다(던킨, 2001).

포드가 공헌한 또 한 가지는 '일당 5불제'에 담겨 있다. 당시 노동자의 평균 일당은 1불을 조금 넘는 수준이었다. 포드는 자사에 근무하는 노동자들의 일당을 5불로 인상하는 획기적 정책을 펼쳤다. 일당 5불제의 의미는 무엇일까. 앞서 설명한대로 컨베이어벨트의 혁명으로 생산성이 크게 높아졌다. 불과 5-6년 만에 생산량은 40여배 이상 올랐다. 그

4) 포드의 성공은 그 후 40년이 지나 포드주의라는 새로운 방식으로 발전했다. 포드주의는 대량생산과 대량소비의 선순환Virtuous Cycle이 지속가능한 생산양식으로 정의할 수 있다. 이는 1920년대에 성공한 포드식 생산만을 의미하는 것은 아니다. 대량생산을 유지할 수 있는 '대량소비'에 더 중점을 둔 자본축적체제로서 의미가 더 크다.

5) 그러나 두 용어를 동치해서는 안 된다. 테일러리즘이 하나의 기술적 과정이라면, 포드주의는 사회적 차원으로 확대된 생산체제를 의미하기 때문이다. 이에 대해서는 참고란에 상술했다.

6) 이하의 글은 〈노사관계 역사 200년〉(신은종, 2011. 북넷)에서 해당내용을 수정해 옮긴다.

러나 높은 생산성을 판매로 뒷받침하지 못하면 무용지물이다. 포드는 대량생산이 지속적으로 유지되기 위해서는 대량소비에 의해 뒷받침돼야 함을 간파하고 있었다. 소비를 촉진시키기 위해서는 구매력을 갖는 소비자가 필요하거니와 일당 5불제는 노동자의 임금을 높임으로써 모델T를 구매할 수 있는 소비자층을 만들어내는 전략이었다.

실제로 포드는 내 공장에서 일하는 모든 노동자가 모델T를 타고 다닐 수 있을 것이라 공언했다.

포드의 인사관리는 역시 권위주의적 감시와 통제로 일관됐다. 작업자에 대한 철저한 감시와 통제를 통해 컨베이어벨트의 생산성을 유지했다. 작업자의 노동조합 결성도 포드의 방해에 의해 무산되기도 했다. 포드의 노동자와 노동조합에 대한 인식은 그가 평소늘 하고 다녔다는 말에 잘 나타나 있다.

> "우리는 그들이(작업자) 지시받은 대로 행동하기를 기대한다. 조직은 지극히 전문화되어 있고, 한 부문이 다른 부문에 의존하고 있어서 잠시라도 그들 나름의 방식대로 일하는 것을 허용한다는 것은 생각조차 할 수 없다. 가혹한 규율이 없다면 우리는 극도의 혼란을 겪게 될 것이다. 나는 경영에서 다른 방법이란 없다고 생각한나. 사람들은 가능한 최대의 노동을 하기 위해서, 그리고 가능한 최고의 임금을 받기 위해서 거기에 있는 것이다. 만약 모든 사람들이 자기 멋대로 행동해도 된다면 생산은 차질을 빚게 될 것이고 따라서 임금도 차질을 빚게 된다. 우리 방식대로 일하고 싶지 않은 사람은 누구도 언제라도 떠나도 좋다"
>
> -크레이너, 2002, 19면

포드의 눈에 노동자는 단지 임금만을 위해 일하는 존재였으며, 자신의 방법에 따르지 않으면 떠날 것을 명령하고 있다. 과학적 관리의 특징 중 하나를 극단적으로 잘 드러내는 예다.

1.3 소외, 높은 노동강도, 숨겨진 착취, 그리고 탈숙련화

테일러주의는 구상과 실행의 철저한 분리를 통해 구상기능은 경영자의 몫으로 돌리고, 노동자에게는 실행 기능만을 담당케 했다. 구상 기능을 빼앗긴 노동자들은 단순한 노동을 반복하기만 했다. 숙달이 쉬워짐에 따라 노동생산성이 획기적으로 향상됐다. 그러나 단순반복적인 업무로 인해 노동의 소외는 더욱 심각해져 갔다.

테일러주의는 관찰과 측정을 통해 작업과정에서 나타날 수 있는 낭비적 요인을 모두 제거했다. 크레이너가 스톱워치의 과학이라 부른 것처럼, 한 노동자가 수행하는 작업의 시간과 동작을 관찰하여 실제 작업에 드는 표준 시간과 효율적인 표준 동작을 만들어내고 이를 코드화하여 불필요한 시간과 동작의 낭비를 제거한다. 표준 시간과 표준 동작은 생산성이 높은 표준노동자를 기준으로 만들어 졌기 때문에 노동 강도는 더욱 강화됐다.

테일러주의는 생산성의 비약적 발전을 가져왔다. 앞서 설명한 것처럼, 가상 인물인 슈미트는 하루 12.5톤의 선철을 운반하고 1.5달러의 일당을 받았다. 과학적 관리기법이 도입된 후 그는 하루에 47.5톤의 선철을 화차에 옮겨 실을 수 있게 되었고, 그의 일당은 1.85 달러로 올랐다. 테일러는 과학적 관리가 생산성을 높일 뿐만 아니라 임금도 상승시켜 노동자의 삶은 더 나아질 거라 생각했다. 그러나 슈미트의 노동생산성은 280%가 증가한 반면, 임금은 고작 23.3% 상승에 그쳤다. 슈미트는 임금상승이 생산성 상승에 턱없이 모자란다는 사실을 눈치 채지 못했을 것이다. 테일러주의는 노동에 대한 착취를 숨기고 있는 것이기도 했다.

테일러주의의 한계 중 또 하나는 탈숙련화의 문제다. 이는 앞서 설명한 소외와 직접적으로 관련된다. 브레이버만(Harry Braverman)은 테일러리즘은 구상과 실행의 철저한 분리를 통해 생산성을 향상시킨 것이 사실이나, 실행과정이 지나치게 세분되고 단순하고 반복적인 업무로 구성됨에 따라 노동자의 숙련을 저해했다고 주장했다. 테일러식 작업장에서 실제로 작업하는 노동자는 자신이 무엇을 하는 지 알지 못한다. 어쩌면 알 필요도 없다. 자신에게 주어진 세부적인 업무만을 반복하면 되기 때문이다. "자동차 공장의 생산자는 자신이 어떤 자동차를 만드는지 알지 못하며 매일 매일 드라이버만을 돌리고 있는 셈"이다. 단순하고 반복적인 업무에 노동자는 비록 쉽게 숙달되지만 고도의 '숙련(skill)'은 축적될 기회를 박탈당하고 결국 탈숙련(de-skilling) 되고 만다.

당시 테일러주의의 영향력은 놀라울 정도였다. 심지어는 구소련의 생산체제에까지 영향을 미쳤다. 레닌이 테일러의 열렬한 팬이었다면 조금 이상스럽게 들릴지도 모르겠다. 그러나 옛 소련의 계획경제의 핵심적 생산방식은 철저하게 테일러주의에 입각한 것이었고, 레닌은 테일러와 스톱워치를 소비에트 연방의 성공의 열쇠로 신봉했다. 실제로 구소련의 산업화는 거대한 플랜트 건설이 중심이었고, 대부분은 서구의 대량생산 시스템과 유사한 것이었기 때문이다(머레이, 1988).

테일러의 영향력은 비단 20세기 초에만 머무는 것이 아니다. 현대 경영에도 커다란 영향을 미치고 있다. 이는 테일러가 스스로 강조한 것처럼, 과학적 관리가 하나의 '기법'이 아니라 기본적이고 일반적인 '원칙과 철학'으로 이루어졌기 때문일지도 모른다. 1997년 〈포천〉지는 테일러의 영향력을 다음과 같이 기술하고 있다. "맥도날드로 하여금 뒤집개가 뒤집어야 하리라고 예상하는 빵의 수가 얼마나 될지, 그리고 전화회사라면 교환원이 응답해야 할 것이라고 예상하는 통화자의 숫자가 얼마나 될지를 결정하게 해주는 것은 바로 테일러의 이념이다(크레이너, 2002, 47면)." 그러나 테일러의 원칙과 철학은 효율성 제고라는 장점과 작업장의 비인간화라는 단점이 혼합돼 있거니와 테일러의 세계에서는 이 두 원칙(효율성 제고와 비인간화)이 상호 의존적 관계에 놓여있다. 현대 경영은 단순한 테일러주의의 영향에서 벗어나 효율성을 높이면서도 작업장의 인간화를 촉진시킬 수 있는 철학 혹은 원칙을 발전시켜야 할 과제를 안고 있다.

2. 조직의 시대(1920년대)

2.1 조직의 발견 _ 분리와 통합의 과학

1910년대의 경영은 과학적 관리를 통해 노동이라는 생산요소를 효율적으로 조직함으로써 성과를 창출하는 데 성공했다면, 1920년대 경영은 또 하나의 새로운 성과드라이브인 '조직'을 발견하면서 새로운 장을 열었다. 조직이란 협업의 시스템 혹은 체제다. 협업이란 분업을 전제하는 개념으로 분업화된 세부 단위들이 시너지를 창출할 수 있도록 체계화하는 과정과 구조를 말한다.

협업은 분업에 의해 나누어진 세부 작업들이 결합되는 과정이다. 협업(collaboration)은 수평적이기도 하고 위계적이기도 하다. 수평적 협업이란 세부 작업 단위를 수행하는 노동자들이 수평적으로 맺는 관계 속에서 형성되는 협력 체제라면, 위계적 협업은 의사결정 권한의 수직적 분배를 통해 만들어지는 협력 체제로 그 본질은 상명하달 식 지휘·통제다. 협업의 질이 높아지기 위해서는 협업하는 파트너들의 관계가 '유기적'이어야 한다. 유기적이란 전체를 이루는 각 부분들이 긴밀한 관계를 유지하고, 활발한 의사소통을 통해 외부에서 일어나는 변화에 실시간으로 반응하며 전체의 성장에 기여하는 상태를 말한다.

유기적 협업(organizational collaboration)을 지속적으로 재생산하는 공학적 구조가 조직이다. 조직은 분업으로 분리된 단위들을 통합한다. 최종 생산물을 위해서는 단위들의 통합이 이뤄져야 하며, 비즈니스 단위에서는 자기 완결성을 갖는 단위들의 더 큰 차원에서의 통합이 필요하다. 이 통합은 지속가능한 통합이어야 한다. 분리와 통합의 과학이 바로 조직 관리의 핵심인 이유가 여기에 있다.

조직의 본성은 유기적 협업을 통해 시너지를 창출하는 데 있다. 이는 "전체는 부분의 합 보다 크다"는 가정 위에 존재하는 개념이다. 뒤에서 설명하는 바와 같이 근대 조직이론의 발전에 공헌한 체스터 버나드(Chester Irving Barnard)와 알프레드 슬론(Alfred Sloan)의 조직 개념은 모두 이 가정을 전제하고 있다. 그러나 유념해야 할 점은, 전체-부분의 가정은 하나의 가능성으로 이해해야 한다는 점이다. 조직의 세계에서 전체의 가치가 늘 부분의 가치의 합보다 큰 것은 아니다. 정확히 말하면, 전체는 부분의 합보다 '클 수 있다'는 가정으로 바뀌어야 한다. 조직은 부분들의 결합을 통해 부분들의 산술적 합보다 큰 가치나 역량을 창출할 수 있는 '가능성'을 보유한다. 그 가능성이 언제나 구현되는 것은 아니다. 예를 들면, 아무리 훌륭한 인재가 많은 팀이라 하더라도 바람직하지 않은 행동을 하는 한 두명의 팀원으로 인해 팀 자체가 와해될 수 있다. 따라서 조직 이론이 제기하는 핵심 질문은, "조직은 언제 부분의 합을 능가하는 전체를 만드는가"다. 그 조건을 탐색하는 것이 조직에 대한 학습의 목표이거니와 우선 버나드의 견해를 살펴보자.

2.2 체스터 버나드[7]의 조직

(1) 협동체계로서의 조직

분리와 통합의 관리를 위해서는 세 가지 요소가 필요하거니와 체스터 버나드(Chester Barnard)의 조직에 관한 이론은 이를 고민하는 데 도움이 된다. 버나드는, "개인이 달성할 수 없는 일을 다른 사람과의 협력을 통해 달성하고자 할 때 비로소 조직이 탄생한다"고 말했다.

버나드의 이론에서 조직은 인간의 협동을 본질로 하는 체계다. 조직이란 의식적이고 계획적이며 목적을 갖는 인간의 상호협력시스템이다. 이는 롤스(J. Rawls)의 사회관과 닮아 있다. 롤스 역시 사회를 협력체제로 사고하기 때문이다.[8] 특히, 구성원 간 협업이야 말로 협동의 질을 높여 조직의 성과를 창출하는 중요한 행위양식이다. 협업은 개인이라는 부분의 합을 능가하는 시너지를 창출할 수 있는 가치의 근원이며, 버나드는 조직이 이를 보장하는 체계로 보았다. 버나드의 이론은 이후 허버트 사이먼(Herbert Simon)에게 전승됐고, 버나드-사이먼 이론은 근대 조직이론의 발전에 크게 기여한다.

(2) 조직의 세 가지 요건

조직이 성립되기 위한 요건은 다음 세 가지다.[9]

첫째, 공동의 목적이다. 목적은 조직을 구성하는 기초다. 조직을 구성하는 구성원들이 목적을 공유할 때 비로소 조직의 인식론적 기반이 완성된다.

둘째, 구성원의 태도다. 그 태도는 조직의 목표달성에 공헌하겠다는 의욕을 말한다. 공

7) Chester Irving Barnard _ 미국 경영학자/실업가. 하버드대학을 중퇴하고 AT&T에 입사, 41세에 뉴저지주 벨 전화회사 초대 사장 역임.

8) 조직은 과학적 관리라는 능률적 통제에 이어 또 하나의 중요한 성과드라이브다. 협업은 전체와 부분의 변증법적 관계를 긍정적 효과로 이어주는 중요한 역할을 수행한다. 물리의 세계에서 전체는 부분의 합과 동일하지만, 인간사회에서는 동일하지 않다. 전체는 부분의 합과 같을 수도 있고 다를 수도 있다. 우선 전체는 부분으로 환원되지 않는 실체성을 획득한다. (여기서 전체와 부분 중 어떤 것이 선행하는 가에 대한 철학적 논쟁은 다소 의미가 없다.) 실체성을 획득한 전체는 자신의 고유한 발전 논리를 통해 변화한다.

9) 1937년 말 버나드는 로웰연구소 초청강연에서 경영자의 기능(역할)을 주제로 8회 강연을 했고 이를 바탕으로 〈경영자의 역할, the Functions of the Executives(1938)〉을 집필하다. 여기서 강조된 내용이다.

헌에 대한 의욕은 목적의 공유와 함께 조직이 시너지를 창출하는 필요한 기초 요소다.

셋째, 커뮤니케이션이다. 구성원들 간 생각, 의견, 정보의 교환을 통해 공유된 목적과 공헌의 의욕을 정렬하고 결합하는 기능을 수행하는 것이 커뮤니케이션, 즉 소통이다.[10]

위 세 요건을 핵심으로 하는 조직이 지속가능한 협력체제가 되기 위해서는 조직의 내적 균형과 외적 균형이 필수적이다. 조직의 내적 균형은 조직의 효율을 결정하는 요소다. 내적 균형은 다름 아닌 조직의 목표와 개인의 목표가 잘 '정렬'된 상태를 의미한다. 경영학에서 '정렬'개념은 서로가 서로의 발전과 향상을 위해 기여하는 상호의존적이고 상호발전적 관계로 질서 있게 구축된다는 의미를 담고 있다. 조직과 개인의 목표가 균형 있게 정렬되지 못할 경우 조직은 비효율을 생산한다. 목표의 공유하는 조직 성립의 제1 요건의 중요함을 강조하는 것이라고 볼 수 있다.

반면, 조직의 외적 균형이란 조직과 환경 간의 문제다. 기업이라는 조직은 고객, 협력사, 경쟁사, 지역공동체, 정부 등 외부의 행위자들과 연관을 맺고 있다. 기업의 목표가 외부 행위자로부터 정당성을 확보하지 못한다면 기업은 지속가능한 조직으로 성장할 수 없다. 버나드의 외적 균형은 제도주의에 기초해 있다. 인적자원관리 분야에서 제도주의는 정당성에 집중한다. 인적자원관리라는 제도는 정당성 자원을 기반으로만 지속가능한 제도로 생존할 수 있다. 이때 정당성은 '외부'로부터 유입되는 가치적 자원으로 이를 확보한 조직일수록 장기적으로 생존할 수 있다.

버나드가 강조한 조직의 세 요건이란 조직이 성립하기 위한 필요조건이다. 주의해야 할 점은 목표의 공유, 구성원의 몰입이나 의지와 같은 태도, 커뮤니케이션은 어떤 단계에서 완성되는 개념이 아니라 항상 변화하는 '과정적 개념'이라는 사실이다. 조직은 한 순간에 완성되는 체제가 아니라 지속적으로 완성되어 나가는 '과정적 체제'다. 따라서 조직은 늘 목표의 공유 정도를 높여나가야 하며 구성원의 지속적으로 몰입할 수 있도록 전략적 관리 방안을 항상 발전시켜야 한다. 커뮤니케이션이 원활해지도록 해야 함은 물론이다.

---

10) 특히 버나드는 커뮤니케이션에 주목했다. 공식조직이 지속가능한 협력체제가 되기 위해서는 커뮤니케이션이 중요하다. 커뮤니케이션의 질은 조직의 규모에 따라 결정된다고 본 버나드는 효과적 커뮤니케이션을 위해 리더의 관리범위를 5-6인으로 제한해야 한다고 보았다(박기찬 등, 2005, 102-3면).

(3) 공식조직과 비공식조직

버나드는 조직을 공식조직과 비공식조직으로 나누었다. 공식조직은 권한과 책임의 위계적 배분에 따라 공식적으로 체계화된 조직이다. 비공식조직은 "공식조직과는 대조적으로 비(非)의식적인 만남이나 상호작용 또는 친교관계를 맺고 있는 사람의 집합(박기찬 등, 2005)"으로 정의했다. 공식조직이 확정성이나 구조성, 상하복종관계를 특징으로 한다면, 비공식조직은 비(非)확정적이고 비(非)구조적이며 수평적이다.

버나드는 효과적인 공식조직이 되기 위해서는 전문화, 인센티브, 권한체계, 의사결정 등의 요소가 적절히 충족돼야 함을 다음과 같이 역설했다.

1) 전문화란 분업원리에 기초한 과업의 배분을 의미한다. 효율적인 과업의 배분은 조직의 물리적 기반이 된다.
2) 인센티브는 구성원의 의욕을 결정하는 요인이다. 경제적 유인은 물론 명성 등 사회적 유인이 포함된다. 다만 강압, 지시, 감독 등은 효과적인 유인이 되지 못한다.
3) 부하의 자발적 협력은 공식조직이 작동할 수 있는 중요한 요건이다. 권한체계에서 주목할 점은 권한(권력)의 본질이다. "권한은 부하에 의해 수용될 경우에만 행사된다"는 버나드의 권한수용설은 권력을 가진 자가 아니라 권력에 복종하는 자에게 초점을 두고 있다는 점에서 푸코의 권력론과 닮았다. 푸코는 복종하는 자가 있을 때 비로소 권력자가 탄생한다고 보았다. 이는 리더십에 대해 새로운 방식의 접근을 제공한다. 리더는 그가 갖추고 있는 권력이나 권한으로 리더가 되는 것이 아니라 팔로워(follower)가 리더로서 인정할 때 비로소 리더가 된다. 결국 효과적인 리더십은 리더의 능력만으로는 불가능하며 '얼마나 좋은 팔로워'가 존재하는가에 의존한다. 공식조직은 상사에게 공식적인 권위와 권한을 부여하지만 상사가 좋은 리더로 활동하기 위해서는 부하가 이를 자발적으로 '수용'해야 한다. 따라서 권한의 적정한 범위, 행사방식, 민주적 의사소통이야 말로 부하의 자발적 수용도를 높인다는 점에서 공식조직이 제 기능을 다할 수 있게 하는 가장 중요한 요소라 할 수 있다.

버나드의 중요한 또 하나의 공헌은 비공식조직의 기능을 발견했다는 점이다. 비공식조직의 중요성을 가장 먼저 강조한 이는 뢰슬리버그 등 소위 인간관계학파다(이는 다음 절에서 자세히 살핀다). 그러나 공식조직과 비공식조직의 상호관계를 체계화한 공헌은 버나드에게 있다 해도 과언이 아닐 만큼 버나드의 역할은 적지 않다.

버나드는 공식조직이 실질적인 역할을 수행하기 위해서는 비공식조직의 활성화가 필요하다는 점을 강조했다."비공식조직은 공식조직이 형성되기 위한 조건을 만들어주며 태도, 이해, 관행과 습관, 규범 또는 제도를 만들어 주는 중요한 역할을 수행한다. 한마디로 공식조직만으로 구성된 사회는 존재하지 않으며, 비공식조직에 의해 공식조직은 더욱 역동적"으로 발전한다.

실제로 버나드는 비공식조직이 공식조직에 '선행'하는 체제로 보았다. 공식조직의 공식성은 그 자체만으로는 기능하지 않으며 비공식조직이 활성화될 때 비로소 가능하기 때문이다. 이점에서 비공식조직의 활성화는 조직의 효율과 역동성을 증진하는 데 중요한 요건이다. 그 만큼 경영자들은 이를 활성화시킬 수 있는 전략을 갖추어야 한다. 왜냐하면 "비공식조직은 공식조직 내 커뮤니케이션의 활성화, 개인의 공헌 의지 유도, 공식적 권한의 안정화, 구성원 간의 유대 강화 및 탈(脫)개성화되기 쉬운 공식조직 내 개인의 고유한 성격을 유지시켜 주는 핵심 수단(박기찬 등, 103면)"이기 때문이다.

비공식조직 개념은 메이요 등 인간관계학파들에 의해 좀 더 체계적으로 발전한다. 비공식조직은 공식성으로부터의 탈피를 통해 외연이 넓은 연대를 창출할 수 있는 '관계적 가치'를 생산하는 원천이기 때문이다. 이에 대해서는 인간관계학파를 설명하는 장에서 좀 더 상술한다.[11)]

2.3 슬론의 조직

"슬론이 좋은 본보기를 보여주었듯이 경영은 무엇보다도 전문적이고 객관적이며 공평하고 개방적인 것이다."

11) 버나드의 비공식조직에 대한 강조는 뒤에서 설명하는 뢰슬리버거와 메이오 등으로 대표되는 하버드 대학의 인간관계학파에게서 많은 영감을 받았다. 다음 절에 상술하는 인간관계 중심의 인사관리전략을 참조.

피터 드러커는 슬론을 근대 경영을 한 단계 발전시키는 데 기여한 중요한 인물로 평가한다. 전문성, 객관성, 공평, 개방성은 드러커가 경영의 본질을 설명함에 있어 가장 중요한 요소로 꼽는 것이다.[12] 이 네가지 요소가 슬론의 조직 이론에 고스란이 담겨 있다.

버나드의 조직이론이 공식조직의 역동성(비공식조직과의 조화를 통한)을 강화하기 위한 이론적 체계라면, 이를 경영 현장에서 구체적으로 적용한 인물이 알프레드 슬론이다. GM 성공신화의 중심인물인 슬론은 듀렌트(Durant)[13]의 1인 중심의 의사결정시스템(즉 황제 경영과 유사한 시스템)을 비판하고 전문화에 기초한 분산된 의사결정시스템을 정립했다.

슬론의 조직이론은 분산적 통합 시스템, 기업가적 전문리더, 권한위임(empowerment) 등 세 요소를 핵심으로 구성돼 있다.

첫째, '분산적 통합'은 슬론의 조직이론을 구성하는 가장 중요한 원칙이다. 분산과 통합은 서로 모순되어 보이나 조직의 체계화를 위해서는 필수적이다. 슬론은 조직을 좀 더 거시적인 차원에서 바라보았다. 그 핵심은 '전문계열화'다. 현대 경영에서는 보편적 상식이지만 당시로서는 매우 획기적인 조직체계였다. 그 배경을 좀 더 살펴보자. 슬론이 지엠 경영을 맡은 때는 미국 자동차 시장이 포드에 의해 주도되고 있었다. 포드사는 모델T 생산을 통해 성장을 거듭하고 있었다. 이를 따라잡기 위해서는 지엠 만의 새로운 경쟁 전략이 필요함을 슬론은 절감했다.

슬론은 포드와 차별회하기 위해서 새로운 시장을 개척해야 한다고 보았다. 자동차를 원하는 소비자들의 니즈는 다양하다. 니즈를 충족하는 다양한 차들이 만들어져야 한다 것이 슬론의 생각이었다. 실제로 지엠이 생산하는 자동차는 다양하고 각각이 고유한 특성을 가지고 있다. 예를 들면, 쉐보레가 중산층을 겨냥한 차라면 캐딜락은 부유층을 공략하기 위한 럭셔리 카였다. 한 가지 차종을 집중해 대량으로 생산하는 방식을 탈피하고 다양한 종류의 자동차를 생산하는 이른바 다품종 소량생산시스템이 슬론의 기획이었다.

시장을 특성에 따라 세분하고 각 시장에 맞는 자동차를 생산하는 시스템을 관리하기 위해서는 새로운 방식의 조직체계가 필요했다. 슬론의 대안은 전문계열화였다. 세분된

12) 드러커의 경영의 본질에 대해서는 1장에서 상세히 설명했다.

13) 듀랜트는 슬론의 전임자로 GM을 이끈 경영자다. 초기 지엠의 성공을 견인했으나 이후에는 독단적인 황제 경영으로 비판을 받고 물러났다.

각 시장을 담당하는 사업부문을 독립성을 갖춘 사업부로 조직하는 것이 전문화라면, 전문화된 각 부문을 경영전략에 따라 체계적으로 통합하는 것이 계열화다. 시장에 대한 전문성을 기초로 사업부문을 만들되 각 사업부문은 생산과 영업을 모두 책임진다. 제품별 사업부제가 대표적인 예다. 부유층을 주된 타깃 고객으로 하는 캐딜락 사업부라면, 캐딜락의 생산에서부터 시장조사, 마케팅, R&D에 이르기까지 모든 기능을 책임지고 수행한다. 세분된 하나의 시장에 집중할 경우 시장의 흐름을 잘 이해함은 물론 생산과 판매에서 전문성에 기초한 경쟁력을 갖출수 있기에 생산성이 높아진다. 계열화는 그룹 전체의 비즈니스 전략을 기획하고 이에 따라 각 사업부문을 일사분란하게 정렬하는 작업이다. 기획과 조정을 통해 각 사업부문의 장단점을 파악하고 재정을 통해 비즈니스 전략에 부합하도록 조정하고 그룹 전체의 관점에서 통합한다. 이른바 '분산하되 통합하라'라는 전문계열화의 조직원리는 슬론의 성공을 통해 보편적인 조직원리로 발전할 수 있었다.

둘째, 슬론은 기업가적 리더의 중요성을 강조했다. 이때 기업가의 개념은 슘페터의 기업가에 가깝다. 슘페터(Schumpeter, 1934, 93면)는 기업가를 "창조적 기능을 수행하고 성공의 과실을 위해서가 아니라 성공 자체를 위해서 행동하며, 자신만의 세계를 만들드고자 하는 의지를 가진 개인"으로 정의했다. 기업가(起業家)를 의미하는 'Entrepreneur'은 '무언가를 만든다'는 의미에 어원을 두고 있다. 이는 지위를 의미하는 개념이라기보다는 행위에 초점이 두어진 개념이다. 따라서 자본가나 경영자를 의미하지 않으며, 창조적 혁신이라는 행위를 수행하는 자를 의미한다. 자본가나 경영자는 혁신이라는 행위를 지속할 때에 비로소 기업가가 된다.[14]

슬론이 기업가적 리더를 강조한 이유는 전문계열화의 성공을 위해서는 리더의 역할이 중요하기 때문인 것으로 보인다. 기업가적 리더는 슘페터적인 창의를 담지하고 있으면서도 동시에 전문성과 균형감각을 소유한 존재다. 기업가적 리더에게는 고객의 수요변화, 경쟁기업의 움직임, 기술개발과 전략기획 등 전문성에 기초한 종합적 판단능력이 요구된다. 결국 전문화와 계열화라는 분산과 통합의 효율적인 운용을 위해서는 기업가적 리더십이 필수적으로 요구된다.

14) 슘페터 역시 초기에는 개인으로서의 기업가에 초점을 두었으나 후기에는 이를 수정해 '존재'적 개념에서 '기능'적 개념으로 전환시켰다. 다시 말하면, 기업가가 한 명의 개인을 의미하지 않으며, 한 개인이 수행하는 활동이 혁신적인가에 의해 결정된다. 결국 기업가라는 존재에서 기업가의 기능으로 그 개념적 이동이 이뤄진 것으로 볼 수 있다 (신은종, 2011).

셋째, 권한위임은 분산된 전문적 사업단위가 제 역할을 다하는 데 필요한 필수요건이다. 권한위임은 단순히 권한을 위임하는 것이 아니라 위임된 권한을 제대로 수행할 수 있는 능력의 함양이 전제돼야 하는 개념이다. 따라서 권한은 위임과 함께 책임을 다할 수 있는 역량의 함양이 병행돼야 한다. 임파워먼트는 이점에서 권한의 위임과 핵심역량 함양을 포함하는 넓은 개념이다.

2.4 조직의 성과와 한계

조직은 또 하나의 성과드라이브로 근대경영을 발전시키는 동력으로 기능했다. 실제로 1920년대 이후 조직은 그 자체가 하나의 경영전략인 만큼 전략적 자산으로서 인식됐다. 기업의 성공은 '잘 조직된 체계', 즉 경영목표를 달성하는 데 효율적으로 분담된 역할(혹은 역할체계), 적정한 권한 위임, 올바른 리더십 등에 의존한다.

그러나 이후 조직의 비대화는 관료화의 문제를 낳고 만다. 관료화는 무엇보다 커뮤니케이션의 단절에서 귀결된 것이었다. 커뮤니케이션의 활성화는 버나드가 무엇보다 강조한 요소였다. 조직은 커뮤니케이션의 활성화를 통해 목표의 공유 정도를 높이고 구성원들의 몰입을 지속적으로 높여나갈 수 있기 때문이다. 그러나 조직은 본질적으로 권한의 위계를 갖춘 공식적 체제다. 지휘-명령체계의 공식화가 높아질수록 상하간의 민주적 의사소통은 점점 더 제약될 수밖에 없다. 이점에서 조직의 관료화는 조직이라는 본질로부터 불가피하게 파생될 수밖에 없는 한계일지 모른다. 조직의 비대화에 따른 관료화 문제는 조직이론이 극복해야 할 중요한 숙제로 아직까지 남아 있다.

3. 인간관계의 시대(1930-40년대)

3.1 호오손(Hawthon) 실험

(1) 인간은 합리적 존재가 아니라 관계적 존재다

낭비제거와 조직의 발견으로 생산성 향상을 꾀하는 데 성공한 근대경영은 1930년대에 새로운 실험을 시도한다. 1930년대는 대공황으로 점철된 암흑의 시대다. 과잉공급-과소수요로 촉발된 대공황은 2차 세계전쟁으로 마감되기까지 전 세계를 불황과 침체의 늪에 빠지게 했다. 근대경영은 새로운 돌파구를 찾아야 했거니와 호오손 공장에서 진행됐던 한 실험으로 또 하나의 의미 있는 성과드라이브를 탐색하는 데 성공한다.

뢰슬리버거(Fritz J. Roethlisberger)와 메이오(Anton Mayo)가 주축이 된 호오손 공장 실험은 '뜻밖의 결과'를 통해 근대경영의 새로운 성장동력을 발견했다. 이들은 프로이트 심리학을 따르는 추종자는 아니었지만 인간의 동기 혹은 욕구에 대한 심리학적 해석을 통해 근대 경영의 새로운 장을 열었다는 점에서 주목할 필요가 있다(가보, 2000, 178면).

훗날 인간관계학파로 불리는 뢰슬리버거와 메이오는 인간을 합리적 존재로 보는 종래의 경제학적 관점을 부정하고 인간관계와 여기서 재생산되는 기대에 의해 행동하는 존재라는 가정을 수용한다. "직원들의 행동은 경제적 이득에 대한 기대에 따라 달라지기도 하지만, 작업 집단 내에서 자신이 담당하고 있는 역할이나 동료들과의 인간관계에 따라 달라진다"는 가정 아래 당시에는 매우 신선한 실험을 감행한다.

메이오는 대공황이 일어나기 직전, AT&T 웨스턴 일렉트릭 지부의 작업관리자인 페녹(G.A.Pennock)에 보낸 서한에서 인간관계의 중요성을 강조하고 있다.

> "귀사는 지금 산업 관리 방법론에 있어서 변화를 일으키고자 하고 있으며, 이 변화는 가히 대규모 혁명이라 부를 만한 모든 특성을 가지고 있습니다. 여기에서 혁명이라 함은 그 효과가 즉각적으로 나타나든, 아니면 아주 조금씩 나타나는 간에 산업과 사회의 양 측면을 고려해 볼 때 18세기 후반에 나타났던 산업혁명과 같은 혁신적인 변화를 불러올 것이라는 의미입니다. 산업혁명은 기계의 시대와 정밀제도 및 생산을 가져왔고, 물적 자원으로 이뤄진 인간의 자본은 방대해졌습니다. 당신과 동료들이 시도하고자하는 변화는 기계에 관련된 것이 아니라 인간에 관련된 것입니다."
>
> -가보, 180면

가보(2000)가 인용한 메이오의 제안서는 물적 측면이 아닌 인적 측면에서의 새로운 기회를 발견하고자 하는 새로운 접근이 잘 나타나 있다.

(2) 호오손 실험, 20여 년의 여정

흔히 인용되는 것처럼, 호오손 공장의 실험은 조명실험, 릴레이 어셈블리 실험, 인터뷰 실험 등으로 구성된 일련의 실험으로 1925년 경 시작돼 1950년대까지(부분적으로) 지속됐다. 뢰슬리버거는 "호오손 실험"이라는 글(1941)을 통해 전반적인 실험과 성과를 정리하고 있다. 내용을 간략히 요약하면 다음과 같다.

첫째, 조명실험(1924.11–1927.4) - 조명의 밝기와 작업능률 간 관계를 탐구한 실험이다. 호오손 실험의 계기가 됐다. 실험집단과 통제집단으로 나누어 조명의 밝기를 달리하고 작업능률의 차이를 조사했다. 실험의 가정은 조명이 밝을수록 능률이 오를 것이라는 가정이다. 그러나 반복된 실험에도 불구하고 둘 간의 상관관계는 뚜렷이 나타나지 않았다. 외려 조명의 밝리를 어둡데 해도 작업성과가 떨어지지 않는다는 의외의 결과가 도출됐다. 조명수준을 높였다가 원상태로 다시 돌려놓았을 때도 생산성은 달라지지 않았다.

둘째, 전화 계전기 조립 실험(1927.4–1929.6) - 여성(실험집단)과 남성(통제집단)을 분리하고 여성노동자들의 노동조건을 변화시키면서 생산성 차이를 조사했다. 조명뿐만 아니라 휴식시간 횟수, 시간, 하루 노동시간, 습도, 온도 등 12개 요소를 차별적으로 도입했다. 3년 동안 실험한 결과, 여성노동자의 작업성과는 작업환경의 변화에도 불구하고 끊임없이 향상됐다. 반면, 남성노동자들의 작업성과는 작업환경 변화에 따라 달라졌는데, 일관성이 발견되지는 않았다. 여성노동자의 생산성이 꾸준히 향상된 이유는, 이들은 자신들이 선택받은 존재라고 생각했고 관찰대상이 되고 있음을 인식했기 때문이다. 무작위로 선발됐음에도 불구하고 선택받은 존재라는 인식은 일의 몰입으로 이어졌다. 결국 성과에 영향을 미치는 요인은 물리적 환경이 아니라 '심리적 보상' 혹은 인식의 차원에 존재함을, 이 실험은 드러내고 있다.

셋째, 뱅크룸 실험(1931.11–1932.5, 1936) - 뱅크 와이어링 관찰실(Bank Wiring Observation Room)에서 행한 이 실험(1936년)은 비공식조직의 존재와 작동을 발견한 주목할 만한 실험이다. 납땜공, 배선공, 검사관 등 세 가지 직업군에 속한 14명의 노동자들은 직군별로 성과급을 받도록 설계돼 있었다. 뢰슬리버거는 생산성에 따른 급여체계로 인해 고성과 작업자들은 저성과 노동자들에게 압력을 행사해 결국 생산성이 전체적으로 높아질 것이라 예상했다. 그러나 실제 결과는 이와 달랐다.

> "오히려 그룹 내에서 노동자들이 적정하다고 판단하는 생산량을 근거로 나름대로의 비공식적인 기준 작업량을 스스로 결정하는 사실이 드러났다. 따라서 기준 작업량을 위반하여 작업량이 너무 많거나 너무 적으면 동료들로부터 따돌림을 받았다"
>
> –가보, 236면

뱅크 와이어링 실험은 비공식조직의 존재를 발견하는 귀중한 실험이었다. 비공식조직이란, 위계체제 아래서 공식적인 권한과 책임이 부여된 공식조직과 달리, 임의적이고 자발적이며 실제 작동하는 권력체계다. 실제 작업량은 경영진에 의해 정해지는 수준에 의해 결정되는 것이 아니라 비공식조직에 의해 스스로 결정되며, 그 역시도 각각의 노동자들의 처지와 상황을 고려한 '모두에게 적합한' 수준으로 정해진다는 사실이다. 이는 앞서 설명한 버나드에 의해 수용되기도 했다.

3.2 콘티넨털 밀스 실험 - 호오손 실험의 초석

잘 알려지지 않은, 그러나 인간관계론이라는 경영학(인적자원관리분야)의 한 사조가 형성되는 데 중요한 영향을 미친 실험은 메이오의 콘티넨털 밀스(Continental Mills) 실험이다. 모직물을 생산하는 이 회사는 당시로서는 드물게 인사관리에 많은 공을 들이는 기업이었다. 노동자들에게 건강관리 서비스를 제공할 뿐만 아니라 레크레이션 활동 활성화, 개인연금 저축제도 도입 등 현대적인 부가복지 서비스를 이미 도입하고 있는 기업이었다. 그러나 특이한 것은 콘티넨털 밀즈의 이직률은 연간 평균 5%에 불과했음에도 유독 방적부서의 이직률은 연간 250%에 달했다. 한해 입사하는 인원이 100명이라면 퇴사하는 인원이 2.5배에 이르는 셈이다.

"방적 부문의 이직률을 조사하는 과정에서 그는 방적 업무를 담당한 노동자들이 다른 부서 노동자들에 비해 예민하며, 짜증이나 화를 잘 낸다는 사실을 깨달았다. 이들은 만성 피로와 우울증을 호소했다. 또한 타 부서에 비해 방적부서 노동자들이 술을 많이 마시는 것으로 나타났다. 경영진은 다양한 보너스 제도를 도입하고 오락과 게임 활동 기회를 제공했지만, 여전히 문제는 사라지지 않았다."

–가보, 212면

메이오는 방적부서 노동자들의 문제를 이들 간의 인간관계에서 '작업과 인간 사이의 관계'로 관점을 바꾸어 분석했다. 실제로 이들은 매일 10시간 동안 기계 사이를 다니면서 실이 풀린 곳을 찾고 이를 되감는 일을 반복하는 노동에 종사하고 있었다. 풀린 실을 되감으려면 기계들 사이로 억지로 몸을 길게 뻗어야 했기에 불편하고 어색한 자세로 인해 피로가 가중됐다(가보, 212면). 메이오의 처방은 휴식의 빈도를 늘리는 것이었다. 두세 시간마다 휴식을 취하게 함으로써 가중된 근육 피로를 풀고 일에서 잠시 벗어나도록 하게 했다. 결국 얼마 지나지 않아 이직률은 줄고 생산성은 30% 이상 높아졌다(가보, 212면).

콘티넨털 밀즈 실험의 성공은 이후 호오손 실험의 중요한 밑거름이 된다. 무엇보다 인간관계의 중요성과 함께 인간과 기계간의 상호작용 역시 생산성을 결정하는 주된 요인임을 발견한 것이 커다란 성과였다. 실제로 휴식을 늘리는 일은, 테일러주의의 관점에서는 비용이 증가하는 일일 뿐이나. 그러나 메이오의 실험으로 인간은 물적 자원과는 다른 독특한 특성을 갖는 자원임이 밝혀진 셈이다. 또 하나 주목해야 할 점은 지루함 혹은 소외의 문제다. 테일러의 과학적 관리가 광범한 소외를 불러일으켰다면, 메이오의 인간관계론은 지루함 혹은 무의미가 효율성을 떨어뜨리는 주요요인임을 거꾸로 지적한 셈이다. 현대 경영에서는 그다지 신선하지 않은 발견으로 보이나 당시의 산업화 시대를 고려한다면 이는 획기적 사건으로 불릴 만 했다.

3.3 작동하는 것은 비공식적 관계다

호오손 실험이 경영학의 발전에 크게 기여한 대목은(물론 다양한 요소가 있으나) 비공식조직의 발견이다. 그 성과에 대한 뢰슬리버거 자신의 회고를, 좀 길지만 인용한다.

"대다수의 소규모 조직에서 수많은 규칙이 암묵적으로 통용되고 있음을 깨닫고 나는 깊은 인상을 받았다. 이런 규칙에는 그 조직의 운영규칙이나 실적이나 성과의 기준뿐 아니라 의사전달 규칙도 포함된다. 의사전달 규칙이란 다시 말해 도움을 청할 때는 누구를 찾아야 하는 가, 하는 문제를 말한다. 이런 조직에 속한 사람들은 자신들이 해야 할 일과는 무관한 일련의 관계들로 묶여 있다. 이러한 관계들은 조직의 목적을 달성함에 있어서는 물론, 이런 목적으로 달성하기 위해 동료들의 협력을 얻어내는 데도 중요하다. (중략)

나는 규모의 대소를 막론하고 모든 조직에 존재하는 이런 관계들을 찾아보기 시작했다. 대규모 조기의 경우에는 이런 관계들이 어느 정도 위장돼 숨겨져 있지만 그럼에도 불구하고 이런 관계들이 존재한다. 내가 말하는 이런 상호 연관성을 바탕으로 한 관계들은 사람들 간에 좋아하는 감정, 신뢰감, 도움 등의 요소와 연관돼 있다. (중략)

결과적으로 종종(항상 그런 것은 아니지만) 위계질서와는 무관한 구조를 만들어내는이런 상호 밀접하게 연결된 관계들을 나는 '강하고 밀접한 따뜻한 관계'라고 부른다. 이들은 조직내의 결속력을 더욱 단단하게 한다. 이와 대조적으로 위계질서를 바탕으로 한 관계들은 '약하고 희미하며 냉정하다.'(' ' 강조는 인용자)

대부분의 조직에서 직원들은 이러한 비공식적 관계들로부터 보답을 얻을 수 있다고 여기는 듯 했다. 직원들은 시간과 장소를 불문하고 가능하다면 이런 비공식조직을 형성하려고 안간힘을 쓴다. 대부분의 경우에 이들은 비공식관계에 너무나도 만족한 나머지, 소속을 인정받기 위해 온갖 비논리적[합리적] 언행을 무릅쓰기도 한다(예를 들어 자신의 경제적 이익에 손해가 가는 일이라도 서슴지 않는다)."[15)]

-가보, 236-7면, 강조는 인용자

15) 뢰슬리버거는 공식조직과 비공식조직 사이에 존재하는 팽팽한 긴장으로 인해 경영진의 논리와 노동자들의 감정 사이에 무의식적인 투쟁이 발생한다고 보았다. 공식적인 관료조직과 비공식적인 네트워크 간에 평

뢰슬리버거의 회고에서 보듯이, 기업과 같은 조직은 베버의 관료제 모형과 같은 건조한 구조물이 아니라 살아 움직인 생물과 같다. 공식적 권위/권력이 한편으로 존재하지만, 비공식적 관계와 네트워크가 또 다른 한편으로 영향력을 미친다. 비공식조직의 발견을 여기서 재차 강조하는 이유는, 비공식조직의 역할을 발견한 것 이외에, 조직의 본성, 곧 변화무쌍한 실체로서의 조직에 대한 이해를 높이는 것이 중요하기 때문이다. 복합적 속성을 갖는 조직의 동학(dynamics)은 앞으로도 지속적으로 연구해야 할 과제다.

3.4 무엇이 문제인가

인간관계학파들의 가정은 또 하나의 진실을 발견하는 데 기여했다. 근대 이후 당시까지 참 명제라 믿었던 '합리적 존재인 인간'은 더 이상 사실이 아님이 밝혀졌다. 인간은 외려 비합리적인 모습이 더 많다. 손해일줄 알면서도 이를 감수하기도 하고, 계산에 의해 행동하기 보다는 감정에 따라 행동하기 일쑤다. 다만, 유념해야 할 사실은, 이는 하나의 측면일 뿐이며 인간존재 전체를 비합리적 존재로 인식해서는 안 된다는 점이다.

따라서 호오손 실험으로 대표되는 인간관계학파들의 주장에도 한계나 오류가 없는 것이 아니다.

첫째, 지나치게 인간의 감정이나 동료관계, 비공식조직만을 강조하여 물리적 환경 개선 노력을 게을리 하거나 체계적인 인적자원관리 전략을 수립하는 것을 등한시해서는 안 된다. 경우에 따라서는 저임금, 높은 노동 강도, 고용불안 등 열악한 근무환경을 합리화하는 데 악용돼서는 안 된다. 하나의 측면이 있다는 사실은 중요하나, 이 역시 부분적 측면을 구성하는 것일 뿐, 전체를 결정하는 것은 아니기 때문이다. 호오손 실험 이전의 근대경영이 포착하지 못한 새로운 사실을 발견했다는 점이 중요하며, 공식조직, 성과에 대한 과학적 측정과 보상, 올바른 권위의 정립 등과 균형 있게 조화될 때 성과는 더욱 커질 수 있다. 다만, 한국 인사관리 관행의 후진성을 고려한다면, 호오손실험이 주는 함의는

형 상태를 이루는 방법을 추구하는 과정에서, 뢰슬리버거는 자신이 명명한 '중간자 증후군(man-n-the-middle syndrome)'이 하급 및 중간급 현장 관리자들에게 영향을 미친다는 사실을 발견했다. 감독관들은 한편으로는 관리자로서의 역할 및 경영층의 목적으로 달성하기 위해 자신이 맡은 책임과, 다른 한편으로는 경영진의 지시에 종종 위반되더라도 작업을 수행하기 위해서는 어쩔수 없이 비공식 조직과 협력해야 한다는 깨달음 사이에서 고민하고 있다는 사실을 발견했다 (가보, 2000, 237-8면)

여전히 적지 않다.

둘째, 인간관계의 중요성을 폄하 할 수 없지만, 이를 잘 발전시키는 인적자원관리 시스템이 구축되지 않을 경우, 인간관계는 사적 관계로 전락할 소지가 충분하다. 객관적이고 공정한 시스템에 의해 움직이기 보다는 사적 감정과 친소관계에 따라 경영과 작업과정이 좌지우지 될 수 있다. 반대로 잘 구축된 인적자원관리 시스템은 질 좋은 인간관계의 지속적인 발전에 도움을 준다는 점도 고려해야 한다. 결국, 시스템과 주체는 상호의존적인 관계에 놓이거니와 인적자원관리 시스템과 작업장에서의 인간관계 역시 그러하다.

셋째, "노동자들의 말을 경청하는 인물이 작업환경을 바꿔 줄 만한 권한이 없는 사람인 경우에는 단순한 경청만으로는 근로조건의 장기적 개선이 이뤄지기 힘들다(가보, 246면)"는 사실 또한 유념해야 한다. 효과적인 상담이 필요역이 되도록 충분한 인원의 현장 감독들을 훈련시키는 게 사실상 불가능하다는 점(가보, 246면)도 실천의 측면에서는 중요한 문제 중 하나다.

결국 호오손 실험의 발견을 현장 경영에 접목시키기 위해서는 노동자의 역할보다 경영진의 역할이 더 중요하다. 호오손 실험을 자신의 작업장에서 실천했던 딕슨은 1943년 뢰슬리버거에게 보내는 편지에서 이렇게 토로했다.

> "나는 〈경영진과 노동자〉에서 개발된 개념은 인사관리 담당자들에게보다는 외려 임원진들에게 훨씬 더 적합하다는 느낌을 가지게 됐다"
>
> –가보, 247면

3.5 소결 _ 다시 인간관으로 돌아가면

인간관계론은 과학적 관리론과 함께 인적자원관리의 커다란 두 흐름을 형성하는 줄기다. 앞서 본바와 같이 과학적 관리론은 구상과 실행의 철저한 구분, 실행과정의 능률적 분업화를 통해 비용절감을 달성하고자 하는 이론적 입장이다. 지시나 감독 등 통제를 통해 비능률을 제거함으로써 효율적 인사관리를 달성하고 한다. 과학적 관리가 전제하는 인간(테일러가 만든 가상 인물 슈미트가 상징하듯이)은 '복종하는 주체'다. 경영진의 지시를 잘 이해하고 성실히 복종하는 주체로서의 노동자다. 반면 인간관계론은'관계적 주체'로 인간을 새롭게 사고했다. 관계적 주체란 상호 독립적인 존재가 서로 관계를 맺음으로써 일정한 의미를 획득하는 존재를 의미한다. 독립된 자아로서 개별자인 존재에 초점을 두기 보다는 관계 속에서 형성된 맥락적 존재로서의 인간을 중시한다. 이러한 인간관계학파의 인간관은 이후 매슬로, 허즈버그, 맥그리거 등에 의해 조직에서의 심리, 관계적 주체로서의 노동자에 대한 과학적 연구로 발전하는 데 커다란 초석을 다졌다.

4. 전략의 대두(1950-60년대)

4.1 소비중심의 자본주의와 전략의 발견

"이렇게 좋은 시대는 두 번 다시 오지 않을 것이다"

영국의 65대 총리 헤럴드 맥밀런(Maurice Herold Macmillian, 1894-1986, 재임 1957-1963)의 선거 운동 슬로건이다(미타니, 2013, 77면). 이 슬로건에는 자본주의의 황금기가 고스란히 담겨있다. 전후 50년대, 자본주의는 황금기를 구가하기 시작한다. 이 골든 에이지는 1970년 위기가 발생하기까지 20여 년 간 지속된다. 전쟁으로 파괴된 유럽을 재건하면서 세계경기는 유례없는 활황을 맞는다. 포드주의로 불리는 대량생산-대량소비의 선순환 체계가 정착되기 시작하면서 산업자본주의는 소비 중심의 자본주의[16]로 재편된다. 공황과 전쟁을 경험한 근대기업은 지속적인 수익 창출을 위해서는 지속적인 소비가 뒷받침돼야 함을 깨달았다. 소비에 의해 지지되지 못하는 생산은 과잉생산을 초래해 결국은 공황으로 치달을 수밖에 없기 때문이다. 유효수요와 총수요관리의 중요성

16) 소비중심의 자본주의가 진전되면서 소비자는 기업 경영에 있어 가장 중요한 변수로 등장하기 시작했다. 무엇보다 기업의 존재 이유를 소비자의 만족에서 찾는 견해들이 등장했으며 이후에는 기업의 사회적 책임을 소비자의 욕망 실현과 연계시키는 데 까지 나아갔다. 드러커는 기업의 사명은 소비자의 선택지를 넓힘으로써 소비수준을 향상시키는 데 있다고 보았다 (이재규, 2010). 버버리와 같은 왕족만이 향유할 수 있는 상품은 이제 값을 치를 수 있는 사람이면 누구나가 소비할 수 있다. 소비자가 즐길 수 있는 소비의 범위와 수준을 높이는 것, 이것이 기업이 공헌하는 사회적 가치라는 점이다 (신은종, 2011).

을 강조한 케인즈 경제학이 발전한 계기도 이를 배경으로 한다.

소비중심의 자본주의가 전개되면서 근대경영은 '전략'이라는 개념에 새롭게 눈뜨게 된다. 전략이란 군사학의 용어로 이를 경영에 적용한 인물은 이고르 앤소프(Igor Ansoff, 1918-2002)다. 앤소프는 경쟁과 전략이라는 개념을 새롭게 사고하면서 근대경영에서 '전략경영'이라는 새 장을 열었다. 소비의 중요성이 높아지면서 고객을 확보하기 위한 경쟁이 어느 때 보다 치열해지기 시작한 시기가 전후 50년대 이후다. 앤소프는 심화되는 경쟁에서 기업이 생존하기 위해서는 전략이 필요하다고 보았으며, '3S 모델'이라는 의사결정 모델을 정립했다. 3S 모델은 기업의 중요한 의사결정 대상은 전략(strategy), 조직(structure), 시스템(system)에 관한 것이며, 이 중 가장 중요한 것은 전략에 대한 의사결정이다. 앤소프는 전략은 "자주 바꿀 수 없는 가장 중요한 의사결정이며 최고관리자의 본질적 책무"라고 보았다(미타니 고지, 79면). 1957년 발표한 소위 '앤소프 매트릭스'는 기업의 장점(내부 요소)와 경영환경의 경쟁상황(외부요소)을 동시에 고려한 전략을 수립할 때 기업은 효과적으로 생존할 수 있음을 강조한다. 이를 성장 벡터라 한다. 특히 이때 외부요소인 환경을 분석하는 일은 고객의 니즈를 분석하는 것에 다름 아니다. 결국 전략이란 고객의 수요에 부합하도록 기업의 역량을 조정해 나가는 기술임을 앤소프는 강조하고 있다.

이후 하버드 대학의 케네스 앤드루스(Kenneth Andrews, 1916-2005)는 앤소프의 개념을 활용해 SWOT분석[17]이라는 도구를 개발했다. 보스톤 컨설팅의 BCG 분석과 함께 가장 대중화된 SWOT분석은 내부와 외부요소를 2×2 매트릭스로 조합해 기업과 환경의 상호관계 속에서 전략을 도출하는 분석도구다. 내부요인 중 조직의 목표를 달성하는 데 필요한 요소를 강점과 약점으로 분리하고, 환경요인은 긍정적 요소를 기회요인으로, 부정적 요소를 위협요인으로 분류한다.

17) 이를 처음 개발한 인물은 앨버트 험프리로 알려져 있으나 앤드루스에 의해 체계화됐다.

[SWOT 매트릭스]

내부요인 \ 외부요인	Opportunity	Threat
Strength	S–O 전략	S–T 전략
Weakness	W–O 전략	W–T 전략

두루 알려져 있듯이, S–O 전략은 강점을 살려 기회를 포착하는 전략이라면, S–T 전략은 자사의 강점을 살려 위협적 환경요인을 회피하는 전략이다. W–O 전략은 약점을 스스로 분석하고 기회요인에 맞도록 이를 보완하는 전략이며 W–T 전략은 약점을 보완해 위협을 회피하는 전략이다.

1970년대에는 보스톤 컨설팅 그룹(BCG)이 경영환경에 대한 분석에 기초한 사업포트폴리오 분석기법을 내놓았는데, 이 역시도 기업–환경의 상호작용을 고려한 전략적 포지셔닝 분석 방법이다. BCG 매트릭스는 SWOT 분석과 달리 주체의 측면(내부요인) 보다는 환경 측면에 더 많은 초점을 둔다. 시장 점유율과 시장 성장률을 두 축으로 2×2 매트릭스를 구성한다.

[BCG 매트릭스]

성장성 \ 점유율	High	Low
High	Rising Star	Question Mark
Low	Cash Cow	Barking Dog

스타사업에는 수익성과 성장성이 모두 높은 부문이므로 지속적인 투자 전략이 필요한 반면, 두 요소가 모두 낮은 도그(dog)사업에서는 단계적 철수가 필요한 전략이다. 캐시카우는 기존의 투자에 의해 수익이 지속적으로 발생하는 부문으로 수익 창출원이다. 그러나 성장성이 낮은 만큼 공격적 투자보다는 보수적 유지관리 전략이 요구된다. 물음표 사업은 성장성이 높은 만큼 이후 스타 사업으로 전환될 가능성이 있으나 위기가 발생할 경우에는 도그 사업으로 전락할 가능성도 배제할 수 없으므로 신중한 투자전략이 필요하다.

4.2 전략, 환경과 상호작용하는 조직의 능동적 대응

여기서 전략의 개념을 좀 더 명확히 하자. 경영에 있어 '전략'이란 목표의 명확한 정의와 이를 효과적으로 달성할 수 있는 자원동원 계획의 체계화로 정의될 수 있다. 이는 알프레드 챈들러(Alfred Chandler, 1918-2007)의 개념으로 그의 저서 〈전략과 조직(Strategy and Structure)〉에서 체계화됐다. 이 책은 10년 이상 실시한 조사를 집대성한 책으로 미국 4개 기업의 전략에 대한 사례연구(듀폰, 지엠, 엑슨모빌, 시어스 로벅)가 백미다. 챈들러에게 최초의 경영사가(經營史家)라는 타이틀을 제공한 역작이기도 하다.[18)]

챈들러의 개념을 중심으로 전략의 의미를 정리해보자. 첫째, 전략은 목표를 중심으로 하는 개념이다. 목표의 명확한 정의가 전략을 수립하는 첫 단계다. 이때 목표란 물론 조직의 성과창출이다. 그러나 이 목표는 환경에 의해 제한된다. 다시 말하면, 환경변화에 따라 목표는 수정되는 가변성을 지닌다. 조직내부의 문제가 아니라 조직을 둘러싼 외부환경변화가 결정적임을 의미한다. 목표를 정의함에 있어 가장 중요한 외부 요소는 소비자의 니즈다. 소비중심의 자본주의가 진전되면서 소비자 확보 경쟁은 점차 치열해지기 시작했다. 어떤 니즈가 새롭게 창출되고 있는가를 판단하지 않고서는 효과적인 목표를 수립할 수 없게 됐다. 이점에서 전략은 그동안 조직의 내부요인에만 초점을 두었던 경향을 대체한다.[19)] 그러나 전략이 새롭게 발견되면서 환경과의 상호작용, 구체적으로는 소비자의 니즈에 부합하는 조직으로의 전환이 보다 핵심적 요소로 부각됐다.

둘째, 자원동원계획의 체계화가 전략의 완성이다. 기업은 다양한 형태의 자원을 보유하고 있다. 변화하는 환경에 효과적으로 대응할 수 있는 전략을 탐색하기 위해서는 우선 자신이 보유한 자원의 현황에 대해 정확히 인지해야 한다. 자신의 강점은 무엇이며 보완해야 할 약점은 무엇인가를 분석함으로써 환경에 부합하는 전략적 조합을 효과적으로 탐색할 수 있다.

---

18) 챈들러의 저서 〈전략과 조직〉이라는 제목에서 명확히 제시되는 것처럼, 전략과 조직의 상호작용이 중요하다. 전략은 사업전략과 조직전략으로 분리되거니와 사업전략은 환경에 따라 사업포트폴리오를 전환하는 등 유연하게 변화할 수 있는 성격을 지닌다. 반면 조직 전략은 잦은 변화가 상대적으로 쉽지 않다. 따라서 사업전략이 우선하고 이에 부합하는 조직전략을 수립하는 것이 필요하다는 점을 챈들러는 강조하고 있다. '조직은 전략을 따른다'는 명제가 챈들러의 중요한 발견이다.

19) 실제로 앞서 살펴본 테일러의 과학적 관리, 조직이론, 인간관계론 등은 모두 조직의 내부 요인의 변화를 통해 성과를 달성하고자 하는 접근이었다.

셋째, 전략은 장기적 관점에서 수립돼야 한다. 경영환경은 변화를 속성으로 한다. 따라서 향후 환경이 어떻게 바뀔 것인가를 예측하고 이에 적절히 대응하기 위해 필요한 자원은 무엇인가, 이를 어떻게 확보할 수 있는가에 대한 장기적인 전망과 계획이 필요하다. 목표의 정의, 자원의 파악, 동원계획의 수립을 통해 전략은 비로소 완성된다.

4.3 전략과 인적자원관리의 변화

그동안 인적자원관리 전략은 내부 요인으로서의 인적 자원을 육성하고 관리하는 데 초점이 두어졌다. 이를 위해 낭비적 요소를 제거하고(과학적 관리), 구성원들의 협업을 증진시킬 수 있는 조직을 체계화하며(조직이론), 인간관계에 대한 세심한 배려를 통해 몰입과 헌신을 유도(인간관계론)하는 데 초점을 두었다. 그러나 전략이라는 새로운 경영관행이 개발되면서, 조직과 환경 간의 상호작용이 성과 향상에 결정적 영향을 미친다는 사실이 확인됐다.

전략의 발견은 인적자원관리에도 많은 영향을 미쳤다. 첫째, 인적자원관리 자체가 하나의 전략으로 발전해야 하는 자신만의 과제를 갖게 됐다. 실제로 당시에는 인사관리부서가 전략 부서로서의 위상을 확보하지 못했다. 권력부서이거나 단순한 노무관리 부서이기 일쑤였다. 권력부서로서의 인사부서는 사업주나 경영자가 인사권을 독점하는 데 필요한 지원을 제공하는 역할을 수행했다. 단순 노무관리부서로서의 인사부서는 당시 노동이나 고용관련 법령 제정이 늘어나면서 이에 대한 대응을 전담하는 기능을 수행했다. 따라서 인사관리부서는 성과를 창출하는 데 직접적으로 기여하는 이윤의 구심점(profit center)라기 보다는 이윤과 상관없이 어쩔 수 없이 유지해야 하는 비용 넝어리(cost center)로 인식되기 일쑤였다.

그러나 전략이 또 하나의 성과드라이브로 발견되면서, 인적자원관리 기능 자체도 전략적인 기능을 수행해야 한다는 주장이 제기됐다. 인적자원관리가 단순한 노무관리를 넘어서 기업의 성과창출에 '직접적으로 유의미한' 영향을 미치는 전략적 기능을 수행하기 위해서는 어떻게 해야 하는가에 대한 관심이 높아지기 시작했다. 그러나 당시의 논쟁은 '인적자원관리의 전략화'에 대한 당위적 문제제기에 그치고 말았으며 의미 있는 진전을 이루지 못했다. 이 문제는 제1장의 말미에서 설명한 것처럼, 아직까지도 현대 인적자원관리의 중요한 과제로 남아 있다.

둘째, 소비자의 등장, 이로 인한 전략의 중요성이 부상하면서, 인적 자원이 갖추어야 할 능력과 소양의 내용에도 변화가 생겼다. 즉 구성원이 갖추어야 할 역량 중 하나로 소비자에 대한 이해, 나아가 소비자를 만족시키는 능력이 중시되기 시작했다. 이른바 '소비자 우선주의'는 사업전략에서 뿐만 아니라 인적자원관리 전략에서도 중요한 위상을 차지하기 시작한다. 물론 1970년대까지는 이와 관련해 뚜렷한 변화가 포착되는 것은 아니다. 다만, 전략의 시대에 인적자원관리 분야에서도 소비자의 만족을 증진시킬 수 있는 구성원의 역량에 대한 관심이 점차 높아진 것은 사실이다.

이에 대한 본격적인 발달은 1980년대 이후 정보통신혁명으로 인해 소비자의 권력이 높아지면서다. 컴퓨터 통신과 네트워크의 발달로 인해 소비자들은 공급자인 기업과 상품에 대한 정보를 쉽게 보유할 수 있었고 기업에 대해 자신의 니즈를 요구할 수 있게 됐기 때문이다. 소비자는 이제 단순한 소비의 주체가 아니라 기업의 성패를 좌우하는 '고객'의 지위를 확보하기 시작한다. 이에 대해서는 관련되는 절에서 후술한다.

5. 위기와 사람의 재발견(1970년대)[20]

5.1 석유위기와 포드주의의 붕괴

1974년 1월 6일 새벽 2시. 미국인들은 시계를 한 시간 앞당겨 맞추어야 했다. 우리에게는 써머타임제로 더 익숙한 '낮 시간 절약제(daylight saving time)'가 시작됐기 때문이다. 해도 짧은 추운 한 겨울, 어린 아이들은 캄캄한 새벽에 등굣길에 나서야 했고, 학부모들은 거세게 항의했다.[21] 이 풍경은 최대 에너지 사용국인 미국에게는 잘 어울리지 않는다. 여름도 아닌 한 겨울에, 세계 최강국인 미국이 '써머'타임제를 성급히 실시해야 했던 이유는 무엇일까?

20) 〈노사관계역사 200년〉(신은종, 2010, 북넷) 중 일부를 수정하여 옮김

21) http:en.wikipedia.org/wiki/1973_energy_crisis

1973년 10월. 석유수출국기구 OPEC는 좀 키퍼 전쟁(Yom Kippur War) 중 이집트와 분쟁중인 이스라엘과 이스라엘을 지원하는 모든 국가에 대해 석유 수출을 금지한다고 발표했다. 수출금지와 동시에 감산조치가 취해지면서 배럴당 12달러에 불과했던 석유는 42달러로 4배 가까이 폭등했다. 미국 내 가솔린 가격도 두 배 이상 치솟기 시작했다. 주유소마다 '다 팔렸음' 표지가 내걸렸고, 시민들은 불안에 떨기 시작했다. 석유가 부족해지자 전력 생산도 차질을 빚었다. 난방을 위해 전기수요가 많은 한 겨울에 '써머'타임제를 실시할 수밖에 없었던 이유는 여기에 있었다.

전후 20년간 지속됐던, 그리고 앞으로도 계속될 것이라 믿었던 자본주의 황금기는 석유위기와 함께 끝이 났다. 석유위기는 대량생산과 대량소비의 선순환을 더 이상 허용하지 않았다. 석유 값이 폭등한 만큼 생산비용이 올랐고, 이는 다시 상품가격의 상승으로, 물가의 상승으로 이어졌다. 가격이 오르자 수요는 그 만큼 줄어들어 기업의 채산성은 악화되기 시작했다. 수많은 기업들이 도산했고, 노동자들은 실업자로 거리에 나 앉게 됐다. 도산을 면한 기업들도 위기를 버티기 위해 고용을 줄였다. 실업 증가는 노동자 가계의 파산을, 시장에서는 구매력의 감소를, 그리고 황금기를 지탱했던 포드주의의 붕괴를 의미하는 것이었다. 실업 증가로 소비가 이루어지지 않자, 기업은 생산을 더 줄여야 했고, 생산 감소는 대량해고로 이어졌다. 대량해고에 따른 소비자의 구매력 감소는 더욱 더 소비를 위축시켜 상품생산의 확대를 불가능하게 하는 생산과 소비의 '악순환(vicious cycle)'이 시작됐나.

포드주의의 붕괴를 가속시킨 것은 '불황 속 고물가', 소위 스태그플레이션이었다. 스태그플레이션이란 경기침체(stagnation)에 물가상승(inflation)이 수반되는 현상으로, 당시에는 매우 낯선 현상이었다. 일반적으로 경기불황이 지속되면 물가도 하락하기 마련이다. 불황은 구매력을 위축시키기 때문에, 기업은 생산을 줄이거나 상품가격을 낮춘다. 생산량의 감소는 고용의 감소로 이어지고 노동자들은 낮은 임금을 감수할 수밖에 없다. 결국 물가는 떨어진다. 그러나 영국의 상황을 살펴보면, 석유위기가 촉발됐던 1974-75년 당시, 공업생산은 제2차 세계 전쟁 이후 가장 심각한 수준을 보이고 있었음에도 불구하고 물가는 여전히 상승하고 있었다(김수행 등, 2003, 19면).

불황 속 고물가 현상은 케인즈주의 통화정책 때문이었다. 1930년대 대공황은 자본주의의 안정적 발전을 위해 구매력이 얼마나 중요한 지를 보여주었다. 공황을 극복하기 위해 정부는 재정정책과 금융정책을 통해 시장의 수요를 관리하기 시작했다. 수요부족으로 경기침체 조짐이 보이면, 대규모 건설공사와 같은 고용효과가 큰 사업에 재정지출을 늘림으로써 부족한 수요를 메웠다. 이자율이나 통화량 조절을 통해 시장에 개입하기도 했고, 거대 기업의 도산이 예견될 경우에는 도산을 막기 위해 구제 금융을 제공했다. 석유위기로 경기 침체가 지속되자 거대 기업들이 도산 위기에 직면하게 됐다. 정부는 도산으로 인한 경제의 끝없는 추락, 이로 인한 대규모 실업을 막기 위해 구제 금융을 실시했다. 구제 금융을 위한 재원은 통화량 증가를 통해 충당됐다. 시중에 통화량이 늘어나자 물가가 인상했다. 불황 속 고물가는 바로 통화량 급증이 초래한 새로운 위기였다.

5.2 일본의 재발견 _ 3개의 신기(神器)

경기침체로 모든 나라가 몸살을 앓고 있던 70년대 중반, 동양의 한 섬나라는 약진을 거듭하고 있었다. 지금은 토요타생산방식이라는 일반명사로 더 익숙한 일본이다. 토요타는 1966년 소형차 '코로나'를 발표했다. 당시는 '기술의 닛산'이 자동차 시장을 지배하고 있었던 상황에 토요타가 세계적 브랜드로 성장할 수 있었던 것은 석유위기를 코로나로 극복하면서다. 1973년 이후 1983년까지 10년간 천만대를 생산하면서 닛산을 누르고 세계적인 자동차업계로 도약했다. 석유가격의 폭등으로 대형차를 유지하기가 곤란해지자, 소비자들은 연비가 높은 소형차에 눈을 돌렸다. 코로나는 연비가 우수할 뿐만 아니라 소음과 고장률이 낮고 판매 후에도 차별화된 서비스를 제공함으로써 인기를 독차지하게 된다. 특히, 자동차 산업의 가장 큰 문제는 잦은 잔 고장이었다. 툐요타는 품질경영을 필두로 고장 없는 자동차를 만든다는 명성을 쌓아나갔고, 1980년대에 이르러는 세계 자동차 시장을 석권하게 된다.

당시 일본은 그저 저가의 전자제품을 생산하는 작은 섬나라로만 인식됐었다. 그러나 위기의 시대를 돌파하는 저력이 알려지면서 세계의 이목이 집중됐다. '일본의 경영을 파악하자'는 움직임이 일기 시작한 것도 이때다. 일본 경영의 세 가지 주춧돌(three pillas)을 발견하고 신기(神器)라 이름 지었다. 평생고용, 연공임금, 그리고 기업별 노사관계가 바로 그것이다. 어느 하나도 미국이나 서방세계에는 익숙하지 않았던 경영전략이었으니, 신기로울 만 했다.

평생고용은 회사와 노동자를 동일시하는 기반이다. 회사의 발전이 곧 나의 발전이라는 믿음은 평생직장을 전제로만 가능하다. 해고의 자유가 광범하게 보장되는 미국의 고용관행과는 너무도 다른 개념이다. 직장이 평생의 무대인만큼, 노동자들은 그 안에서 자기를 실현하기 위해 몰입한다. 조직몰입뿐만 아니라 충성도도 크게 증가한다. 최근 전략적 인적자원관리의 핵심 관건인 "노동자의 조직몰입과 충성도를 어떻게 높일 수 있는가"에 대한 해답을 일본경영은 이미 제시했다고 볼 수 있다. 노동자들의 몰입에 대해 경영진은 책임으로 답한다. "경영자가 종업원을 해고하는 것은 도리에 맞지 않다" 1,760명의 노동자를 희망퇴직이란 형식으로 해고한 후, 도요타 사장이 스스로 사장직에서 물러나면서 남긴 말이다. 1950년 4월의 일이었다. 1949년부터 시작된 자동차업계의 극심한 불황으로 자금 압박에 시달리던 도요타는 임금 삭감만으로는 회사를 살릴 수 없다고 판단했다. 급기야 해고를 단행했지만, 해고와 함께 최고경영자도 노동자에 대한 '도리'를 지키지 못한 책임을 통감하며 물러났다.

연공임금은 테일러주의의 성과임금과 반대되는 개념이다. 임금을 결정하는 기준은 '성과'가 아닌 '연공'이다. 얼마만큼이나 회사에 공헌했는가의 문제는 그 '공헌의 정도'가 아니라 '공헌의 시간'이다. 더 많은 시간을 일한 사람일수록 더 많은 성과를 낼 수 있다는 믿음이 없다면 불가능한 일이다. 연공주의 임금체계는 이후에 많은 비판을 받으며 수정돼 왔지만, 지금도 '연공'은 광범한 지지를 받고 있는 기준이다. 연공임금으로 인해 노동자는 장기근속의 유인을 가지며, 자신의 미래를 회사의 미래에 연동시켜 나갔다.

기업별 노동조합주의도 되새겨봄직하다. 업종별 노동조합이나 산업별 노동조합이 일반적이었던 미국이나 유럽국가에 비해, 일본의 노동조합은 기업별 노동조합이 주을 이루었다. 기업별 노동조합은 회사의 사정을 누구보다 잘 알 수 있다는 장점을 갖고 있다. 노사가 공통의 인식을 가지고 협력할 수 있는 가능성을 높일 수 있는 장점도 있다. 이를 최대한 살린 것이 바로 당시 일본기업의 노사관계였다.

세 가지의 신기는 도요타 생산방식을 떠받치는 기둥이 됐다. 저스트 인 타임 생산방식의 가장 큰 특징은 노동자의 참여다. 미국에서 주목받지 못했던 에드워드 데밍은 전후 일본으로 건너가 일본기업의 품질관리를 위한 일대 혁신을 단행했다. 그리고 품질경영을 위해 노동자의 참여를 이끌어 냈다. 참여는 헌신을 전제로 할 때 생산적 참여가 이루어진다. 품질관리팀을 생산라인에 근무하는 노동자로 구성하고, 이들이 중심이되 불량이 발생할 가능성을 타진한다. 자율이 주어진다. 자율은 참여를 성과로 연결하는 매개체다. 문제가 발생하면 스스로 해결할 수 있도록 권한까지 부여한다. 문제가 해결되면 이를 보상함으로써 지속적인 품질관리가 이루어질 수 있도록 했다.

5.3 참여라는 새로운 실험

결국, 위기의 시대에 위험을 기회로 전환시킨 계기는 몰입과 헌신을 갖는 노동자의 참여였다. 일본의 약진은 '노동자 경영참여'가 위기 극복의 대안이 될 수 있음을 암시했다. 노동자가 경영에 참여할 수 있는 길을 열어줌으로써 적대적 생각을 버리게 하고, 주인의식을 갖게 함으로써 보다 헌신적인 노동자를 재생산할 수 있다는 기대를 갖게 됐다.

경영참여의 세 가지 방식은 성과참여, 자본참여, 의사결정참여다. 성과참여는 늘어난 성과에 대해 성과배분이나 이익 공유 형태로 참여하는 방식이다. 자본참여는 우리사주를 매입하여 주주인 노동자가 되는 길이다. 의사결정참여는 핵심적 방식이다. 일상적인 수준에서 전략적 수준에 이르기 까지 다양한 방식의 참여가 보장되는, 그야 말로 경영참여의 꽃이라 할 수 있다. 그러나 이 시기에 기업이 허용한 경영참여는 매우 제한적이었다. 성과참여나 자본참여는 노동비용을 줄이고 성과에 따라 보상을 차등하여 노동자간 경쟁을 꾀하는 유인책으로 도입됐다. 의사결정참여 역시 일상적 수준의 참여로 제한됐다. 당시 일본의 생산방식 중 하나인 품질관리제도(quality control)가 활성화되기 시작했는데, 이는 생산을 직접 담당하는 노동자로 하여금 불량의 원인을 제거할 수 있도록 권한을 부여한 제도다. 불량의 원인을 가장 잘 파악할 수 있는 사람은 담당 노동자이기 때문이다. 결국 품질을 개선하고 이윤을 높일 수 있는 부문에서만 제한적으로 경영참여가 허용됨에 따라 실질적 의미의 참여제도의 발달은 지체되고 말았다.[22)]

22) 노동조합은 경영참여를 위한 준비가 돼있지 않았다. 경영을 감시하고, 보다 나은 경영으로 유인하기 위해서는 경영역량이 필요하다. 경영환경의 변화를 읽고, 시장지배자가 되기 위한 전략을 탐색하며, 전략을 수

5.4 위기의 시대와 인적자원관리 _ 사람의 재발견

위기의 시대는 인적자원관리에 어떤 역사적 의미를 갖는가. 사람의 재발견으로 요약될 수 있을 것이다. 석유위기로 촉발된 70년대 위기는 경영으로 하여금 새로운 성장 동력을 탐색하게 했다. 위에서 설명한 바와 같이 일본의 '독특한 경영'은 위기를 타파하는 새로운 해법을 찾는 데 좋은 참조점을 제공했다.

경영참여는 비록 제한된 형태로 실험된 것은 사실이나 위기를 극복할 수 있는 핵심요인은 사람이라는 점을 재차 확인시키는 계기가 됐다. 이후 현대 인적자원관리는 구성원의 참여를 통해 몰입을 높이고 생산성을 향상시킬 수 있는 다양한 실험을 지속한다. 1980년대 이후 유연성의 자본주의가 진전되면서, 이 때 발견된 참여와 소통, 몰입 중심의 인적자원관리가 더욱 발전하게 된다. 이는 절을 달리해서 상술한다.

6. 유연성의 시대, 새로운 인적자원관리(1980 – 현재)[23]

6.1 새로운 시대 담론, 유연성과 세계화

80년대에 들어 새로운 지배적 담론이 형성됐다. 다름 아닌 유연성이다. 유연성은 포드주의에 기초한 산업사회를 탈산업사회로 변모시켰다. 80년대 이전 산업사회는 근대성의 시대였다. 근대성(modernity)란 무엇이었나? 근대성의 세계에는 '항상 하나의 정답'이 존재한다. 참과 거짓이 명백하고, 생산적인 것과 비생산적인 것이 구분되며, 선하지 않은 것은 항상 악한 세계다. 이 점에서 근대성의 자본주의는 다원화된 가치에 대해 문맹이다. 이윤을 많이 내면 그만인 자본주의는 '효율성'이라는 가치 아래 다른 모든 가치를

행할 수 있는 역량을 어떻게 갖추어 나가는 구체적 방법을 제시할 수 있어야 한다. 그러나 노동조합은 오랫동안 교섭주의의 덫에 빠져 생산적인 시각과 역량을 갖출 수 있는 기회를 잃어버렸다. 전후 20여년의 번영기는 주어진 성과를 얻어내는 기술을 연마하는 데는 더 할 나위 없는 기회였지만, 위기를 준비할 수 있는 혜안을 주진 못했다. 노동조합은 얻은 것 보다 잃은 것이 더 많은 '잃어버린 20년'이 되고 만 셈이다(신은종, 2010).

23) 이하의 내용은 〈노사관계역사 200년〉(신은종, 2010) 중 일부를 약간 수정해 옮김

종속시킨다. 공정과 작업을 명백하게 구획하는 분업의 원리는 효율적이기 때문에 항상 선하며, 여러 개의 공정과 작업을 넘나들 수 있는 다양한 기능은 비효율적이기 때문에 불필요하다. 경영자와 노동자의 역할도 명확히 분리돼 있다. 효율적이기 때문이다. 경영진의 권한을 넘보거나 그의 역할에 개입하는 노동자는 그 자체로서 악이다. 효율적이지 않기 때문이다.

포드주의는 효율성이라는 근대성을 가지고 태어나 전후 황금기의 과실을 먹으며 20여 년간 자라왔다. 70년대 중반 이후 위기가 도래하면서 황금기의 특수를 먹고 자란 포드주의 생산양식은 커다란 위기에 직면했고, 근대성도 수정을 면치 못하게 된다. 소위 '탈근대성'이 점차 근대성의 지위를 대체하기 시작했고, 그 핵심은 유연성이었다.

유연성의 세계는 하나의 '참'이 존재하지 않는 세계다. 그동안 무지나 문맹으로 여겨졌던 가치들은 - 서구라는 편향된 잣대로 재어진 동양의 가치들이 대부분이다 - 나름의 '참(眞)'을 비로소 인정받게 된다. 다양성 가치가 존중되면서 유행은 희석되기 시작했다. 유행은 본래 근대성의 자본주의의 대표적 산물이다. 포드주의는 대량생산을 효율적으로 가능하게 했지만, 다양한 상품을 만드는 데는 무력했다. "내복은 항상 빨간색이다"라는 믿음, 그래서 땡땡이 내복은 유행에 뒤쳐진 '저급한' 어떤 것이라는 확신은 모두 포드주의의 산물일 뿐이었다. 공급자는 소비자의 기호를 결정했다. 자신의 기호를 요구할 수 있는 소비자 주권은, 적어도 그동안은 존재하지 않는 개념이었다.

공급자와 소비자의 구도에 대대적인 전환을 가져온 것은 1980년대의 정보통신기술의 혁명이었다. 컴퓨터의 발명과 생산과정에의 응용은 다양한 품종을 소량으로 생산할 수 있는 능력을 가져다주었다. 기업은 획일화된 상품 아래 신음하는 소비자의 '그들만의' 기호를 찾아 나섰다. 소비시장은 특징적 문화를 공유하는 소규모 시장으로 분할되기 시작했다. 소비자는 비로소 '고객'의 지위로 격상됐다. 자신의 필요에 꼭 맞는 상품만을 골라 사용할 수 있는 '주권'을 갖게 됐다. 인터넷으로 대표되는 통신 혁명은 소비자 주권을 더욱 강화했다. 언제 어디서건 컴퓨터만 켜면 자신이 원하는 물건을 가장 싼 가격으로 구매할 수 있게 됐다. 탐색비용은 전기세 정도로 미미했다.

소비자 주권의 확립은 기업으로 하여금 생산의 유연화를 추구토록 했다. 소비시장을 새롭게 쪼개어 블루오션을 만들어 내는 기업만이 성공할 수 있게 됐다. 블루오션이라는 새로운 시장은 새로운 욕구를 갖는 수요자로 가득 차 있다. 문제는 새로운 욕구를 충족시키는 다양한 상품을 만들어내는 데 있다. 차별화된 상품을 만들기 위해 생산라인을 새로이 설치하는 것은, 이전 시대에는 무모할 뿐만 아니라 상상도 못할 일이었다. 수시로 변하는 기호에 맞추기 위해 막대한 비용이 드는 생산라인을 그때그때 바꿀 수는 없는 일이었기 때문이다. 그러나 변화된 사회에서의 고객의 기호는 더 이상 공급자에 의해 결정되지 않았다. 정보통신의 혁명은 기업이 유연한 대응을 할 수 있는 길을 열어 주었다. 컴퓨터와 로봇이 생산과정에 응용되면서 하나의 생산라인에서 하나 이상의 다양한 상품을 만들 수 있었기 때문이었다. 이는 세계화 혹은 신자유주의 등으로 상징되는 유연성의 자본주의 개막을 알리는 서곡이었다.

6.2 세계화 혹은 신자유주의

세계화란 무엇인가.[24] 세계화는 그 정의가 매우 다양하다.[25] 하이에크의 자유주의, 프리드먼의 통화주의, 스미스의 자유방임 따위가 혼재돼 있지만, 상반되어 보이는 케인즈주의 국가를 다소 변형하여 인용하기도 한다. 여기서 세계화의 개념을 좀 더 명확히 할 필요가 있다.

세계화는 국가 간의 관계성이 심화되는 과정이다. 가장 두드러지는 것은 경제적 관계성이다. 상품이 국경을 자유로이 넘나들며, 자본과 기술의 이동성도 높아진다. 상품과 자본을 따라 사람과 문화도 이동한다. 어딜 가도 피부색이 다른 사람들이 어우러져 살아간다. 그들은 도요타를 타고 출근해서, 점심엔 맥도날드 햄버거와 코카콜라로 배를 채우고, 저녁엔 이태리 식당에서 프랑스산 와인을 마신다. 거리마다 각 나라의 대표적 기업 간판이 즐비하며, 공장엔 경영자와 다른 국적을 갖는 노동자들이 함께 일한다.

24) 세계화는 기업차원에서의 전략을 넘어 '시대적 경향'을 의미하는 새로운 질서이기도 하다. 과거 18세기의 시대적 경향은 스미스의 〈국부론(1776년)〉에 의해 규정됐다. 19세기에는 다윈의 〈종의 기원(1859년)〉과 마르크스의 〈공산당 선언(1848년)〉이 시대 경향을 만들었다. 20세기에 들어서는 자유방임을 종언한 케인즈주의(1926년)와 하이에크의 자유주의(1978년), 프리드만의 선택의 자유(1979년) 등이 이를 대체했다. 그리고 20세기 중반 이후에는, 세계화라는 경향이 세계를 규율하는 새로운 질서로 자리 잡기 시작했다(신은종, 2010 〈노사관계 역사 200년〉에서 인용).

25) 세계화의 이데올로기적 용어가 소위 '신자유주의'다. 그러나 신자유주의 역시 통일된 개념이 정립된 용어가 아니다. 다만 경제와 경영에 있어서는, 시장주의의 극단화를 추구한다는 점에서 극단적 시장주의 혹은 시장교조주의로 고쳐 부르는 것이 올바르다

경제적 관계성은 경쟁을 매개로 확산된다. 과거에는 전쟁을 통해 국가 전체의 종속적 관계가 심화됐다. 승전국은 패전국을 모든 면에서 지배한다. 물리적 힘이 그들의 관계를 규율한다. 그러나 세계화는 전쟁이라는 극단적 정치행위를 '가급적' 피한다. 물리적 힘보다는 자본과 기술에서의 경쟁력이 관건이며, 결국 초국적 우량자본을 중심으로 불균등하게 형성되고 발전되는 특징을 갖게 된다.

경쟁력의 원천은 시대마다 달랐다. 초기 경쟁자본주의 사회에서는 낮은 가격이 경쟁력의 원천이었다. 1950년대에 시작된 번영기에서는 속도가 경쟁력의 관건이었다. 호경기에 누가 좀 더 많은 상품을 빨리 공급하는 가가 중요했기 때문이다. 1970년대 위기 이후, 기업은 품질 경쟁에 돌입했다. 세계화가 확산되면서 가격, 속도, 품질 등과 함께 고객 기호에의 적합성, 즉 고객만족이 또 하나의 관건이 됐다. 이를 총체적으로 담고 있는 것이 '유연성'이라는 경쟁력이다. 세계화 시대의 자본주의를 '유연성의 자본주의'라 부를 수 있는 이유도 이 때문이다. 유연성은 불확실성에 대응하는 가장 자연스런 대응이다. 무엇하나 확실하지 않은 상황이라면 언제라도 철수할 수 있는 기회가 보장돼야 하기 때문이다.

세계화 시대의 가치는 시장이 규정한다. 인간의 가치는 연봉이나 수입 따위의 수치화된 가격으로 표시된다. 심지어 자선도, 베푼 사람의 진실한 의도와는 상관없이, "얼마의 세금 혜택을 받을 수 있었을까"라는 의심의 눈초리를 피하지 못한다. 세계화된 사회의 성격은, 에리히 프롬의 말을 빌자면, '시장 지향적'이다. 시장 지향적 사회는 효율성을 추구한다. 하나의 시도가 효율적이기 위해서는 쓰인 비용보다 성과가 커야 한다. 문제는, 시장이 인내심이 매우 적다는 점이다. 따라서 단기적이고 가시적인 성과에 매몰된다. 중장기적이고 눈에 보이지 않은 가치는 외면당하기 십상이다.

세계화의 논리는 국가의 역할을 중요하게 생각한다. 시장의 지배적 역할을 강조하는 신자유주의 논리와 겉으로는 모순돼 보이기도 한다. 그러나 그 모순은 국가의 역할 범위를 시장이 규율하고 있다는 점을 이해할 때 비로소 해결된다. 케인즈주의 사회국가는 시장에서 구매력을 유지하기 위해 많은 정책들을 양산했다. 1950년대 이후 사회복지가 확대된 배경에는 이러한 이유가 있었다. 그러나 세계화 시대의 국가는 자본의 이익을 위해 철저하게 봉사한다. 국가(또는 정치권력)는 자국의 자본이 세계화 시대에 보다 원활히 활동할 수 있도록 지원하는 역할을 수행한다. 노동보호 규제를 완화하고, 시장에서 탈락한 자에 대한 사회보장에는 인색하다. 뿐만 아니라 초국적 자본을 유치하기 위해 유리한 생산입지를 제공하려 노력하기도 한다. 시장을 개방하고 규제완화를 통해 세제혜택 등 다양한 특혜를 부여한다. 케인즈주의 사회국가는 시장적 국가로 변모해 나간다.

6.3 관료적 경영의 해체와 고성과기업의 출현

세계화 시대에 맞추어 기업은 발 빠르게 변해갔다. 경영조직이 새롭게 구축되기 시작했다. 경영조직의 새로운 구축은 대량생산체제에 맞는 관료제적 경영조직이 유연생산체제에 맞는 고성과기업(high performance workplace)으로 전환된 것을 의미한다. 고성과기업의 통일된 개념은 아직도 존재하지 않는다. 진화하는 과정에 있기 때문이다. 다만, 그 특징을 중심으로 개략적으로 정의한다면, '구성원과의 파트너십에 기반을 둔 유연한 작업장'이라 할 수 있다. 이를 구현하기 위해 무엇보다 강조되는 기능은 인적자원관리 전략이다. 유연성의 자본주의가 진전되면서 인적자원관리는 자산으로서의 노동(인적 자원), 파트너십, 참여와 소통, 유연성과 안정성의 조화 등을 추구하는 새로운 관리 전략을 실험하기 시작했다. 그러나 뒤에서 보는 바와 같이, 노동시장(내부노동시장과 외부노동시장)의 이중화를 심화시키는 문제로 잉태했으며 이는 현대 인적자원관리가 극복해야 할 중요한 과제이기도 하다.

우선 고성과기업의 인적자원관리의 특징적 요소를 살펴보자. 우선, 구성원과의 파트너십은 고성과기업의 가장 중요한 가치다. 과거의 관료제적 경영조직은 소유자 중심의 조직이었다. 노동자는 기업 소유자에 고용된 생산요소로서의 '노동'일 뿐이었다. 그 노동은 경영자에 의해 마음대로 처분될 수 있는 생산의 한 요소를 의미했다. 노동을 생산요소로만 보면, 비용의 관점에 서게 된다. 노동은 비용이기 때문에 줄일수록 효율적인 것이 된다. 노동자에게 주는 임금이나 복지는 기업에는 비용일 뿐이다. 따라서 임금과 복지를 줄일수록, 기업의 효율성은 커진다. 그러나 노동자의 참여를 중시하는 고성과기업에서는, 노동은 비용이 아닌 '자산'이다. 자산은 투자할수록 가치가 늘어나는 성격을 갖고 있다. 이제 노동자는 단순한 비용으로 계상되는 생산요소가 아니라, 투자하면 가치를 증식시키는 인적자본으로 변한다.

대량생산체제하에서의 노동이 단지 하나의 생산요소로 인식된 것은, 대량생산체제가 갖고 있는 단순분업화에 그 원인이 있다. 세밀하게 쪼개진 작업은 쉬운 작업이기 때문에 빨리 숙달될 수 있다. 뿐만 아니라, 그 노동자는 언제라도 대체가 가능해 진다. 그러나 유연성의 자본주의는 단순한 노동에 의존하는 체제가 아니다. 생산현장의 노동자는 "고객이 무엇을 필요로 하는가?"에 대해 부단히 고민해야 한다. 고민만으로는 불충분하다. 그 고민을 동료 또는 상사와 토론하고 해답을 찾아 생산에 적용할 수 있어야 한다. 이를 위해서는 역량 있는 노동자가 필요하다. 따라서 고성과기업은 노동자를 역량 있는 인적자본으로 만들기 위해 부단히 투자한다. 사람에 대한 투자는 기술이나 설비투자 못지않은 보상이 큰 투자다. 이는 투자중심의 인적자원관리전략이 발달하게 된 배경이기도 하다.

구성원과의 파트너십은 참여를 전제하는 개념이다. 노동자의 의사결정 참여는 과거 대량생산체제에서는 찾아보기 힘든 개념이었다. 대량생산체제하에서는 관료제적 의사결정이 보편적이었다. 의사결정을 위해서는 권한과 책임의 양에 따라 계층화된 단계를 거쳐야 한다. 예를 들면, 과장–차장–부장–담당임원–최고경영자로 이어지는 결재단계를 거쳐야 '하나의 의사'가 결정됐다. 조직전체의 의사를 확인하는 집합주의적 의사결정 과정이라 할 수 있다. 이는 조직 전체의 의사를 확인해야하기 때문에 항상 느리다. 심지어 지금도 어떤 기업은 5만원을 쓰기 위해 몇 개의 도장을 받아야 한다. 결재라인에 있는 담당자가 휴가를 떠나면, 5만원을 쓰기 위해 휴가가 끝나기를 기다려야 하는 실정이기도 하다.

그러나 고성과기업은 다단계 계층구조를 단순화했다. 고객의 기호는 변덕스럽기 짝이 없다. 여러 층을 갖는 결재 구조로는 적응하기 힘들다. 단순하고 신속한 의사결정체는 권한과 책임의 적절한 위임으로만 가능하다. 뿐만 아니라 고성과기업은 자율팀제를 도입하여 위임의 차원을 한 단계 높인다. 생산과정의 한 덩어리가 자율 팀에게 맡겨진다. 자율 팀은 생산방식에 대한 광범한 권한을 가지고 있다. 팀 구성원들은 성과와 책임을 함께 공유한다. 팀장은 팀 전체를 책임지며 성과를 평가할 뿐만 아니라, 경우에 따라서는 채용의 권한도 갖고 있다. 하향식 평가는 동료 간의 수평적 평가로 보완되고, 이는 무임승차자를 허용하지 않는다.

고성과기업은 유연성과 안정성의 조화를 추구한다. 유연성과 안정성, 그 모순된 두 개의 가치가 어떻게 조화될 수 있는가? 유연성의 중요성은 더 이상의 설명이 필요로 하지 않는다. 유연성의 시대에 안정성은 어떻게 조화될 수 있는가? 안정성의 가장 중요한 요소는 고용안정이다. 고성과기업은 구성원과의 파트너십을 근본 가치로 삼기 때문이다. 고용은 노동자의 생존기반이자 최고의 복지이기도 하다. 유연성의 시대에 고용안정은 노동자에게는 그 가치가 더욱 높아진다. 이를 기업의 입장에서 보면, 고용안정은 경쟁력 있는 노동자를 확보하는 데 있어 핵심요소가 된다. 고성과기업은 핵심부문에 종사하는 핵심인재에 대해서는 철저하게 고용안정을 보장한다. 뿐만 아니라 높은 임금과 복지도 부여한다. 반면 주변부문은 비정규노동자로 채우거나 아웃소싱을 통해 외부화한다. 이는 기업의 내부 노동시장이 이중화돼 있음을 의미한다. 결국, 유연성과 안정성은 통합적으로 조화되기 보다는 부문을 달리하여 적용되고 있음을 알 수 있다. 외부화가 증가할수록 기업 차원에서의 고용안정은 높아진다. 그러나 사회 전체적으로는 불안정한 노동자층이 확대되는 결과를 초래하기도 한다.

6.4 비정규노동의 확산 : 유연화 시대의 이면

(1) 새로운 신분, 비정규노동

유연성의 자본주의는 계급으로서의 노동자를 해체한다. 노동자란 누구인가? 적어도 이 시대의 노동자를 정의하는 것은 그리 쉽지 않다. 과거에는 노동력을 팔아 생계를 유지하는 자는 모두 노동자였다. 그들은 서로를 동일시하고, '우리' 안에 묶는다. 작업장이라는 공간에서 생활하고, 서로 비슷한 처지를 동정하며, 비슷한 문화를 갖는다. 그들이 노동계급으로서의 노동자이다. 에드워드 톰슨(Edward Thompson, 2000)이 사회문화적 측면에서의 계급을 중요시한 것처럼, 노동계급은 물질적 기반만이 아니라 그들이 공유하는 경험과 문화가 동일할 때에 비로소 계급으로서의 의미를 갖게 된다.

그러나 유연성의 시대인 지금, 그런 노동자는 없다. 노동시장의 유연화는 노동을 질에 따라 구분하고 각각을 달리 대우한다. 양질의 노동, 그 중에서도 전략적 가치를 갖는 핵심노동은 높은 임금과 안정된 고용을 보장받는다. 반면 그렇지 않은 주변적 노동은 낮은 임금과 불안정한 고용에 시달린다. 소위 비정규직이라 불리는 다양한 형태의 노동자 군이 형성된다. 이들을 정규직과 동일한 노동자로 부르기에는 너무 이질적이다. 계약직 노동자는 정규노동자와 달리 고용기간이 정해져 있다. 계약기간이 끝나면 고용관계가 소멸되기 때문에 해고절차가 따로 필요 없다. 기업은 새로 진출하고자 하는 사업의 타당성 검증을 위해 계약직 노동자를 사용한다. 파트타임 노동자 역시 전일제 노동을 특징으로 하는 정규노동자와 구별된다. 필요에 따라 노동시간을 줄이거나 늘릴 수 있기 때문에 유연하게 활용할 수 있다. 파견노동자는 고용주와 사용주가 서로 다르다는 점이 특징이다. 필요에 따라 필요한 기간만큼 노동자를 임대해 쓸 수 있다. 우리나라에서는 특수고용형태종사자로 불리는, 독립도급업자도 비정규노동의 한 형태다. 이들은 형식적으로는 사용자와 종속관계에 있지 않으며, 자신의 노동을 스스로 규율하며 맡겨진 일을 수행한다는 점에서 도급업자와 비슷하다(신은종, 2005).

(2) 난망한 해법

비정규노동자의 확산은 80년대 이후 각국에서 보편적으로 발견됐고, 지금은 커다란 사회문제이자 인적자원관리에는 중대한 도전이기도 하다. 가장 큰 문제는 고용불안이다. 기업의 필요가 있을 때에만 고용을 유지할 수 있기 때문이다. 그러나 더 심각한 문제는, 비용절감만을 목적으로 비정규노동자를 사용할 때 발생한다. 실제로 많은 기업은 노사관계 책임을 회피 할 목적으로 비정규노동을 사용한다. 나라마다 그 정도는 다르지만, 정규노동자는 해고의 위협으로부터 일정정도 자유롭고 다양한 복지혜택을 받는다. 우리나라의 경우도 해고 제한이 엄격하고 정규노동자에 대한 복지비용이 높아 이를 회피할 목적으로 비정규노동자를 사용하는 예가 많다. 심지어 비슷한 일을 하면서도 비정규노동자의 보수는 정규노동자의 절반을 조금 넘는 수준이니, 비정규노동자들의 저항은 불가피할 수밖에 없다. 저항으로 인한 사회적 비용도 크지만, 기업도 높은 비용을 지불해야 하기는 마찬가지다. 비정규노동자를 많이 쓸수록 다른 노동자의 고용불안감이 높아지는가 하면, 숙련을 축적할 수 있는 기회도 잃는다. 정규노동자와 비정규노동자간의 불화는 회사 분위기를 뒤숭숭하게 하기 일쑤고, 생산성은 그만큼 떨어진다.

비정규노동자 문제에 대한 해법은 당분간 쉽게 찾아지지 않을 것 같다. 그 이유는 유연성의 자본주의가 만들어 낸 불가피성과 기업의 무분별한 선택이 복잡하게 얽혀 있기 때문이다. 비정규노동의 증가는, 근본적으로, 유연성의 자본주의라는 거대한 흐름이 만들어낸 결과다. 거대한 흐름이기에 기업이나 노동조합의 재량과 선택의 폭은 매우 제한적이고, 그렇기에 불가피성을 받아들여야 한다. 비정규노동의 완전한 철폐가 구호로 그칠 수밖에 없을 만큼 공허한 이유는 이 때문이다. 그러나 유연성이라는 거대한 흐름 뒤에 숨어서 자기 몫만을 챙기는 기업의 무분별한 남용 은 문제를 더욱 심각하게 만든다. 유연성의 자본주의가 요구하는 '유연한 노동력의 활용'의 효과를 넘어서 인건비 절감을 더 얻고자 한다면, 어수봉이 잘 비유한 '공유지의 비극'을 초래할 뿐이다. 공유지의 비극은 1968년 생물학자인 가렛 하딘이 〈사이언스〉에 발표한 개념이다. 주인이 없는 목초지가 있다면 농부들의 가장 합리적인 선택은 더 많은 소를 몰고 나와 풀을 먹이는 것이다. 풀이 더 나도록 기다리다가는 다른 농부들에게 풀을 모두 빼앗기기 때문이다. 그러나 모든 농부가 그런 '합리적' 선택을 한다면, 목초지는 황폐화되고 결국 모두의 소를 죽이는 '비합리'가 초래된다. 비정규노동의 공유지의 비극은 비단 소를 잃는 농부들이 늘어나는 것이 아니라 사회 전체의 황폐화를 초래할 수 있기에, 그 심각성은 더욱 크다.

비정규노동은 항상 강조한 것처럼, 현대 인적자원관리의 가장 중요한 과제다. 다양한 해법을 탐색해야 하거니와 나는 그 해법은 '유연성의 중도'를 찾는 데서 시작될 수 있다고 믿는다. 비정규노동에 있어 유연성의 자본주의로 인한 불가피성과 기업의 무분별한 남용의 경계를 그어 보는 것이다. 이를 위해서는 임금이나 복지의 차별을 없애야 한다. 비정규노동은 유연성을 위해서만 사용할 수 있도록 하는 것이다.

6.5 내부고객이 행복해야 고객이 행복하다

(1) 내부고객의 발견

유연성의 시대, 인적자원관리의 또 하나의 커다란 변화는 내부고객에 대한 발견이다. 소비자의 중요성은 앞서 설명한 것처럼 전략의 시대(60-70년대)에 처음 부각됐다. 인적자원관리 역시 소비자의 관점에서 관리전략을 재정렬하기 시작했다. 그러나 본격적인 발달은 80년대 이후 정보통신혁명을 계기로 소비자의 지위가 높아지면서다.

기업의 존속을 결정하는 고객에는 두 종류가 있다. 외부고객과 내부고객이다. 외부고객은 소비자다. 이들은 정보에 민감하고 정보를 통제하고 관리하는 기술에 능통하며(technological savvy), 때론 잘못된 기업을 벌하기도 한다. 외부고객은 고객의 지위에 있으면서 동시에 소비자이니, 기업이 외부고객을 떠나서는 존재할 수 없다는 명제만큼이나 당연한 것도 없다.

반면 내부고객은 기업에 종사하는 구성원이다. 구성원은 다중적 지위를 지닌다. 계약에 따라 일정한 노무를 제공하고 그 대가로 임금을 받는 존재이므로 노동자다. 기업의 생산을 직접 담당하는 주체이며, 종업원 없이는 유효한 생산이 이뤄질 수 없으니 기업 존속의 한 축을 담당하는 구성원이기도 하다. 기업의 발전은 경영자의 리더십뿐만 아니라 구성원의 팔로우십, 주인의식, 기업과 동일시하고자 하는 자발적 마음에 달려있으니, 구성원은 기업의 발전을 함께 담당하는 파트너이기도 하다. 구성원은 소비시장에서는 구매력을 가는 고객의 지위에 서기도 한다. 따라서 때론 외부고객이다. 이 만큼 다중적 성격을 갖고 있는 존재가 종업원이다. 그 다중성은 기업의 존속에 가장 핵심적인 부문을 담당하는 것 또한 사실이다. 종업원 우선주의가 고객우선주의를 대체하기 시작한 것은 이 때문이다. 근원적으로도 종업원은 외부고객 만큼이 기업의 존속을 지탱하는 존재다. 내부에 있는 고객으로서의 종업원. 그 내부 고객의 마음을 사로잡지 못하고서는 '좋은 기업'이 될 수 없음은 당연하다.

(2) 노드스트롬의 사례

노드스트롬은 고객우선주의를 실천하는 대표적 기업으로 정평 나 있다. 20세기 최고의 작품으로 불렸던 위대한 백화점, 노드스트롬도 1990년대 중반 이후 급격한 매출 하향세를 경험한다. 급기야 2000년에는 사상 최대 매출감소를 감수해야 했고 가장 위대한 백화점이라는 명성도 빛바랜 과거가 될 위기에 처해졌다. 창업 가문의 4세대인 블레이크 노드스트롬이 회사를 맡으면서 위기 극복을 위한 새로운 재구조화를 시작했다. 재구조화의 핵심은 고객서비스 개선과 이를 실천할 판매직원의 전문화였다. 재고관리 시스템

〈출처: By Sanibel1, via Wikimedia Commons〉

을 획기적으로 개선하고 고객의 신뢰와 사랑을 얻는 데 역점을 둔 노드스트롬은 침체의 질곡에서 벗어나기 시작해 옛 명성에 걸맞는 지위를 회복한다 (짐 콜린스, 2010, 220면). 고객우선주의는 노드스트롬의 시작과 끝이었고, 위기의 순간을 극복하기 위해 재조명한 가치 역시 고객우선주의라는 철학이었다.

그러나 노드스트롬이 최고의 우선순위를 두었던 고객은 사실상 외부고객이 아니라 내부고객이다. 이들의 고객중심철학은 사실 종업원 중심 철학의 다른 표현일 뿐이다. 이 회사의 규정집에는 "어떤 상황에서도 회사보다 고객에게 이익이 되는 최선의 판단을 내리는 것이 유일한 규칙"이라고 적혀있다. 어떤 다른 규칙도 없다. 다만 고객에게 이익이 되도록 최선의 판단을 내리라는 명제. 이는 표면상 외부고객의 가치 창출이 핵심가치임을 천명한 것으로 보인다. 그러나 여기서 눈여겨봐야 할 대목은 판단의 권한을 직원에게 전적으로 부여했다는 점이다. '고객의 가치창출은 어떻게 이뤄지는 가?', '무엇을 통해서 달성될 수 있는 가?'에 대한 판단은 판매직원의 재량에 달려있다. 재량권을 부여함과 동시에 재량을 올바로 사용할 수 있도록 사전에 끊임없이 투자하는 것이 고객의 가치를 창출하는 데 최선의 요소라는 것을 노드스트롬은 100년의 역사를 통해 일깨우고 있다. 이는 종업원 우선주의의 핵심과 통한다. 종업원 우선주의의 구성요소 중 하나는 종업원이 스스로 판단하고 행동할 수 있는 기회와 공간을 제공하는 것이다. 그 기회와 공간이 효과적으로 작동할 수 있도록 그들의 역량에 투자하는 하는 것이다. 그렇기에 채용에 대한 접근도 다르다.

> "좋은 사람을 선발해서 판매하는 방법은 가르칠 수 있습니다. 그러나 판매만 잘하는 직원을 뽑아 좋은 사람을 만들 수는 없습니다. 우리의 기준에 적합하지 않은 사람이 계속 남아 있게 하기보다 차라리 소송을 당해 지는 게 낫습니다. 우리 회사에 적합하지 않은 직원들은 동료에게 영향을 미쳐 그를 부적합한 사람으로 만들어버리기 때문입니다"
>
> –짐 콜린스, 222면

노드스트롬의 채용은 역량 보다는 소양중심적이다(이 대목을 이분법적으로 이해해서는 곤란하다. 역량과 소양 모두 버릴 수 없는 가치다. 다만 무엇이 좀 더 규정적인가의 문제일 뿐이다). 이는 소양을 갖출 때 재량을 부여할 수 있고, 재량을 올바로 행사할 수 있는 투자 역시 소양을 갖춘 인재일 경우에 한하여 효과적일 뿐이다. 그 소양은 다름 아닌 노드스트롬의 가치에 동의하고 이를 실천하고자 하는 마음(mind-set)이다.

(3) CRM에서 ERM으로

노드스트롬의 경험은 최근 경영학의 변화 중 하나인 'CRM에서 ERM으로'를 발전시킨 계기가 됐다. CRM(customer relations management), 즉 고객관계 관리는 드러커를 비롯한 여러 경영학자들이 강조해온 기업의 핵심 목표다. 고객이 있어야 기업이 있다는 명제는 명백하고 당위적이다. 문제는 '고객이 있게 하는 방식'이다. 고객의 가치 창출이 고객의 행복에 있다면, 행복한 고객을 만들기 위해서는 종업원들의 행복이 앞서야 한다는 생각이 ERM(employees relations management, 직원관계 관리)의 전제다.

ERM의 의미와 효과는 최근 발표된 수만지의 논문(2009)에 잘 나타나있다. 그는 이를 '소리 없는 혁명(silent revolution)'이라 불렀다. '직원관계의 관리'는 '고객관계 관리'와 다르다. 고객관계 관리가 전통적으로 강조된 것과 같이 고객확보를 통한 기업의 존속을 추구한다면, ERM은 고객의 가치 창출을 위한 가치사슬의 핵심에 구성원의 가치를 둔다. 직무에 대한 만족도가 높은 직원일수록 기업의 가치를 자신의 가치와 동일시하고 보다 높은 의욕과 동기부여를 가지며, 고객을 관리하는 데도 더 적극적이라는 점이다.

수만지는 직원관계를 성공적으로 관리하는 기업일수록 보다 역량있는 재원들에게 더 매력적인 기업으로 어필한다는 점을 강조하면서 유지전략(retention strategy)의 중요성을 일깨운다. 직원 관계 관리의 핵심은 종업원의 행복을 고객의 행복 보다 가치사슬의 우선순위에 두는 것이다. 그러나 이를 고객보다 자신의 직원만을 우선하는 것으로 잘못 이해해서는 안 된다. 고객의 수적 확보를 넘어 고객의 진정한 행복을 높이는 데 직원의 행복이 전제돼야 함을 의미한다. 이는 내부고객을 우선 만족시켜야 외부고객을 만족시킬 수 있다는 평범한 진리와도 같은 맥락이다. 노드스트롬의 명성은 종업원에 대한 자율부여, 그 바탕에 있었던 신뢰에서 시작됐고, 2000년의 위기 역시 직원의 가치를 확인하면서 극복됐다.

고객우선주의는 기업의 숙명이다. 그 고객은 외부에 존재하기도 하고 내부에 존재하기도 한다. 오랫동안 기업은 외부고객을 창출하고 이들의 가치를 높이는 데 노력해 왔으며, 마케팅 전략이 활성화로 구체화됐다. 이제 내부고객의 의미를 이해하는 것이 중요한 때다. 90년대 까지는 종업원 우선주의를 표방하는 기업을 찾기 힘들었다. 외부고객은 충족의 대상이나, 내부고객은 기업 그 자체다. 내부고객에 눈을 돌리는 것은 인재지향성의 새로운 경향이다. 직원에게서 고객의 개념을 발견하고 그를 만족시키는 것이 고객의 가치를 높이는 핵심이라는 점은 인재지향성을 실천하고자 하는 기업에게 많은 시사점을 준다. 구성원을 가치사슬의 가장 우선에 둘 때 기업, 구성원, 고객이 모두 행복할 수 있는 새로운 지평이 열린다.

참 고

1. 테일러주의와 포드주의

테일러주의가 하나의 기술적 양식이라면, 포드주의는 사회시스템과 결합된 집합적 생산체제라는 점에서 양자는 구별된다. 포드주의는 대량생산과 대량소비의 선순환을 체계화한 사회적 생산체제다. 그 과정은 다음과 같이 정리될 수 있다. 효율적 생산은 낮은 가격의 상품을 대량으로 공급한다 → 생산된 다량의 상품은 구매력을 갖는 대중에 의해 대량으로 소비된다 → 소비로 인해 기업은 높은 이윤을 획득한다 → 획득된 이윤은 높은 임금을 지불할 수 있게 하고 또는 더 많은 고용을 하게하며, 동시에 대량생산을 위한 재투자의 재원으로 투입된다 → 다시 대량 생산이 가능하게 되고 → 대량소비가 이루어지며 → 높은 이윤이 획득되는 선순환이 지속된다. 포드주의는 단순한 생산방식의 차원을 넘어 사회시스템의 의미를 갖는다. 대량생산과 대량소비의 선순환을 지원하는 사회시스템이 필요하기 때문이다. 자본주의 시장경제는 주기적으로 침체를 반복할 만큼 불안정하다. 시장의 보이지 않는 손은 언제나 효율적인 것은 아니며, 특히 공급과 수요의 격차를 조절하는 데 한계가 있었다. 철도와 같은 공공재는 시장에 의해 필요한 만큼 생산되지 못했다. 대공황을 통해 경험하게 된 시장의 무능은 그동안 비효율적인 것으로만 인식되었던 정부의 개입에 정당성을 부여했다. 정부는 포드주의 생산양식을 안정화시키기 위해 다양한 방식으로 개입하기 시작했다. 국가 재정을 직접 들여 투자하고 고용을 창출하기도 했고, 공기업을 만들어 전력이나 수도, 가스, 철도와 같이 시장에서 공급될 수 없는 공공재를 안정적으로 공급하기도 했다. 경기 침체 조짐이 보이면 이자율을 낮추어서 기업의 투자를 활성화하기도 했다. 사회복지도 확충해 나갔다. 1930년대 공황 직후, 영국 정부는 베버리지(beverage) 보고서(1942년)를 통해, 미국 정부는 연방사회보장법(social security act, 1935년) 등을 통해 사회복지의 기본 틀을 정립했다. 전쟁이 끝나고 50년대에 접어들면서 정부는 사회보장에 더 많은 재원을 들이기 시작했다. 질병, 노령, 실업, 산업재해 등 일상화된 위험에 대처하기 위해 사회보험이 완성됐다. 그동안 질병, 실업 등은 사회적 위험이라기보다는 개인적 위험이었다. 기능주의적 시각에서의 실업은 정보의 비대칭으로 인한 일시적 불균형일 뿐 일정한 시간이 지나면 다시 완전고용으로 돌아가는 항상성을 가지고 있다고 생각되었다. 질병도 개인적인 일일 뿐이며, 사회가 이를 책임질 필요가 없다는 것이 일반적인 생각이었다. 그러나 공황을 겪으면서, 실업은 단순히 정보의 부족에 의한 것도 아니고 개인이 무능해서도 아니며 자본주의의 구조적 모순에 의해 불가피하게 생겨나는, 이른바 구조적 실업임이 밝혀졌다. 이러한 위험은 개인적 위험이 아닌 모두가 처할 수 있는 위험이며, 동시에 개인의 잘못만으로는 돌릴 수 없는 구조적 원인에 의해 나타나는 것임을 인정하게 된다. 결국, 사회적 위험에 대해서는 사회적 대처가 필요하고 따라서 사회보험이나 부조의 원리를 통해 사회 전체가 강제로 부담하는 사회보장제도를 확충하기 시작했다. 이를 통해 실업, 질병, 재해 등으로 소득이 중단된다 하더라도 일정한 수준의 소득을 국가가 보장함으로써 결국은 소비시장에서의 구매력을 일정정도 유지하고자 하는 전략이 일반화됐다.

–신은종, 2011, 수정해 인용함

2. 기업가에 대한 다양한 정의[26)]

2.1 기업가란 누구인가

스미스 이후 경제학자들은 기업가에 대해 다양하게 정의했다. 대표적인 정의를 살펴보면 다음과 같다.

1) 스미스의 '사업가(Undertaker)' – 사업과정을 실질적으로 운영하며 그 사업에 자본을 적절히 공급하는 자.
2) 밀(J. S. Mill)은 자본은 사업의 위험이나 고통을 수행하지 않는 사람에게 속한다. 이 경우 대부자는 절욕을 하는 사람이고 그에게 지불된 이자를 통해 절욕을 보상받는

26) 성낙선의 연구(2005) 중 수정해 재구성

반면, 이자와 총이윤의 차이는 사업가의 실행과 위험을 보상한다(Mill, 1848, 146면).

3) 케인즈(J. M. Keynes)는 기업가를 이윤을 찾고자 하는 'animal spirit'의 담지자로 상정하고 있으나, 애니멀 스피릿이 무엇인가에 대해서는 구체적으로 설명하지 않았다.

4) 프랑스 경제학자 깡띠용(R. Cantillon)은 최초로 기업가의 개념을 창의력을 가진 능동적 존재로 정의했다. 깡띠용은 고정임금이나 고정지대를 받는 피고용인과 비교해, 고정되지 않은 불확실한 수익을 감수해야 하는 위험담지자를 기업가의 특징으로 보았다(Brewer, 1992, 50-51면).

5) 나이트 "기업가란 순수이윤의 수취자로서, 이윤이란 불확실성의 비용을 부담하는 기업가에 대한 보수다(Knight, 1921, 270-290면)."

6) 커즈너(Kirzner, 1973, 37-43면)는 기업가의 주요기능을 시장에서 가격을 조정하는 역할이라고 정의한다. 즉, 불균형에 기민하게 반응하는 것이 기업가의 뚜렷한 특징이다. 기민한 반응 때문에 몇 몇 개인은 가격을 변화시킴으로써 시장에 개입하는 반면, 다른 개인은 새로운 가격에 맞추어 자신의 매매 계획을 변화시키고 이에 단순히 대응한다는 것이다. 따라서 커즈너의 기업가는 기존 시장관계의 틀을 변형시키고 새로움을 도입하는 역할을 수행하는 존재다.

2.2 위험부담자로서의 기업가

위의 기업가 개념을 관통하는 공통적 요소는 '위험부담자 혹은 위험담지자'다. 기업가는 위험을 적극적으로 부담하며 자신의 세계를 일으켜 나가는 자(슘페터)다. 위험담지자로서의 기업가는 오늘 한국 경영자에게 성찰적 거울 하나를 제공한다. 위험을 적극적으로 담지하며 새로운 세계를 개척하고자 하는 기업가를 우리 주변에서 찾을 수 있는가. 시장이 불확실하다며 수많은 비정규노동자를 사용하는가 하면, 기술개발에 투자하기 보다는 면세점사업이나 부동산 투자에 골몰하는 사례가 적지 않다. 골목상권 마저 장악하고자 하는 대다수 재벌기업의 행태를 보면, 우리사회에서 위험을 적극적으로 담지하고자 하는 기업가를 찾기는 쉬운 일이 아닌가 보다.

3. 고성과작업장 이론 [27)]

3.1 고성과작업시스템이란.

80년대 이후 세계화의 진전으로 경쟁이 심화되면서 고성과작업시스템에 대한 논의가 활발해지기 시작했으나 아직까지 '고성과작업시스템'이 무엇인가에 관한 통일된 개념이 존재하지 않는다. 이로 인해 연구자의 관점에 따라 다양한 명칭이 사용되기도 했는데, Delaney(1995)는 이를 선진적 인적자원관리(progressive human resource management practices)로, Ichniowski 등(1993)은 협조적이고 혁신적인 관행(cooperative and innovative HRM practices)으로, Arthur(1994)는 몰입적 인적자원관리 시스템(commitment HRM system) 등으로 명명했다. 다만, 통일된 개념 정의의 부재에도 불구하고, 과거 테일러식 작업조직과 감시·통제위주의 인사관리관행과 구별되는 새로운 제도·관행을 통칭하는 데 일정정도 합의가 이뤄져 있는 것으로 보인다(Delery, 1998). 일반적으로는 자율팀(self-managed Team) 등 근로자의 헌신과 몰입을 극대화 할 수 있는 작업조직이나 혁신적 인적자원관리관행(innovative HR practices) – 예를 들면, 선별적 채용, 적극적 훈련투자, 성과와 보상의 연동 등 – 이 고성과작업장을 구성하고 있는 요소다.

3.2 고성과작업시스템의 구성요소

기존의 선행연구를 종합해 보면, 고성과작업시스템이 지향하는 원칙과 방향을 도출할 수 있다. 이는 인적자원을 핵심자산으로 보며, 이들에 대한 적극적 투자를 통해 지식과 기능 등 역량을 높이며, 동시에 적극적 동기부여를 통해 재량적 노력을 유인하는 총체적 활동으로 볼 수 있다. 이를 구현하는 하위 관행은 크게 채용, 훈련, 평가와 보상, 동기부여 등 네 범주로 구분할 수 있다. 네 범주의 하위관행은 고성과작업시스템의 원칙과 방향에 맞도록 개발되는 데, 그 간의 연구를 종합해 보면, 선별적 채용(selectiviy in selection),

27) 신은종이 연구(2009) 중 개념 파트를 요약해 인용함

적극적 훈련투자, 과학적 평가와 성과에 따른 보상, 참여를 통한 자율성 제고 등 테일러주의적 관행과 차별되는 방향으로 발전해 왔다(Pfeffer, Terpstra & Rozell, 1993; Russel 등, 1985; Huselid, 1995). 각 요소들에 대한 설명은 다음과 같다.

1) 선별적 채용은 외부노동시장에서의 유입자원에 대한 선별적 선발을 통해 지식과 기능 수준이 높을 뿐만 아니라 조직의 문화에 적합한 자원을 선발함으로써 조직의 성과에 기여한다.
2) 적극적 훈련투자는 기업의 전략과 상황에 적합한 기업특수적 지식과 기능을 향상시킴으로써 생산의 질과 효율성을 높인다.
3) 평가는 상의하달식의 일방적 평가를 지양하고 MBO, BSC 등 다양한 평가도구를 통해 업무성과와 바람직한 태도를 공정하고 객관적으로 평가하고, 공정한 보상에 기초를 제공한다. 또한 종업원의 참여를 통해 평가에 대한 자발적 수용도를 높임으로써 직무만족과 조직몰입을 향상시키기도 한다.
4) 성과에 따른 보상은 종업원들의 몰입과 헌신을 유도하는 인센티브로 기능하며, 성과에 대한 명확한 방향을 제시함으로써 기업의 성과를 향상시킨다.
5) 참여는 종업원의 재량적 노력(discretionary efforts)을 극대화할 뿐만 아니라 일에 의미를 부여함으로써 직무만족과 몰입에 긍정적 영향을 미치고 성과 향상에 기여한다.

요 약

이 장에서는 경영학 역사 100년을 돌아보며 인적자원관리가 역사적으로 어떻게 전개돼 왔는지를 살폈습니다. 역사적 고찰이 왜 필요한지에 대해서는 더 설명하지 않아도 될 것 같습니다. 늘 기억해야 하는 점은 역사란 지난 과거가 아니라는 점입니다. 과거임과 동시에 현재이고 앞으로의 변화를 담지하고 있다는 점에서 미래이기도 합니다. 역사적 고찰 못지않게 현장의 전문경영인이나 경영학도가 갖추어야 할 소양은 역사적 인식입니다. 존재하는 모든 것은 '역사성'을 갖습니다. 늘 생성하고 변화한다는 뜻입니다. 역사성을 인식하지 못하면 자칫 지금의 어떤 것에 권위를 잘못 부여할 수 있습니다. 이는 폐쇄적이고 전체주의적 사고로 흐를 수 있습니다.

경영학의 역사를 설명하기 위한 하나의 코드로 '성과드라이브'를 제시했습니다. 경영학의 역사는 성과창출을 위한 동력의 발전사라해도 과언이 아니기 때문입니다. 인적자원관리는 경영학의 발전과 궤를 같이하며 하위 전략의 하나로 발전해 지금에 이르고 있습니다. 20세기 초, 인적자원관리는 과학적 관리시대를 시작으로 조직의 시대, 인간관계의 시대, 전략의 시대, 참여의 시대를 거쳐 현재의 인간 자본의 시대에 이르고 있습니다. 기업이 발견한 인적자원관리 측면에서의 동력은 지휘통제(과학적 관리), 효율적 조직(조직의 시대), 기대와 역할(인간관계의 시대), 환경 적응력(전략의 시대), 참여(위기의 시대), 몰입(유연성의 시대) 등 다양한 요소를 포함합니다. 이 요소들은 선택의 대상임과 동시에 균형 있게 통합돼야 하는 대상이기도 합니다.

역사를 통해 드러내고자 했던 경영의 한 측면은 '인간'입니다. 인간이 주목됐던 시기는 언제였습니까. 그 처음은 1930년대였고, 두 번째는 1970년대이고, 세 번째는 1980년대 이후 현재까지입니다. 세 시기를 관통하는 시대적 특징은 모두 '위기'입니다. 1930년대는 대공황의 시기였고, 1970년대는 전쟁과 석유위기로 인한 장기침체기였습니다. 1980년대 이후 극단적 시장주의가 확산되면서 소위 '위기의 상시화'의 시대에 접어들었습니다. 위기가 깊어질 때마다 기업은 이를 극복하기 위해 사람에 주목하고 사람의 또 다른 측면을 발견합니다. 그리고 위기를 극복했습니다. 아마도 속류 마르크스주의자들의 예상과 달리 자본주의가 위기를 거듭하면서도 붕괴되지 않고 새로운 모습의 자본주의로 발전할 수 있었던 이유도 '인간에 대한 지속적인 재발견' 때문일 것입니다. 물론 인간의 자원성에 대한 재발견이라는 측면에서 논란거리는 아직 남아있지만(이 문제는 1장의 말미에서 토론했습니다), 다른 동력과 달리 인간이라는 동력은 기업 역사의 발전을 이끈 원천이자 위기 극복의 열쇠라는 점을 재확인시킨다는 점에 주목해야 합니다.

이 사실은 현재 우리가 살아가고 있는 '유연성의 자본주의'를 성찰하게 합니다. 유연성이란 무엇일까요. 변화에 탄력적으로 대응할 수 있는 능력이 가장 중요한 요소입니다. 그 능력은 사람 혹은 인간 자본에게서 주로 얻어질 수 있는 것이기도 합니다. 그러나 유연성의 시대에 인적자원관리의 모습은 외려 과학적 관리시대로의 회기를 보는 듯합니다. 유연성은 효율성의 다른 이름이 됐기 때문입니다. 비정규노동을 사용하는 데 대해 그 필요성을 부정할 수는 없습니다. 그러나 탄력적 인력운용의 필요를 넘어 '비용절감'의 수단으로 사용하는 대다수의 기업들은 유연성 뒤에 자신의 탐욕을 숨기고 있는 것입니다. 탄력성과 비용절감을 동시에 취하고자 하는 기업이 바로 비정규노동문제를 심각하게 만드는 주범입니다. 또한 유연성은 자의성의 동의어가 되고 말았습니다. 필요에 따라 사람을 해고할 수 있는 것이 '자유'로 인식되고 정규직 고용의 부담 때문에 비정규노동에 지나치게 의존합니다. 앞서 기업가의 개념을 설명하면서, 위험의 담지자로서의 기업가 개념을 살폈습니다. 기업가는 기실 위험을 무릅쓰고 자신의 세계를 창출하려는 모험가입니다. 그런 기업가를 우리는 주위에서 쉽게 볼 수 있는지 모르겠습니다.

여기서 유연성에 대한 잠정적 결론으로 이 장의 요약을 마무리할까 합니다. 유연성의 시대에 유연성의 필요를 부정하기는 어렵습니다. 그러나 유연성은 양날의 칼과 같습니다. 경쟁을 이겨내는 전략적 무기일 수 있지만, 잘못 사용하면 자신의 몸을 베는 칼이기도 합니다. 불안정성이 높아지면 기업 구성원은 누구도 기업을 자신의 공동체로 생각하지 않을 것입니다. 몰입이나 헌신은 더욱 기대할 수 없습니다. 유연성을 인정하되 이에 대해 엄격하고 명확한 한계를 '사회적'으로 설정해야 합니다. 예를 들면, 비정규노동을 사용해서는 안 되는 직무범위를 정하고, 유연성이라는 취지에 걸 맞는 이유가 있을 때를 제외하고는 금지해야 합니다. 차별을 엄격히 금지해야 함을 물론이거니와 호주 등 여러 나라에서 시행하는 것처럼 고용불안을 보상하는 '위험'수당을 별도로 지급하는 방법도

좋습니다. 그 이유는 비정규노동자가 불확실성이라는 위험을 기업 대신 불안정한 고용을 수용하는 형식으로 부담하기 때문입니다. 중요한 것은 이를 '사회적'을 결정해야 합니다. 유연성 혹은 불안정성의 문제는 사회가 '출제'한 질문입니다. 이 질문을 개개인이 답하라고 강요하는 체제가 다름 아닌 시장극단주의 체제입니다. 사회가 제기한 질문을 사회적으로 해답을 찾아야 합니다. 첫 요소는 사회적 대화를 통해 문제의 본질과 해결방안을 공론장에서 토론하는 일입니다. 사회적 토론을 통해 공론의 장이 열린다면, 그 자체만으로도 해법에 한 걸음 다가가는 일입니다. 다른 또 하나의 요소는 유연성의 시대가 만든 불안정성과 취약성에 대해서는 사회적 자원을 집중 투자해야 한다는 점입니다. 개인이나 가족에게 그 짐을 부담시키는 일은 문제의 본질이 사회적임을 고려할 때, 정의롭지 않기 때문입니다.

과 제

1) 과학적 관리가 강조하는 통제위주의 인사관리는 어떤 장점과 단점이 있는지를 생각해 봅시다. 인적 자원에 대한 통제는 경영권의 한 요소임을 고려할 때, 과학적 관리는 어떤 점에서 유효하며, 어떤 점이 극복돼야 하는 지를 토론해봅시다.

2) 조직의 비대화에 따른 관료화 사례를 찾아 토론해 봅시다.

3) '기대에 따라 행동하는 존재'로서의 인간을 생각해보고, 경영의 피그말리온 효과가 나타나는 사례를 조사하고 토론해봅시다. 피그말리온 효과의 한계에 대해서도 함께 토론해 봅시다.

4) 인적자원관리가 기업의 성과향상에 '직접적이고 유의미한' 영향을 미치는, 전략적 파트너로 성장하기 위해서는, 현재 한국에서는 어떤 요소가 보완돼야 하는 지를 조사하고 토론합시다.

5) 유연성에 대하 '느낌'을 함께 토론하고 유연성이 갖는 장점과 단점을 폭넓게 생각해 봅시다.

해 석

1) "이 글은 다음과 같은 목적으로 쓰였다. 첫째, 우리의 거의 모든 일상생활에서 발생하는 비능률에 의하여 나라 전체가 입는 크나큰 손실을, 간단한 일련의 사례를 통하여 지적하고자 한다. 둘째, 이 같은 비능률을 치유하는 방법은 어떤 보기 드문 비상한 인재를 찾는 것 보다 체계적인 관리시스템을 수립하는 데에 있다는 것을 독자들에게 납득시키고자 한다. 셋째, 최선의 경영은 명백히 정의된 법칙, 규칙, 원칙을 기반으로 하는 진정한 과학이라는 것을 입증하고자 한다. 그리고 더 나아가서는 '과학적 관리'의 기본원칙은 가장 간단한 개인동작에서부터 가장 정교한 협력을 요하는 대기업의 주된 업무에까지, 모든 인간 활동에 적용될 수 있음을 보여주고자 한다. 그리고 만약 이 원칙들이 올바르게 적용되기만 하면 진정 놀라운 결과가 뒤따른다는 것을 일련의 사례를 통하여 독자들에게 납득시키고자 한다"

(1) 박기찬 이윤철 이동현 (2005, 48면)

3

변화하는 환경과 인적자원관리 : 시장, 기술, 법규범, 그리고 사회

01 환경의 4요소

02 기술변화와 인적자원관리

03 법규범과 인적자원관리

1

환경의 4요소

경영을 둘러싼 환경이 시시각각 변화하고 있다. 80년대 이후 세계화 경향이 가중되면서 이전 시대와는 뚜렷하게 구별되는 변화가 지속되고 있다. 경영을 둘러싼 환경은 다양한 요소로 구성되나, 일반적으로 중요하게 고려되는 요소는 시장, 기술, 법규범, 그리고 다양한 사회의 변화다. 이를 환경의 4요소라 부를 수 있거니와 각 요소들은 고유한 특성을 가지고 있으면서도 서로에게 영향을 미치는 상호영향력의 관계에 놓여 있다.

시장으로 대표되는 경제적 환경은 자본주의의 성격변화와 근본적으로 맞닿아 있다. 자본주의는 사회가 요구하는 가치의 생산과 분배를 규율하는 토대인 만큼, 자본주의의 변화는 인적자원관리의 변화를 유인한다. 제2장에서 살핀 인적자원관리의 역사는 다름 아닌 자본주의의 변화에 조응하는 인적자원관리의 변화과정이라 할 수 있다. 기술 변화는 시장에서의 경쟁 조건을 바꿈으로써 기업으로 하여금 새로운 경쟁 전략을 탐색토록 유인하는 효과가 있으며 사회의 변화도 마찬가지다. 고령화의 진전이나 출산율의 하락은 노동력의 재생산 구조를 근본적으로 변화시킴으로써 기업의 인력정책에 직접적 영향을 미친다. 사회적 환경 중 문화의 변동은 중요하게 고려해야 할 요소 중 하나다. 특히 여성, 세대, 이주노동 등 우리사회에서도 문화적 차이를 드러내는 다양한 집단이 기능하고 있음을 고려할 때, 이에 대한 진전된 분석이 필요하다. 법규범(法規範)은, 인적자원관리가 생산과 노동을 규율하는 사회적 제도라는 점에서 사회적 정당성(legitimacy)을 확보해야 하는 만큼, 이를 규율하는 중요한 제도다. 법적 환경은 정치의 변화와 직접적 연관을 맺으며 변화한다. 정치구조의 변화, 권력구조의 변화 등 정치체제의 변화는 새로운 가치를 실현하기 위한 법·제도의 변화를 요구하거니와 이에 따라 인적자원관리를 규율하는 법·제도도 변화하는 것이 일반적이다.

환경의 4요소 중 거시적 차원에서의 근본적 변화는 바로 시장의 변화다. 그 핵심은 탈(脫)산업사회(혹은 후기산업사회, post-industrial society)로의 이행에서 비롯된다. 1970년대의 위기를 거쳐 80년대로 접어들면서 자본주의 사회는 이전의 산업사회를 마감하고 이와 구별되는 새로운 사회로 진입했다. 다니엘 벨(Daniel Bell)은 이를 후기산업사회라고 불렀다. 후기 산업사회는 정보통신혁명, 산업구조의 변화(제조업의 쇠퇴와 서비스업의 발달), 소비대중의 영향력 확대(공급자 우위의 시대가 마감), 정치적 자유화의 진전, 냉전구조의 균열, 개인주의의 발달, 국가 간 이동의 자유화 등 다양한 요소를 특징으로 하는 사회다(고영복, 2000). 지식정보화가 진전되면서 시장 변화의 속도는 어느 때 보다 빠르게 전개되고 있으며 변화의 폭도 이전 시대와는 비교할 수 없을 정도로 크다. 무엇보다 변화의 방향을 예측하는 데 어려움이 가중되고 있다는 것이 탈산업사회에서의 시장 변화의 특징이다. 기업 간 경쟁 역시 과거와는 비교할 수 없을 정도로 심화되고 있다. 모든 기업이 '생존'을 가장 큰 목표로 삼는 시대가 지금의 시대다. 이로 인해 시장에서의 기업의 판도가 시시각각 변하고 있으며 소위 '잘나가는 기업'이라 할지라도 내일을 장담하기 어려울 만큼 기업의 흥망성쇠가 변화무쌍하다. 2008년 리먼 브라더스의 파산은 이전 시대라면 누구도 상상할 수 없었던 일이었다. 100년을 넘어 최고의 기업으로 칭송받던 이 금융회사는 결국 신화적인 성장을 보장했던 자신들의 금융공학에 의해 몰락하고만 대표적 기업이다. 회사의 비윤리적 행위는 별론으로 하더라도, 시장은 더 이상 '거대 기업은 망하지 않는다'는 대마불사 통념을 허용하지 않는다.

이 장에서는 환경과 인적자원관리의 역동적 상호작용을 살핀다. 인적자원관리를 이해하는 데 있어 환경변화에 주목해야 하는 이유는 환경의 변화가 기업 경영전략에 직접적인 영향을 미치기 때문이다. 경영전략의 변화는 필수적으로 인적자원관리 전략의 변화를 수반하거니와 이는 인적자원관리의 전략적 위상이 클수록 환경이 인력 운용에 미치는 영향은 클 수밖에 없다. 환경과 인적자원관리의 상호작용은 매우 역동적이다. 이는 일방향적 관계가 아니라는 의미다. 환경의 변화는 인적자원관리 변화를 야기하는 근본적 이유이나 변화의 방향이나 정도, 양상은 기업마다 다양할 수 있다. 때론 인적자원관리 전략의 변화가 환경의 변화를 촉발시키기도 하다. 예를 들면, 기업의 사회적 책임에 초점을 둔 인적자원관리 전략이 고객들로부터 성원과 지지를 얻는다면, 경쟁사의 전략에도 영향을 미치며, 이로 인해 인적자원관리의 생태계가 변화한다.

이 장에서 초점을 두어 살피는 요소는 기술과 법규범이다. 물론 시장의 변화는 앞서 설명한 것처럼 근본적이고 거시적 차원을 구성하는 요소다. 시장의 변화에 대해서는 제1장에서 탈산업사회와 지식경제화를 다루면서 그 핵심을 설명했기에 여기서는 구체적으로 다루지 않는다. 다만 기술, 법규범, 사회적 환경의 변화는 시장의 변화와 서로 영향을 미치는 변화라는 점에서 늘 시장에 미치는 영향을 염두에 두고 이해할 필요가 있다.

2

기술변화와 인적자원관리

1. 4차 산업혁명과 인적자원관리

최근 인적자원관리가 주목해야 할 뚜렷한 변화는 기술 환경에서 생성되고 있다. 소위 4차 산업혁명이라 불리는, 후기 산업사회의 새로운 국면이 기술변화에 의해 조성되고 있다. 슈밥(2016)에 따르면, 80년대 이후 진행된 단순한 디지털화가 3차 혁명인 반면, 4차 혁명은 혁신적 기술의 조합에 의해 창출되는 전환적 패러다임이다.[1] 인공지능의 발달[2], 딥 러닝[3], 사물인터넷[4], 스마트 홈, 스마트 팩토리 등 정보통신혁명이 스마트 기술화로 진화하면서 기존의 정보통신 혁명과 다른 논리를 갖춘 새로운 시대로 진입하고 있다.

---

1) 슈밥, 2016, 23면.

2) "인공지능(Artificial Intelligence, AI)이란 인간처럼 (1) 상황을 인지하고 정보를 받아들여 (2) 생각하고 판단하며 (3) 특정한 행동을 할 수 있는 기계를 의미한다. 방해물을 피해가며 청소하는 로봇청소기는 초보적 인공지능의 예다(홍성민, 2016, 44면). 최근에는 빅 데이터를 분석해 스스로 규칙이나 지식을 알 수 있는 기계학습을 받아들인 인공지능으로 발전하고 있다. 얼마 전 이세돌 선수와 바둑 대결을 선보인 알파고는 딥 러닝(deep learning)을 받아들인 최고 수준의 인공지능으로 , 자신의 행동 결과를 판단하고 예측하여 계획을 세우고 실행할 수 있는 수준을 선보이기도 했다. 자동차, 드론, 스마트 홈, 스마트 팩토리 등도 인공지능과 사물인터넷이 결합된 기술로 4차 산업을 표상하는 주요한 예다. 스마트기술의 발전 원천은 deep learning, 빅데이터, 감성컴퓨팅 등의 기술들로 이에 대한 연구가 각국에서 활발히 진행되고 있다(홍성민, 2016)

3) 딥 러닝. 이는 "컴퓨터가 여러 데이터를 이용해 마치 사람처럼 스스로 학습할 수 있게 하기 위해 인공 신경망(ANN: artificial neural network)을 기반으로 한 기계 학습 기술을 의미한다. 딥 러닝은 인간의 두뇌가 수많은 데이터 속에서 패턴을 발견한 뒤 사물을 구분하는 정보처리 방식을 모방해 컴퓨터가 사물을 분별하도록 기계를 학습시킨다. 딥 러닝 기술을 적용하면 사람이 모든 판단 기준을 정해주지 않아도 컴퓨터가 스스로 인지·추론·판단할 수 있게 된다. 음성·이미지 인식과 사진 분석 등에 광범위하게 활용된다. 구글 알파고도 딥러닝 기술에 기반한 컴퓨터 프로그램이다."

4) 사물인터넷이란 인간과 사물, 서비스 세 가지 분산된 환경 요소에 대해 인간의 명시적 개입 없이 상호 협력적으로 센싱, 네트워킹, 정보처리 등 지능적 관계를 형성하는 사물 공간 연결망이다.

이 거대한 흐름에 대해, 일부에서는 단절적 변화로 볼 수 없고 인공지능, 사물인터넷 등 최신 기술이 인간사회에 미치는 영향도 과장돼 있다고 주장하기도 한다. 실제로 4차 산업혁명은 하나의 담론으로 지나치게 기술 중심주의적 사유일 가능성이 있는 것이 사실이다. 그러나 이는 당장 구현될 수 있는 역사적 사실은 아닐 수 있으나, 그 흐름은 거스를 수 없다는 점, 그리고 현재 세계적인 담론으로 구성되고 있다는 점에서 지속적인 관찰이 필요하다.

핵심역량을 갖춘 인간자본에 대한 전략적 관리(인적자원관리)는 4차 산업혁명에서 또 다시 어떤 모습으로 진화할 것인가? 또는 어떻게 진화해야 하는가? 이 문제는 앞으로 인적자원관리를 둘러싼 논쟁 중 얼마 동안 핵심을 차지할 것으로 보인다. 사견으로는 사회자본을 중심으로 한 상징적 인적자원관리론이 한 축을 이룰 것이며, 기술적 관점에서 소위 스마트 디지털화를 중심으로 한 또 하나의 인적자원관리 형식이 다른 축을 이룰 것으로 예상된다. 아직까지 이에 대한 구체적 논의는 이뤄지지 않고 있거니와 유용한 토론을 위해 몇 가지 사항을 시론적으로 검토한다.

2. 4차 혁명과 HRM의 제 문제 _ 문제와 제언

2.1 기술에 의한 노동대체 _ 일자리 규모 축소

산업혁명 4.0이 인적자원관리에 미치는 영향은 어떠한가. 무엇이 문제가 되는가. 첫째, 노동시장에서 인간의 생각과 사고를 대체하는 기술지능의 진전으로 일자리규모가 대폭 축소될 것이라는 의견이 있다. 이른바, 기술의 노동대체(technological displacement of the labor)다. 로봇청소기, 드론, 자율자동차, 스마트팩토리, 사물인터넷, 빅데이터 적용 기술 등은 산업사회의 인간 노동을 급속히 대체할 것으로 예상되고 있다.

둘째, 직무와 과업 내용의 변화다. 단순한 기능은 물론 초보적인 사고와 판단이 필요한 일은 기계로 대체되고, 고도화된 판단을 요구하는 직업(직무)이 창출될 전망이다. 그러나 이에 대한 구체적인 예측은 아직 나오지 않고 있다.

셋째, 스마트 기술을 지니고 있는 자와 그렇지 않은 자 사이의 지배관계가 형성될 것이다. 스마트 기술에 대한 장악력이 결국은 작업장 혹은 노동관계에서 지배력을 행사하게 될 것이다. 이외에도 다양한 문제가 예상될 수 있으나 이 역시 구체적인 연구로 보완될 필요가 있다.

무엇보다 논쟁의 대부분은 과연 인공지능 등 4차 산업혁명을 구성하는 새로운 기술이 노동을 얼마나 대체할 것인가에 할애돼 있다. 우선 노동대체가 심각하게 진행될 것이라는 주장은 다음과 같다.[(1)]

1-1) "제리 카플란(2016)은 인공지능을 위시한 정보기술의 발달이 너무 빠르게 진행되고 있어 상당수의 일자리를 이미 파괴하고 있다고 말한다. '인간은 필요 없다(Humans Need Not Apply)'로 번역된 것은 다소 과장됐지만 다양한 인공지능을 장착한 로봇의 발달로 일자리 파괴가 일어나고 이에 적응할 시간이 부족할 것이라는 점을 적절히 지적하고 있다."

1-2) "스마트 기술이 고용에 미치는 영향에 대한 대표적 연구는 프레이와 오스번(Frey & Osborne, 2013)의 연구다. 현재의 직업이 향후 컴퓨터에 의해 대체될 가능성을 평가한 이 연구는 미국에 존재하는 702개 직종에 대해 컴퓨터화가 진행되는 속도와 직업이 필요로 하는 역량 등을 종합 분석하여, 컴퓨터화 될 가능성을 0-1사이의 지수로 표시했다. 그 결과 향후 20년 내에 컴퓨터로 대체될 가능성이 큰 고위험 직종이 전체의 47%나 됐다. 반면 위험도가 하위 1/3로 나타난 직종은 33% 정도에 불과했다."

이를 우리나라 직업에 적용한 연구는 정지형 외(2014)와 김세움(2015)의 연구다. 정지형 외(2014)는 제조업보다 의료, 운수, 교육, 상담 등 서비스 분야 고용이 많이 대체될 수 있다는 결과를 제시했다. 김세움(2015)의 연구는 더 심각한 상황을 제시하고 있다.

우리나라 전체 일자리의 55-57%는 컴퓨터에 의해 대체될 확률이 높은 고위험군에 속한다고 보고하고 있다.

1-3) 반면 다양한 반론도 제기되고 있다. 앤츠와 그의 동료(Arntz, Gregory & Zierahn, 2016)의 연구가 대표적이다. 이들은 OECD 국가 전체 평균으로는 9%의 직업만이 자동화될 것이고, 특히 한국은 이러한 자동화 가능성이 가장 낮은 국가(6% 대체율)로 분석하고 있다. "그 원인은 직업의 세분화 혹은 전문화가 미흡한 상황이고 전체 국민의 교육수준이 높기 때문"이라고 추정된다.

1-4) 보다 적극적인 반론으로 일자리가 더 늘어날 것이라는 전망도 발표되고 있다. 소프트웨어정책연구소(SPRI)의 보고서가 대표적이다. 이 연구소는 "스마트카(배송업체의 물류분석가), 가상현실(가상현실 전문의사, 공장관리자), 3D 프린팅(3D 프린팅 설비 관리자, 3D 디자이너), 사물인터넷(사고예측 전문가, 스마트 오피스 관리자), 클라우드 (클라우드 시스템 관리 및 업무설계자) 등이 4차 산업혁명 시대에 5대 유망분야 직업이라고 발표하면서, 이 분야를 중심으로 일자리가 늘어날 것으로 전망했다."(2)

같은 맥락에서 인공지능, ICBM(사물인터넷, 클라우드 컴퓨팅, 빅데이터, 모바일) 등과 같은 디지털 변혁이 소프트웨어 분야의 새로운 고급일자리를 창출할 것이라는 전망도 이어졌다. 구체적으로는 2025년까지 자율주행 스마트 자동차, 가상현실(VR), 3차원 프린팅 등 분야에서 약 26만개의 일자리가 창출될 것이며, 신규 일자리는 소프트웨어분야가 중심이 될 것이다. 이로 인해 새로운 형태의 지식노동자가 등장할 가능성이 존재한다. 디지털 변혁을 외면하면 낙오자가 될 것이라는 경고도 함께 제시됐다.

1-5) 딥 러닝 능력과 혁신능력을 갖춘 탈렌트의 수요가 높아질 것이라는 전망도 제시됐다. "고정적이고 반복적인 일은 아무리 고도의 전문지식이 필요한 부분이라 해도 인공지능에 의해 대체될 가능성이 높다. 회계사, 법무사, 의사

등은 대체 가능성이 높은 직업군이다. 미래사회에서 노동자는 얼마나 지속적이고 빠른 혁신을 이룰 수 있느냐가 핵심역량이 될 것이다. 제임스 캔턴은 노동의 미래를 결정하는 트렌드 요소로 기업가 정신, 혁신수익률로 평가받는 개인, 혁신 생태계에 대한 수요 증가 등을 제시하고 있다"(3)

2.2 4차 산업혁명과 일과 여가의 균형

박종현(2016)은 '인공지능 시대와 케인즈의 예언(4)'에서 두 가능성을 균형 있게 보고 있다.

"[4차산업 혁명의 흐름을] 비관적으로만 볼 것은 아니다. 기술진보는 늘 일자리를 파괴하며 사회 안정성을 뒤흔드는 위협요인으로 거론됐다. 그러나 그간의 기술진보는 없애버린 일자리보다 새롭게 창출한 일자리가 더 많았다. 기업들은, 자동화에 따른 비용절감과 가격인하로 수요가 커진 상황에서, 생산공정의 변화에 부응하는 새로운 직무들에 더 많은 노동자를 고용했으며, 신기술에 힘입은 새로운 산업도 출현했다. (중략)

케인즈는 1930년 〈우리 후손의 경제적 가능성〉이라는 논문에서 향후 100년 후의 소득 수준은 4배에서 8배로 높아지고, 주당 15시간만 일하더라도 살아가는 데 충분할 것이라며, 100년안에 인류는 경제적 문제로부터 해방될 것이라고 예견했다. 케인즈의 예언은 비교적 정확했다. 소득수준이 8배 증가한다는 것은 연평균 2.1%의 성장률을 의미하는데, 지난 80년간 선진국들의 성장률과 일치한다. 반면 노동시간은 줄지 않았다. 케인즈의 권고는 생계유지에 필요한 일은 최소한으로만 하고 남는 시간은 보람있게 쓰자는 게 그의 진의. (중략)

인공지능과 로봇이 시민의 지배자가 아니라 충직한 하인이 될 수 있도록 하는 사회적 합의와 노력이 필요하다. 새로운 기술과 아이디어를 어느 분야에 어떤 목적과 어떤 속도로 사용할 것인지, 그 경제적 열매를 어떻게 나눌지에 관한 사안들을 극소수의 천재나 기업이 아니라 우리 모두가 민주적으로 결정하는 일이 중요하다."

박종현의 제안은 어떤 측면에서 공화적 해법을 담고 있다. 지배의 문제를 거론하고 있으며, 인공지능 등 진전된 기술이 인간의 충직한 하인이 될 수 있도록 하기 위해서는 사회적 토론이 중요함을 지적하고 있기 때문이다. 어떤 분야에, 어떤 속도로, 그리고 그 과실을 어떻게 나눌 것인지에 대해 모두가 참여하여 토론할 수 있는 장을 마련하는 것이 필요하다.

2.3 휴먼클라우딩과 노동의 지배양식의 변화

무엇보다 산업혁명 4.0과 관련해 인적자원관리이론이 주목해야 할 점은 노동에 대한 지배관계가 변모할 것이라는 사실이다. HR 클라우딩(HR clouding)의 문제는 파견제의 디지털화라 할 수 있을 것이다. 다른 한편으로는 노동시장의 공유경제화로 볼 수도 있으나 이는 파견을 핵심으로 하는 새로운 노동력 지배구조가 출현할 가능성이 있다는 점을 시사한다. 슈밥(2016)은 다음과 같은 전망을 내놓았다.

> "플랫폼 경쟁의 심화 추세 가운데 고용 관계 역시 휴먼 클라우드를 활용한 계약관계로의 변화가 나타날 수 있다. 프리랜서로 활약하는 다양한 전문 인력들과 연결시켜 주는 플랫폼을 기반으로 하여 기업이 필요로 하는 특정한 노동을 제공받는 계약, 이를 기반으로 필요할 때 필요한 부분에 대해서만 고용계약을 맺는 관행이 일반화될 가능성이 있다. 이미 프리랜서 닷컴과 같은 기업은 이러한 클라우드소싱 방식의 인력 중개를 현실화해서 수익을 창출하고 있는 대표적 사례다."(5)

슈밥은 4차 혁명이 삶의 질을 높일 수 있는 기회의 측면과 불균형의 심화라는 위협의 측면이 동시에 있음을 다음과 같이 지적하고 있다.

> "경제학자인 에릭 브리뇰프슨과 앤드류 맥아피는 심각한 사회불균형이 초래될 것이라고 경고했다. 특히, 노동시장을 붕괴시킬 가능성이 있다. 경제 전반에서는

노동이 자동화되면 최종적으로는 기계가 노동을 대체하게 돼 자본과 노동 간 수익의 차이를 심화시킬 수 있다. 반면, 기술에 의한 노동대체는 보수가 높은 안정적 일자리를 많이 만들어내 가능성도 있다."(6)

2.4 협력과 네트워크를 구축할 수 있는 역량

4차 산업혁명의 사회에서는 동료와의 질 높은 협업을 수행할 수 있는 협업능력이 스마트 기술 사회의 핵심역량으로 자리 잡을 것이라는 전망이 우세하다. 경쟁력의 원천인 플랫폼 자체가 네트워크 형성과 활용을 의미하기 때문이다. 피터 디아만디스와 스티븐 코틀러(2016)가 성공의 핵심 열쇠로 '커뮤니티를 형성하라'라고 강조한 이유도 여기에 있다.

2.5 노동시장의 새로운 이중화

첨단 디지털 기술과 인문학적 소양을 갖춘 소수의 핵심인재와 불안정 노동에 시달릴 수밖에 없는 주변적 노동자(프레카리아트)로 구별되는 이중노동시장이 고착될 것이다. 휴먼클라우드라는 성(城)에 들어가는 자와 성 밖에 머무는 자로 이중구조화될 가능성이 높다. 이때 성(城)은 제도에 의해 보장되는 공간이 아니라 휴먼 클라우드를 지배하는 세력에 의해 지배되는 공간이다.

따라서 휴먼 플랫폼을 구축하는 과정에 민주적 참여가 보장돼야 한다. 어떤 플랫폼을 구축할 것인가, 무엇을 가치로 할 것인가, 그 과정에서 참여는 어떻게 보장해야 하는가 등에 대한 문제는 앞으로 지속적으로 탐구돼야 할 과제다.

3. 4차 산업혁명과 인적자원관리 4.0[5]

인간관, 전략적 접근, 목표에 있어 4차 산업혁명은 어떤 변화를 가져올 것인가. 인적자

5) 이 절의 글은 필자의 시론적 주장이며 앞으로 연구를 통해 근거와 주장을 보완할 계획이다. 관심 있는 연구자들의 제언과 비판을 기다린다.

원관리는 인간을 자산으로 사고하며 특히 핵심역량을 갖춘 자산의 형성과 관리에 중심을 둔다. 자산으로서의 인간자본은 개성과 인격을 갖추고 있다는 점에서 인간성을 한 속성으로 하나, 핵심역량으로서 성과 창출에 동원될 수 있다는 점에서 자원성을 또 다른 한 속성으로 한다. 인간성과 자원성은 인적 자본의 서로 다른 두 측면이다. 따라서 현대 인적자원관리는 인간성과 자원성을 어떻게 조화시킬 것인가, 라는 근원적인 문제를 담고 있다. 인간성이 자원성을 압도할 경우, 성과창출이라는 목표에 일정한 차질을 초래할 가능성이 있다. 반면 자원성이 인간성을 능가하면 이는 또 다른 형식의 테일러주의, 즉 신(新)테일러주의로 전락할 위험이 있다.

3.1 인간관의 변화

4차 산업혁명의 시대에 부합하는 인적자원관리를 편의상 인적자원관리 4.0(HR 4.0)이라고 부르자. HR 4.0은 인간관의 부분적인 수정을 요구할 수 있다. 인공지능, 사물인터넷 등 인간의 사고를 대체하는 기술의 등장은 핵심역량의 개념을 변화시킨다. 핵심역량이란 모방과 대체가 불가능하며 그 자체로서 희소성을 갖는 역량이다. 인적자원관리전략은 핵심역량이 존재하는 '장소'를 인간으로 사고한다. 그러나 인간처럼 사고할 수 있는 인공지능이 가능하다면 이는 인적 자원과 마찬가지로 핵심역량의 저장 장소가 된다. 인공지능을 인적 자원과 대칭점에 둔다면 누가 더 많은 양의 핵심역량을 내장하느냐에 따라 위계적 서열화가 가능해진다. 이른바 인공지능의 지배 담론이 상정하는 시나리오가 현실화될 수 있다.

HR 4.0은 인간 자체가 아니라 '지능 혹은 지력' 자체를 중시하게 될 것이다. 주체적 정보취득 능력, 전략적 판단 능력, 창의와 개성의 발현, 역동적인 사고, 예측 능력 등 '역량' 자체가 중요해지며 이를 저장하는 장소로서의 인간의 중요성은 그만큼 줄어들 가능성이 있다. 역동적 창의역량 – 이를 디지털 역량이라고 부르자 – 을 '인간과 인공지능 중 누가 더 많이 갖는가'라는 문제는 일단 접어두자. '노동을 어떻게 바라보는가'라는 관점은 인적자원관리시대에는 인간관의 문제였다. 그러나 이젠 '노동=역량' 자체에 대한 관점이 다시 정립될 필요가 있다. 그 관점은 인간과 기계 간 관계에 대한 해명을 내포해야 한다. 노동-역량관은 결국 그 자체에 대한 해석과 함께 인간-기계 관계에 대한 관점을 포함하는 복잡한 문제가 된다. 인간-기계 관계를 경쟁이 아닌 협력이라는 가치로 묶어낼 수 있는 협력관계론이 정립될 필요가 있다.

3.2 전략관의 변화

전략에서의 변화도 필연적으로 수반된다. 4차 산업혁명 시대에는 인적자원에 대한 투자와 함께 인간-기계 간 관계의 질을 높일 수 있는 전략적 접근이 요구된다. 이와 관련해 인간과 기계의 분업을 고려해야 한다. 단순작업, 위험작업, 일상적인 루틴화 작업 등을 기계로 대체하고, 인간은 창의적 작업에 집중하는 노동 분업이 하나의 대안일 수 있다. 4차 산업혁명이 본격화되면 소프트웨어분야를 중심으로 새로운 직업이 창출될 것이라는 전망은 이와 맥을 같이한다.

3.3 목표의 수정

목표에 대한 수정도 필요하다. 새로운 가치 창출의 극대화가 인적자원관리의 목표였다면, HR 4.0은 정의로운 성장과 일-삶의 균형을 목표로 두어야 한다. 성장 지상주의로부터 탈피해야 한다. 현대 인적자원관리는 비즈니스 파트너로서의 인적자원관리 기능의 위상을 높이고자 애써왔으며, 그 전략적 목표로 '더 많은 투자, 더 많은 가치 창출'을 고려했다. 그러나 불가피하게 성과지상주의에 매몰되는 결과를 초래한다. 이에 대한 반성이 필요하다.

참 고

한국형 4차 혁명이라는 난제[6)]

– 신기술 분야의 앞날이 불투명하다. 스페이스 X 로켓이 폭발하면서 테슬라의 미래 가치에 대한 거품론이 등장하고 있다. 전기차 배터리에 대한 회의론도 부각될 가능성이 있다. '4차 산업혁명론'도 잠시 숨고르기를 하고 있다.

– 4차 산업혁명은 혁명인가. 경제사 연구에서 가장 중요한 쟁점 중 하나가 산업혁명이 혁명인가의 문제다. '기술사 연구'에서는 "대형의 기술혁신이 결국 익명의 다수 사회성원이 집합적으로 참여하는 과정"임을 강조해왔거니와 현재의 4차 혁명문제는 기업엘리트, 독일정부, 미국 산업 등 소수의 엘리트들이 주도하고 있다. (초기 담론은 엘리트에 의해 형성된다는 점을 고려하면 이후 확산될 가능성이 있다는 사실을 고려해야 하지 않을까).

– 한국에서의 4차 산업혁명은 산업구조조정 과제해결과 함께 진행돼야 한다. 조선, 해운업(현재 위기), 자동차산업 등 주력산업은 전체경제에서 차지하는 비중과 위계적 집중도가 높은 편이다. "2013년 한국 총생산중 제조업 비중은 31%. 중국이 30%, 미국이 12%, 독일이 23%, 일본 19%, 이탈리아 15%를 감안하면 매우 높은 수준이다. 그러나 국가 및 대기업 집단의 경제외적 영향력이 강하다.(특히, 원하청 구조로 묶여 있다는 점, 간접고용이 늘고 있다는 점, 위기의 부담이 중소영세기업으로 전가되고 있다는 점 등이 함께 고려돼야 한다.)"

– 한국의 특수성을 고려해야 한다. 한국 제조업은 중국, 미국, 일본을 연결하는 국제 분업체제를 기반으로 성장했다. 한국은 중간재를 수입하여 가공 조립해 최종재를

6) 이일영(경향신문, 2016.9.14.29면)의 글을 요약하고 논평을 덧붙였다

수출하는 조립형 산업화의 길을 밟아왔다. 일본을 부품소재지의 공급지로, 중국과 미국을 수출 시장으로 이용해서 성공했다. 그러나 2008년 글로벌 금융위기 이후 상황이 변화하고 있다. 미국은 자국의 제조업 경쟁력 강화를 통해 대외 무역적자를 줄이려는 '재균형 정책'을 추진하고 있다. 중국도 수출시장 축소에 대응하기 위해 자국중심주의를 강화하고 있다. 영국 역시 브렉시트를 계기로 보호무역주의를 강화할 것으로 예상된다.

– 한국에서의 기술실업 문제는 심각할 수 있다. 한국 제조업은 중간재 제조에 관한 숙련 축적이 미약하다. 이를 대규모 설비투자로 돌파해왔다. 그러나 보통 기술실업의 대책으로 교육투자, 인프라 투자, 공공근로사업, 노동시간단축, 복지제도 확충, 기본소득 도입 등이 거론되고 있으나 어느 것 하나 녹녹치 않다.

– 4차 산업혁명을 기술실업을 흡수하는 사회혁신의 방식으로 추진해야 한다.(사회혁신의 방식의 내용은 무엇인가? 어떻게 해야 하는가? 근로시간 단축 말고는 효과적인 방법이 없을 것 같다. 재벌의 투자를 유인하는 것에 대해서도 심도 있는 검토가 필요하다).

3

법규범과 인적자원관리

1. 법규범의 중요성

법이란 사회적으로 합의된 최저한의 규준(規準)이다. 이는 구성원의 행위를 규율함으로써 공동체의 안정적 발전을 지속가능케 하는 사회적 토대다. 공동체의 중요한 구성원인 기업 역시 올바른 수범자로서 그 역할을 다해야 한다. 기업은 특히 사회적 가치의 생산과 분배에 있어 가장 '역량 있는' 구성원인 만큼 법의 준수를 넘어 공동체 전체를 위해 보다 적극적으로 역할 할 것을 현대 사회는 요구하고 있다.

인적자원관리 분야는 사람을 대상으로 한다는 점에서 법규범의 개입이 다른 분야보다 크고 넓다. 인적자원관리의 기초가 되는 노동계약은 개별 노동자와 기업이 맺는 계약으로, 형식적으로는 자유의사에 기초한 평등한 계약이나, 실제로는 불평등의 소지가 많다. 기업은 개별 노동자에 비해 더 많은 힘을 가지고 있기 때문이다. 특히 노동자는 고용관계에 편입되지 않고서는 지속가능한 소득을 창출할 수 없을 뿐만 아니라 풍요로운 사회적 삶을 영위하기도 힘들다. 그만큼 노동자에게 '일자리'는 소득의 원천일 뿐만 아니라 자신의 사회적 지위와 명성, 나아가 타인과 관계하는 사회적 삶의 중요한 지평이다. 기업 역시 노동자의 노동력 없이는 원활한 생산을 할 수 없다는 점에서 노동자에게 의존하고 있다. 그러나 노동자가 자신의 삶 전체를 걸고 노동시장에 나오는 것과 달리 기업은 이윤창출이라는 기회를 포착하고자 노동시장에 나온다. 삶의 무게(노동자)와 이윤 기회의 무게(기업)는 본질적으로 균등하도 볼 수 없거니와, 노동계약의 공정성은 시장이라는 단일한 장(場)에서는 쉽게 실현되기 힘들다. 이는 근본적으로는 노동자의 존재적 위치가 자본주의라는 시장의 영역에서는 기업에 대해 종속적일 가능성이 높기 때문이다. 종속적 지위는 단지 임금과 같은 보상에 만 영향을 미치는 것이 아니라 차별 등 사회적 영역으로 확장된다. 법이 개입해야 하는 근본적 이유가 여기에 있다.

한편, 민주주의의 진전과 함께 노동자의 사회적 지위도 크게 향상된 것이 오늘의 시대이기도 하다. 과거와 달리 노동자들은 노동조합을 자유롭게 설립할 수 있고 법이 정하는 바에 따라 단체교섭을 수행하고 자신의 노동조건을 향상시킨다. 정치적 권리 역시 과거에 비해 크게 진전됐다. 노동자의 이익을 대변하는 노동자 정당이 나라마다 발전하고 있고 한국에서도 2000년대 이후 노동자 정당이 의회에 진출하는 등 큰 진전을 보이고 있다. 다만 노동조합 조직률은 10% 미만으로 노동조합에 의해 보호되는 노동자는 대기업의 정규직 노동자로 한정되는 문제는 여전히 남아 있다. 비정규노동자의 노동조합 조직률은 4%에 못 미치고 있으며 대다수 중소영세기업 노동자는 노동조합이라는 제도적 보호의 범위 밖에 있다. 공정한 노동관계법의 역할이 중요해지는 사회적 배경이기도 하다.

전략의 측면에서 살피면, 인적자원관리와 법규범은 정당성(legitimacy)을 매개로 연관된다. 인적자원관리전략은 제도적 정당성을 획득할 때 지속가능한 전략으로 발전할 수 있기 때문이다. 사회적으로 정당성을 얻지 못하는 인력정책은 시장과 고객들로부터 외면당할 수밖에 없기 때문이다. 사회적 정당성을 가늠하는 기초적 요소는 법규범이다. 법규범에서 일탈돼 있을 때 그 전략은 정부의 제재에 직면하는 것은 물론 사회적으로도 비난의 대상이 된다. 역으로 사회적 정당성을 획득한 인적자원관리전략은 한 기업을 다른 기업과 차별화시키는 전략적 요소로 기능할 수 있다.

노동과 관련된 법규범은 복잡성을 특징으로 하며 경우에 따라서는 법의 규율내용이 모호해 혼란을 야기하기도 한다. 최근에 대두된 가장 큰 문제는 '누가 노동자인가'라는 점이다. 근로기준법 등 노동관계법은 규율대상인 노동자의 범위를 소위 '종속성'의 지표에 따라 정하고 있다. 그러나 고용형태가 다양해지면서 종속성의 개념을 둘러싸고 많은 논란이 야기됐다. 보험설계사, 학습지교사, 화물차주 등 이른바 형식상 사용자의 지휘·감독으로부터 독립된 상태에서 일을 하고 있으나 실제로는 경제적으로 종속된 자들을 노동관계법상 노동자로 보아야 하는지를 둘러싼 논란은 아직도 현재 진행형이다. 통상

임금의 범위 역시 법규범의 모호성 혹은 흠결로 야기된 커다란 문제다. 정기적으로 지급된 상여금이 통상임금의 범위에 속하는지 여부에 대한 논란은 대법원 판결(2013년)이 내려졌음에도 불구하고 아직까지 해결되지 않고 있는 문제다. 법규범의 복잡성과 모호성은 한편으로는 노사갈등을 야기하고 다른 한편으로는 기업의 인력운용에 불확실성과 불안정성을 가중시킨다. 인적자원관리 전략의 측면에서 노동법에 대한 명확한 이해가 필요한 것은 이 때문이다. 이 장에서는 인적자원관리와 밀접한 관련이 있는 대표적 노동법규범의 내용을 살피고 그 의미를 토론한다. 헌법이 정하는 노동관련 원칙과 규범을 살피고 노동관련법을 근로기준법과 노동조합및노동관계조정법에 초점을 두어 설명한다.

2. 헌법과 노동법

헌법은 최고 규범으로 모든 법령을 구속한다. 노동법 역시 헌법에 근거를 두고 발전한 하위법인 만큼 노동에 대한 헌법의 규정을 이해하는 것이 필요하다. 노동과 관련해 헌법이 규율하는 원칙과 내용을 살피는 일은 인간의 노동을 관리대상으로 삼는 인적자원관리 전략의 원칙과 내용을 법의 측면에서 고민하는 데 보탬이 된다.

인적자원관리의 관점에서 가장 먼저 주목해야 할 점은 인간의 존엄과 행복에 대한 헌법적 태도다. 우리 헌법은 인간으로서의 국민이 고유하게 보유하는 존엄, 가치, 이에 기반한 행복추구권을 다음과 같이 규정하고 있다.

> “**헌법 제10조:** 모든 국민은 인간으로서의 존엄과 가치를 가지며, 행복을 추구할 권리를 가진다. 국가는 개인이 가지는 불가침의 기본적 인권을 확인하고 이를 보장할 의무를 진다.”

인적자원관리는 인격과 개성을 갖는 특수한 자원을 전략적으로 관리하는 총체적 과정이다. 이때 자원인 인간은 존엄하며 그 자체로 가치를 갖는 존재다. 인간 존재 자체가 목적이며 어떤 경우에도 수단으로 삼아서는 안 된다. 이윤을 좀 더 창출하거나 불확실성에 대응하고자 비정규직을 무분별하게 남용하는 일은 인간 혹은 인적 자원의 수단화라는 점에서 헌법적 가치에 위배된다.

무엇보다 헌법 10조는 침해할 수 없는 기본적 인권을 보장할 의무를 국가에 지우고 있다. 국가는 기본적 인권이 어느 장소에서건 침해당하지 않도록 자신의 의무를 다해야 한다. 그 장소는 가정, 학교, 기업 등을 망라한다. 가정폭력이나 학교폭력이 근절돼야 하듯, 작업장에서의 폭력, 즉 이른바 '갑질'로 명명되는 경영자의 권위주의적 행태도 제어돼야 한다. 그 제어는 노동자 스스로 행해야 하는 것임과 동시에 국가는 노동자의 자발적 행위를 지원하고 경영자의 잘못된 행태를 억제하기 위해 국가로서의 의무를 다해야 한다.

보다 근본적으로 인적자원관리는 존엄과 가치를 지닌 존재로서 행복을 추구하는 인간을 대상으로 한다. 채용, 훈련, 평가, 보상 등 인적자원관리의 전 과정을 통해 숙의돼야 할 핵심적 가치다. 자원으로서의 인간이 사회가 필요로 하는 재화와 가치를 생산하는 과정이 '행복을 추구하는 과정'이 될 수 있도록 기업은 세심한 주의를 기울여야 한다.

둘째, 재산권과 관련해 우리 헌법은 재산권의 행사를 공공복리에 적합하게 행사하도록 제한하고 있다. 재산에 대한 개인의 권리는 노동을 보호하는 것만큼이나 중요하다. 일찍이 루소도 재산에 대한 소유권은 개인이 사회경제적으로 자립하는 데 필수적 권리로 보았다. 다만, 재산권 행사에 대해서는 모든 나라가 일정한 제약을 두고 있다. 부와 재산이 타인의 권리를 침해하는 권력으로 전락하지 않도록 하는 최소한의 제한이다. 우리 헌법은 공공복리 부합성의 원칙을 규정하고 있다.

> "**헌법 제23조 제1항:** 모든 국민의 재산권은 보장된다. 그 내용과 한계는 법률로 정한다. **제2항:** 재산권의 행사는 공공복리에 적합하도록 하여야 한다."

인적자원관리는 경영권의 가장 중요한 내용을 이룬다. 경영권은 대부분 자본에 대한 소유, 즉 재산권에 근거해 발생하는 권리다(물론 모든 권리가 재산에 근거해서 발생하는 것은 아니다). 그러나 재산권에 근거해 발생한 권리라 하더라도 공공복리에 맞게 행사돼야 한다. 공공복리는 다양한 내용을 아우르겠지만, 가장 기초적이고 핵심적인 것은 타인의 인권을 침해하지 않는 데 있다.

셋째, 헌법은 노동에 대해 우리 사회가 가져야 할 기본적 태도를 구체적이고 명확하게 규율하고 있다. 우선, 권리로서의 노동이다. 모든 국민은 노동할 권리를 갖는다. 이는 국가가 일하고자 하는 모든 국민을 위해 일자리와 적정한 노동조건을 마련하는 데 노력해야 함을 의미한다. 헌법 제32조 제1항은 노동의 권리를 다음과 같이 규율하고 있다.

> "**헌법 제32조 1항:** 모든 국민은 근로의 권리를 가진다. 국가는 사회적·경제적 방법으로 근로자의 고용의 증진과 적정임금의 보장에 노력하여야 하며, 법률이 정하는 바에 의하여 최저임금제를 시행하여야 한다."

노동의 권리와 함께 노동의 의무를 지는 존재가 국민이다. 노동은 사회가 필요로 하는 가치를 생산하는 필수적 과정이자 그 자체가 핵심적인 자원이다. 노동의 의무를 지우는 것은 사회의 유지와 존속을 위해 필요한 가치를 재생산하는 데 필수적이다. 눈여겨봐야 할 점은 노동의 의무에 관한 내용과 조건을 정함에 있어 민주주의 원칙을 지켜야 한다는 점이다. 지속가능한 사회를 위해 모두가 노동의 의무를 지나, 그 의무의 내용과 조건을 정함에 있어서는 노동의 주체인 국민이 참여할 수 있어야 하며, 기본권과 직접 관련이 있는 만큼 이에 대한 사항은 정부가 마음대로 할 수 있는 것이 아니라 법률에 의해야 한다. 헌법 제32조 2항의 내용이다.

> "**헌법 제32조 2항:** 모든 국민은 근로의 의미를 진다. 국가는 근로의 의무의 내용과 조건을 민주주의원칙에 따라 법률로 정한다."

우리 헌법은 또한 노동조건, 여성의 노동, 아동의 노동, 국가를 위해 희생한 사람들의 노동 등에 대해서 특별히 유의하고 있다. 헌법 32조의 3-6항은 이를 다음과 같이 규정하고 있다.

3항. 근로조건의 기준은 인간의 존엄성을 보장하도록 법률로 정한다.

4항. 여자의 근로는 특별한 보호를 받으며, 고용·임금 및 근로조건에 있어서 부당한 차별을 받지 아니한다.

5항 연소자의 근로는 특별한 보호를 받는다.

6항. 국가유공자·상이군경 및 전몰군경의 유가족은 법률이 정하는 바에 의하여 우선적으로 근로의 기회를 부여받는다.

넷째, 헌법은 노동권을 보호할 뿐만 아니라 노동자 스스로 노동조건을 향상할 수 있도록 힘을 부여하고 있다. 단결권, 단체교섭권, 단체행동권 등 소위 '노동3권'은 이를 위한 기본권적 기반이다. 헌법 제33조1항은 "근로자는 근로조건의 향상을 위하여 자주적인 단결권·단체교섭권 및 단체행동권을 가진다"고 규율함으로써 자주적 행동으로 자신의 노동과 노동조건을 보호할 수 있도록 권리를 부여하고 있다.

3. 인적자원관리와 노동관계 법률 _ 근로기준법과 노조법을 중심으로

인적자원관리와 밀접히 연관돼 있는 노동관계법은 크게 개별적 노동관계법과 집단적 노동관계법으로 나뉜다. 개별적 노동관계법이란 자본주의 사회에서 개별 노동자가 처할 수 밖에 없는 종속적 지위를 인정하고 이들을 보호하기 위해 법적으로 개입함으로써 사용자와 대등한 지위를 회복시키고자 하는 법적 개입이다. 반면 집단적 노동관계법은 노동자가 스스로 단결하고 이를 통해 자신의 노동조건을 개선해 나아가는 데 필요한 제반 권리를 규율한다. 이외에도 고용보험법 등 노동자의 사회적 보호를 위한 다양한 법률이 존재한다. 여기서는 근로기준법과 노동조합및노동관계조정법의 근본적 취지와 주요 내용을 살핀다.

3.1 근로기준법

1953년에 제정된 근로기준법은 12차례 부분적으로 개정을 거쳤으며, 1997년 재제정의 형식으로 대폭 개정돼 오늘에 이르고 있다. 이 법은 근로조건의 기준을 정함으로써 근로자의 기본적인 생활을 보장, 향상시키는 데 근본적인 목적이 있다. 이때 근로조건의 기준은 최저기준을 의미하며 따라서 법이 정한 기준에 미치지 못하는 근로조건을 정한 노동계약의 경우, 그 부분은 효력이 없다. 또한 최저기준인 법을 이유로 기존의 근로조건을 낮추는 것도 금지된다.

근로기준법은 자기결정의 원칙, 균등처우와 차별금지원칙을 천명하고 있다. 자기결정의 원칙이란 "근로조건은 근로자와 사용자가 동등한 지위에서 자유의사에 의하여 결정해야 함"을 의미한다. 대등한 지위에서 자유의사에 의해 근로조건을 결정할 수 있도록 단결권, 단체교섭권, 단체행동권 등 소위 노동3권이 노조법(노동조합및노동관계조정법)에 의해 주로 규율되고 있으나 근로기준법 역시 이를 실현하기 위해 취업규칙을 작성하거나 변경할 때 근로자의 의견을 듣거나 동의를 얻도록 하고 있으며, 근로계약에 대해서도 여러 가지 제한을 두고 있다.

균등처우란 헌법이 정한 법 앞의 평등이념을 근로기준의 영역에 구현한 원칙이다. 헌법은 '성별, 종교 또는 사회적 신분에 의하여 경제적·사회적·문화적 생활의 모든 영역에서 차별받지 않는다'고 규정하고 있다. 즉, "사용자는 근로자에 대하여 남녀의 성을 이유로 차별적 대우를 하지 못하며 국적, 신앙, 또는 사회적 신분을 이유로 근로조건에 대한 차별적 처우를 하지 못한다. 이때 남녀의 차별적 대우란 합리적인 이유 없이 남성 또는 여성이라는 이유만으로 부당하게 차별대우하는 것을 말한다(대법 85다카657)."

근로기준법이 금지하고 있는 차별적 처우는 국적, 신앙 또는 사회적 신분을 이유로 하는 것이므로 근로형태, 직급, 업무성적, 능력 등 합리적인 이유가 있는 경우에는 근로조건에 차이가 있다하더라도 이는 법이 금지하는 차별이 아니다. 따라서 사무직과 생산직 등 근로형태에 따라 근로조건이 다르더라도 합리적 이유가 있다면 균등처우원칙을 위반한 것이 아니며, 직위, 직급, 근속년수 등에 따라 정년 등 근로조건을 차별하는 것은 노동력의 가치평가, 직위, 직급 등의 성격이나 기능, 능률에 따른 것으로 근로기준법상 균

등처우위반에 해당하지 않는다.[7]

기타 근로기준법은 작업장에서의 삶과 자유에 대한 최저한의 사회적 기준을 다양하게 규율하고 있다. 노동계약 - 노동자가 사용자에게 노동을 제공하고 사용자는 이에 대해 임금을 지급할 것을 약정하는 계약 - 과 관련해 계약의 성립, 계약 기간, 사용자의 의무와 책임 등을 정하며 근로시간, 연장(초과)근로, 휴일과 휴가, 임금, 퇴직과 해고 등에 대해 우리 사회가 지켜야 할 최소한의 요건을 규율하고 있다. 중요사항은 관련된 장에서 구체적으로 살필 것이다.

3.2 노동조합 및 노동관계조정법

집단적 노동관계를 규율하는 법인 노조법은 노동자의 단결과 교섭, 쟁의행위 등에 관한 사회적 규범체계다. 노조법은 헌법에 의거해 노동자의 자주적 단결권과 단체교섭권, 단체행동권을 보장함으로써 노동자가 스스로 자신의 근로조건을 개선함은 물론 이를 기반으로 경제적·사회적 지위향상을 도모한다. 이에 더해 노동쟁의를 스스로 예방하고 해결함으로써 산업평화를 유지하고 국민경제의 발전에 도움을 주는 것을 법의 목적으로 삼고 있다(노조법 제1조).

노조법은 단결체로서의 노동조합의 설립과 운영에 대한 규율을 담고 있다. 노동조합이란 노동자가 주체가 돼 자주적으로 단결한 결사체를 말한다. 노동조합의 설립과 관련해 노조법은 자유설립주의를 채택하고 있다. 곧, 노동자는 노동조합의 조직, 노동조합의 형태, 노동조합에 가입 여부 등을 스스로 결정할 수 있다. 따라서 사용자에 의해 주도되는 어용노조(company unions - 미국 노사관계의 경우, 1960년대 이후 가장 큰 사회문제로 대두됐었다)는 노동자의 자주적 결사체가 아니라는 점에서 노동조합이 아니다.

노동조합은 노동자의 "근로조건의 유지·개선 기타 근로자의 경제·사회적 지위의 향상을 도모"함을 목적으로 하는 결사체다. 노동조합이 정치활동을 주로 하는 정당이나 상호부조를 주된 목적으로 하는 공제회와 구별되는 것은 목적의 상이함 때문이다. 여기서 경제적·사회적 지위는 좁은 의미의 노동조건(주로 임금과 근로시간 등)만을 의미하지 않으며 노동조건과 밀접히 관련이 있는 기업의 인적자원관리 관련 사항이나 사회보장 관련

사항 등이 모두 포함된다.[8]

노동조합의 목적과 관련해 쟁점이 되는 사항 중 하나는 노동조합의 정치활동에 관한 것이다. 노조법에서 정하는 것처럼 정치활동을 주된 목적으로 삼는 것은 법이 보호하는 노동조합의 목적에서 벗어난다. 1997년 노동조합법이 개정(제정형식으로 개정)되면서 이전에 소위 '3금'이라 불리던 권위주의적 조항이 완화 혹은 폐지됐다. 3금, 즉 세가지 금지사항이란 복수노조금지, 제3자개입금지, 정치활동금지를 말한다. 제3자개입금지조항[7]은 노조법이 제정되면서 폐지됐고, 복수노조금지조항 역시 오랜 논란 끝에 폐지돼 2011년부터 사업장 내에 여러 개의 노조가 설립되는 것이 가능하게 됐다. 정치활동과 관련해서는 아직도 논란이 되고 있다. 노동조합의 정치활동 제한 규정은 노조법상에서는 폐지됐으나 여전히 정치자금법에 의해 제한되고 있다. 헌법재판소는 노동조합의 정치자금기부 금지를 규정한 옛 정치가금법 제12조제5호를 결사의 자유 및 표현의 자유를 침해하며 평등원칙에도 반하는 위헌으로 판시(헌재 1999.11.25. 95헌마154)했으나 현 정치자금법은 여전히 노동조합의 정치자금기부를 금지하고 있다.[9]

다만 현행 노조법은 노동조합의 주된 목적인 노동자의 경제적·사회적 지위 향상을 위해 노동관련 법령의 개정이나 제도 개선을 위한 부수적 활동을 허용한다. 따라서 노동조합의 목적을 달성하기 위해 정치적 견해를 표명하거나 후보자 초청대담, 토론회 개최 등 정치활동을 하는 것은 무방하다.

노동조합의 운영과 관련해서는 민주적이고 평등하며 자주적인 운영이 보장된다. 노동조합원이 주체가 돼 노동조합의 의사를 형성해야 하거니와 노동조합의 운영은 조합원의 총의에 따라야 한다.

단체교섭은 노동조합의 가장 중요한 활동 중 하나다. 단체교섭은 노동조합과 사용자 사이에 이뤄지는 집단적 협상을 말한다. 노동조건을 비롯한 노사관계 전반에 관한 사항이 단체교섭을 통해 협상되고 단체협약으로 약정된다. 단체교섭을 통해 노동자는 임금, 근로시간 등 노동조건을 개선할 수 있으며 사용자는 예측가능한 사업장 질서를 마련함으

7) 이전의 노동조합법(법률제3350호, 1997년 노조법에 의해 통합됨)은 "직접 근로관계를 맺고 있는 근로자나 당해 노동조합 또는 법령에 의하여 정당한 권한을 가진 자를 제외하고는 누구든지 노동조합의 설립과 해산, 노동조합에의 가입·탈퇴 및 사용자와의 단체교섭에 관하여 관계 당사자를 조종·선동·방해하거나 기타 이에 영향을 미칠 목적으로 개입하는 행위를 하여서는 아니된다 (12조의2)"고 제한하면서 노동자의 연대를 제약했다.

로써 산업평화와 안정적 경영을 도모할 수 있다. 노조법은 헌법에 근거를 두고 단체교섭을 보호하는 제도를 두고 있다. 정당한 단체교섭에 대해서는 민사상·형사상 책임이 면제되며, 사용자는 정당한 이유 없이 단체교섭을 거부하거나 게을리 해서는 안 된다. 단체교섭 거부 및 해태는 부당노동행위로 금지된다.

헌법은 단체행동권을 기본권으로 보장한다. 노동자는 이에 근거해 쟁의행위권을 정당하게 행사할 수 있다. 쟁의행위란 파업, 태업, 직장폐쇄 등 노동관계 당사자가 자신의 주장을 관철할 목적으로 행하는 행위와 이에 대항하는 행위를 말한다. 쟁의행위권은 노동자에게만 주어져 있는 권리가 아니며 사용자에게도 동일하게 주어져 있는 권리다. 직장폐쇄는 사용자가 행할 수 있는 쟁의행위다. 쟁의행위는 업무의 정상적 운영을 저해하는 행위를 말하며 이는 헌법과 노조법이 '힘의 행사'를 통한 견제와 균형을 용인함을 의미한다.

쟁의행위는 힘을 통해 주장을 관철할 수 있도록 허용한다는 점에서 최후의 수단으로 활용돼야 한다. 특히 일반 시민이나 경제 전체에 피해를 줄 수 있는 만큼 다른 기본권과의 조화를 위한 제한이 따른다. 노조법은 정당한 쟁의행위를 보호하고 있다. 즉, 쟁의행위가 정당한 경우 민사상·형사상 책임이 면제되며 정당한 쟁의행위로 인해 다른 기업이나 제3자가 손해를 입을 경우에도 노동조합은 책임이 면제된다. 정당한 쟁의행위 과정에서는 현행범이 아니라면 노동자는 노조법위반을 이유로 구속되지 않는다. 사용자는 정당한 쟁의행위로 중단된 업무를 수행하기 위해 대체근로나 하도급, 파견 등을 사용할 수 없다. 쟁의행위에 참여한 자에 대해서도 이를 이유로 해고하거나 불이익한 처우를 할 수 없다.

요 약

4차 산업혁명이 화두입니다. 어떤 이는 인간의 지력을 넘은 인공지능에 의해 노동이 대체될 것이며 일자리를 잃은 인간은 큰 곤란에 직면할 것이라고 말합니다. 또 다른 이는 4차 산업혁명은 근거 없는 허상일 뿐이며 적어도 근래에 실현될 수 없는 것이라 합니다. 혁명이라 할 만한 단절적 변화가 없으며, 기술이 진보한다 하더라도 일자리가 없어지는 것이 아니라 새로운 일자리가 그보다 더 많이 생길 것이라고 낙관하기도 합니다. 또 다른 견해는 인공지능으로 생산성이 높아지면 인간은 좀 쉴 수 있다는 점을 강조하기도 합니다. 권력관계를 포착한 또 다른 입장은 인공지능이 문제가 아니라 인공지능을 사용하는 방식이 문제라고 말합니다. 마르크스는 일찍이 러다이트 운동을 평가하면서 기계가 문제가 아니라 기계와 관계하는 방식이 문제라고 했지요. 권력관계에 초점을 두면, 인공지능으로 대표되는 4차 산업혁명은 새로운 자본의 출현이고 따라서 이를 장악하는 자가 이후 세계를 지배하게 됩니다. 사회적 소유방식 논의가 출현하는 것은 이 때문입니다.

4차 산업혁명과 관련해서는, 우선 역사적 사실 여부에 대한 논쟁은 의미가 없습니다. 사실 여부와 상관없이 하나의 경향을 이루기 때문입니다. 그 경향은 생산성의 비약적 발전으로 인해 생산을 둘러싼 관계의 변화를 가져올 가능성이 큽니다. 그 핵심은 생산수단을 눌러싼 권력관계의 변화입니다. 지금도 노동은 자본에 종속이 심합니다. 4차 산업혁명적 수단이 지금과 같은 소유관계에 편입된다면 자본의 지배는 더욱 심화될 가능성이 높지요. 이에 대한 사회적 해법을 마련할 필요가 있습니다.

둘째, 생산성의 비약적 발전이 인간의 참살이(well-being)에 보탬일 될 수 있도록 사회 제반의 제도를 손질하는 것이 필요합니다. 케인즈도 그러했고 테일러도 그러했습니다. 기술의 진보는 인간의 삶을 윤택하게 하는 데 봉사해야한다고 말이지요. 당장에 노동시간을 단축할 수 있고, 단축된 시간만큼은 상품관계 속 생산이 아닌 인간관계 속 활력을 높이는 데 사용될 수 있도록 인식과 제도가 바뀌어야 하지 않을까요.

셋째, 일자리 관련해서는 좀 더 상황을 지켜볼 필요가 있습니다. 혹자는 기술의 진보는 새로운 일자리 창출을 통해 인간의 삶을 더 윤택하게 했다는 '역사'를 근거로 낙관론을 펼칩니다. 그러나 눈여겨 볼만한 견해 하나는, 그동안 기술발전과 함께 성장한 일자리가 대부분 중간관리직이었는데, 이제는 산업4.0의 경향은 중간관리직을 필요로하지 않는다는 점입니다. 이점에서 보면 과거에 경험했던 일자리 증가는 4차 산업혁명과는 무관한 일일 수도 있겠지요.

넷째, 따라서 일, 노동, 노동관계에 대한 인식의 새 지평을 고민할 때입니다. 우리는 왜 일을 하는가. 일은 나의 삶에 어떤 의미를 갖는가. 임금노동만이 유일하고 의미 있는 일인가. 고용관계를 벗어나 창의적인 활동을 수행한다면 이것이 일에는 포함될 수 있지 않을까. 근대적 노동윤리에 너무 포획돼 있는 것은 아닐까. 혹자는 이를 유토피아적 상상이라고 합니다. 지금의 시대, 곧 일이 유일한 소득의 원천일 수밖에 없는 이 시대의 인식을 감안하면 매우 불가능한 상상이지요. 그러나 유토피아는 불가능하기 때문에 외려 가능한 실천의 범주로 들어옵니다. 불가능한 것을 알기에 우리는 그것을 더 욕망하지요. 게으르게 살 권리, 게으름의 윤리 등과 관련된 사회학적 담론들이 조금씩 우리 사회에서도 진지한 공감을 얻어내고 있습니다. 지금 당장 무엇이 옳다고 판단할 수는 없습니다. 다만 상상의 외연을 넓히고 모든 가능성을 열어둘 때, 비로소 더 좋은 해법을 찾을 수도 있을 것입니다.

4차 산업혁명을 인적자원관리의 관점에서 본다면 어떠할까요. 아직까지 정리된 생각을 가지고 있는 것은 아니지만, 이제 인간과 인간 간의 협력이 넓어져 인간-인간-기계와의 협력을 더 고민해봐야 할 것 같습니다. 인간과 기계의 협력이 무엇인지에 대해서는 아직도 감이 잡히지 않습니다만, 인간과 기계를 대치시킨다면 영화에서 봤던 디스토피아가 초래될 확률이 높을 것 같습니다. 고용관계와 관련해서도 크라우두 워커 등 새로운 형식의 고용관계가 나타나고 있습니다. 이들을 어떻게 보호해야 할지, 인적자원의 관점에서는 이들을 어떻게 대해야 할지, 중요한 문제가 될 것입니다. 고용관계가 해체될 것이라는 래디컬한 주장도 전체는 못 받아들이더라도 부분적 사실을 담고 있을 수 있는 만큼 함께 고민해야할 주제입니다.

인적자원관리를 둘러싼 법률적 환경을 간단하게 살폈습니다. 근로기준법과 노조법의 취지와 내용을 설명하는 데 그쳐 아쉽습니다만, 인적자원관리 전략이 늘 염두에 두어야 하는 요소가 포함돼 있는 만큼 잘 이해해 두는 것이 필요합니다. 근로기준법은 최저기준에 대한 우리 사회의 합의점입니다. 그 기준이 높아질수록 사회의 수준도 향상될 것입니다. 또한 균등처우의 원칙은 차별과 지배에 대한 저항윤리이기도 합니다. 올바른 인적자원관리가 갖추어야 할 기초적인 지향입니다. 노동자를 대상으로만 생각하는 일은 올바르지 않습니다. 노동자는 주체입니다. 생산의 파트너이고 분배의 주체이며 사회의 인적 요소입니다. 노조법은 노동자가 스스로 자신의 노동조건을 개선하고 사회적 지위를 향상시킬 수 있도록 기본적 사항을 규율합니다. 노사관계는 인적자원관리 전략에 있어서는 매우 중요한 비중을 차지하는 만큼 노조법의 취지와 원리에 대해서도 이해를 높여야 합니다. 다만 노사관계는 인적자원관리와 구별되는 영역으로 독자적인 논리와 원칙을 내장하고 있다는 점에서 이 책의 범위에는 포함되지 않습니다. 향후 노사관계론을 통해 좀 더 구체적으로 논의할 계획입니다.

과 제

1) 4차 산업혁명을 구성하는 요소들의 실제 모습을 구체적으로 조사하고 인적자원관리에 미치는 영향을 토론하세요.

2) 배달앱 노동 등 크라우드 노동이 늘고 있습니다. 실제 사례를 조사하고 우리 법은 이들을 노동자의 범주에 포함시키는 지, 아니라면 그 이유는 무엇인지에 대해 토론하세요.

3) 근로기준법의 원칙 중 가장 중요한 것이 무엇인지 생각해보고 인적자원관리 현장에서 잘 지켜지는 지, 조사해보세요.

---

(1) 아래 내용은 홍성민, 2016, 48-53면을 수정 발췌해 인용한다.
(2) 파이낸셜뉴스, 2016. 9. 8. 17면 - 미래 일자리의 금맥, 소프트웨어 보고서.
(3) 제임스 캔턴, 2016, 322면, 홍성민, p.54에서 재인용
(4) 한겨레신문. 2016.9.20. 27면
(5) 피터 디아만디스, 스티븐 코틀러, 2016, 225-228면
(6) 슈밥, 2016, 19-20면
(7) 하갑래, 근로기준법, 2012, 134면
(8) 하갑래, 집단적 노동관계법, 2011, 115면
(9) 하갑래, 집단적 노동관계법, 2011, 121면

4

인적자원관리 이론

01 이론이란 무엇인가
02 세 가지 이론적 시선
03 인적자원관리의 중범위 이론

1

이론이란 무엇인가

1. 법칙화된 명제

이론을 간단히 정의한다면, 사물이나 현상 배후에 존재하는 본질적 요소를 밝히는, 법칙화된 명제다. 현상은 시기나 장소, 주체(행위자)나 환경 등에 따라 다양한 형식을 띠고 나타난다. 그러나 나타나는 모습이 각기 다르다 하더라도 본질적으로는 공통적 속성을 내재하고 있는 현상들이 존재한다. 인적자원관리의 전략만 하더라도 그러하다. 기업은 저마다 다양한 채용전략을 개발해 적용하면서 자신만의 고유한 방식을 발전시킨다. 기업 전략에 부합하는 인재상을 설정하고 이에 적합한 인적자원을 선발하기 위해 갖가지 채용도구를 개발한다. 기업의 채용전략을 본다면, 외부에 드러나는 모습은 기업의 수만큼이나 다양할 것이다. 그러나 인적자원의 확보 과정인 '채용'이라는 관점에서 본다면(한 단계 추상화하여 본다면) "조직이 필요한 직무역량을 갖추고 있고 조직 문화에 잘 적응할 수 있는 새로운 인적 자원을 조직 안으로 들어들인다", 는 공통된 속성을 발견할 수 있다. 다양한 채용전략은 채용의 공통된 본질적 속성, 즉 조직의 전략적 목표를 달성하는 데 필요한 인재는 누구인가, 그 인재가 갖추어야 할 직무역량은 무엇인가, 그는 조직 문화와 적합한 재원인가, 라는 공통적이고 본질적인 물음에 대한 해답이다. HRM의 이론은, 이처럼 다양하게 나타나는 인적자원관리 전략들의 배후에 존재하는 공통된, 본질적 요소를 밝혀내고 이를 법칙화한 추상명제들의 집합이다.

그렇기에 이론은 사물의 법칙성을 발견하는 데 유용한 도구다. 이론을 통해 우리는 한 사물의 고유한 본성과 논리를 파악할 수 있으며 동시에 그 사물의 발전경로를 예측할 수 있다. 이론은 어떤 가정을 세우고 반복적 실험을 통해 검증함으로써 성립되기 때문이다.

2. 인적자원관리 이론의 중심문제

모든 학문은 다양한 이론을 발전시키거니와 그 이론들은 자신만의 고유한 중심문제(principle agenda)를 갖는다. 중심문제는 그 학문이 풀어내고자 하는 핵심 대상을 설정하며, 대상에 접근하는 방법이나 학문이 중시하는 가치가 무엇인지를 담고 있다. 예를 들면, 경제학은 자원의 희소성이라는 전제하에 이에 대한 효율적 생산과 배분을 주된 탐구 대상으로 한다. 경제학 이론은 자원배분에서의 효율성을 극대화하는 법칙들로 구성된다. '시장'의 본질, 작동원리, 시장실패 등에 대한 수많은 이론적 입장이 경제학 이론의 대부분을 구성하는 이유는 희소한 자원을 가장 효율적으로 배분할 수 있는 기제를 시장으로 보기 때문이다. 정치학은 자원의 권력적 배분을 중심 주제로 삼는다. 시장이 제대로 행할 수 없는 재화의 분배에 대해, 사회의 공동선을 위해 권력이 어떻게 개입해야 하는 가를 탐구한다. 경제학이 효율성 가치를 중시한다면, 정치학은 민주성의 가치를 더 중시하는 이유도 이러한 학적 중심문제, 이와 관련된 대상과 가치, 접근방법의 차이에서 비롯된다.

경영학은 "성과를 창출할 수 있는, 자원의 유기적 조합방식은 무엇인가"라는 중심문제를 탐색한다. 성과창출이 목표라면 다양한 자원을 동원해 '유기적'으로 조합하는 방식은 전략의 문제다. 인적자원관리는 경영학의 하위분과로서 이론적 중심문제는 '인적자원관리전략과 조직성과 사이의 인과 관계'를 해명하는 것이다. 이를 함수로 간략히 나타내면 다음과 같다.

[인적자원관리의 함수]

조직성과(Organizational Performance) = f(HR 전략 | 그 외의 다른 요소들)

인적자원관리 함수는 HR 전략을 독립변수로, 조직성과를 종속변수로 하는 함수다. 종속변수인 조직성과는 다음의 다양한 요소를 내포한다.

1) 재무성과: 매출액, 영업이익 등 돈으로 표시되는 이익
2) HR성과: 직무능력, 몰입, 충성, 창의, 협력, 소통 등 구성원의 태도 향상
3) 사회적 성과: 이미지 개선, 고객관계 개선, 정부관계 개선 등 (사회적 정당성 요소)

조직성과를 판단함에 있어서는 단기적인 관점에 매몰돼서는 안 된다. 인적자원에 대한 투자는 그 효과가 단기적으로 나타나기 보다는 장기적으로 나타날 가능성이 크기 때문이다. 당장의 이익이 가시화되지 않는다 해서 투자효과가 없는 것이 아닌 만큼 장기적인 시점에서 성과를 평가해야 한다.

독립변수는 HR 프랙티스다. 채용, 교육훈련, 평가, 보상, 동기부여, 이직관리 등 다양한 개별 HR 프랙티스가 포함되며, 이들의 조합인 번들 자체가 독립변수가 되기도 한다.

이 함수는 이론이 제기하는 다음 세 가지 문제를 제시한다.

1) 인적자원관리는 조직의 성과를 달성하는 데 실제로 기여하는가?
2) 인적자원관리는 조직의 성과를 달성하는 데 얼마나 기여하는가?
3) 인적자원관리가 조직의 성과를 달성하는 데 기여하는 경로는 무엇인가?

첫 번째와 두 번째 질문은 인적자원관리전략의 존재적 타당성에 대한 근원적 질문이다. 이는 인적자원관리 연구에서 가장 큰 비중을 차지하는 문제로, 이 문제가 해명되지 않는다면 인적자원관리전략은 폐기될 것이다. 조직의 성과를 달성하는 데 기여하는 정도가 불분명하다면 경영전략으로서의 유용성이 없기 때문이다.

세 번째 질문은 인적자원관리가 '어떤 경로를 통해 기업의 성과에 영향을 미치는가'다. 인적 자원에 대한 투자가 조직의 성과에 긍정적 영향을 미친다는 사실은 매우 중요한 발견이지만, 다양한 전략 중 최적의 조합을 찾아야 하는 기업의 입장에서는 이 발견만으로는 부족하다. 성과창출에 공헌하는 경로를 밝힘으로써 자신의 기업의 전략에 부합하는

특화된 전략을 선택할 수 있기 때문이다.

인적자원관리전략이 성과에 미치는 효과, 즉 독립적 효과를 설명하기 위해서는 인적자원관리 이외의 다양한 변수를 고려해야 한다. 기업의 성과는 하나의 전략의 결과가 아니다. 다양한 전략의 조합이 복합적으로 작용한 결과다. 전략 뿐만 아니라 환경변화 역시 기업의 성과에 직접적인 영향을 미친다. 인적자원 관리전략의 효과를 이해하기 위해서는 기업성과에 영향을 미치는 다양한 외부 변수를 고려해야 한다. 이를 고려할 때, 인적자원관리전략의 '독립적' 효과를 이해할 수 있다.

위 세 가지의 중심문제를 파악함으로써 우리는 인적자원관리전략이 '어떤 경로를 통해 성과를 창출하는 데 기여하는 가'를 이해할 수 있으며 이를 토대로 다양한 전략적 해법을 새롭게 구성할 수 있다. 이와 유사한 맥락에서 더빈(Dubin, 1976)은 이론 이해의 중요성을 다음과 같이 설명하고 있다.

> "According to Dubin(1976), theory is 'the attempt ... to model some aspect of the empirical world'. Theories, if accurate, fulfill the objectives of prediction (knowledge of the outcome) and understanding (knowledge of the process) regarding the relationships among variables one to both predict what will happen given a set of values for certain variables, and to understand why this predicted value should result."
>
> -Wright and McMahan, 1992, 295-320면 P) 197 … (1)

이처럼, 더빈에게 이론이란 경험적 세계의 다양한 측면을 설명할 수 있는 모델을 제시하는 시도다. 정확한 이론은 예측을 가능케 함으로써 어떤 결과가 나타날지 예측할 수 있게 한다.

이 장에서는 우선 인적자원관리를 바라보는 세 가지 이론적 시선을 살핀다. 이론적 시선이란 관점과 틀을 말한다. 이른바 보편론, 상황론, 구성론이 그것이다. 둘째, 중범위이론에 해당하는 다양한 이론적 연구를 살펴본다. 이론은 이론에 그쳐서는 안 되며 실천에의 적용이 중요한 만큼, 각 이론을 설명하면서 필요한 현실적 적용도 함께 토론한다.

참 고

이론이란

이론의 철학적 개념을 위해 〈철학사전〉에서 정의하는 이론에 대한 개념을 아래에 인용한다.

"개개의 여러 가지 사항을 통일적으로 설명하기 위해, 또 인식을 발전시키기 위해, 이미 인식되고 정식화되어 있는 경험적 법칙(예를 들면, 케플러의 법칙 등)을 기본적 원리에 기초하여 체계화된 것. 이론은 개념을 이용하여 수행되는 객관적 실재의 반영 중 최고의 형태이고, 과학의 본질을 이루는 부분이며, 과학 연구의 주요한 목표이다. 일반적으로 이론은 인간의 사회적 실천 가운데에서 실천이 제기하는 문제에 대한 사고 상의 해결의 시도로서 가설의 형태로 제기된다. 이어 이것은 실천(물질적 생산, 과학적 실험, 계급투쟁 등)속에서 검증된다. 이렇게 하여 진리성(객관적 대상과 그 발전 법칙을 충분히 반영하고 있는 것)이 확인된 가설은 이론이라는 지위를 얻어 객관적 진리로 된다. 다만 그것은 어디까지나 상대적 진리이다. 왜냐하면, 인간의 인식은 실천의 발전과 함께(예를 들면 자연과학에 있어서는 연구의 기술적 수단의 거대화나 정밀도의 향상 등과 함께) 발전하고, 또 객관적 실재 그 자체도 무한히 발전하기 때문이다. 이론은 이처럼 실천을 기초로 실천의 요청에 부응하여 실천에 봉사함으로써 형성되지만, 일단 형성되면 실천에 대하여 상대적인 자립성을 가지게 된다. 이와 같은 것은 이론의 발전이 실천의 자극 아래에서 수행될 뿐만 아니라, 또 이론 내부의 사정에 의해서도, 예를 들면 여러 가지 자료와 이론 사이의 모순을 제거하기 위해, 이론의 구조를 간명화하기 위해, 이론 체계의 빈곳을 보충하기 위해서라는 이유에서도 수행될 수 있다는 의미이다. 따라서 과학은 실천 내지 객관적 실재와 직접적인 관계를 갖지 않는 이론도 갖게 되는 것이다. 마르크스주의는 이론에 대한, 또 이론과 실천의 관계에 대한 근시안적인 이해에 반대하고, 양자의 상호 매개된 관계와 이론의 상대적 자립성을 강조한다. 그리고 이론은 이러한 규정 속에서, 다음 실천의 일반적 방법론, 즉 지침으로서 역할을 갖게 된다. 이론을 경시하고 그때그때 무계획적인 실천을 수행하면(경험주의), 실천은 벽에 부딪히게 되고 나아가서는 이론의 발전을 가로막는 것으로 되기도 한다. 그러나 또, 현실은 이론의 내용에 비교해 항상 더욱 풍부한 것이므로, 현실의 구체적·전면적인 연구없이 이론을 기계적으로 실천에 적용하면 교조주의에 빠지게 된다(이정우, 2009)".

2

세 가지 이론적 시선

보편론(universalistic perspective), 상황론(contingency perspective), 구성론(configurational perspective)은 인적자원관리를 바라보는 세 개의 거시적 시선이다. 보편론은 시간과 공간을 초월해 언제나 효과적으로 작동하는, 소위 인적자원관리 전략의 수범사례(best practices, 최선책, 최적해)가 존재한다고 보는 입장이다. 상황론은 이를 부정한다. 기업의 특성과 조건에 맞는 전략이 존재할 뿐이라고 보며 이것이 더 바람직하다고 본다. 이때 상황이란 여러 요소를 포함하나 주로 기업이 취하는 전략, 기업의 독특한 문화, 경영철학 등이 핵심을 이룬다.

보편론과 상황론이 베스트 프랙티스의 존재 여부를 둘러싼 논쟁이라면, 구성론은 인적자원관리 전략의 효과성이 내적 요소의 일관적 구성에 달려있다고 보는 이론이다. 인적자원관리전략을 구성하는 다양한 하위 전략들이 서로 일관성을 가지고 정렬될 때 시너지를 낼 수 있다는 입장이다.

1. 보편론 _ 베스트 프랙티스는 존재한다.

1.1 보편적인 최선의 해법 (최적해)

제프리 페퍼(J. Pfeffer, 1998)는 보편론을 지지하는 대표적 학자다. 그는 〈휴먼 이퀘이션〉이라는 저작을 통해 고성과작업장을 가능케 하는 요소는 핵심역량으로서의 인적자원에 있다는 점을 명확히 했다. 다음의 7가지 전략/정책은 그가 꼽는 베스트 프랙티스의 대표적 예다.

1) **고용안정을 위한 노력**: 고용불안이 없어야 업무에 몰입할 수 있으며, 회사의 수익성을 보완하는 수단으로 해고에 의존하지 말라는 경계도 담고 있다.
2) **엄격하고 선별적인 채용**: 기업문화와 업무의 특성에 적합한 '적재(right people)'를 선발하는 것이 가장 중요한 HRM의 요소로 보고 있다. 신은종의 연구(2009) 역시 선별적 채용이 다른 하위 전략에 비해 고성과작업장의 고성과를 결정하는 요인임을 실증적으로 밝히고 있다.
3) **자율적 팀과 권한위임**: 페퍼는 "팀 조직은 위계에 의한 통제를 팀원들에 의한 통제(peer-based control)로 대체할 수 있으며, 직원들에게 더 많은 권한과 책임을 위임할수록 성과가 커진다"고 보았다.
4) **경쟁력 있는 보상패키지**: 이는 직원들이 낮은 보상에 대해 불평하는 대신 성과향상에 집중하게 하는 효과가 있기 때문이다.
5) **광범위한 교육훈련**: 아무리 강조해도 지나침이 없는 요소다. 현대 인적자원관리는 핵심역량의 형성에 그 성패가 달려있다. 역량의 형성을 위한 적극적이고 광범위한 훈련투자는 상황이나 조건과 상관없이 기업의 성과향상에 공헌하는 요소다.
6) **조직 내 지위 차별의 최소화**: 사무실의 레이아웃, 임원전용 주차장, 드레스 코드 등을 직급에 따라 지나치게 차별화할 경우 외려 직원들의 사기저하나 불만을 가져올 수 있다고 경계하고 있다.
7) **조직 성과에 대한 정보공유**: 회사의 실제 상황과 당면과제를 솔직히 공유함으로써 임직원들에게 주인의식, 자발적 동기부여 등을 고취할 수 있다고 페퍼는 보았다.

페퍼의 주장에서 보이는 것처럼, 보편론은 어떤 조직이든지 적용될 수 있는 최선의 인적자원관리정책의 조합이 존재함을 가정한다.(1) 그 정책들은 선발, 훈련, 과학적 평가, 동기부여, 경쟁적 보상체제 등 전 과정을 망라하며, 각 분야에서 손꼽히는 최선의 방법을 탐색해 제시한다. 페퍼가 위에서 제시한 정책들이 그 예이며 학자마다 다양한 주장을 내놓고 있다.

"Practices argued to be indicative of innovative work systems have varied from study to study, and have included selection, performance appraisal, incentive compensation, job design, grievance procedures, training, recruiting intensity, criteria for promotion, information sharing, attitude assessment, employment security, and labor management participation. It is argued that the use of these HRM practices has a positive effect on the bottom line of the firm through increased worker motivation (and thereby increased productivity) and enhanced worker efficiency."

-Ichniowski, Kochan, Levine, Olson and Strauss, 1996 P) 197 ··· (2)

특히, 하렐-쿡(Harrell-Cook, 2009)은 그 핵심을 구성원에 대한 동기부여에서 찾고 있다.

"Proponents of the universalistic perspective (e.g. Pfeffer, 1994; Huselid, 1995) contend that there is one 'best' way to manage human resources in any and all firms. In the stream of work, SHRM is viewed as the implementation of a set of high performance work practices or innovative work practices. These innovative work practices are constructed motivated and facilitate workers contribution to organizational success. As such, they stand in opposition to the more traditional control systems of HRM and have a focus on effectiveness as well as efficiency."

-Harrell-Cook, 2009, 33면 P) 197 ··· (3)

이처럼, 보편론이 강조하는 최선의 정책은 모두 구성원(노동자)의 동기부여에 초점을 두고 있다는 점에 주목할 필요가 있다. 특히 훈련투자나 경쟁력 있는 보상프로그램, 동기부여를 위한 다양한 참여의 제도화 등은 보편론이 중시하는 '항상 효과를 내는 정책'이다(Harrell-Cook, 2009; Delery and Doty, 1996). 동기부여책은 구성원으로 하여금 자신의 재량적 노력(discretionary power)을 다할 수 있도록 유인하기 때문이다.

1.2 보편론의 공헌과 한계

보편론은 인적자원관리의 이론적 발전에 크게 공헌 했다. 무엇보다 고성과조직(high performance work system) 논의에 이론적 배경을 제공했을 뿐만 아니라 선발, 훈련, 보상, 평가 등 인적자원관리 전 과정에 걸쳐 '좋은 정책' – 즉, 기업의 성과 향상과 구성원의 행복 증진 - 이 무엇인가를 고민하는 실천적 계기를 마련했다.

특히 주목해야 할 점은, 위에서 설명한 바와 같이 보편론은 구성원의 동기부여가 성과를 창출하는 데 '보편적인 핵심 요소'임을 강조하고 있다는 점이다. 이는 1930년대 이후 발전한 인간관계학파의 논지를 현대적으로 재해석함으로써 성과창출의 핵심이 인적 자본의 심리적 요소에 있음을 강조하는 것이다. 1930년대 인간관계학파의 실험 이후 노동자의 심리적 측면은 기업의 성과 향상은 물론 고용조건의 개선에 중요한 요소로 인식돼왔다. 현대 보편론자들은 이를 경험적으로 검증하고 이를 이론으로 정식화함으로써 인적자원관리 이론의 발전에 공헌했다.

그러나 보편론이 가정하는 '언제 어디서나 작동하는 최선의 정책(또는 정책들의 조합)이 존재한다'는 가정은 현실적으로는 매우 의욕적인 것임에 틀림없다. 물론, 최선을 다하는 노동자, (동기부여를 통한) 몰입과 헌신이 높은 노동자가 기업의 성과를 높이는데 절대적 전제라는 보편론의 명제는 언제 어디서나 유효한 가정인 것이 사실이다. 그러나 추상수준을 한 단계 내리면, 노동자의 재량적 노력을 유인하는 정책들은 기업이나 업종의 특성, 기업의 경쟁전략, 환경 등에 따라 '하나의 베스트 프랙티스'로 수렴되기는 어렵다. 최선의 정책은 기업의 수만큼이나 존재할 가능성도 부정할 수 없다.

또 한 가지 비판할 점은 보편론은 '다다익선(the more, the better)'의 인적자원관리 전략으로 귀결되고 만다는 사실이다. 선발에서도 엄밀성을 높이고, 훈련투자를 더욱 확대하며, 충분한 보상을 부여해야 하는 등 '더 많은 것을 할수록 더 좋은 결과가 있다는 식'의 주장은 재무적 능력이 높은 일부 대기업에나 해당할 수 있을 만큼 제한적이라는 한계가 있다.

보편론의 입장을 수용하면서도 현실 가능성을 높일 수 있는 방안은 '제한된 수의 핵심 정책'을 선별하고 투자하는 것이다(신은종, 2009). 그 핵심정책 중 하나는 선별적 채용전략이다.(2) 선별적 채용은 훈련, 과학적 평가와 성과연동보상, 참여 등 다양한 인적자원관리 정책의 효과를 극대화하는 시너지 요인으로 기능하기 때문이다. 실제로 '적재'를 확보할 때, 훈련이나 보상 등 다양한 인적자원관리 정책의 효과가 잘 나타날 수 있다. 이는 기업이 보다 생산성 향상을 위해서는 다양한 HRM 정책 가운데 채용의 선별성을 높이는 데 보다 적극적으로 투자해 나갈 필요가 있음을 시사한다.

2. 상황론 _ 최선은 없다. 상황에 따라 다를 뿐이다.

2.1 효과는 상황에 달려있다

상황론은 시간과 공간을 초월해 존재하는 베스트 프랙티스는 인적자원관리 세계에는 존재할 수 없다는 입장이다. 기업의 특성이나 조건과 부합할 때 HR 프랙티스는 효과를 발휘할 뿐이며, 그렇지 않다면, 인적자원관리에 대한 투자는 비용만을 발생시킬 뿐이라는 점이 상황론의 핵심적 가정이다.

상황론은 수직적 적합성(vertical fit)의 중요성을 강조한다. 수직적 적합성이란 인적자원관리 전략이 기업의 경영전략에 얼마나 잘 부합하는지를 나타내는 정도를 말한다. 델러리와 도티는 비즈니스 전략과 HR 프랙티스의 일관된 정렬이 성과향상의 필수요건임을 다음과 같이 강조한다.

> "In contingency predictions, the relationship between the use of specific employment practices and organizational performance is posited to be

contingent on an organization's strategy. The behavioral perspective (Jackson et al., 1989) implies that successful implementation of business strategy relies heavily on employee behavior. An organization' strategy necessitates behavioral requirements for success, and the use of HR practices in the organization can reward and control employee behavior. Therefore, the organization should implement HR practices that encourage the employee behaviors that are consistent with the organization' strategy. This alignment of strategy and HR practices allows organizations to achieve superior performance."

–Delery and Doty, 1996, 808면 P) 197 … (4)

위에서 델러리와 도티가 강조하는 것처럼, 상황론에서 특히 중점을 두는 인적자원관리 분야는 구성원의 행태적 측면과 관련된 정책이다. "구성원의 행태는 능력과 모티베이션의 함수다"라는 명제에서 다시 확인되는 것처럼, 상황론은 전략에 부합하는 구성원의 행동양식이 무엇인지, 이를 이끌어낼 수 있는 전략이 무엇인지에 대한 통찰을 제공한다. 특히 행태론의 측면에서 바람직한 행동양식을 이끌어내기 위해서는 올바른 채용전략과 적극적인 교육훈련투자가 필요함을 강조한다.[1)]

상황론은 기업의 비즈니스 전략과 인적사원관리 성책 간의 연계성을 고려한다는 점에서 논리적 타당성이 높다. 예를 들면, 인적자원개발(HRD)에 초점을 두는 HR 시스템은

1) 채용에 초점을 둘 것인가, 교육훈련에 초점을 둘 것인가는 아직도 논쟁거리다. 무엇이 더 중요한가에 대해 문화적합성의 중요성이 증가하는 최근의 상황에서는 올바른 채용의 중요성을 강조하는 주장이 좀 더 설득력을 얻고 있다(신은종, 2009). 물론 채용의 중요성에 대해서는 Ker and Jackofsky(1989)가 이미 1980년대에 강조하고 있다는 점은 주목할 만하다. 구성원의 행태적 양식과 채용의 중요성은 델러리와 도티의 다음 주장에 잘 나타나 있다.
"There are many ways that HR practices can be used to elicit from employees behaviors that are consistent with an organization's strategy. Since behavior is a function of ability and motivation, an organization can set up HR practices that ensure that individuals with the required abilities are hired and retained and can also use HR practices to ensure that employees are motivated to behave in ways consistent with the business strategy. Kerr and Jackofsky(1989) used the organizational growth strategies described by Leontiades(1980) to illustrate that, given a specific strategy, it is more useful to rely on employee selection than on employee development. They argued that "effectiveness will be greater for steady-state firms utilizing development to align managers with strategies"(Ker and Jackofsky, 1989:165, Delery and Doty, 1996, 808면에서 재인용)

품질위주의 전략(quality manufacturing strategy)과 상호적합성이 높으며 따라서 둘의 조합이 성과향상에 실질적 효과가 있다. 그러나 다양한 상황, 즉 기업의 경쟁전략, 문화, 경영철학과 같은 다양한 요소와 인적자원관리전략 간 상호 시너지 효과를 제시하는 경험적 근거는 아직까지 충분하지 않다. 특히 교육훈련투자에 대한 분석은 일정정도 제시되고 있으나, 그 외의 HR 프랙티스에 대한 상황론적 분석(특히 경험적 연구)은 매우 희박하다. 앞으로 이에 대한 연구가 진전될 필요가 있다.

2.2 상황론의 적용 사례

상황론이 적용될 수 있는 사례는 매우 다양할 수 있다. 일반적으로 상황론이라는 이론적 입장이 발전할 수 있는 계기가 된 연구는 마일즈(R. Miles)와 스노우(C. Snow)의 연구다. 이들은 저서 〈조직 전략, 구조, 프로세스〉(1978)에서 기업을 비즈니스 전략에 따라 공격적 탐험가형(prospector), 방어형(defender), 분석가형(analyser)으로 구분하고 각 전략에 적절히 부합하는 인적자원관리전략이 서로 다르다는 사실을 규명했다.(3)

> “방어형 전략을 활용하는 기업은 현재의 제품과 시장에 집중하기 때문에 새로운 시장 탐색이나 전략에 대한 혁신 등을 상대적으로 덜 강조하며, 인사관리도 주로 인적자원의 내부 개발, 연공적 보상 등에 초점을 두어 ‘조직 내 인적자원의 형성 및 효율적 관리’를 추구한다. (중략) 반면, 공격형 전략을 사용하는 기업은 신제품, 신개념 서비스 개발을 목표로 하므로 연구개발, 마케팅 등에 핵심인력을 유입하기 위해 노력하며, 혁신역량 강화, 개척자적 동기부여 등을 강조한다. 핵심인력을 중심으로 인력을 운용하며 연공주의 보다는 매우 차별적인 성과보상을 중시한다.”
>
> –정권택 외, 2015, 86면

2.3 한계 _ 모든 것을 설명하는 것은 아무것도 설명하지 못한다.

보편론이 매우 대범하고 의욕적인 가정 - 즉 하나의 최선책이 언제 어디서나 존재한다는 - 을 제시한다면, 상황론은 매우 현실적이고 '영리한' 가정으로 이를 대체한다. 영리하다는 것은, 최선의 정책이란 여건이나 상황마다 다르다는, 매우 일반적인 논리를 펴고 있기 때문이다. 그래서 전략이나 외적 환경과 궁합이 잘 맞는 정책이 최선의 정책이라는 상황론적 주장을 부정하기란 쉽지 않다.

그러나 상황론의 가장 큰 문제는 '상황에 따라 다르다'는 지극히 평범하고 일반화된 명제를 그대로 옮긴 것에 불과하다는 점이다. 이는 일반화 된 통념(conventional wisdom)일 뿐이며, 지나치게 추상적이다. 상황마다 다르다는 주장은 일견 모든 것을 설명할 수 있는 것으로 보이나, 모든 것을 설명하는 것은 아무것도 설명하지 못한다. 따라서 상황론은 현실적이라는 장점은 있으나, 인적자원관리의 이론적 발전에 의미 있는 공헌을 하고 있다고는 볼 수 없다.[2)]

실천의 차원에서도 상황론에는 허점이 많다. 무엇보다 경영현장에서 문제가 발생할 경우, 문제의 원인을 상황에 돌림으로써 경영자는 자신의 책임을 모면할 수 있다. 이를 테면, 경영자가 자신의 정책은 옳았으나 주변여건이나 상황 때문에 실패했다는 식의 자기변명이 언제나 가능하기 때문이다. 물론 이러한 자기변명은 상황을 제대로 판단하지 못한 책임을 회피하려는 것이기에 유효하지 않다.

결국 상황론은 상황과 전략의 적합성이라는 현실적 가정을 제시했음에도 불구하고 자신의 이론을 증명할 수 있는 실천적 사례(경험적 증거)를 제시하는 실패하고 만다. 하나의 큰 아이러니는 상황론이 근거로 들고 있는 사례 역시 '상황'에 따라 다르다는 점이다. 상황론은 결국 상황론 자신에 의해 스스로 부정되고 있는 셈이다.

---

2) 어떤 면에서는 다소 비현실적 가정이기는 하나 보편론의 가정이 이론의 발전에는 더 큰 의미를 지니는 것이 사실이다. 시간과 공간을 초월해 존재할 수 있는 최적해가 존재할 것이라는 가정은 현실적 타당성은 다소 낮은 것은 앞서 비판한 바와 같다. 그러나 이 의욕적인 가정은 '항상'은 아닐지라도 '많은 경우'에 성과를 창출할 수 있는 HR 프랙티스가 무엇인지를 탐색하게 한다. 그 과정에서 다양한 실험적 사고가 가능할 것이며 이는 HR 이론은 물론 경험적 연구의 진전에 기여할 수 있다.

3. 구성론 _ 등종국성의 문제일 뿐이다

3.1 등종국성(equifinality) _ 동일한 효과를 내는 여러 개의 조합이 존재한다

구성론은 다양한 HR 프랙티스들 사이의 내적 적합성(internal fit)을 중시한다. 내적 적합성이란 HR 정책을 구성하는 다양한 HR 프랙티스들이 서로 충돌하지 않고 긍정적인 시너지 효과를 내는 정도를 의미한다. HR 정책이 기업의 성과창출에 긍정적인 영향을 미치기 위해서는 서로 '궁합이 맞는' 상호보완적 HR 프랙티스들이 일관되게 정렬돼야 함을 구성론은 강조한다.

이때 '구성'이란 HR 프랙티스들이 이루는 일정한 패턴을 말한다. 기업은 선발, 훈련, 평가, 보상 등 각 과정마다 다양한 프랙티스들을 도입해 사용하는데, 보상을 예로 든다면, 성과주의 임금체계를 도입하는 경우에도 어떤 기업은 개별 성과급제, 즉 높은 성과를 내는 개인에게 인센티브를 부여하는 제도를 선택하는가 하면, 다른 기업은 집단 성과급제도를 선택하기도 한다. 구성론은 이러한 선별된 프랙티스들이 서로 유기적인 시너지 효과를 낼 수 있도록 조합돼야 함을 강조한다. 예를 들어 구성원들의 협업과 소통을 강조하는 기업은 개별 성과급제도 보다는 집단성과급 제도를 선택하는 것이 바람직하다. 개별성과급 제도를 선택할 경우, 구성원들 간 경쟁이 높아져 기업이 의도했던 효과적인 협업을 이끌어 낼 수 없기 때문이다. 따라서 구성원의 협업을 중시하는 전략과 집단성과급제도는 파워풀 커넥션(powerful connection)을 이룬다는 점에서 구성론적 타당성을 갖추고 있다고 볼 수 있다.

구성론은 동일한 효과를 낼 수 있는 파워풀 커넥션이 하나가 아닌 여럿이 존재할 수 있다고 가정한다. 이를 잘 설명하는 용어가 등종국성(equifinality)(4)이다. 등종국성이란 특정한 목표를 달성하는 데는 유일한 최고의 방법이 존재하는 것이 아니라 외려 다양한 길이 존재함을 의미하는 개념이다. 즉, 최선의 효과를 내는 조합은 하나가 아니라 여럿이라는 점에서 보편론의 일원론과 다르다. 그 여럿은 최종 국면에서는(at the final stage) 동등하게(equal) 효과적이다. 따라서 기업은 동일한 효과성을 갖는 여러 개의 HR 프랙티스의 조합을 만들 수 있으며, 자신의 형편에 맞는 하나를 선택할 수 있다는 점

에서 그 만큼 선택의 범위가 넓어진다.(5)

3.2 구성론과 상황론의 비교

구성론은 종종 상황론과 혼동되기도 한다.[3] 이는 상황론과 구성론이 보편론의 가정에 대한 비판에서 출발했다는 점과 연관돼 있다. 보편적인 베스트 프랙티스는 존재하지 않는다는 가정으로 두 이론은 공유한다. 그러나 상황론이 비즈니스 전략과 HR 프랙티스 사이의 적합성에 초점을 둔다면, 구성론은 HR 프랙티스 상호간의 적합성을 더 중시한다. 따라서 상황론은 기업의 경영전략, 즉 외부 환경에 대응하기 위해 고안된 정책적 산물로서의 전략과 인적자원관리정책 간의 시너지 관계에 초점을 두는 반면, 구성론은 기업의 전략보다는 인적자원관리를 구성하는 다양한 HR 프랙티스들 간의 시너지 관계에 초점을 둔다.

그러나 상황론과 구성론을 엄밀하게 구별할 실익은 없다. 첫째, 기업의 전략은 다양한 요소들의 복합적 구성이라는 점에서 외적 적합성과 내적 적합성을 구별해 사고하는 것이 현실적이지 않다. 외려 내외적 정합성을 종합적으로 사고하는 총체적(holistic) 접근이 더 현실적이라는 점에서 두 요소는 전략의 서로 다른 측면을 설명하는 개념적 도구일 뿐 동떨어진 개념은 아니다. 둘째, 등종국성 개념은 조직의 내부나 외부를 나누어 사고하지 않는다. 최종국면에서 동일한 최고의 성과를 낼 수 있는 방법이 다양하게 존재할 수 있다는 개방적 가정을 제시하고 있을 뿐이다. 따라서 구성론의 관점에서 등종국성은 동일한 효과를 달성할 수 있는 HR 프랙스티의 조합이 다양할 수 있다는 점을 강조한다면, 상황론의 관점에서 등종국성은 최고의 효과를 낼 수 있는 비즈니스 전략 – HR 정책의 조합도 하나가 아닐 수 있다는 점을 강조한다. 물론, 경영현장에서는 둘 간의 균형 있는 조화가 필요하다. 인적자원관리 전략이 성공하기 위해서는 내적 적합성과 외적 적합성의 균형 있는 조화가 필요하다.(6)

---

3) 실제로 구성론은 조직이론 분야에서 발전한 이론이고 따라서 이를 인적자원관리 분야에 적용할 때는 세심한 주의를 기울여야 한다. 흔히 상황론의 대표적 연구로 거론되는 마일즈와 스노우의 연구 역시 조직이론에서는 구성론의 예시로 다뤄지기도 한다.

참 고

Hard HRM vs Soft HRM[4)]

거시적 관점의 또 하나는 인적자원관리전략을 구조적 접근(소위 Hard HRM)과 행태적 접근(Soft HRM)으로 나누어 살피는 방식이다. 주로 영국과 유럽의 인적자원관리 이론가(대표적으로는 Guest)들이 취하는 방식이다. 'Hard HRM'을 일부 국내학자는 강성 전략(반대는 연성 전략)으로 번역하고 있으나 전략의 주요 내용을 적절히 전달하지 못한다는 점에서 적절한 번역이 아니다.

구조적 접근은 HR 프랙티스가 조직의 비즈니스 전략과 어떻게 부합하는가에 초점을 두는 접근이다. 인적 자원은 생산요소의 하나로 중시되는 자원 중 하나이나 여러 자원 중 하나일 뿐이며 핵심자산으로 고려되는 것은 아니다. 성과창출을 위해서는 인적자원을 비롯한 다양한 자원의 전략적 '구조화 혹은 체계화'가 핵심이며 인적자원관리에 특별한 비중을 두지 않는 경향을 보인다. 경우에 따라서는 인적자원에 대한 관점은 과학적 관리와 유사하다. 인건비로 상징되듯 비용의 한 요소로 보며 이를 효율적으로 관리함으로써 낭비를 제거하고 생산성을 높이는 것이 구조적 관점에서 파악하는 인적자원관리의 중요한 목표다.

반면 소프트 HRM은 행태적 접근을 주로 취한다. 구조적 접근이 인적자원을 하나의 요소로 보는 데 비해, 행태적 접근은 구성원의 행태적 요소를 성과창출의 핵심적 동력으로 본다. 행태적 접근은 구조적 접근이 강조하는 외적 적합성 - 즉 인적자원관리정책과 경쟁전략 간의 부합성 - 의 중요성을 부정하지 않는다. 외려 이는 당연히 충족돼야 할 요소로 본다. 중요한 것은 외적 적합성이 충족된다 하더라도 구성원 전체가 이에 대한 이해가 부족하거나 이를 충족시킬 수 있는 역량이나 적정한 태도를 갖추지 못한다면 성과창출은 기대할 수 없다는 점을 강조한다. 이는 인간관계학파 이후 전개된 행태심리학적 연구 성과를 바탕으로 현대에 이르기 까지 경영과 인적자원관리의 발전에 큰 영향을 미치고 있다.

---

4) 이 구분은 이론적으로는 그다지 중요성이 떨어진다. 인적자원관리전략의 내용을 구조와 행태적 요소에 따라 기술하는 장점은 있으나 이론의 중심문제를 설명하는 데 기여하는 점이 부족하다는 점에서 그러하다.

3

인적자원관리의 중범위 이론

1. 서론

위에서 인적자원관리를 바라보는 세 가지의 거시적 접근에 대해 살폈다. 거시적 접근은 과연 무엇이 성과를 내는 HR 정책인가, 그 정책은 보편타당한가 아니면 상황에 의존하는가, 지속가능한 성과창출을 위해서는 어떤 조합이 필요한가, 등에 초점을 둔 중심으로 논의다.

이에 비해 중범위이론은 인적자원관리 전략이 조직의 성과를 달성하는 데 어떤 경로를 거치는 가를 규명하는 데 초점을 두고 있다. 이 절에서는 자원근거이론, 역할행동이론(행태론), 대리인이론(거래비용이론), 칭지기이론 등을 살핀다.

2. 자원근거이론

2.1 조직의 생존은 내부에 달려있다

자원근거이론(혹은 자원기반이론, Resource-Based Theory)은 조직의 생존과 성과는 조직 내부에 축적된 자원과 역량에 의해 결정된다고 보는 이론적 입장이다.[(7)] 즉, 기업이라는 조직이 지속가능한 성장을 위해 가장 필요로 하는 요소는 '내부에' 축적된 자원과

역량이다.[8]

자원과 역량이 조직의 지속가능한 성장에 필수요인이라는 주장은 일견 당연해 보이나 이론적 맥락에서는 중요한 의미를 지닌다. 자원근거이론이 주창되기 이전까지 기업 생존에 대한 일반적 이론은 산업조직론자들이 주창한 SWOT론이다. 두루 알다시피, SWOT는 조직의 강점과 약점, 환경에서의 기회요인과 위협요인에 따라 조직의 생존 혹은 생존을 위한 전략적 포지션이 결정된다는 이론이다. 이 분석틀은 주체적 요인과 환경적 요인을 균형 있게 살피는 장점이 있음에도 불구하고 두 가지 한계가 있다. 하나는 정태적이라는 점이고 다른 하나는 외부요인에 과도하게 초점을 둔다는 점이다 (Grant, 1991). 정태성은 주체와 환경 간의 역동적 상호작용을 고려하지 않은 채, 어떤 시점에서 각 요인들이 '주어져 있다'고 보기 때문이다. 외부요인에 대한 과도한 강조는 환경결정론적 오류를 낳는다. 기업의 성장을 결정하는 요인을 주체의 측면보다는 위기와 기회요인 등 외부 환경으로 보기 때문이다. 자원근거이론은 이러한 환경결정론적 오류를 극복하고, 기업의 내적 요소, 즉 자원과 역량에 초점을 둠으로써 이론의 새 장을 열었다.

2.2 자원과 역량

자원근거이론이 강조하는 자원과 역량은 구별되는 개념이나 밀접하게 상호작용하는 관계라는 점에서 통일적으로 파악하는 것이 바람직하다. 자원(resources)이란 조직이 활용할 수 있는 자산을 의미한다. 이에는 물적 자원, 기술적 자원, 인적자원, 사회적 자본 등 다양한 형태의 자원을 포함한다.[9] 역량(capability)이란 이러한 자원을 조직의 목표 달성에 부합토록 전략적으로 동원(혹은 전개)할 수 있는 능력을 의미한다. 개념상 구분에도 불구하고 역량은 자원에 근거하고 있으며, 자원은 역량을 통해 그 잠재력이 확장된다는 점에서 두 요소는 서로를 근거 짓는 상호보완성을 갖는다.

자원근거이론은 특히 '핵심역량(competitive advantages)'을 강조한다.[5] 핵심역량이란 "그 자체로 가치가 있으며 모방과 대체가 불가능한" 역량을 말한다. 라이트와 맥마한

5) 핵심역량을 의미 할때는 주로 competitive advantages라는 용어를 사용한다. 이는 비교우위에 근거한 개념이다. 일반적인 역량을 capability로 사용하는 것과 구별해서 이해할 필요가 있다. 학자들에 따라서는 core competency, 즉 핵심 경쟁력이라는 말을 사용하기도 하거니와 핵심역량과 동의어로 보면 된다.

(Wright and McMahan, 1992)은 이러한 비교우위를 가능케 하는 핵심이 갖추어야 할 3가지 조건을 제시했다.[10]

첫째, 기업에게 '가치'를 제고할 수 있는 능력을 갖추어야 한다. 기업의 고유한 요구에 부합하는 독특한 역할을 수행할 수 있는 자원이어야 한다.

둘째, 핵심역량은 희소성을 지닌다. 희소성은 그 자원이 기업특수적인 성격을 가질 때 높아진다. 희소성은 기업의 역사성이 깊어질수록 높아진다. 역사성이란 그 기업만이 갖는 독특한 특성으로 오랜 시간을 통해 전략, 문화 등의 차원에서 형성한 자신만의 개성이다.

셋째, 모방과 대체가 불가능한 특성은 지속적인 경쟁우위를 확보하는 데 필수적 요소다. 모방과 대체가 용이할수록 경쟁우위성은 희박해지는 것은 당연하다.

2.3 한계

자원근거이론은 외부보다 내부요인을 중시하는 입장이다. 환경요인의 변화에도 불구하고 내부에 축적된 자원과 이를 전략적으로 전개할 수 있는 역량이 갖춰져 있다면, 조직은 지속적으로 성장이 가능하다고 보는 입장이다. 이점에서 자원근거이론은 보편론의 시각을 공유한다. 앞서 설명한 바와 같이 보편론은 조직의 성과를 결정하는 요인과 모델의 일반이론을 시향하거니와 주변 여건이나 상황에 상관없이 작동하는, 효과적인 최선의 HRM이 존재한다고 가정하기 때문이다.

이처럼 자원근거이론은 기업의 성과는 기업이 보유하고 있는 핵심역량에 의존하고 있다는 점을 강조하고 있으나 몇 가지 한계를 갖는다. 첫째, 직무역량 등 내적 역량에 대한 강조는 인과적 귀결로 환경에 대한 고려가 부족하다는 난점을 내포한다.

둘째, 구조적 접근(Hard HRM)에 지나치게 치우쳐 있다. 자원근거이론이 주목하는 요소는 조직 내부에 축적된 자원과 이를 전략적으로 전개(deployment)할 수 있는 역량의 조합이다. 이때 중시되는 자원은 지식, 정보, 경험 등 인적 자원이 갖추고 있는 직무관련 역량이다. 따라서 구성원의 태도나 정서 등 심리적 측면을 간과하고 있다. 즉, 자원근거이론이 강조하는 인적 자원의 측면은 잘 축적된 숙련, 기술, 기능에 한정된다. 그러나 지식과 숙련이 잘 축적된 인적 자원이라 해도 그가 조직의 철학이나 비전을 공유하는 정도가 낮거나 자발적 몰입도가 떨어진다면 조직의 성과를 향상시키는 데는 크게 기여하지 못할 수 있다.

셋째, 핵심역량이라는 개념의 모호성이다. 희소한 가치, 모방 불가능성, 대체 비용이성은 중요한 개념임에도 불구하고 현실 경영에서는 "어떤 자원을 희소하고 모방과 대체가 불가능한 자원으로 볼 수 있는가", "이를 어떻게 만들 수 있는가"라는 현실적 문제에 직면하게 된다. 어쩌면 보편론의 가정만큼이나 대범하고 의욕적인 개념일 수 있다. 이에 대해서는 현장 경영을 살피면서 무엇이 핵심역량인지, 그 조건은 무엇인지를 지속적으로 탐구하는 노력이 필요하다.

넷째, 자원근거이론을 입증할 수 있는 다양한 경험적 근거는 아직도 충분히 보충되지 않고 있다. 무엇보다 탁월한 자원과 역량을 갖춘 기업임에도 불구하고 지속가능한 경쟁우위를 확보하기 보다는 몰락한 사례들이 자주 발견되기 때문이다. 〈좋은 기업을 넘어 위대한 기업으로〉의 저자 짐 콜린스는 최근 "위대한 기업은 다 어디로 갔을까"라는 문제제기를 새롭게 하고 있다. 위대한 기업으로 그가 손꼽았던 기업들 중 많은 기업 - GM 등 - 은 현재 고전을 면치 못하고 있다. 모두가 독특한 자신만의 자원과 역량을 갖춘 기업들이었으나 쇠퇴를 면치 못하는 기업이 늘고 있다. 이를 어떻게 보아야 하는가, 라는 문제를 고민하되 자원근거이론의 입장에서는 자원과 역량만으로는 충분하지 않는, '어떤 다른 요소'가 있다는 점, 그것이 무엇인지를 지속적으로 탐구해야 한다.

3. 역할행동이론

3.1 문제는 태도다

역할행동이론은 직무역량보다는 구성원의 태도나 심리가 성과를 창출하는 근본적 요소라 주장한다. 즉, 바람직한 행위양식이 직무역량에 선행하는 성과창출 요소라는 점을 강조한다. 이는 1930년대 인간관계학파의 이론적 발견을 계승하는 입장으로 행태이론

(behavioral approach)에 근거하고 있다. 행태란 구성원들에게서 반복적으로 나타나는 패턴화된 행동양식을 말한다. 패턴화된 행동양식이란 다름 아닌 구성원들의 역할행동 양식이다.[11] 역할행동이란 일정한 역할을 수행하는 과정에서 나타는 반복적인 행위양식이다(Jackson, 2013). 행위양식은 과업이나 직무에 대한 태도, 상사나 동료 등 다른 구성원들과 관계를 맺는 양식, 조직의 철학이나 문화를 이해하는 양식 등을 아우르는 포괄적인 개념이다. 따라서 조직이 요구하는 역할행동을 바람직한 방식으로 수행하는 구성원이 존재할 때 비로소 조직은 성과를 창출할 수 있다.

바람직한 행위양식이란 무엇인가.[12] 기업은 목표달성을 위해 자신만의 고유한 비즈니스 전략을 선택하거니와 이 전략이 성공하기 위해서는 그 특성에 부합하는 구성원의 행위양식이 필요하다. 이러한 구성원의 행위양식 자체가 인적 자원의 중요한 내용이다. 즉, 구성원의 행위양식이 비즈니스 전략의 성격과 잘 맞을 때, 비로소 '바람직한' 행위양식이 된다.

바람직한 행위양식이란 네 가지 요소를 포함한다. 잭슨(Jackson, 1987)이 정의하는 5가지 조건은 아래와 같다.[13]

1) 직무가 요구하는 성과기준을 충족하고자 하는 열의와 헌신
2) 조직시민으로 요구되는 기대에 부응하고자 하는 태도
3) 새로운 지식과 기술을 학습하고자 하는 태도
4) 조직 내 사회자본을 형성하고 발전시키기 위한 자발적 소통 노력
5) 환경변화에 부합하도록 자신의 행위양식을 적절히 변화/적응시킬 수 있는 변화관리 역량

다만, 여기서 주의해 할 점은 행위양식이 바람직한지 여부는 조직의 주요 이해관계자(primary stakeholder)의 기대에 의해 결정된다는 점이다. 주요 이해관계자란 다름 아닌 역할파트너(role partners)다. 역할파트너는 상사, 동료, 고객 등을 포함한다. 역할파트너는 한 구성원에게 기대를 부여한다. 구성원은 그 기대에 따라 행동하거니와 기대를 적절히 충족시키는 행위를 스스로 알 수 있다. '알려진' 행위를 반복적으로 수행할 수

있는 양식화된 규범을 스스로 내재할 때, 그는 바람직한 행위양식의 소유자가 된다.[14]

또한 바람직한 행위양식은 내·외부 환경에 의해서도 영향을 받는다. 기업의 규모, 기업의 경쟁전략, 기술, 독특한 문화와 역사는 내부 환경의 대표적 예다. 경쟁기업의 행동, 경제적 여건, 사회문화적 환경 등은 구성원의 행위양식에 영향을 미치는 주요한 외부요건이다. 따라서 행위양식의 바람직성 여부는 조직의 내부적 요인과 환경적 요인의 복잡한 상호작용에 의해서 영향을 받는다.[15]

3.2 한계

역할행동이론이 인적자원관리 이론의 발전에 미친 영향은 적지 않다. 인적자원관리를 구조와 전략의 측면에서만 사고하는 경향에서 탈피해 구성원의 심리적 측면을 분석하는 등 인적자원관리의 또 다른 측면을 이해할 수 있는 계기를 마련했기 때문이다. 동시에 구성원의 감정과 기대에 초점을 둠에 따라 구성원 중심의 인적자원관리 전략을 발전시키는 데도 기여했다.

그러나 한계도 존재한다. 구성원을, 상품화된 노동이 아닌 개성과 인격을 갖춘 인간으로 사고함으로써 권위주의적 경영관행을 타파하고 구성원 중심의 경영을 개척할 수 있는 긍정적 측면이 존재하는 반면, 기업에 부합하는 인간상을 주조함으로써 인간중심의 경영과 배치되는 결과를 초래하기도 한다. 행태이론의 주요가정은 바람직한 행위를 만들 수 있고, 행위의 바람직성은 조직의 주요 이해관계자에 의해 결정된다는 점이다. 인간의 행위양식이 주조가능하다는 점은 경영자가 자신의 뜻에 맞도록 구성원을 조작할 수 있다는 점[16]에서 구성원보다는 경영자의 이익에 봉사할 가능성이 높아진다. 특히, 조직의 주요관계자는 동료나 고객 등을 포함할 수 있지만, 경영자의 영향력은 절대적이다. 이는 지배의 문제를 야기한다. 구성원의 바람직한 행위는 구성원 스스로가 결정하는 것이 아니라 조직 혹은 조직이라는 이름 뒤에 숨어 있는 경영자의 절대 권위에 의해 결정된다는 점, 보다 근본적으로는 조직에서의 인간 – 즉 조직인(organizational man) – 은 스스로의 정체성을 확보한 자율적 인간이 아니라 경영자에 의해 '만들어지는 존재'라는 점을 고려하면, 행태이론은 인간에 대한 효율적 지배를 가능하게 하는 기술을 제공하는 셈이다.

이와 관련해 박제성(2016)은 디지털사회에서의 노동관계를 분석하면서 푸코의 개념에 기대 '복종하는 신체'에서 '반응하는 신체'로의 변화를 적절히 지적한 바 있다. 테일러리즘에 기초한 근대경영에서는 기업의 성과는 실행과정에서 경영자의 구상(즉 기획과 지시, 감독)에 따라 잘 복종하는 '종업원'에 의해 높아진다. 그러나 현대 경영에서는 구체적인 지시와 감독이 사라지고, 복종이 내면화된 '반응하는 신체'에 의해 성과가 좌우된다. 반응하는 신체(알랭 쉬피오, Alain Supiot, 2016)란 경영자의 구체적 지시에 의해 행동하는 구성원이 아니라 성과지표와 같은 숫자 신호에 반응하는 구성원을 의미한다. 성과경영이 보편화되면서 현대 경영은 구제적인 지시나 감독 보다는 성과지표만을 '숫자'의 형식으로 제시한다. 매출액 10% 증가, 영업이익률 몇 % 달성 등이다. 이를 알랭 쉬피오는 '수에 의한 지배(數治)'라 불렀다.

수치의 세계에서는 직접 지휘하고 감독하는 지배자로서의 경영의 모습은 사라진다. 대신 개별 구성원에게는 목표량이 할당되고 이에 의해 보상과 처벌이 자동적으로 결정된다. 목표를 달성하는 과정은, 과거에는 감독자에 의해 지휘감독 됐으나, 이제는 스스로가 결정할 문제다. 구성원은 자기의 능력을 최대한 동원해 할당된 목표를 달성하고 그에 따라 보상(또는 처벌)을 받는다.

한병철은 〈피로사회〉에서 성과사회의 가장 중요한 현상은 자기착취하는 노동자가 증가하고 있다는 사실을 적절히 드러냈나. 노동사는 더 이상 누구에 의해 작취되지 않는다. 자신이 성과달성을 위해 스스로 행위 하는 합리적 존재로 나타날 뿐이다. 더 많은 보상을 위해 누가 시키지 않아도 더 많은 일을 '자발적으로' 한다. 그 자발성은 다름 아닌 비자발성임에도 불구하고 나타나는 현상에서는 지극히 자발적이다.

행태이론은 인간중심의 경영을 위한 이론적 기반으로 활용될 수 있음에도 불구하고 잘못 발현될 경우 경영자에 의한 노동의 지배를 강화하는 기술을 발전시키는 데 잘못 활용될 가능성도 있다. 이에 대한 경계와 이를 극복할 수 있는 방안에 대해 더 많은 토론과 연구가 필요하다.

4. 거래비용이론과 대리인이론

4.1 거래비용(transaction costs)이란 무엇인가

거래비용이론과 대리인 문제는 현대 인적자원관리 분야에서 보편적으로 제시되는 또 하나의 중요한 이론적 설명이다. 거래비용이론을 체계화한 코즈(Coase, 1937)와 윌리엄슨(Williamson, 1979)는 거래비용을 '기업이 겪는 불편함'을 통칭하는 개념으로 보고 이를 기업이 조직되는 이유로 주장했다. 기업은 시장에서 거래할 때 생길 수 있는 불확실성이나 불편함을 해소하기 위해 거래할 요소들(주로 노동력)을 '내부화(internalization)'함으로써 불확실성에 따른 비용을 해소하고자 한다. 코즈는 기업이 탄생하는 배경을 이러한 거래비용의 최소화로 보았다.[6]

거래비용이론의 전제는 두 가지다. 하나는 '제한된 합리성(bounded rationality)'이고 다른 하나는 기회주의적으로 행동하고자 하는 의도(opportunism)이다. 인간은 고전경제학이 가정하는 것처럼 합리적 존재가 아니다. 완전정보가 현실적으로는 제공되지 않기 때문이다. 결국 주어진 정보 하에서 최선을 다해 '합리적'으로 행위 하고자 하지만, 정보의 불충분성, 비대칭적 배분 등으로 인해 합리적인 행위 선택에는 늘 제한이 따르기 마련이다. 이를 제한된 합리성이라고 한다. 기회주의적 행동 역시 인간에 내재된 속성으로 본다. 자신의 이익과 목적을 위해 이기적으로 행동하는 경향을 띤다는 것이다.

제한된 합리성과 기회주의적 행동은 적어도 그 자체로는 문제가 되지 않는다. 그러나 환경의 불확실성이 높아지거나 거래의 상대방의 수가 제한될 때는 불가피하게 비용을 낳는다. 예를 들면, 필요로 하는 노동력은 시장을 통해 필요할 때 마다 구매해서 사용할 수 있다. 그러나 한 기업이 필요로 하는 노동력이 언제나 시장에 존재하는 것은 아니며 필요한 숙련 역시 늘 공급되는 것이 아니다. 이러한 노동력 구매 환경의 불확실성은 기업

6) Coase(1937)는 시장을 통해 노동력을 구매하는 비용이 커지는 경우 장기계약이 바람직한 대안으로 본다. 그러나 장기계약 시 구매자는 자신이 원하는 노동력에 대한 모든 사항을 구체적으로 명시할 수 없기 때문에 일반적 조건만을 명시할 뿐이다. 이렇게 하여 노동력의 사용에 대한 방향이 구매자에게 달려있게 될 때 회사가 등장한다고 보았다. 이처럼 코즈는 기업의 본질을 거래비용 최소화에 있다고 본다. 가격기구인 시장을 대체하는 실체로서 "가격기구를 사용함에 있어 거래비용이 발생하고 이 비용이 기업 내부의 위계질서나 명령체계를 활용해 생산하는 것 보다 더 높게 형성돼 있다면, 가격기구보다는 기업이 보다 적절한 대안이 된다"고 보았다(이정길, 2013).

으로 하여금 시장에서 노동력을 구매하기 보다는 일정기간 안정적으로 채용함으로써 노동력 공급의 불확실성을 피하도록 유도한다. 코즈가 거래비용의 최소화를 기업이라는 조직이 탄생하게 된 배경으로 보는 것은 이 때문이다.

4.2 거래비용이론과 인적자원관리

거래비용이론의 관점에 따르면, 인적자원관리 전략은 제한된 합리성과 기회주의적 행동으로 인해 발생할 수 있는 거래비용을 최소화하고자 하는 노력의 산물이다. 인적 자원과 관련된 거래비용은 주로 협상(임금협상 등 노동력의 대가를 결정하는 과정), 모니터링, 평가 등에서 발생한다.

특히, 통제중심의 인적자원관리 전략은 거래비용이론으로 잘 설명된다. 거래비용이론의 전제에서 보듯, 노동자는 자신의 이익을 극대화하기 위해 전략적으로 행동하는 존재다. 가급적 적은 노력을 기울이고 많은 보상을 얻으려 한다. 팀으로 이뤄지는 작업에서는 무임승차를 통해 자신의 상대적 보상을 높이려 한다. 자신의 존재감을 드러낼 수 없는 상황이라면 자발적으로 열심히 일하고자 하는 노력을 회피하려 한다. 이는 기업에게는 노동력을 활용하는 과정에서 나타나는 거래비용들이다.

따라서 작업과정에서 발생하는 낭비를 제거하고, 성과를 정확하게 측정하며 보상을 성과에 연동하는 등 통제중심의 인적자원관리가 발달하게 된다. 경영자의 지시를 거스르는 행위를 감시하고 처벌함으로써 기회주의적 행동에 따른 비용을 제거하려 노력한다. 이는 통제와 감독 중심의 인적자원관리가 발달하게 되는 배경이다.

최근 보편화되고 있는 성과주의 임금체계 역시 거래비용을 제거하기 위한 보상전략이다. 성과를 창출하는 과정을 세밀하게 감독하는 데는 많은 비용이 수반된다. 감독자를 늘리거나 정보통신기술을 활용한 감독체제를 도입해야 하는 경우도 있기 때문이다. 이 경우에도 성과창출과정을 적절히 통제할 수 없는 현실적인 한계도 크다. 따라서 성과지표만을 제시하고 성과에 따라 보상을 제공하는 성과주의 임금체계는 통제에 수반되는 비용을 줄이는 효과를 갖는다는 점에서 거래비용 최소화를 위한 인적자원관리 전략의 한 예라 할 수 있다. 이른바 '성과에 따른 계약(outcome-based contracts)'은 거래비용이론이 제시하는 하나의 해법이다.

거래비용과 관련된 또 하나의 인적자원관리 상 문제는 관료제 비용이 가중된다는 점이다. 기업은 노동자의 행위를 관찰하고 통제하기 위해 위계적인 관리시스템을 도입한다. 그러나 위계적 관료조직은 비효율을 발생시키기도 한다. 의사결정과정이 단계화됨에 따라 중요한 의사결정이 적기에 이뤄지지 않는가 하면, 관료적 통제에 대해 반발하는 구성원들은 자발적 노력을 기울이기 보다는 감시와 통제를 회피할 방법만을 찾는 경우도 발생할 수 있다. 이는 거래비용의 아이러니라 할 수 있다. 거래비용을 줄이기 위해 다양한 통제장치를 개발했음에도 불구하고 노동자들은 노력을 게을리 하는 다양한 방법을 찾아내게 돼, 결국은 통제장치를 개발하고 운영하는 데 드는 비용만 고스란히 증가하는 결과를 낳기 때문이다. 결국 관료적 통제의 비효율성을 제거하기 위해 90년대 중반 이후 노동자에게 자율적 권한을 부여하고 참여를 제도화하는 새로운 접근이 시도되고 있는데, 이는 거래비용의 아이러니라 할 수 있다.

4.3 대리인 문제와 인적자원관리

대리인은 주인의 이익을 위해 항상 행동하는가. 대리인 문제의 핵심적 질문이다. 대리인이란 주인의 이익을 위해 봉사하기 위해 주인에 의해 채용된 자다. 따라서 대리인의 역할은 주인의 이익을 향상시키는 데 노력하는 것이다. 그러나 대리인은 주인을 위해 행동하기보다는 자신의 이익을 위해 행동하는 경향을 갖기도 한다. 거래비용이론의 전제인 기회주의적 행동 경향은 대리인 문제를 설명하는 데 도움이 된다. 실제로 인적자원관리 분야에서 거래비용이론과 대리인 문제를 같은 맥락에 파악하는 이유도 이 때문이다.[17]

대리인 문제가 전형적으로 나타나는 분야는 주식회사다. 소유와 경영이 분리돼 있는 경우, 경영진은 주식회사의 주주로부터 경영권을 위탁받아 기업을 경영한다. 이때 소유자인 주주가 대리인인 경영진의 행동을 감시할 때 발생하는 비용(monitoring costs), 대리인이 주주에게 주주가 원하는 방식대로 경영활동을 수행하고 있다는 점을 보여주려 할 때 발생하는 비용(bonding costs) 등이 발생한다.

대리인 문제의 관점에서 보면, 고용된 노동자는 경영자인 주인의 이익을 위해 행동해야 하는 대리인의 지위에 선다. 그러나 대리인인 노동자는 항상 주인의 이익을 위해 행동하지 않는다. 자신의 이익을 극대화하기 위해 기회주의적으로 행동하려는 유인을 갖는다고 보기 때문이다. 여기서 비용이 발생하거니와 인적자원관리는 대리인 문제로 인한 비용을 제거하기 위해 대리인의 행위를 감시하고 주인의 이익에 반하는 행동을 하는 경우에는 처벌함으로써 효율성을 높이고자 한다. 따라서 직원의 행동을 모니터링하거나 성과에 따른 보상을 체계화하는 HRM이 발달한다.

5. 청지기론(Stewardship)

5.1 특징

거래비용/대리인 이론은 구성원을 자신의 이익을 따라 행동하는 기회주의 성향의 소유자로 가정한다. 이에 대해 청지기론은 이기적이기 보다는 이타적인 인간상을 제시함으로써 새로운 이론적 시선을 제공한다. 데이비스·스쿠어맨·도날드슨(Davis·Schoorman·Donaldson, 1997)이 제시하는 청지기 이론의 특징은 다음과 같다.

인간관에 있어 대리인 이론과 근본적 차이가 있다. 제한된 합리성과 기회주의적 본성을 갖는 존새로서의 인간관이 대리인이론의 전제인데 비해, 청지기이론은 고용주의 일을 대리하기 보다는 집사와 같은 자세로 조직을 위해 자발적으로 헌신하고자 하는 존재로서 인간을 상정한다. 이기적이고 개인적이기 보다는 조직 전체를 위해 행동하는 존재다. 이는 결과적으로 만족감이 크기 때문이다. 즉, 인간의 자신의 만족을 위해 이기적으로 행동하기 보다는 이타적으로 행동하는 성향을 갖는다고 본다.

청지기로서의 구성원은 대리인으로서의 구성원과 달리 직장이라는 공간에서 삶의 의미를 찾고자 한다. 따라서 자신의 정체성을 회사 혹은 조직과 동일시하고자 한다. 이때 조직과 자아의 동일시는 회사의 강요에 의한 것이 아니라 자발적인 것이다. 또한 고용주와의 인격적 관계를 형성하는 데 가치를 두고 있으며 고용주의 문제를 자신의 문제로 삼고 이를 해결하기 위해 자발적 헌신을 다하는 존재다.

따라서 청지기 이론이 중시하는 HRM은 주로 청지기적 행동양식을 유인하고 보상하는 인센티브에 초점이 맞추어져 있다. 구성원이 스스로 주도적인 리더십을 갖추고 자율적으로 행동할 수 있도록 지원한다. 경제적 보상을 통한 인센티브를 제공함고 동시에 조직 내 리더로 성장할 수 있는 기회를 공평하고 충분하게 부여하며, 필요한 역량개발에 아낌없이 투자한다.

5.2 사례

얌 브랜드(Yum! Brand)의 사례는 청지기 이론을 입증하는 대표적 사례로 거론되곤 한다. 인정과 칭찬을 통해 직원들에게 내재적 보상을 제공하는 것이 얌 브랜드 HRM의 핵심요소다.

> “전임 CEO이자 현재 이사회 의장인 데이비드 노박(David Novak)은 97년 설립 초기부터 전 임직원이 참여하는 ‘칭찬 시상식(recognition award)’ 등을 통해 자발적 참여와 몰입을 유도하고 얌브랜드만의 독특한 칭찬문화(recognition culture, 존중문화, 인정문화)를 구축해 성장의 핵심동력으로 삼았다. 칭찬시상식은 직원들이 동료에 대한 칭찬카드를 작성해 담당 임원에게 제출하면 그 임원이 모든 직원들이 모인 자리에서 축하와 함께 재미있는 장난감 모양의 트로피를 증정하는 이벤트다. 노박은 자신이 직접 상을 수여한 전 세계 직원들의 사진으로 집무실 벽을 장식할 정도다. (중략) 노박은 ‘성공하려면 함께 가야 한다(taking people with you)’라는 리더십 프로그램을 개발해 전파하면서 직원들을 끊임없이 독려했다.” 그 결과 1997년 설립 이래 2015년까지 주가가 10배 이상 높아졌고, 전 세계 125개국에 41,000개가 넘는 매장을 보유한 글로벌 기업으로 성장했다.
>
> –정권택 외, 2015, 75면

요 약

이 장에서는 인적자원관리의 이론을 살펴보았습니다. 이론은 자연과학에서 뿐만 아니라 사회과학에서도 매우 중요한 도구입니다. 무엇보다 사회현상의 법칙성을 발견할 수 있고 이를 토대로 미래를 예측할 수 있기 때문입니다. 인적자원관리 역시 일정한 법칙성을 갖는 사회적 제도이며 좀 더 바람직한 인적자원관리를 위해서는 어떤 요소를 더 보완해서 발전시켜야 할 것인가를 고민해야 한다면, 이론에 대한 학습을 게을리 해서는 안 됩니다.

이 장에서는 크게 거시적 시선과 중범위이론 몇 가지를 살폈습니다. 이 둘을 이론의 형식이라 말할 수 있습니다. 거시적 시선은 이론적 관점을 말합니다. 크게 보편론, 상황론, 구성론으로 나누어 살펴보았습니다. 보편론과 상황론이 소위 '베스트 프랙티스'가 존재하는가에 대한 서로 다른 입장이라면, 구성론은 베스트 프랙티스에서 벗어나 프랙티스들 간의 정합성이 중요하다는 입장이지요. 보편론은 시간과 공간을 초월해 조직의 성과를 향상시키는 최선의 길이 존재한다는 가정을 제시하고 있는데, 상황론이 비판하는 바와 같이 다소 의욕적이고 비현실적인 가정일 수 있습니다. 그러나 이론의 관점에서 본다면 상황론 보다는 보편론이 공헌하는 바가 더 크다고 할 수 있습니다. 상황론의 가정은 상황에 따라 HRM 성책의 효과는 달라진다는, 다소 영리한 전제를 제시하고 있는데, 이 가정은 기껏해야 '틀리지 않은 가정'일 수는 있을지 몰라도 이론적 시각을 풍요롭게 하는데 특별한 공헌을 한다고 보기는 어렵습니다. 지나치게 일반적인 통념에 의존하고 있기 때문입니다. 반면, 보편론은 다소 의욕적인 가정을 제시하고 있음에도 불구하고 '보편타당한 HRM'을 탐색하는 과정에서 HRM의 진보를 이룰 수 있는 의미 있는 발견을 가능하게 합니다. 전략적 인적자원관리는 어쩌면 보편론이라는 대범한 가정을 입증하는 과정을 통해 발전한 인재경영 전략으로 볼 수도 있습니다. 구성론적 시각은 등종국성을 경영학 이론에 끌어들임으로써 인적자원관리 이론의 내용을 좀 더 풍요롭게 했습니다. 특히 최종국면에서 동일한 성과를 창출할 수 있는 HR 정책의 조합이 다양할 수 있다는 가정은 경영현장의 HR 프로페셔널에겐 최선의 길이 다양하다는 신념을 부여함으로써 다양한

HRM 시도를 가능하게 합니다. 그 자체가 새롭고 진보적인 HR 프랙티스를 찾아가는 데 중요한 계기가 된다는 점은 본문에서 강조한 바와 같습니다.

거시적 시선이 관점을 제시한다면, 중범위이론은 HRM과 조직성과 간 인과관계를 좀 더 세밀하게 분석합니다. 자원근거이론, 역할행동이론, 대리인이론, 청지기이론을 살폈는데, 이외에도 시스템이론, 제도이론 등이 중범위이론에 포함될 수 있습니다. 시스템이론과 제도이론은 추후 개정판에서 좀 더 내용을 추가할 계획입니다. 거칠게 대비한다면, 자원근거이론과 역할행동이론이, 그리고 대리인이론가 청지기이론이 각각 대립되는 이론적 전망을 제시하고 있습니다. 자원근거이론은 조직내부에 초점을 두고 모방과 대체가 불가능한 희소한 역량이 성과를 창출하는 핵심역량으로 보는 입장이지요. 역량은 자원을 전략적으로 전개할 수 있는 능력을 의미하지만, 자원 자체를 의미하기도 합니다. 인적자원관리론에서는 특히 인적 자원에 축적된 지식, 정보, 경험 등 직무와 관련된 역량을 중시합니다. 반면 역할행동이론은 구성원의 바람직한 행위양식이 조직의 성과를 좌우하는 핵심요소라고 봅니다. 직무역량이 뛰어나더라도 조직이 요구하는 행위양식을 갖추지 못한 경우에는 몰입과 헌신이 일어나지 않기 때문입니다. '직무역량 대 행위양식'이라는 구도로 본다면 두 이론은 서로 대립하는 입장을 취하게 되지요. 물론 경영현장에서는 직무역량과 바람직한 행태가 모두 중요합니다. 그러나 이론의 세계에서는 무엇이 더 결정적인가라는 질문을 던집니다. 현대 HRM의 전개 과정을 보면, 바람직한 행위양식에 좀 더 무게중심이 두어지는 모습입니다. 이유는 다양하겠지만, 직무역량을 구성하는 지식과 정보의 경우 모방과 대체 가능성이 비교적 높아지고 있는 반면, 조직에 헌신하고자 하는 열망, CEO의 철학을 공유하고자 하는 의지, 조직의 비전과 목표를 수용하는 정도, 동료들과의 협업의지, 창의와 소통 등 소위 '좋은 행위양식'은 모방하거나 대체할 수 없는, 그 자체로 희소한 핵심자산이 되고 있기 때문입니다. 이에 더해 직무역량은 훈련과 경력개발을 통해 축적이 가능한 자산인 반면, 행위양식에 대해서는 훈련이 기여할 수 있는 정도가 제한적이기 때문이기도 합니다. 바람직한 행위양식에 무게중심을 두는 경향은 채용의 전략화에서도 부분적으로 입증됩니다. 최근 선진기업들은 채용전략에 더 많은 투자를 행하고 있습니다. 좋은 자원을 뽑는 것이 중요하다는 점을 반증하는 것인데, 이면에는 행위양식의 경우 교육이나 훈련으로 함양되기 힘들다는 암묵적 가정이 깔려있습니다. 따라서 선발과정에서부터 조직이 원하는 인재상에 부합하는 인적자원을 선별하고자 하는 것입니다.

대리인 이론과 청지기 이론도 인간관의 차이와 이로 인한 전략의 차이로 인해 대립되는 위치에 섭니다. 대리인 이론은 거래비용관점에 기초한 이론입니다. 제한적 합리성과 기회주의적 속성이라는 두 가정을 전제한 인간관을 갖는 대리인 이론은 인적자원관리에서는 모니터링이나 성과주의에 기초한 HRM을 발달시킨 이론적 기반입니다. 대리인인 종업원은 주인의 이익을 위해 봉사하기 보다는 자신의 이익을 위해 행동하는 존재이므로 이를 방지하기 위해서는 철저한 모니터링, 성과측정, 성과에 따른 차별적 보상이 더 필요해집니다. 반면, 청지기이론은 집사형 구성원을 상정합니다. 이기적이기 보다는 이타적 인간관을 보유하고 있고 구성원은 조직의 발전과 자신의 발전을 자발적으로 동일시하는 인간으로 가정됩니다. 따라서 통제보다는 청지지적 행위를 유인하고 보상하는 인센티브 중심의 HRM이 발달하게 됩니다.

이론은 법칙성에 대한 이해를 돕고 미래를 조망하는 능력을 제공할 수 있다는 점에서 매우 유용한 학문적 도구입니다. 그러나 이론은 항상 제한된 가정을 전제하고 있습니다. 그만큼 사회현상을 하나의 이론으로 설명하는 것은 불가능합니다. 따라서 이론이 제공하는 다양한 통찰을 종합하고 균형 있게 사고하는 능력을 길러야 하거니와 이는 인적자원관리의 현장에서도, 학문의 현장에서도 모두 중요합니다.

과 제

1) 보편론의 시각을 입증할 수 있는 구체적 사례를 찾고 토론해 봅시다.

2) 상황론의 전제는 현실타당성이 높음에도 불구하고 왜 이론적 발전에는 크게 기여할 수 없는지를 생각해 봅시다. 상황론을 잘 설명할 수 있는 구체적 사례는 무엇인지 조사해 봅시다.

3) 구성론이 강조하는 파워풀 커넥션의 예는 무엇인지 조사하고 토론해 봅시다.

4) 자원근거이론이 잘 설명할 수 있는 기업 혹은 산업의 사례는 무엇인지 조사하고 토론해 봅시다.

5) 오늘날 '바람직한 행위양식'이란 무엇을 의미하는 지, 생각하고 토론해 봅시다.

6) 기업이 제시하는 인재상은 어떤 면에서 '바람직한 것인지' 생각해 보고 노동자의 입장에서는 어떤 단점과 한계가 있는지를 토론해 봅시다.

해 석

1) "더빈은, 이론이란 경험적 세계의 다양한 측면을 설명할 수 있는 모델을 제시하는 시도라고 말한다. 정확한 이론은 예측을 가능케 함으로써 어떤 결과가 나타날지를 알 수 있게 한다. 즉 결과 예측에 대한 지식을 넓힌다. 또한 다양한 변수들이 어떤 관계에 놓여 있는가, 에 대한 지식도 제공한다. 즉, 이론은 변수들이 일정한 조건이 놓인다면 어떤 결과를 만들어 내는 지를, 그리고 그 이유는 무엇인지를 밝혀주는 도구다."

2) "혁신적 작업시스템을 구성하는 HR 정책이 무엇인가에 대해서는 연구마다 다르다. 채용, 성과평가, 인센티브, 직무디자인, 고충처리, 훈련, 선별적 모집, 승진 기준, 정보공유, 태도 평가, 고용안정, 참여적 노사관계 등이 그것이다. [그러나 공통적인 요소는] 이러한 정책들의 조합이 구성원들에게 동기를 부여함으로써 노동 생산성을 높이고 동시에 기업의 성과 기초를 단단하게 하는 데 긍정적인 영향을 미친다[는데 있다]."

3) "보편론을 지지하는 학자들은 인적 자원을 관리하는 최선의 길, 하나가 존재한다고 가정한다. [최선의 길로서의] 전략적 인적자원관리는 고성과를 창출하는 혁신적 HR 성책의 집합을 구현한 것이다. 이 혁신적인 정책들은 공통적으로 노동자의 동기부여에 초점을 둠으로써 조직의 성과를 향상시키고자 한다. 이점에서 전략적 인적자원관리는 전통적인 인사관리와 구별되며, 효율성뿐만 아니라 효과성을 중시한다."

4) "특정한 HR 프랙티스가 기업의 성과에 도움이 되는지 여부는 기업의 전략에 따라 다르다. 행태주의 관점이 강조하는 것처럼, 비즈니스 전략이 성공적으로 완수되는 데에는 구성원의 태도가 중요한 변수다. 모든 조직의 전략은 행태라는 전제조건이 충족될 때 성공할 수 있다. 행태적 측면에서 가장 중요한 것은 HR 프랙티스이거니와 당근과 채찍으로 구성원의 행동을 조정하기 때문이다. 따라서 기업은 비즈니스 전략과 부합하는 일관된 행동을 구성원으로부터 이끌어낼수 있는 HR 프랙티스를 도입, 추진해야

한다. 비즈니스 전략과 HR 프랙티스의 전략적 정렬이야 말로 탁월한 성과를 가능하게 하는 중요요소다."

---

(1) "Universalistic arguments are the simplest form of theoretical statement in the SHRM literature because they imply that the relationship between a given independent variables and a dependent variable is universal across the population of organization. (Delery and Doty, 1996, 802면)"

(2) "보편론이 제시하는 여러 HR 정책 중 핵심정책이 무엇인가를 판별할 수 있으면, 보편주의적 접근(Universal Approaches)이 취하는 다다익선(The More The Better)의 함정으로부터 벗어날 수 있다. 다다익선의 접근방식은 규범적 측면에서 타당할 수 있으나, 고성과작업장의 구축은 채용, 훈련, 보상 등 다양한 분야에 많은 투자가 수반되기 때문에 경우에 따라서는 조직차원에서의 비효율성을 증가시킬 수도 있다. Cappelli·Neumark(1999)의 연구에서 나타나는 것처럼 고성과작업장 구축은 생산성 향상 보다 노동비용만을 상승시키는 결과를 초래할 수 있기 때문이다. 특히, 인적자원관리부문에 투자여력이 부족한 중소기업부문의 경우에는 다다익선의 접근은 현실적이지 못하다. 따라서 고성과작업시스템의 효과성을 결정하는 핵심관행을 파악할 경우, 선택과 집중의 원리에 따라 핵심관행에 대한 집중투자를 통해 시스템의 효과를 높일 수 있고, 사회적으로는 고성과작업시스템의 확산도 유인할 수 있다. (중략) 핵심관행은 다른 관행들의 효과성을 높이는 선행요인으로 기능하기도 한다. 예를 들어, 선별적 채용은 적정한 자원의 유입을 활발히 해, 이후 이루어지는 훈련투자의 효과를 더욱 향상시킬 수 있다(Pfeffer, 1995). 반면, 적정한 자원이 유입되지 못할 경우, 훈련에 대한 투자나 동기부여 등은 그 효과가 제한될 수 있다. 따라서 효율적인 고성과작업시스템을 구축하기 위해서는 시스템의 생산성을 결정하는 핵심관행을 파악하고 이에 대한 선행투자가 이뤄질 필요가 있다."(신은종, 2009, 44-45면).

(3) "Miles and Snow's (1984) proposed a typology that identifies the four ideal planned types of strategies: prospector, analyser, and defender. Picking one or the other has some implications for HRM activities in that employment systems can either be categorised as 'market type system' meaning that employees are recruited from outside of the organization. The other, the 'internal system' is based on the potential internal pool of perspective employees for to fill positions (Delery and Doty (1996). The prospector strategy is adopted when strategy is frequently changing. In terms of recruitment it is based on the market type system. The defender on the other hand, focuses on efficiency in current products and in the markets they are competition in, the employment system is internal system is deemed more appropriate. The third type of configurational strategy is the analyser. This is the middle ground between the defender and prospector and is seen as suitable for organizations that have stable product domains as well as new ones. They aren't regarded as initiators of change but adapt to changes faster than the defender."

(4) 등종국성의 개념은 경영학보다는 정치학과 행정학에서 먼저 발달했다. 독자들의 이해를 위해 행정학 사전이 제공하는 등종국성의 개념을 그대로 옮긴다.
"개방 체제의 경우 특정 목표를 달성하는 데는 유일 최고의 방법만이 있는 것이 아니며, 다양한 방법을 통해 최종 상태에 도달할 수 있음을 뜻하는 개념이다. 즉 유연성이 있는 개방 체제는 상이한 출발점에서, 상이한 자원을, 상이한 방식으로 사용하고서도 동일한 특정 결과를 얻을 수 있음을 나타낸다. 출발 초기에 조건이나 상태가 서로 달라 각각 다른 진로를 거치더라도 마지막의 종착점에 이르러서는 동일한 조건이나 상태가 될 수 있는 속성. 대부분의 물리적 체계에서는 최초의 상태가 최종의 상태를 결정하는 직접적인 인과관계가 존재하지만 생물체계나 사회체계에 있어서는 등종국성이 작용하게 된다. 행정조직과 같은 개방체계(open system)는 외부환경과 상호관계를 가지므로 불확실성 요소들과 많은 접촉을 갖게 된다. 따라서 하나의 목표를 달성하는데 있어서도 하나의 방법만이 아니라 여러 방법이 있을 수 있는 일이다. 그래서 개방체계에서는 일정한 출발조건이나 유일한 최선의 방법에 의해서가 아니라 출발점이나 진행 경로는 달라도 궁극적으로 만족할 만한 동일의 최종 상태에 도달할 수 있는 융통성을 갖게 된다. 이러한 속성은 사회조직이 여러 가지 투입과 다양한 내부활동으로 그 조직의 목표를 성취할 수 있다는 것을 나타내며, 사회체계의 부분적 요소[하위체계] 간의 관계가 단순한 직접적인 인과관계서 결정되는 폐쇄체계(closed system)가 아니라는 것을 말해주고 있다(행정학사전, 2009, 대영문화사)."

(5) "Configurational theories incorporate the assumption of equifinality by positing that multiple unique configurations of the relevant factors can result in maximal performance (Doty and Glick, 1994; Meyer et al., 1993). These configurations are assumed to be ideal types that are theoretical constructs rather than empirically observable phenomena (Blalock, 1969; Doty and Glick, 1994; Meyer et al., 1993; McKinney, 1966; Weber, 1904). As a consequence of these differences, configurational theorist working in SHRM must theoretically derive internally consistent configurations of HR practices, or employment system, that maximize horizontal fit, and then link these employment systems to alternative strategic configurations to maximize vertical fit(Delery and Doty, 1996)."

(6) "As Richardson and Thompson (1999) comment, 'A strategy's success turns on combining "vertical" or external fit and "horizontal" or internal fit.' They conclude that a firm with bundles of HR practices should have a higher level of performance, provided it also achieves high levels of fit with its competitive strategy. (...) Emphasis is given to the importance of 'bundling' - the development and implementation of several HR practices together so that they are interrelated and therefore complement and reinforce each other. This is the process of horizontal integration, which is also referred to as the adoption of a 'configurational mode' (Delery and Doty, 1996) or the use of 'complementarities'(MacDuffie, 1995)."

(7) "Barney's (1991) seminal article concerning the resource based view (RBV) which incorporates concepts from organizational economics and strategic management makes the case that sustained competitive advantage is derived from capabilities and resources that are not substitutable, valuable, rare and not completely imitable, there has been a rapid diffusion of this theory as well as research into it to strengthen the case for HRM as a strategic concept which has implications for the performance on an organization. Examples of these resources can include things such as information and knowledge, organizational processes and routines as well as management skills (Wright and McMahan, 1992, 54면)."

(8) "The theory's focus on an internal analysis of the firm provides an extremely important avenue for SHRM researchers to examine the ways that firms attempt to develop human resources as a competitive advantage (Wright and McMahan, 1992, 56면)."

(9) "Examples of these resources can include things such as information and knowledge, organizational processes and routines as well as management skills (Wright and McMahan, 1992, 54면)."

(10) "Wright et al(1992) considered the four criteria for a sustained competitive advantage and attempted to evaluate the conditions under which human resources meet these criteria.

① in order for human resources to exist as a sustained competitive advantage, they must provide value to the firm. This condition requires that there are heterogenous demand for labor (i.e. that firms have jobs that require different types of skills) and a heterogenous supply fo labor (i.e., individuals differ in their skills and level of skills). Under these circumstances, human resources can add value to firm, and the utility formulas provided by Schmidt, Hunter and Pealman(1979).(Wright and McMahan, 1992, 55면)

② a resource must be rare if it is to be a sustained competitive advantage. Wright et al.(1992) noted that due to the normal distribution of ability, human resources with high ability levels are, by definition, rare. The goal of virtually all selection programs is to ensure that the organization is hiring only the highest ability individuals. The issues then, are the validity of the selection systems and whether or not the organization is able to attract and retain those applicants deemed to be of the highest ability. (Wright and McMahan,. 1992, 56면)

③ in order for human resources to be considered a sustained competitive advantage, human resources must be inimitable. In this discussion, Wright et al.(1992) use the concepts of unique historical conditions, causal ambiguity, and social complexity to demonstrate the inimitablity of competitive advantages stemming from human resources. Unique historical conditions refer to the particular historical events that have shaped a firms'practices, policies, and culture. Causal ambiguity describes a situation where the causal source fo the competitive advantage is not easily identified. Social complexity recognizes that in many situations (e.g. team production) competitive advantage stems from unique social relationships that cannot be duplicated..(Wright and McMahan, 1992, 56면)

④ a resource must not have substitutes if it is to be considered a sustained competitive advantage. According to Wright et al.(1992), one could easily picture a firm that had the highest ability individual who constituted a competitive advantage. However, what happens if a competitor develops a new technology that provides vast productivity increases greater than the productivity differences in firs due to ability? If the technology is imitable (which it likely is because the firm could simply purchase the technology in the marketplace), then once the focal firm purchased the new technology, the human resources would once again exist as a competitive advantage (Wright and McMahan, 1992, 56면)."

(11) 역할행동에 대한 이해를 돕기 위해 다음을 인용한다.

"As defined by Daniel Katz and Robert Kahn, role behaviors refer to the recurring actions of organizational members as they interact with their role partners to achieve predictable outcomes. Thus, role behaviors refer to a broad array of employee actions, including those required to perform specific tasks and jobs as well as behaviors that are not specified in one's job description but are understood to contribute to the organization's long-term success. As the behavioral perspective of HRM developed, the terminology has been shortened from "employee role behaviors" to simply "employee behaviors" (Jackson, 2013)."

(12) 바람직한 행위양식이란 조직에 의해 요구되는 행위양식을 의미한다. 다음 인용을 참조

"The behavioral perspective of HRM argues that different strategies require different role behaviors from employees in order for those strategies to be implemented successfully. Role behaviors that are believed to contribute to organizational effectiveness are referred to as "desired" (also referred to as "needed") employee behaviors. Included among this broader set of desired behaviors are activities such as completing tasks that are officially the responsibility of another employee as needed, being adaptive and willing to learn and change as needed, and generally behaving in ways that are consistent with the organization's stated goals and values. Thus, the behavioral perspective of HRM assumes that management policies and practices influence not only what work gets done in an organization, but also how work gets done (Jackson, 2013)."

(13) Desired Behaviors (Jackson, 1987)
- Meet performance criteria for one's job
- Meet the expectations for good organizational citizenship, which includes helping others and striving to live according to stated organizational values
- Learn new knowledge and skills to maintain high levels of performance and build the organization's intellectual capital
- Connect with others inside and outside the organization to build the organization's social capital
- Adapt & change behaviors as needed for organizational flexibility in response to environmental conditions

(14) "The behavioral perspective of HRM assumes that the behaviors of employees are one of the major determinants of organizational effectiveness, as judged by the organization's primary stakeholders. Ultimately, stakeholders are an organization's most important role partners; it is the consequences of employee behaviors that are of primary concern to stakeholders. Ideally, employee behaviors are consistent with the long-term needs of the firm, given its competitive strategy and the expectations of others who depend on the employee—including role partners inside and outside the organization. The behavioral perspective recognizes that other factors (e.g., the actions of competitors, economic conditions, industry dynamics) also influence organizational effectiveness, but it focuses on employee behaviors because it is through behavior that organizational resources are transformed into goods and services that have economic value (Jackson, 2013)."

(15) "According to the behavioral perspective of HRM, the desirability of specific behaviors is influenced by a variety of contextual factors inside and outside the organization. Internal contextual factors that influence the behaviors needed for organizational effectiveness are aspects of the particular organization itself—its size, life cycle stage, competitive strategy, technology, structure, and history. External contextual factors that influence the desirability of specific behaviors are conditions outside the organization that affect organizational functioning, including: industry dynamics, institutional pressures, economic and political conditions, country cultures, and the action of customers. The behavioral perspective assumes that a comprehensive consideration of these contextual elements is needed to fully determine which employee behaviors are desirable. Thus, determining the desired employee behaviors for a specific organization is the first essential step for effective human resource management (Jackson, 2013)."

(16) 주조가능성에 대한 잭슨의 견해를 다음과 같이 인용한다.
"The behavioral perspective of HRM assumes that employee behaviors are malleable—that is, people are generally motivated to behave in ways that socially approved of by others and so are responsive to a variety of informational cues. Two sources of cues emphasized by the behavioral perspective are formal stated policies concerning how employees are to be treated and informal daily practices or the actual ways in which employees are treated. An organization's formal policies and informal practices for managing employees function together as the human resource management (HRM) system. The many elements of an HRM system include policies and practices for recruiting, selecting, socializing, training, developing, supervising, evaluating, paying, recognizing, promoting, and terminating employees (Jackson, 2013)."

(17) "Agency theory has been used to understand situations in which an individual delegates responsibility for a task to other persons (Fama, 1980). The person delegating the work is called the principal, and the individual to whom tasks are assigned is referred to as the

agent. Agency theory is used to explicate alternative ways of controlling behavior in order to reduce conflicts of interest that inevitably arise when principals delegate responsibility to agents. The theory suggests that agency costs are minimized when the firm is controlled by the owners. When this is the case, conflicts of interest are eliminated, and agency costs are reduced. Agency costs include the costs of monitoring, bonding, and residual loss (Barney and Ouchi, 1986). Monitoring costs are defined as the costs incurred from directly controlling the actions of employees (e.g. creating administrative functions such as an HR department, hiring supervisors, implementing incentive systems, etc.). Bonding costs arise and are borne by agents when agents are required to pursue activities to establish their credentials and provide behavioral "guarantees" to their employers (e.g. obtaining a CPA or being bonded). Residual loss is defined as the inevitable cost to the employer that results because complete (100%) compliance by employees cannot be achieved."(source: Theresa M. Welbourne and Linda A. Cyr, 2010. http://www.ilr.cornell.edu/CAHRS)

5

HR Selection
_채용전략

1
채용전략이란

1. 우선 다음 사례를 토론해 보자

[Case Study_Kroger Co.의 Selection Process[1)]]

Kroger Co, is currently the nation's largest supermarket chain with over 1,400 supermarket, 200,000 employees, 500 convenience stores, 40 manufacturing plants, and $27 billion in annual sales. Faced with a constant need to hire new employees and with problems concerning the quality of new hires, Kroger set out to improve its selection processes. Kroger's goal was to enhance the effectiveness of its ability to hire and retain outstanding customer service employees. Its traditional structured interview approach was very time-consuming. Numerous interviewers needed to be trained and certified, and each interview took an average of 45 minutes of management time. At the same time, Kroger faced pressures to develop a system that was efficient and cost-effective. The answer was a computer-based, self-administered employee selection system. Kroger began by conducting a survey of its customers to gather information regarding customer perceptions of customer

1) Murphy, T. E & Zandvakili, S. "Data-and Metrics-Driven Approach to Human Resource Practices: Using Customers, Employees and Financial Metrics," Human Resource Management, Vol. 39, No.1 pp.93-105 / Mellow(2002, 237-8면)에서 재인용.

service. This information was then converted to scales that measured the knowledge, skills, and competencies that impact outstanding customers service. The end result, an employability index, was able to evaluate an applicant's thought process, management of job-related stress, self-control, and general job-related attitudes. The index was determined entirely by an online, interactive interview with applicants; a recommendation was then offered as to whether the individual should be offered a job. This innovative approach is designed to improve both effectiveness and efficiency by matching selection criteria with carefully chosen strategic objectives. Although the program has not been formally evaluated, Kroger has already determined the three criteria by which it will assess the program: customer service measures, turnover rate, and employee safety. [P) 240 … (1)]

1. Selection Process와 관련된 Kroger Co.의 문제점과 목표는 무엇인가?
2. Kroger Co.의 문제해결을 위한 방책은 무엇인가?
3. Employability Index는 어떤 절차를 통해 만들어 지는가?
4. Employability Index는 어떤 기능을 수행하는가?

2. 채용전략의 개념과 중요성

채용이란 조직이 필요로 하는 자원을 외부에서 유입하는 과정을 말한다. 채용은 모집과 선발과정으로 이뤄져 있다. 모집(recruitment)이 선발가능한 자원의 풀(pool)을 형성하는 과정이라면 선발은 모집된 예비 인력 가운데 조직이 원하는 인재를 선택하는 과정이다. 채용전략의 중요성은 아무리 강조해도 지나침이 없다. 특히 인적 자원이 기업의 핵심역량을 구성하는 근본 요소가 되는 오늘날의 경영에서 기업의 경쟁력은 적재(the right talent)를 얼마나 확보할 수 있는가에 달려있기 때문이다.

채용의 중요성은 멜로우(Mellow, 2002)의 설명에 잘 나타나 있다. 조직의 수준은 조직을 구성하는 구성원의 수준을 넘지 못한다는 격언 아닌 격언은 조직의 성과가 다름 아닌 조직이 보유하는 구성원 역량의 직접적인 결과물임을 반영한다.

> "Staffing, the process of recruiting applicants and selecting prospective employees, remains a key strategic area for human resource management. Given that an organization's performance is a direct result of the individuals it employs, the specific strategies used and decisions made in the staffing process will directly impact an organization's success or lack thereof."
>
> -Mellow, 2002, 238면 P) 240 ··· (2)

올바른 채용이 중요한 또 하나의 이유는 인력 관리에서 나타날 수 있는 비용과 직접적으로 관련되기 때문이다. 최근에도 많은 기업은 채용한 직원들이 이직함에 따라 커다란 비용을 치루고 있다. 미국의 한 연구에 따르면, 조사대상 기업 중 45%가 이직 인원 1인당 1만 불의 비용이 든다고 응답했으며, 이직 비용이 4만 불이 넘는다고 평가한 기업도 10%를 넘는다(Mellow, 2002). 실제로 캘리포니아에 소재한 Agilent Technologies 사의 경우에는 그 정도가 매우 심각하다. 채용된 직원이 기업을 떠나게 되면 20만 불의 비용이 발생하며, 소프트 엔지니어의 경우에는 이직에 따른 비용이 25만 불에 이른다고 한다. 이는 기업이 핵심 인재를 채용하는 데 얼마나 많은 투자를 하고 있는지를 나타냄과 동시에 올바른 채용 전략이 경영의 비용효과 측면에서 얼마나 중요한 지를 반증한다.

> "Decisions made as part of the staffing process can have a significant impact on an organization's bottom line. One study found that 45 percent of companies calculate the cost of turnover at more than $10,000 per person, while 10 percent calculated it at more than $40,000 per person. Turnover costs tend to rise as the level of the job and its complexity increase. In technology companies, the costs of turnover can be staggering. Agilent

Technologies of Palo Alto, California, estimates an average turnover costs of $200,000 per departing employee and $250,000 per software engineer."

-Mellow, 2002, 238면 P) 241 ··· (3)

특히 지식경제화가 진전되면서 조직이 보유한 지식과 정보의 질은 성과창출의 핵심 원동력이 되고 있다. 지식과 정보는 인적 자원에 저장되며, 인적 자원의 창의적인 활용을 통해서 조직의 성과 창출에 기여한다. 올바른 채용은 소극적으로는 이직비용을 줄임으로써 조직의 비용효과성을 증진시키나 적극적으로는 성과창출의 원동력을 조직 내에 축적함으로써 지속적인 성장 기반을 구축한다.

채용전략은 다양한 HR 프랙티스 중 으뜸으로 고려된다. 인적자원관리는 채용, 훈련, 평가, 보상 등 다양한 프랙티스로 구성되는 정책이며 각각의 프랙티스들은 인적 자원을 관리하는 과정에서 고유한 기능을 수행한다. 그 만큼 개별 프랙티스들은 각각의 고유한 기능과 장점을 지니고 있으며 조직이 성과를 창출하기 위해서는 이를 전략적으로 전개해 나가야 한다. 그러나 채용전략은 여타 HR 프랙티스와는 구별되는 핵심적 위상을 점한다. 좋은 채용은 훈련, 평가, 보상 등 인적 자원이 조직내로 유입된 이후 적용되는 HR 프랙티스의 효과를 결정하는 선행요인이기 때문이다.

올바른 직무역량을 갖추고 조직의 문화에 부합하는 인성을 함양한 인적 자원을 선발할 때, 교육훈련투자나 동기부여 전략, 평가와 보상전략 등이 자신의 고유한 효과를 극대화할 수 있다. 예를 들면, 조직의 비전이나 목표를 공유하는 정도가 낮은 직원에 대해서는 교육훈련투자를 집중한다하더라도 그 효과는 조직에 자발적으로 몰입하는 직원에 비해 상대적으로 낮을 것이다. 동기부여를 위한 인센티브를 제공한다 해도 제대로 채용된 직원이 아니라면 그 효과는 장담하기 어렵다. 성과평가 역시 조직과 자아를 동일시하는 직원일수록 평가제도나 평가결과에 대한 자발적 수용도가 높을 것이다. 이처럼, 채용은 인적자원관리 전 과정의 효과성을 높이는 데 있어서 중요한 선행요인으로 기능한다는 점에서 다른 HR 프랙티스와 비교할 때 전략적 위상이 높다고 할 수 있다.

채용은 단순히 새로운 인적 자원을 조직 내로 유입하는 과정에 그치지 않는다. 뒤에서 상세히 다루는 것처럼, 채용전략의 수립은 환경변화 분석, 환경과 비즈니스 전략 간의 적합성 분석, 직무분석, 바람직한 인재상 정립, 핵심인재의 조건에 대한 면밀한 검토와 보완 등 다양한 과정을 통해 완성된다. 변화되는 환경을 분석하고 조직의 전략적 가치를 극대화할 수 있는 인재의 요건이 무엇인가를 검토하는 과정은 그 자체가 조직의 전반적 역량과 수준을 높이는 과정이다. 웰치(J. Welch)는 채용전략의 '통합적'효과성을 잘 간파한 인물이다.

> "채용 과정은 완벽하지 않으며 따라서 역량 있는 사람을 일부 놓칠 수도 있다. 그러나 조직 전반의 역량을 제고하는 데 획기적인 기회가 될 것이다."

채용전략은 웰치의 말처럼 완벽한 과정이 아닐 수도 있다. 사람을 뽑는 데 있어 그의 장점과 단점을 모두 알기란 현실적으로 불가능하기도 하다. 때로는 우리 조직에 필요한 적재임에도 불구하고 조직의 채용역량이 부족해 놓치는 경우도 있을 것이다. 반대로 적재가 아닌 자원을 적재로 잘못 판단할 가능성도 존재한다. 그러나 채용전략을 수립하는 과정은 조직의 전반적 수준을 한 단계 높이는 중요한 계기가 됨에 틀림없다. 환경변화 중 조직이 반영해야 할 요소가 무엇인지를 식별하고 이에 대한 대응 전략이 무엇인지를 고민할 수 있게 하기 때문이다. 적재의 요건을 재검토하는 과정을 통해 새로 유입해야 하는 인적 자원이 무엇인가를 이해하는 것뿐만 아니라 기존의 직원들이 어떤 자원으로 변화해야 하는지를 명확히 인식할 수 있는 기회를 얻기 때문이다. 과학적인 채용도구를 개발하는 과정을 통해 기존의 구성원들은 인간에 대한 이해를 한 단계 높일 수 있기도 하며, 새로운 자원을 평가하고 선발하는 역량을 훈련하는 과정을 통해 자기를 성찰하는 귀중한 기회를 가질수도 있기 때문이다.

2

채용의 흐름과 주요요소

1. 인적자원기획 _ HR Planning

1.1 개념

채용의 주요요소를 과정에 따라 분석하는 것은 채용전략 전반을 이해하는 데 도움이 된다. 채용전략은 일반적으로 인적자원기획(HR planning)[2], 직무분석(job study), 모집(recruitment), 선발(selection) 등 4단계를 통해 완성된다. 첫 단계인 인적자원기획은 조직이 필요로 하는 인적 자원의 중장기적 수급계획을 수립하는 과정이다. 홀트(Holt, 1993)는 인적자원기획을 다음과 같이 정의한다. 곧, 인적자원기획이란 조직이 필요로 하는 인적 자원의 내용이 무엇이며, 언제, 어느 정도의 규모를 어떻게 유입할 것인지에 대한 포괄적 전망이다. 인적자원기획의 개념적 요소를 살펴보면,

> "[HR planning] is the process of forecasting employment requirement and determining available internal or external resources within relevant labor markets in order to decide when, why, and in what numbers employees (will be) needed in the future." P) 241 … (4)

2) 인적자원기획은 채용전략을 수립하는 선행돼야하는 첫 단계로서의 의미를 지니고 있으나, 좀 더 넓게는 비즈니스 전략에 부합하는 인적자원에 대한 포괄적 전략기획의 의미도 지니고 있다. 필요한 인력을 채용에 의존하지 않고 내부 육성을 통해 공급하는 훈련전략에 대한 계획을 포함하기 때문이다.

첫째, 인적자원계획은 경영목적을 달성하기 위해 필요한 인력의 중장기적 수급계획이다. 곧 조직이 필요로 하는 인력에 대한 수요예측과 이를 어떻게 공급할 것인가에 대한 계획을 포함한다.

둘째, 인력에 대한 수요는 어떤 인적 자원이 필요한가에 대한 질문이 핵심요소다. 환경변화에 따라 조직은 비즈니스 전략을 성공적으로 수행하는 데 필요한 인적 자원을 새롭게 보충해야 한다. 소비자의 기호변화, 경쟁사의 동향, 정부의 정책변화 등을 면밀히 주시하고 필요한 인적 자원의 내용이 무엇인지를 판단해야 한다. 중장기적인 관점에서 어느 정도 규모의 인력이 필요한지에 대한 예측도 중요하다. 무엇보다 왜 필요한지에 대한 판단이 선행돼야 한다. 그만큼 환경변화에 대한 분석이 면밀히 이뤄져야 하며 변화되는 환경에 선제적으로 대응할 수 있는 비즈니스 전략의 변화를 모색해야 하거니와 이는 인적자원기획과 지속적으로 연동돼야 한다.

셋째, 공급계획은 어떻게 공급할 것인가의 문제에 대한 답이다. 외부노동시장을 활용하는 방법, 내부노동시장을 통해 육성하는 방법, 정규직과 비정규직의 비율에 대한 판단, 아웃소싱 등 외주화 방안 등을 종합적으로 판단해야 한다.

1.2 환경분석의 중요성

인적자원기획은 비즈니스 전략을 효율적으로 달성하기 위해 필요한 인력에 대한 포괄적 기획이자 전망이다. 이를 위해서는 노동시장의 변화에 대한 면밀한 분석이 필요하다. 특히 최근 한국이 경험하고 있는 저출산·고령화 현상은 기업이 반드시 고려해야 할 요소다. 출산율의 저하로 인해 사회적 차원에서의 생산인력 공급이 원활해지지 못할 가능성이 존재하며, 초고령화의 빠른 진전은 고령인력의 활용 방안에 대한 조직만의 해법을 요구하고 있기도 하다.

인적자원기획의 핵심적 요소는 앞서 설명한 바와 같이 환경변화에 따라 인적 자원의 수급을 어떻게 조정할 것인가의 문제다. 전략적 수급계획을 수립하기 위해서는 변화하는 환경에 대한 올바른 분석이 선행돼야 한다. 조직을 둘러싸고 있는 환경 중 기회의 요인과 위협의 요인을 적절히 식별하고 조직의 장점을 향상시키되 단점을 보완할 수 있는 다양한 방안이 고민돼야 한다. 비즈니스 전략이 변화한다면 인적자원기획 역시 이에 부합되도록 전환돼야 한다. 예를 들어 공격적 투자전략에서 방어적 안정화 전략으로 비즈니스 전략이 변화했다면 신규인력의 투입보다는 기존 인력의 효과적 전개에 초점을 둔 인적자원기획이 더 적합할 수 있다. 비용우위 전략에서 새로운 디자인을 중심으로 하는 품질전략으로 비즈니스 전략이 변화했다면 디자인 경쟁력을 향상시킬 수 있는 새로운 신규인력의 확보가 필요하게 되며 효과적인 달성을 위해 규모와 시기 등에 대한 전략적 판단이 이뤄져야 한다.

1.3 인적 자원 수요 예측

인적자원기획을 수립하는 과정 중 가장 까다로운 과제는 인적 자원의 수요를 예측하는 일이다. 시장의 변화, 기술변화 등을 고려할 때 어떤 인적 자원이 어느 시기에 얼마나 필요할 것인가를 예측하는 일은 고려해야 할 변수가 다양하기도 하고 변수마다 변화의 정도를 사전에 확정하기가 힘들기 때문이다.

전통적으로 기업은 인력 수요를 예측하기 위해 양적 접근과 질적 접근을 병행해 왔다. 양적 접근이란 과거의 실적이나 경험, 추세에 기초해 정량적 방법으로 수요를 예측하는 방법이다. 과거 수년간 축적된 매출액, 성장률, 이익률 등 수량화 할 수 있는 실적치를 기반으로 수학적 모형을 설정하고 향후 있을 주요한 변화를 고려해 일정한 추세를 도출하는 방식으로 필요 인력의 규모를 예측한다. 마코브 분석(Markov analysis), 회귀분석(regression), 트렌드 분석(trend analysis) 등이 대표적으로 활용되는 방식이다. 마코브 분석은 해마다 이직한 직원, 부서 간 이동을 경험한 직원, 현직에서 근무하고 있는 직원의 규모를 파악하고 이직 혹은 이동의 확률적 추세를 도출해 향후 분야별로 필요한 인력규모가 얼마나 되는가를 예측하는 방식이다.

> "Markov analysis describes the probability of employee staying with the job in any job category, moving to another job, or leaving the organization over a given time period, usually one year. It uses a transition probability matrix that

is established based on historical trends of mobility"

–Mellow, 2002, 138면 P) 241 … (5)

회귀분석 역시 과거의 축적된 데이터를 기반으로 인과관계를 도출하는 수학적 모형이다. 인력규모에 영향을 미치는 다양한 요소들, 예를 들면 신기술 도입, 매출액, 영업이익, 정부의 정책변화 등을 독립변수로 하는 예측함수를 만들고 이를 통계모형을 통해 분석함으로써 필요 인력 규모를 예측한다.

양적 접근이 과거의 데이터를 활용해 수학적 모형에 근거해 향후 필요한 수요의 규모를 예측하는 방식이라면 질적 접근은 정성적 측면에 초점을 두어 예측하는 방식이다. 정량화될 수 없는 다양한 요소를 고려할 수 있는 장점이 있다. 대표적인 방법은 델파이 기법(Delphi technique)으로 인적자원관리 전문가들의 의견을 다양한 방식으로 여러 차례 수렴하는 과정을 통해 필요 인력을 예측하는 방식이다.

1.4 인적자원기획의 한계

인적자원기획은 필요인력의 수급계획을 수립함으로써 비즈니스 전략을 성공적으로 달성하는 데 기여할 수 있는 장점이 있다. 그러나 현실적으로는 많은 한계가 있는 것 또한 사실이다. 가장 큰 한계는 예측의 불확실성이다. 인적자원기획은 과거의 추세나 미래에 발생할 수 있는 변수에 대한 예측에 기반해 수급계획을 수립하는 과정이다. 그러나 과거의 추세는 확인된 경향일 뿐 미래에 동일한 패턴이 반복적으로 나타날 것이라고 단정하기 어렵다. 미래에 발생할 수 있는 변수 역시 예측에 의존하고 있다는 점에서 불확실성이 크다. 이처럼 예측에 주로 의존하는 인적자원기획은 경영의 실제를 반영하는 데 한계가 크다는 점에서 중요한 HR 프랙티스로서의 위상을 갖지 못한다는 비판이 제기되고 있다. 실제로 환경변화가 기업에 가져올 영향이 어느 정도 되는 지를 정확히 판단하는 것이 현실적으로 곤란해 이에 따른 인력수급계획을 수립하는 것이 무의미하다는 지적이 있으며, 실제로 인적자원기획이 제대로 기능하고 있다는 경험적인 근거가 부족하다는 점도 한계로 제시되고 있다(Glueck, 1983).

2. 직무분석과 설계 _ Job Study and Design

2.1 직무분석

직무분석은 직무의 내용과 이를 수행할 수 있는 인적 자원이 갖추어야 할 역량을 을 구체화하는 과정을 말한다. 채용은 직무를 수행하는 데 필요한 인력을 유입하는 과정이므로 채용전략의 수립에 앞서 직무의 내용을 재검토하고 이를 효과적으로 수행하는 데 필요한 역량을 확정하는 것이 필요하다.

직무분석은 주로 직무기술(job description)과 직무명세(job specification)으로 구성된다. 직무기술이란 직무의 목적, 내용, 방법, 환경 등 직무의 구체적 내용과 특성을 분석하는 과정이다. 이를 체계화한 문서가 직무기술서다. 반면, 직무명세는 특정 직무를 수행하는 데 필요한 인적 자원의 내용을 의미하며 이를 명기한 것이 직무명세서다.

2.2 직무설계

직무설계(job design)란 “조직 내에서 과업이 어떻게 수행되어야 하는지, 책임과 체제가 어떻게 사용되는지에 대한 설계과정을 의미한다. 즉, 직무를 수행하는 사람에게 의미와 만족을 부여하고, 조직이 그 목표를 보다 효율적이며 효과적으로 수행하여 바람직한 성과를 창출할 수 있도록 일련의 직무군과 단위직무내용 및 직무수행 방법을 설계하는 활동을 의미”한다.(1) 전통적으로는 단순화, 표준화, 전문화 등에 기초한 노동과정의 분업을 토대로 설계했으나 이는 직무불만족, 탈숙련화, 소외 등 많은 문제를 야기했다. 이를 극복하기 위해 많은 기업들은 직무재설계를 통해 구성원의 만족도를 제고하고자 하는 노력을 기울이고 있다.

직무재설계의 방안은 직무순환, 직무확대, 직무충실 등이 대표적이다. 직무순환(job rotation)은 구성원으로 하여금 다양한 직무를 경험케 함으로써 직무와 조직에 대한 만족도를 높이는 방안이다. 직무확대(job enlargement)는 직무내용의 영역을 넓히는 방안이다. 수행해야 할 과업이 지나치게 세분화돼 있는 경우 단순한 업무가 반복됨으로 인해 직무수행자의 의욕을 상실시키고 결국 성과창출이 어려워진다. 구성원이 수행하는 직무의 범위를 확대하여 단조로운 작업의 반복에 따른 권태감을 없애고 좀 더 의욕적으로 일할 수 있도록 재설계하는 방안이 직무확대다.[2] 이는 내용상 다양성에 의한 만족도를 제고한다는 측면에서 직무의 수평적 확대라 볼 수 있다. 직무충실(job enrichment)은 직원의 권한과 책임을 확대함으로써 구성원의 만족도를 제고하는 방안으로 수평적 확대에 대비해 수직적 확대로 부른다.

3. 모집 _ HR Recruitment

3.1 내부모집과 외부모집

모집이란 선발을 위해 필요한 자원의 예비적 풀을 형성하는 과정을 의미한다. 어떤 자원에 초점을 둘 것인가에 따라 내부모집과 외부모집으로 나뉜다. 내부모집은 현재 근무하고 있는 구성원을 대상으로 새 직무에 배치할 자원을 모집하는 방법이다. 사내공모제와 기능목록관리제가 주로 시행되고 있다. 사내공모제란 사내 정보망 등을 통해 내부 직원을 대상으로 새 직무를 담당할 자원을 모집하는 방식이다. 사내 벤처 등 신규 사업을 기획할 경우 유용하게 활용될 수 있다. 사내공모제는 직무순환의 기회를 부여하는 효과를 가지며 인사의 객관성을 높이는 장점도 지니고 있다. 기능목록관리제 역시 내부모집의 한 방법으로 활용된다. 내부 자원의 역량, 자격 등을 관리하고 필요시 이를 활용해 새 직무를 담당할 자원을 탐색하는 방식이다. 외부모집은 외부자원으로부터 새로운 아이디어, 지식, 기능을 확보하기 위해 사용하는 보편적인 모집 방식이다.

3.2 장단점 비교

내부모집은 현 구성원에 대해 새로운 직무기회를 부여할 수 있다는 점에서 구성원의 직무만족 향상, 사기진작 등에 도움이 된다. 채용비용을 줄일 수 있는 장점도 있다. 구성원의 직무역량, 태도, 조직에 대한 이해와 몰입 등을 잘 파악할 수 있기 때문이다. 재사회화 등 교육훈련 비용도 외부자원을 채용하는 데 비하면 상대적으로 줄어들 수 있다. 반면, 새로운 지식과 정보를 유입하는 데는 내부모집보다는 외부모집이 상대적으로 유리할 수 있다. 특히 조직 문화를 전반적으로 쇄신할 필요가 있을 경우, 외부모집은 외부의 다양한 경험, 경영스타일을 갖춘 새 자원을 유입할 수 있는 외부모집이 내부모집에 비해 유리할 수 있다. 다양성(diversity)을 보완하고자 하는 필요가 있다면 역시 내부모집보다는 외부모집이 조직에 도움이 된다.

[내부모집 · 외부모집의 장단점]

	장 점	단 점
내부모집	• 후보자에 대한 평가 용이 • 모집/훈련비용감소 • 동기부여 효과	• 다양성 확보 미흡 • 자원의 불충분성
외부모집	• 다양성 확보 • 새로운 지식/아이디어 등 확보	• 모집비용 • 사기저하 등

[출처: H. John Bernadin, "Human Resource Management: An Experimental Approach" NY: McGraw-Hill, 2003]

4. 선발 _ HR Selection

4.1 적극적 선택과 소극적 배제

선발은 적극적 선택과 소극적 배제의 과정이다. 직무역량과 조직문화에 적합한 인재를 적극적으로 탐색, 선발하는 과정인 동시에 배제의 과정이기도 하다. 특히 소극적 배제의 과정은 동일한 질의 자원이 존재할 때, 조직이 중시하는 중요가치에 따라 배제하는 방식이다. 다양한 선발 기준이나 가치가 위계적으로 정렬되지 못할 경우, 소극적 배제가 적절히 이뤄질 수 없으며, 이는 잘못된 선택으로 이어질 수 있다.

4.2 고려해야 할 요소

선발 시 고려해야할 요소는 일반적으로 직무적합성, 조직문화 적합성, 잠재능력 등이다. 선발하고자 하는 예비자원이 이를 적절히 갖추고 있는지를 판단하는 것이 선발의 기초 과정이기도 하다.

소위 'KSAOs'로 요약되는 직무적합성 요소는 지식(knowledge), 숙련(skills), 소양(혹은 태도, attitudes), 기타 요소들(other things)을 의미한다. 지식과 정보의 중요성은 더 이상 강조할 필요가 없을 만큼 중요하다. 직무가 요구하는 지식을 잘 축적한 자원을 선발해야 하는 것은 물론이다. 숙련은 경험에 의해 축적된 기술동원 능력을 의미한다. 소양은 직무가 요구하는 가치관, 직무에 대한 신념, 동료와의 관계를 맺는 양식 등을 포함한다. 기타 요소는 경영자가 중시하는 다양한 요소들로 지식, 숙련, 소양 이외의 요소들을 말한다.

KSAOs는 직무적합성을 판단하는 요소라는 점에서 위에서 설명한 지식과 정보, 숙련의 정도, 태도와 소양 등은 직무의 특성과 관련성이 높아야 한다. 특히 소양이나 태도는 직무의 특성에 따라 다를 수 있는데, 예를 들어 기획업무에는 창의적인 인식, 상충되는 이해관계를 조정할 수 있는 역량이 상대적으로 더 필요하다면, 회계업무에는 성실성, 윤리의식, 책임성이 상대적으로 더 필요한 소양일 수 있다.

조직문화 적합성은 최근 들어 그 중요성이 강조되고 있다. 기업은 저마다 자신만의 독특한 문화를 보유한다. 오랜 시간을 거쳐 형성된 문화는 조직의 가치, 신념체계, 일하는 방식 등을 포함하는 생활양식이다. 자신만의 고유한 역사를 통해 형성되는 만큼 기업문화는 다양하게 형성된다. 조직문화 연구자들은 이를 일정한 기준에 따라 분류함으로써 문화의 유형화를 시도해 왔다. 예를 들면, 오레일리·채트먼·칼드웰(O'Reilly·Chatman·Caldwell, 1991)은 문화에 대한 프로파일을 구성해 조직문화를 분류하는 척도를 개발했는데, 기업의 핵심가치에 따라 문화가 달라진다는 점을 강조하고 있다. 이들이 제시한 7개의 가치는 혁신, 안정성, 인간존중, 성과지향성, 정확성, 팀 지향성, 경쟁지향성이다. 기업의 문화는 이러한 핵심가치에 따라 유형화될 수 있다. 예를 들어 혁신을 강조하는 기업은 경쟁지향성과 성과지향성을 동시에 추구할 수 있으며, 이를 혁신지향적 문화를 갖는 기업이라 부를 수 있다.

조직 문화가 중요한 변수로 인식되는 이유는 문화의 성격과 내용에 따라 인적자원관리 정책의 성격과 범위가 결정되기 때문이다. 혁신과 성과를 지향하는 문화를 보유한 기업의 경우에는 성과주의 임금체계가 잘 발달할 수 있지만 안정성과 인간존중을 추구하는 조직문화 아래에서는 성과나 경쟁 중심의 HR 프랙티스는 성공적으로 안착되는 데 많은 장애가 있을 수 있다.

선발에서도 조직문화는 중요한 변수다. 예비 자원이 보유하고 있는 행동양식이 조직문화에 적합할 경우 성과창출 가능성이 높아지기 때문이다. 조직과 구성원 간의 궁합이 잘 맞을 경우 구성원의 성과향상 기여도가 높아질 뿐만 아니라 조직의 문화도 강화될 수 있다는 점에서 조직과 구성원이 동반성장할 수 있는 기반이 구축된다. 그만큼 조직문화와의 적합성 정도는 선발에 있어 핵심요소라 할 수 있다.

잠재능력에 대해서도 주목해야 한다. 잠재능력이란 현재 드러난 현시적 능력이라기보다는 미래에 발현 가능한 역량을 의미한다. 인적 자원에 대한 투자가 이뤄지면 성장할 수 있는 가능성의 정도를 의미한다. 잠재능력이 풍부한 자원을 선발해야 하는 것은 당위적으로 부정할 수 없다. 다만 잠재능력을 어떻게 판단할 수 있는가, 라는 현실적인 문제는 여전히 남아 있다. 따라서 이를 판단할 수 있는 과학적 도구와 방식의 개발이 지속적으로 필요하다.

4.3 선발 방식

기업은 역량이 높은 자원을 선발하기 위해 다양한 방식을 탐구하고 발전시켜왔다. 선발방식이란 선발도구, 선발단계, 선발 전문가 육성, 선발체계 등을 포함하는 포괄적인 개념이다. 선발도구는 다양하게 고려될 수 있거니와 서류전형(바이오 데이터), 시험(attitude/ability/intelligence/emotion test), 면접 등을 예로 들 수 있다. 서류전형은 주로 지원자의 바이오 데이터, 학력, 경력 등을 평가한다. 최근에는 블라인드 테스트가 주를 이루고 있는데 성이나 연령, 학력 등 전통적인 요소를 고려하지 않고 역량에 집중해 평가하고자 하는 기업의 의지를 반영한다. 성이나 연령의 경우 차별적 채용으로 이어질 수 있어 주의가 요망되기도 한다. 시험은 기초적 지식과 소양을 평가하는 방식이다. 주로 직무적성검사 형식의 테스트가 이뤄지는데 기업이 원하는 소양 - 예를 들면, 적극성, 창의성, 소통능력 등 - 이나 직무와 관련된 직무영역 지식, 수리능력, 공감각능력 등 기초 능력 등을 평가하는 데 주로 활용된다.

최근에는 면접의 중요성이 강조되고 있다. 면접은 구조적·비구조적 면접, 개별·집단 면접, 시나리오 면접 등 다양한 유형이 있다. 구조적 면접(structured interview)이란 인터뷰의 질문내용과 예상되는 바람직한 답변이 사전에 체계화돼 있는 면접을 말한다. 예비 자원이 갖고 있는 직무적합성이나 조직문화 적합성을 판단하기 위해 사전에 인터뷰 질문이 체계적으로 짜여 있으며, 질문에 대한 답 역시 유형화되어 있는 것이 특징이다. 예를 들면, 창의성을 판단하기 위한 질문이 구성되어 있고, 질문마다 바람직한 정답도 유형화되어 있다. 이를 근거로 창의성의 정도를 판단하는 면접이다. 반면, 비구조적 면접(unstructured interview)은 면접의 목적과 방향만 정해져 있으며 구체적 내용은 사전에 결정돼 있지 않다. 주로 지원자들의 자기소개서나 포트폴리오를 중심으로 자유로운 형식의 면담이 이뤄지는 방식으로 진행된다. 자유형식의 면담이므로 지원자에게는 다소 부담이 큰 면접 방식이다. 비구조적 면접은 사전에 시나리오나 질문-예상답안이 주어져 있지 않으므로 면접의 효과성은 면접자의 역량에 크게 의존한다. 따라서 숙련된 면접자가 필요하며 면접의 목적과 방향, 파악해야 할 요소 등에 대한 면접자 사전훈련이 충분히 이뤄지지 않으면 효과를 거두기 어렵다.

시나리오 면접은 구조적 면접과 비구조적 면접이 혼합된 면접 방식이다. 지원자는 주어진 가상 시나리오를 파악하고 시나리오에 입각해서 질문에 답하며 면접자는 답변과정을 관찰하고 필요한 질문을 통해 지원자의 역량을 파악하는 방식이다. 시나리오와 이에 관련된 질문-바람직한 답변이 사전에 기획돼 있다는 점에서 구조적인 성격을 가지나, 동시에 답변과정에서 심층 면접이 이뤄진다는 점에서 비구조적 성격도 포함한다.

시나리오 면접은 다양한 형식으로 구성되는데, 1:1 역할연기, 1:2 역할연기, 발표, 집단토론, 서류함 기법 등이 주로 사용되고 있다. 1:1 역할연기는 지원자와 평가자가 시나리오에 주어진 역할에 따라 연기를 하도록 구성하고 연기 과정에서 관찰된 지원자의 역량을 평가하는 방식이다. 1:2 역할연기는 1:1 역할연기를 응용한 방식으로, 평가자 2인이 서로 대립되는 주장을 전개하는 역할을 수행하고 지원자는 이를 조정하는 역할을 수행하는 식으로 시나리오가 구성된다. 주로 갈등해결능력, 조정능력 등을 판단하는 데 유효한 방식으로 평가된다. 발표는 일정한 주제를 제공하고 이에 대해 지원자가 제시한 대응방안 등 해법을 토론하는 방식으로 이뤄진다. 집단토론은 다수의 지원자가 하나의 주제에 대해 서로의 의견을 주장하고 조정케 하는 방식으로 진행되는 게 일반적이다.

시나리오 면접이 증가하는 이유는 지원자의 역량을 잘 파악할 수 있는 장점이 있기 때문이다. 이를 역량면접(competency interview)이라 부르기도 하는데, 이때 '역량(competency)'이란 특정 직무를 수행하는 필요한 능력 또는 자질, 행동방식, 가치관 등을 포함하는 포괄적 개념으로 현재의 행동이나 성과의 원인이 미래의 행동과 성과를 예측할 수 있는 기준이다. 과거에는 지원자들을 비교 평가해 상대적으로 역량이 뛰어난 사람을 선발했다면, 최근 기업들은 역량평가를 통해 조직이 필요로 하는 객관적 역량 기준을 정하고 이에 부합하는 지원자를 선발하는 방식을 선호하고 있다.

최근 들어 스트레스 면접도 증가하고 있다. 고객을 직접 대하는 서비스 업종의 경우 감정노동(emotional labor)의 양이 증가하고 이에 따라 스트레스가 높아지기 때문이다. 스트레스 인내 역량(stress tolerance)이 성과 창출과 밀접한 상관관계에 있다는 가정 아래 스트레스 면접이 구성된다. 정답을 찾기 보다는 스트레스 상황에서 나타나는 태도를 관찰하는 데 초점이 두어져 있다. 그러나 스트레스 면접은 면접관이 잘 훈련돼야 하며 그렇지 못할 경우 성차별적 언사 등 오류가 발생할 수 있다는 점에서 주의할 필요가 있다. 무엇보다 스트레스 인내 역량을 면접 형식으로 파악하는 데 문제가 있을 가능성도 존재하는 만큼 새로운 도구를 개발하는 노력도 필요하다.

인턴제도 역시 보편적으로 사용되는 방식이다. 인턴 제도를 통해 기업은 실제로 조직 내에서 업무를 수행하는 과정을 직접 관찰할 수 있을 뿐만 아니라, 어느 정도 성과를 창출하는 지, 조직문화와는 적합한 지 등을 세밀하게 파악할 수 있다. 다만, 다수의 사례에서 발견되는 것처럼, 인턴제도를 인건비를 절감하는 전략으로 사용되는 예(열정페이 등)가 늘고 있으므로 경계할 일이다.

4.4 선발의 합리성 _ 도구의 합리성과 과정의 합리성

좋은 선발을 위해서는 선발도구의 합리성과 선발과정의 합리성이 모두 충족돼야 한다. 도구의 합리성을 측정하는 기준은 신뢰성, 타당성, 경제성이 일반적으로 거론된다. 선발도구의 신뢰성이란 반복적 실험을 통해 결과가 일관되게 나타나는 정도를 의미한다. 면접을 예로 든다면, 개발된 면접 도구가 일관된 결과를 도출하는 지를 분석하는 것이다. 동일한 역량을 갖추고 있는 지원자임에도 불구하고 면접결과가 상충되게 나타난다면 그 면접 도구는 일관된 결과를 산출하기 부족하므로 의존할 수 없다. 또한 평가자가 서로 다르다하더라도 일관된 결과가 산출돼야 하거니와 동일한 면접도구를 활용했음에도 불구하고 평가자가 다르다는 이유로 서로 충돌되는 결과가 도출된다면 도구의 신뢰성을 의심해야 한다.

신뢰성이 일관된 결과를 산출하는 도구인지 여부를 판단하는 기준이라면, 타당성은 선발도구가 본래 측정하고자 하는 요소를 제대로 측정하는 지, 그 정도를 나타내는 지표다. 예를 들어 창의성을 판단하기 위해 개발된 도구가 창의성을 제대로 측정할 수 있는 내용으로 구성돼 있는지, 창의성이 높은 자원으로 평가된 자원이 실제 업무를 수행하는 과정에서 창의성을 적절히 발휘하고 있는지 등을 판단해야 한다. 전자를 내용타당도(content validity), 후자를 실증타당도(empirical validity)라고 한다.

경제성은 선발도구의 비용효과성을 의미한다. 선발도구는 신뢰도가 타당도가 높아야 하지만, 실제로 두 요소를 모두 갖춘 선발도구를 개발하는 데는 많은 시간과 비용이 소요된다. 예를 들어 최근 정부와 기업에서 많이 도입하고 있는 인적자원평가센터(HR assessment center, 혹은 역량평가센터) 기법은 신뢰도와 타당도가 매우 높은 도구로 정평나 있지만 이를 운용하는 데는 많은 자원과 시간이 소요된다. 선발하고자 하는 지원자의 규모, 선발할 직무와 직위의 중요성을 고려해 지나치게 많은 비용이 소요되는 도구만을 고집하는 일은 삼가야 한다.

선발도구의 합리성과 함께 선발과정의 합리성 역시 좋은 선발을 결정하는 주요 요소다. 선발과정의 합리성이란 실제 선발하는 과정에서 평가자가 범할 수 있는 오류를 축소함으로써 높아진다. 사람의 역량과 행동양식을 평가하는 일은 말처럼 쉬운 일은 아니다.

이로 인해 평가자는 다양한 인지적 오류에 빠지기도 하는데, 첫인상효과, 관대화경향, 가혹화경향, 스테레오타입 등이 대표적이다.

첫인상효과란 첫인상이 전체를 좌우하는 효과를 말한다. 지원자의 첫인상이 매력적일 경우 실제 갖추고 있는 역량의 정도와 상관없이 좋은 자원으로 평가되는 경향이 선발과 평가 현장에서 발견되곤 한다. 관대화 경향이란 평가요소에 기초해 엄밀하고 명확한 평가를 해야 함에도 불구하고 평가기준을 상회하는 점수를 부여하는 경향이며, 가혹화경향은 관대화경향이 반대로 발현되는 경우다. 스테레오타입 역시 평가자가 가지고 있는 주관적 가치나 신념이 평가요소와 기준과 무관하게 평가과정에 개입됨에 따라 나타나는 오류다.

선발과정에서의 오류를 극복하기 위해서는 무엇보다 평가자에 대한 훈련이 충분히 이뤄져야 한다. 평가자는 선발평가의 목적, 내용, 방식, 주의해야 할 요소 등을 명확히 이해해야 하며, 선발도구의 특징과 운용방법에 대해서도 정통해야 한다. 선발의 질은 평가자의 질을 넘어설 수 없다는 명제는 이점에서 언제나 유효하다.

3

채용전략의 요소와 과정

1. 직무역량인가, 바람직한 행위양식인가.

좋은 채용을 위한 조건은 무엇인가. 여러 논의가 가능하나, 지금까지 지속되고 있는 전통적 논쟁 중 하나는 직무중심 채용인가, 조직(문화)중심 채용인가의 논쟁이다. 직무중심 채용은 채용에 있어 우선순위를 직무역량에 두는 반면 조직문화중심 채용은 직무역량보다는 조직 적합성에 둔다. 보웬(Bowen, 1991)의 개념으로 말하면, 전자는 직무-개인의 적합성(person-job fit)을 강조하는 반면, 후자는 조직-개인의 적합성(person-organization fit)을 더 중시한다. 물론 경영현장에서는 직무역량이 뛰어나고 조직 적합성도 우수한 자원을 선발하는 것이 필요하다. 그만큼 직무역량과 조직적합성은 성과 창출은 물론 조직과 구성원의 상생발전을 위해 필수적인 요소다.

그러나 이론적 관점에서 문제를 재구성하면 직무역량과 조직적합성 중 무엇이 더 결정적인 요소인가라는 문제로 전환된다. 결정적 요소에 대한 판단은 채용 현장에서도 매우 중요하다. 직무역량도 뛰어나고 조직에도 잘 맞는 자원을 발견한다면 채용 결정은 어렵지 않다. 문제는 불균형한 지원자를 판단할 때 발생하거니와 채용과정에 참여해본 경험이 있는 경영자라면 그 곤혹성은 잘 이해할 수 있으리라 생각된다.

이론적 관점에서 본다면 '직무 적합성 대 조직 적합성' 논쟁은 자원근거이론과 행태이론 간의 대립이기도 하다. 앞서 이론장에서 설명한 것처럼, 자원근거이론은 조직이 내부에 보유한 핵심자원과 역량이 성과창출의 근본적 동력임을 강조하는 반면, 행태이론은 바람직한 행위양식이 더 결정적임을 주창한다. 물론, 넓은 의미에서 본다면 바람직한 행위양식 역시 조직의 핵심자원의 한 유형에 해당하므로 두 이론 간의 갈등은 일정정도 상쇄되는 경향이 있기도 하다. 그러나 인적자원관리 분야에서 자원근거이론은 주로 지식과 정보, 경험 등 인적 자원의 직무역량에 초점을 두어 핵심자산을 파악하고 있다는 점에 두 이론 간 대립은 여전히 해소되지 않고 있다.

2. 조직적합성 우위의 전략

2.1 장점과 단점

직무적합성과 조직적합성을 서로 대립하는 요소로 가정한다면, 최근 인적자원관리 이론은 조직 적합성을 더 중시하는 입장으로 수렴되고 있다고 볼 수 있다. 보웬·레드·나단(Bowen·Led·Nathan, 1991)이 제기한 조직적합성 중심의 채용의 중요성을 먼저 살펴보자.

우선, 조직적합성(person-organization fit) 기준은 다양한 장점을 지니고 있다. 조직적합성이 뛰어날 경우, 구성원은 직무와 조직에 대한 만족이 높을 것이고 이는 팀의 성과를 높임은 물론 조직 전체의 성과를 향상시키는 데 기여할 것이다. 구성원이 가지고 있는 바람직한 행위양식은 성과 창출에 도움이 되는 것은 물론이며 동료와의 관계를 개선함으로써 협업의 질을 높이기도 한다. 따라서 조직은 자신과 잘 맞는 구성원이 더욱 성장할 수 있도록 다양한 투자를 아끼지 않으며 투자대비 효과도 높아진다.

Potential Benefits –

1) More favorable employee attitudes (such as greater job satisfaction, organization commitment, and team spirit).
2) more desirable individual behaviors (such as better job performance and lower absenteeism and turnover)

3) reinforcement of organizational design(such as support for work design and desired organizational culture)

-David, E. Bowen, G. E. Led, B. Nathan, 1991 P) 241 … (6)

그러나 조직적합성 요소가 장점만을 가지고 있는 것은 아니다. 무엇보다 채용과정에서 많은 투자가 요구된다. 지원자가 조직에 잘 맞는 인성과 소양, 행동양식을 갖추고 있는지를 판단하기 위해서는 전통적인 선발도구만으로는 부족하다. 치밀하게 구성된 복합적인 선발도구를 개발해야 하며 선발에 드는 시간도 늘어날 가능성이 높다. 그만큼 비용효과성이 낮아질 수 있는 단점이 있다. 만약 조직이 요구하는 바람직한 행위양식을 적절히 판단할 수 있는 도구 개발에 실패한다면 조직 적합성이 높은 자원을 선별해 내기 어려우며 많은 경우에는 잘못된 선발이 이뤄질 수 있다. 최악의 경우에는 직무적합성도 떨어지고 조직적합성도 떨어지는 악재를 선발할 가능성도 존재한다.

Potential Problems -

1) Greater investment of resources in the hiring process

2) relatively underdeveloped and unproven supporting selection technology,

3) individual stress,

4) may be difficult to use the full model where payoffs are greatest.

-David, E. Bowen, G. E. Led, B. Nathan, 1991 P) 241 … (7)

2.2 상대적 우위성

조직적합성 중심의 채용전략은 이처럼 장점과 단점을 모두 가지고 있으며 따라서 경영자의 판단에 의지할 수밖에 없다. 그러나 최근의 트렌드를 살펴보면, 직무적합성보다 조직적합성을 우위에 두는 경영이 확산되고 있음을 알 수 있다. 전통적인 채용과정에서는 조직적합성이 크게 고려되지 않았다. 직무가 요구하는 역량을 갖춘 자원이라면 채용의 충분조건을 달성한다고 보았기 때문이다. 그러나 보웬은 이러한 전통적인 가정을 질문에 부친다. 실제로 직무역량은 성과달성과 직접적 상호관련성을 갖는 것은 사실이나, 많은 조건이 뒤따라야 한다. 직무역량이 적절히 발휘될 수 있는 기회와 여건이 마련돼야 하며 동시에 그가 자발적으로 자신의 잠재역량까지 발휘할 수 있는 동기가 부여돼야 한다. 단순한 물질적 보상만으로 이를 달성할 수는 없다. 구성원은 물질적 인센티브에 민감하게 반응하는 것이 일반적이나 그렇다고 하여 자신의 재량(discretionary power)을 모두 동원할 만큼 물질적 인센티브가 충분한 기능을 수행하는 것은 아니기 때문이다.

> "The traditional selection model focuses almost exclusively on the first type of fit (KSAs-job) while tendering to ignore, or assessing far less rigorously, the second type(person-climate/culture). The narrow focus of the traditional selection model reflects several factors. One is that managers tend to think of individual job performance as the key outcome of the hiring process and they believe that job performance is a function of the fit between KSAs and task demands. Additionally, the traditional selection model is more concerned with finding new employees than with retaining them. There is less attention to whether the whole person finds the organization's culture satisfying enough to stay. Organizations have also been constrained by the unavailability of proven selection technologies for producing the fit between personality and climate/culture."
>
> -Bowen et al, 1991 P) 241 … (8)

자발적 영역이 존재하거니와 자발성을 이끌어내는 것은 보상 등 외부조건의 변화만으로 달성될 수 없다. 개인과 조직 간의 비가시적 관계성이 중요함은 이 때문이다. 조직에 대해 개인이 스스로 동일시할 때 재량적 힘은 모두 발산될 수 있거니와 이는 조직 자체를 얼마나 자발적으로 수용하는가에 의해 결정된다. 결국, 구성원이 보유한 직무역량은 그 자체만으로 성과를 창출시키는 것이 아니라 올바르게 발현될 때 비로소 성과창출로 이어진다. 그만큼 직무역량이 최대한 발현될 수 있는 조건을 형성하는 것이 핵심적인 요소로 남는다. 인센티브를 중시하는 전통적 시각에서 보면 직원들의 직무역량은 일정한 보상에 대한 기대를 매개로 발현된다. 그러나 이는 한계가 있기 마련이다. 만약 직원 스스로가 자신의 역량을 최대한으로 발휘하고자 하는 마음을 갖는다면 어떠할까. 조직의 가치와 비전에 자발적으로 동의하고 조직 문화를 스스로 존중하는 직원이라면 외적 인센티브가 없이도 성과창출을 위해 최선을 다할 확률이 높아진다. 물론 외적 인센티브의 중요성을 폄하해서는 안 된다. 그러나 인센티브의 효과가 극대화되기 위해서라도 직원들이 스스로 갖는 조직에 대한 태도나 마음가짐은 매우 중요한 변수가 된다. 조직적합성은 그만큼 직원들의 재량적 노력이 지속적으로 성과창출에 연동될 수 있도록 유인하는 기반이 된다.

조직적합성은 구성원과 조직 간의 실질적 연대(bond)를 강화시키는 요소이기도 하다. 구성원의 성과창출은 '기업에 오랫동안 남아서 스스로 성장하려 하고자 하는가'라는 의지의 문제와도 관련된다. 이는 단순히 이직비용을 절감해야 목적만을 의미하지 않는다. 물론 이직비용은 매우 심각하다. 버거킹의 경우 이직률이 240%에 달하고 있다고 한다. 이직으로 인한 비용은 모든 기업이 부담해야 하는 거래비용이자 기회비용이라는 점은 앞서 설명한 바와 같다. 다른 측면에서 보면, 핵심 인재(top talent)로 성장하기 위해서는 조직에 오랫동안 남아 있어야 하거니와 '근속'은 결국 사람(상사나 동료, 부하)과 문화에 의해 결정되는 문제다. 좋은 사람, 좋은 문화가 자발적인 장기근속을 결과하는 것은 보편적인 이치다. 이와 관련해 노동시장의 여건으로 인해 조직에 잔류하고자 하는 의지가 높아지거니와 이는 다른 문제다. 실업의 증가로 노동시장이 루즈한 경우, 구성원은 조직에 잔류하고자하는 열망이 높아지나 이는 개인적인 소득을 목적으로 하는 것이지, 조직의 발전을 궁극적 목표로 하는 것은 아니다. 이는 구별해서 이해해야 할 문제다.

주의해야 할 것은 인재-조직 간 적합성을 제고하는 채용전략이 직무역량의 중요성을 간과하는 전략은 물론 아니다. 직무역량은 조직의 성과를 달성하는 데 여전히 중요한 기반이다. 다만, 전통적인 채용전략이 주로 구성원-직무역량 간의 적합성만을 배타적으로 고려했다는 점에 대한 비판으로서 제기되는 것이 조직문화 적합적 채용전략이다. 직무역량만 높으면 성과가 날 것이라는 단순한 전제(전통적인 채용전략의 전제)에 대한 비판이기도 하다. 그러나 양자 간 선택이 필요할 때, 우리는 무엇에 상대적인 비중을 두어야 하는가 하는 문제는 여전히 남아 있다. 무엇을 더 중시해야 하는가? 잠정적으로는 조직문화 적합성이 직무적합성보다 더 중요한 요인이라는 데 동의한다. 그러나 개별적 사례의 축적을 통해 다양한 경우를 고려할 필요는 여전히 남아 있다.

또 한 가지 부연할 것은, 조직적합성을 강조하는 채용전략이 잘 못 발현될 경우 조직의 발전에 커다란 장애로 작용한다는 사실이다. 자칫 조직적합성이 뛰어난 자원을 채용하는 과정이 단순히 '상사의 말을 잘 듣는 사람'을 선발하는 결과를 낳을 수 있기 때문이다. 특히 권위주의나 관료주의가 팽배한 조직의 경우에는 그 확률이 더 높아진다. 경계해야 할 일이다.

3. 채용전략 수립과정

채용전략의 수립과정을 조직 적합성 중심의 채용에 초점을 두어 살펴보자. 물론 이는 일반적인 채용전략 수립과정에서 고려돼야 할 요소와 단계를 포함하고 있다는 점에서 보편적 전략으로 보아도 무방하다. 4단계의 채용과정을 살펴보자.

3.1 직무분석

첫 단계는 직무분석으로 시작한다. 언제나 중요한 과정이다. 직무가 필요로 하는 인적자원 역량이 무엇인가를 분석하는 것은 직무설계의 기본적 요소이자 채용전략을 수립함에 있어 선행돼야 할 요소이기 때문이다. 조직적합성을 제고하는 과정은 개인-조직 간의 적합성 제고만으로 이뤄지지 않는다. 개인-직무 간 적합성 역시 중요하거니와 이는 조직은 목표달성을 위해 정렬된 직무의 합으로 구성되기 때문이다.

3.2 인재상 정립

둘째 단계에서는 인재상을 정립한다. 조직이 요구하는 탈렌트는 무엇인가, 이를 잘 구현할 수 있는 인재의 모델은 무엇인가, 조직의 필요, 가치, 이익에 부합하는 인재라면 어떤 요소를 갖추어야 하는가, 등의 문제가 둘째 단계에서 풀어야 할 질문이다. 인재상은 보통 추상적인 언어로 표상된다. 창의적 인재, 혁신적 인재, 인화적 인재 등이 그 예다. 그란 추상적인 형태로 나타나는 인재상이라 하더라도 그 내용은 구체적이어야 한다. 어떤 기업이 혁신적 인재를 바람직한 상으로 제시하고 있다고 가정하면, 혁신은 왜 필요한가, 어떤 혁신이 필요한가, 그러한 혁신을 달성하기 위해서는 어떤 능력과 태도가 요구되는가, 등의 문제가 함께 고려돼야 한다.

3.3 채용과정의 체계화

셋째 단계는 채용전략의 구체화를 위한 핵심과정이다. 적정한 예비 풀을 만들기 위해서는 어떤 모집방법이 효과적인지를 판단해야 한다. 앞서 설명한 바와 같이, 새로운 아이디어나 행동양식을 조직내로 유입할 필요가 있을 경우에는 외부자원에 초점을 둔 모집방법을 택해야 하며, 내부 직원들의 사기 진작 등을 주요하게 고려한다면 내부자원에 초점을 둔 모집이 더 효과적이다.

선발도구를 선택하고 이를 적절히 활용할 수 있는 방안도 모색해야 한다. 기초적인 지식과 소양을 평가하는 데 필요한 다양한 테스트 도구를 개발하고 신뢰도와 타당도를 제고할 수 있노록 면밀히 준비해야 한다. 조직적합성을 검증하기 위해서는 개인의 성격에 대한 평가가 필수적인 만큼 효과적인 소양 검증 전략도 구체화해야 한다. 면접전략 역시 사전에 치밀하게 기획돼야 한다. 면접을 통해 평가해야 하는 요소를 사전에 확정하고 각 요소가 직무성과 및 조직발전에 어떻게 기여할 수 있는지에 대한 검토도 병행돼야 한다. 앞서 크로거 사의 사례에서 살펴본 것처럼, 뛰어난 구성원이 가지고 있는 자질을 검토하고 이를 채용과정에 반영하는 것 역시 효과적인 면접전략을 구체화하는 데 유용할 수 있다.

특히 면접의 성패는 면접자의 질에 달려있다. 면접은 제한된 시간 내에 지원자의 행동을 관찰하고 그의 잠재역량과 소양을 판단해야 하는 고난도의 과정이기 때문이다. 면접도구의 질을 높이기 위해 체계적인 구조화가 사전에 이뤄져야 함과 동시에 면접과정에서 발생할 수 있는 여러 가지 상황을 사전에 예측하고 지원자의 역량과 소양을 판단할 수 있는 유의미한 기회로 활용하는 방식 등을 사전에 교육하는 일도 매우 중요하다.

주목할 점은 채용과정을 통과의례와 같은 주술적 의식처럼 구조화하라는 주문이다. 문화는 기원상 주술적인 속성을 갖는다. 사고와 행동의 지침 중 가장 강력한 것은 종교적 색채를 띠는 지침이다. 문화의 종교적 속성을 고려할 때, 문화가 드러내는 형식은 제의적이어야 한다. 채용과정은 이점에서 통과의례와 같은 주술적 성격을 강하게 풍겨야 한다. 이때 지원자는 조직에 대해 더 많은 매력을 느낄 수 있다.

3.4 재강화

마지막으로 채용은 선발이 아닌 '재강화'로 마무리된다. 넷째 단계가 중요한 이유는 이 때문이다. 재강화란 선발된 자원과 조직 간의 적합성을 높여나가는 과정이다. 다시 한 번 강조하거니와 채용은 선발과정을 통해 마무리되는 것이 아니라 선발과정 이후부터 다시 시작하는 과정이기도 하다. 조직적합성이 뛰어난 자원이라 하더라도 채용과정에서는 그 가능성만이 확인될 뿐이다. 실제 조직의 가치와 비전, 목표를 자발적으로 수용하고 조직의 구성원으로서의 삶을 가치 있게 여기는 구성원으로 육성하기 위해서는 '재강화'의 과정이 필요하다. 오리엔테이션은 이점에서 재강화의 최초 단계라는 점에서 그 중요성을 간과해서는 안 된다. 오리엔테이션은 단순히 신입 직원들을 위한 회사소개 정도의 행사에 그치지 않는다. 새로 유입된 직원뿐만 아니라 새로운 직무에 재배치되는 구성원들에게도 최초의 훈련이자 재강화 과정인 오리엔테이션은 중요하다.

오리엔테이션은 조직의 역사, 조직을 발전시켜온 사람, 조직의 임무에 대한 체계적인 교육훈련과정이다. 첫째, 조직의 역사에 대한 인식을 함양시키는 것은 오리엔테이션의 가장 중요한 목적이자 내용이다. 한 조직이 어떤 기원을 가지고 있으며 어떤 발전과정을 거쳐 지금에 이르고 있는가에 대한 이해를 높임으로써 조직의 기원과 역사에 대한 구성원들의 인식을 높인다. 둘째, 사람에 대한 이해다. 조직을 형성하고 발전시켜 온 구성원들은 누구인지, 어떤 역량을 갖춘 자원인지, 어떤 행동양식을 보이고 있는지 등에 대해 이해시킴으로써 조직에 대한 이해를 한 단계 확장시킨다. 셋째, 조직이 수행하는 주된 임무와 이를 구현할 수 있는 직무가 무엇인지에 대한 교육 역시 오리엔테이션 과정이 내포하는 핵심 요소다. 조직의 임무는 조직의 존재 이유를 요약한다. 이에 대한 이해가 높을수록 구성원은 조직적합성을 높임을 물론 자신의 역할에 대한 이해를 제고할 수 있다. 보웬은 전략적 채용과정을 아래와 같이 요약하고 있다.

[4-steps for the person-organization fit-oriented selection]

1st step: assess the overall work environment: job analysis, organizational analysis.

2nd step: Infer the type of person required.

- Technical knowledge, skills, and abilities
- social skills
- personal needs, values, and interests
- personality traits

3rd step: Design "Rites of Passage"for organization entry that allow both the organization and the applicant to assess their fit

- tests of cognitive, motor, and interpersonal abilities
- interviews by potential co-workers and others
- personality tests
- realistic job previews, including work samples

4th step: Reinforce person-organization fit at work

- reinforce skills and knowledge through task design and training
- reinforce personal orientation through organizational design.

-Bowen, et al, 1991

4

성격모델과 채용전략

1. 빅 5 모델 _ 코스타와 맥크레이의 실험

개인-조직 간 적합성이 중시되면서 개인의 성격을 과학적으로 분석하는 데 대한 관심이 늘고 있다. 기업도 자신의 문화에 적합한 인재를 선발하기 위해 채용과정에서 성격모델을 활용하는 사례가 늘고 있다. 빅5 성격모델이 대표적이다. 이는 미국의 심리학자 폴 코스타(Paul T. Costa, Jr)와 로버트 맥크레이(Robert R. McCrae)의 연구를 통해 소개 됐다. 이들에 따르면, 인간은 다섯 가지 성향을 가지고 있는데, 이는 시간과 상황을 초월해 일관되게 나타나는 특징이 있다. 개인은 자신만의 고유한 습관이나 태도를 지니고 있으며 오랜 시간을 통해 형성된 것이기에 쉽게 바뀌지 않는다.

코스타와 맥크레이는 개인의 독특한 행위양식으로서의 성격을 5가지로 분류했다. 이른바 OCEAN 모델로 불리는 이 모형은 인간의 행위양식을 개방성, 성실성, 외향성, 친화성, 신경증 등 5가지로 분류했다.

첫째, 개방성(openness to experience). 이는 경험에 대한 개방적 태도를 의미한다. 개방성이 높은 인재들은 상상력, 호기심, 모험심이 많고 사물의 '심미성'을 중시하므로 예술적 감각도 높다고 한다.

둘째, 진지성(conscientiousness). 성실성으로 번역되기도 한다. 일상적 의미보다는 "목표성취를 위해 끊임없이 노력하는 성향"에 초점을 둔 개념이다. 빅5 성격모델에서는 과제/목표지향성을 의미하며, 성실성이 높을수록 심사숙고, 규칙준수, 계획수립, 조직화, 사전준비 등에 능하다.

셋째, 외향성(extraversion). 타인의 관심이나 주목을 중시한다. 대인관계 능력이 뛰어나다. 의욕적이며 사회성, 적극성, 활동성이 높다.

넷째, 동화성(agreeableness). 이타심, 신뢰, 배려, 겸손 등을 주요 특징으로 한다. 타인에 대해 친화적이고 협조적이다.

다섯째, 신경증(neuroticism). 걱정, 근심, 부정적 감정 등과 관련된 영역으로 분노, 우울감, 불안감 같은 불쾌한 정서를 쉽게 느끼는 특질을 포함한다. 신중하고 사전에 치밀하게 계획하는 성향이 수반된다.

위 5 개의 성향 중 직무수행과 가장 관련성이 높은 항목은 진지성 혹은 성실성으로 나타났다. 진지성이 높은 사람은 목표지향성, 자기효능감, 추진력 등 성취도가 높기 때문인 것으로 보인다. 이로 인해 높은 생산성과 직무몰입을 보이는 경향이 있다. 동시에 진지성은 타인을 배려하는 조직시민행동에도 긍정적 상관관계에 있는 것으로 나타났다. 외향성 역시 직무생산성과 비교적 높은 상관관계를 갖는 특성으로 나타났다. 외향적일수록 대인관계가 좋아 팀워크, 협업에 긍정적 영향을 미치기 때문인 것으로 분석된다.

직무내용에 따라 요구되는 성향이 다를 수 있다. 외향성은 대체로 모든 직군에서 긍정적인 성격요인으로 나타난 반면, 신경증의 경우에는 통상적인 생각과는 달리 특정한 직군에서 생산성과 직접적 상관관계가 높은 성향으로 분석됐다. 신경증에 대한 연구는 흥미로운데, 대부분의 경우 신경증이 높을수록 조직적응력이 떨어지나 특정 직무영역에서는 외려 신경증과 생산성 간 상관관계가 매우 높게 나타났기 때문이다. 월스트리트의 증권 트레이더들이 대표적 예다.

> "언제 어떻게 변할지 모르는 시장에서 커다란 위험 부담을 안고 일하는 증권 트레이더의 경우 나쁜 상황에서도 침착하게 대응하고 사전에 꼼꼼히 위험에 대비하는 능력이 중요하다. 그래서 월스트리트의 채용 담당자들은 인재를 선발할 때, 일정 수준 이상의 신경증이 있는 사람을 선호한다고 한다."
>
> –정권택 외, 2015, 250면

이에 대한 분석은 좀 더 보완이 필요하다. 나쁜 상황에서도 침착하게 대응하는 능력이라면 개방성과 진지성도 관련된 필요 성향이므로 신경증만의 독립적인 효과라고 보기 어려울 수 잇기 때문이다. '일정 수준 이상의 신경증' 역시 검토가 필요한 부분이다. 과도한 신경증의 경우에는 업무의 안정적 수행을 불가능하게 할 수도 있기 때문이다. 다만, 빅5모델의 신경증에 대한 우리의 관심은 정신의학적 차원의 분석이라기 보다는 직무수행 등 인적자원관리 차원에 있다는 점을 주의해야 한다. 따라서 직무 관련 영역에서의 신경증은 부정적 요소를 갖추고 있음에도 불구하고 치밀한 계획성, 전략적 사고 등 긍정적 성향과도 직결돼 있다는 점을 간과해서는 안 된다.

2. 호건의 실험 : 일상적 시기 vs 스트레스 시기

성격 심리학자 로버트 호건(Robert Hogan)의 연구는 성격모델과 관련해 새로운 시선을 제공한다. 빅5모델이 주로 일상의 시기에 나타나는 성격을 분석하고 있다면, 호건의 실험은 일상의 시기가 아닌 위기의 시기에 나타날 수 있는 성격에 초점을 두고 있기 때문이다. 이는 인적자원관리와 관련해 새로운 인식을 제공하는 데, 실제로 직무수행에서 나타나는 구성원의 돌발행동 혹은 부정적 행위는 '좋은 성격의 부재(不在)'에서 비롯되는 것이 아니라 '나쁜 성향의 존재'에서 나타난다는 사실을 제시하기 때문이다.

> "개인의 성격으로 인해 직무 수행 리스크나 조직 내 부정행위가 발생하는 것은 우수한 성격적 자질이 부족해서가 아니라 부정적인 성격특성에서 비롯된다는 주장이다. 즉, 괴롭힘, 폭언, 불성실, 저성과 등은 성실성이나 개방성이 부족해서가 아니라 빅5성격모델로는 설명이 안 되는 요인, 즉 외부적 요인에 근거한다는 것이다. 호건에 따르면 이러한 성격은 평소에 드러날 수도 있지만 대체로 개인의 스트레스 수준이 높을 때, 주변 환경이 급격히 변할 때 발현된다고 한다"
>
> –정권택 외, 2015, 251면

곧, 평소에 나타나는 성격이 문제라기보다는 위기의 순간이나 급박한 상황에서 나타날 수 있는 성향이 더 중요하다는 것이 호건의 강조점이다. 호건이 밝힌 부정적 성향은 세 가지다.

첫째, 마키아벨리적 성향이다. 책임전가형 성향으로 고쳐 쓰는 것이 좋다.[3] 권모술수에 능하고 타인을 목적으로 대하기보다는 자신의 목적에 수단으로 활용하고자 하는 태도를 의미한다. 리먼 브라더스의 전CEO 리처드 펄드(Richard Fuld)가 대표적이다. 2008년 금융위기가 일어나기 전만해도 그는 유능한 리더로 평가받았으나 위기가 발생하자 책임전가적 성격을 드러내기 시작했다. 리먼 브라더스가 파산지경에 이르자 자신이 직접 책임지기 보다는 타인에게 책임을 전가했다. 회사가 어려운 상황에 처해있음에도 불구하고 거액의 보너스를 챙겨 의혹을 받기도 했다고 한다.

둘째, 나르시시즘 혹은 자아도취성향이다. 건강한 자기애가 아니라 병적 성격장애로서의 자기애를 의미한다. 적당한 나르시시즘은 자존감을 북돋우고 효과적인 추진력과 의사결정력을 발휘하는 데 도움이 될 수 있다. 그러나 자기애가 지나쳐 병적 자기애에 빠질 경우, 자기 확신이 지나쳐 타인의 충고를 비난으로 받아들이는 경향이 발생하기도 한다. 조직원으로서 협업을 방해하고 독단적 리더가 되는 경우가 있다(정권택 외, 2015, 252면).

셋째, 반사회성(sociopath)이다. 반사회적 인격 장애(antisocial personality disorder)로 "타인의 권리를 대수롭지 않게 여기고 침해하며, 반복적인 범법행위, 거짓말, 사기, 타인에 대한 공격, 무책임한 행동"을 보이는 인격 장애다. 반사회성을 지닌 사람들은 충동성이 짙고 공감능력이 떨어진다. 반사회성이 강할수록 위험을 즐기는 경향이 있고 비윤리적 행동을 할 가능성인 높으며, 동시에 타인과의 감정교류나 소통이 어려워 조직의 분위기를 해치기도 한다(정권택 외, 2015, 253면). 공감능력이 떨어지므로 타인의 고통을 이해하지 못하는 경향, 즉 사이코 패스의 행동을 나타낼 가능성도 있다.

호건의 연구의 영향은 기업의 채용에도 미치고 있다. 최근 기업들은 호건의 연구에서 제시된 이와 같은 부정적 성향을 검증하기 위해 여러 검사들이 도입하고 있다. IBM의

3) '마키아벨리적'이라는 수사는 편향적이나 통념화된 수사다. 마키아벨리의 정치학적 성취는 아랑곳하지 않은 채 그의 저작(대표적으로는 군주론) 일부를 과도하게 때론 잘못 해석한 결과 이러한 통념이 발생했다. 호건의 용어이니 그대로 쓰나, 책임전가형 혹은 이기주의적 태도 등으로 고쳐 쓰는 것이 정확하고 바람직하다.

이탈(derailment) 프로그램은 도덕성, 정직성 등을 측정하는 도구이고 P&G 역시 공격성 등 부정적 성향을 판단하는 프로그램을 개발해 활용하고 있기도 하다. 물론 이러한 검사도구 역시 한계가 있다. 자기보고에 근거한 프로그램이기 때문이다. 자기보고식 프로그램은 응답자가 부정적 요인에 대해 답할 때 사회적 바람직성(social desirability)을 고려해 판단하기 때문에 진의를 드러내기 보다는 왜곡된 응답을 내놓을 경우 이를 판단하기 곤란한 단점이 있다. 이를 최소화하기 위해 최근에는 자기보고식 검사보다는 투사검사처럼 개인의 반응을 분석해 내재적 동기나 성격을 측정하는 도구를 개발하고 있다 (정권택 외, 2015, 254면).

요 약

선발은 인적자원관리 프랙티스 중 가장 중요합니다. 이 장의 핵심은 여러 가지 HR 프랙티스 중 선발에 집중적으로 투자해야 할 이유를 이해하는 데 있습니다. 선발은 적재(適材)를 찾아 적소(適所)에 배치하는 것으로 요약됩니다. 선발이 다른 HR 프랙티스들 보다 우선적이고 선행돼야 하는 이유는 적재를 채용하지 못한다면, 이후 이어지는 많은 HR에 대한 투자들이 효율적일 수 없기 때문입니다. 직무와 관련된 역량, 더 정확히는 잠재적 역량을 잘 갖추고 조직의 문화에 잘 맞는 인적 자원이 아니라면, 아무리 교육훈련 투자를 과감히 수행한다 해도 그 효과는 제한적일 수밖에 없지요. 동기부여를 위한 다양한 제도나 투자 역시 마찬가지입니다. 아무리 많은 인센티브를 제공한다해도, 조직에 부합하는 인재가 아니라면 인센티브는 효과가 없을 것입니다. 평가나 보상역시 최근 기업이 가장 많이 투자하는 HR 분야입니다. 성과주의 경영이 증가하는 추세를 반영하는 것이기도 하지요. 그런데 평가나 보상은 매우 민감하고 갈등잠재적인 제도입니다. 성과주의 보상체계 도입을 둘러싸고 일어나는 수많은 노사갈등이 직접적인 증거이기도 하지요.

적재는 스스로 직무에 대한 자발성이 높고 조직을 수용하는 태도를 지니고 있습니다. 적재를 뽑을 때 기업의 HR 투자는 효과적이며 따라서 지속가능한 투자가 이뤄질 수 있습니다. 고용안정도 마찬가지입니다. 고용안정이란 말처럼 쉽지 않습니다. 게다가 불확실성이 증가하는 현대 경영 환경을 고려하면 더욱 그러합니다, 그럼에도 불구하고 고용안정은 조직의 생산성을 높이는 데 핵심적 요소입니다. 고용에 불안을 느낀다면 구성원은 몰입할 수 없습니다. 고용안정 없이는 협업이나 신뢰, 원활한 소통, 창의적 시도 등 조직의 성과를 결정하는 중요한 요소들을 기대할 수 없습니다. 주의해야 할 것은, 고용안정이 "언제라도 고용은 보장된다"는 뜻은 아닙니다. 소극적으로는 자신의 일을 성실히 수행하고 책임을 다한다면 자신의 뜻에 반하는 부당한 해고가 없다는 정도를 의미합니다. 이때 자기책임을 다했는가의 문제는 논란이 될 수 있지만, 사회통념 혹은 건강한 상식으로 판단해야 할 일입니다. 적극적으로는 고용안정은 기업의 전략적 선택으로서 의미를 지닙니다. 기업이 구성원에게 가족 혹은 파트너로서 신뢰를 줄 수 있는 일은 고용안정에 대한 구체적 철학을 세우고 꾸준히 실천하는 일입니다. 너무 에둘러왔나봅니다. 고용안정은 어디에서 시작될까요. 이는 바로 올바른 인적 자원의 채용에서 시작됩니다. 자신의 조직에 맞는 사람을 제대로 뽑는다면, 더 많은 교육훈련투자가 이뤄질 것이고, 이를 통해 축적된 인적 자원을 기업은 스스로 포기하지 않을 것입니다. 최근 우리 주변에서 일어나는 고용불안은, 다양한 이유가 있겠으나 근본적으로는 채용전략의 부재에서 오는 것입니다. 그렇기에 기업이 더 큰 책임이 있습니다.

선발과 관련해서 늘 고민해야 할 문제 중 하나는 역량중심 채용인가, 소양중심 채용인가이지요. 역량과 소양은 모두 중요하다는 점에서 동시에 고려해야 할 요소라는 점은 본문에서도 여러 차례 강조했습니다. 문제는 무엇이 더 결정적인 것인가, 라는 점이지요. 최근의 이론은 소양중심 채용으로 수렴되고 있는 경향을 보입니다. 소양중심 채용은 채용전략에 더 많은 투자를 요구합니다. 본문을 통해 우리가 함께 살핀 것처럼, 소양을 사전에 판단하기란 매우 어려운 일이기 때문입니다. 성격검사 등 다양한 시도가 이뤄지고 있으나, 기업에게 채용은 아직도 참 어려운 일이기만 합니다. 그럼에도 불구하고 포기할 수 없는 일입니다.

과 제

1) 스트레스 면접의 실패사례를 조사하고 토론해 봅시다.

2) 채용에 있어 직무역량과 인성/소양 중 하나만을 고려한다면, 여러분은 어떤 요소를 택할 것인지, 그 이유는 무엇인지를 함께 토론해 봅시다.

3) 구글, 넷플릭스, 페이스북, 아도브, 사우스웨스트 등 외국 기업의 채용전략의 구체적 내용과 변화를 조사하고 비교해 봅시다.

4) 한국 기업의 채용전략의 다양한 예를 조사하고 비교해 봅시다.

5) 성격모델을 나에게도 적용해보고 동료들과 함께 토론해 봅시다.

해 석

1) "사례연구 _ 크로거사의 채용전략 개발

크로거사는 미국 최대의 슈퍼마켓 체인이다. 전국에 1,400개가 넘는 슈퍼마켓을 보유하고 있으며, 고용인원만도 20만명이 넘는다. 500개가 넘는 편의점도 가지고 있으며, 40여개의 플랜트를 보유하고 있다. 연간 매출액만도 2700만 달러에 달한다. 높은 역량을 지닌 새로운 직원이 늘 필요했던 크로거는 선발 전략을 업그레이드하기로 결정했다. 가장 큰 목표는 고객서비스 능력이 뛰어난 직원을 채용하고 보유할 수 있는, 시스템적 능력을 갖추는 일이었다. 크로거가 내린 결론은 컴퓨터 기반 채용시스템이었다. 이를 위해서 우선 고객들을 대상으로 설문조사를 실시했다. 고객이 어떤 서비스에 만족하는 지를 파악하기 위해서였다. 설문조사 자료는 뛰어난 고객 만족 서비스를 높이는 데 필요한 지식, 기술, 기타 경쟁력 등으로 다시 구성됐고 점수화됐다. 그 최종산물이 바로 고용친화지수다. 이 지수를 통해 크로거는 지원자들의 인지과정 뿐만 아니라 고객관리와 관련된 직무스트레스 관리능력, 자기관리능력, 기타 관련 직무역량을 평가할 수 있게 됐다. 지원자별 고용친화지수는 온라인 시스템에 기반해 지원자와의 쌍방향적 인터뷰를 통해 결정됐다. 즉, 한 지원자에 대한 잡 오퍼 여부가 이 시스템을 통해 결정되는 것이다. 고용친화지수에 근거한 혁신적 채용전략의 목적은 잘 정의된 전략적 목표와 채용을 매칭함으로써 효과성과 효율성을 높이는 데 있었다. 아직까지 공식적인 평가결과가 나온 것은 아니지만, 크로거사는 이 프로그램의 성과가 어느 정도인지를 측정하기 위해 세 가지의 기준을 설정했다. 이는 고객서비스 만족도, 이직률, 그리고 직원의 안정성 등 세 가지다."

2) "채용전략은 지원자를 모집하고 유능한 인재를 선발하는 과정으로 인적자원관리에 있어 가장 중요한 전략적 분야다. 조직의 성과는 다름 아닌 그 조직이 채용하는 구성원[의 역량]에 직접적으로 의존한다. 따라서 세부적인 채용전략과 채용과정에서 수행하는 전략적 결정은 이후 조직의 성패를 직접적으로 결정한다."

3) "채용전략은 조직의 궁극적 성과에 결정적인 영향을 미친다. 한 연구에 따르면 조사대상 기업 중 45퍼센트의 이직비용이 직원 1인당 1만 불이 넘는 것으로 나타났다. 심지어 조사대상 회사의 10퍼센트는 그 비용인 4만 불이 넘었다. 이직에 따른 비용[기업이 지불해야 할]은 직급과 업무의 난이도가 높을수록 더 높아지는 경향이 있다. 테크놀로지 산업의 경우 이직비용은 충격적이기 까지 한데, 캘리포니아 팔로 알토시의 아질렌트 테크놀로지사의 경우 이직하는 직원 1인당 평균 이직비용은 20만 불이 넘으며 소프트웨어 엔지니어의 경우에는 25만 불이 넘는다고 한다."

4) "인적자원기획이란 조직이 필요로 하는 인적 자원의 내용이 무엇이며 언제, 어느 정도의 규모로, 어떻게 유입할 것인가에 대한 포괄적 전망이다."

5) "마코브 분석은 특정 직무에 직원이 어느 정도나 남아서 일을 하는가, 다른 직무로 이동하는 비율은 얼마나 되는가, 조직을 떠나는 비율은 얼마나 되는가 등에 대한 확률을 예측하는 방식이다. 이를 위해 마코브 분석은 직원 이동에 대한 과거의 트렌드 분석에 기초한 이동확률 매트릭스를 활용한다."

6) "[조직적합성에 초점을 둔 채용의] 장점은 1) 바람직한 행위양식을 보유한 직원을 선발할 수 있다(직무만족, 조직몰입, 팀워크가 높은 직원). 2) 직무성과가 높고 결근이나 이직가능성이 낮은 인적자원을 뽑을 수 있다. 3) 조직이 추구하는 바람직한 문화나 작업방식 설계 등 조직적 설계를 좀 더 강화할 수 있는[재강화] 기회가 부여된다."

7) "[조직적합성에 초점을 둔 채용의] 단점은 1) 채용과정에서 너무 많은 자원이 소요될 수 있다. 2) 잘 발달된 채용도구가 부족할 가능성이 있다. 3) 개별적 스트레스가 크다[지원자뿐만 아니라 선발자도 스트레스가 높다] 4) 비용효과를 분석할 수 있는 완전한 모델을 활용하기가 어려울 가능성도 존재한다."

8) "전통적인 선발모델은 주로 KSA에 초점을 둔 직무적합성만을 중시한 나머지 직원의

조직문화적합성에 대한 평가를 무시하거나 게을리 했다. 이러한 전통적 선발모델이 협소한 초점은 몇 가지 요소를 반영하고 있다. 첫째, 경영자들은 직원의 성과는 직원의 직무적합성에 의해 결정된다고 믿고 있었다는 점이다. 게다가 전통적인 채용모델은 선발에 초점을 두었을 뿐 새로 뽑은 직원들을 어떻게 [지속적으로] 보유할 것인가에 대해서는 무관심하다는 사실을 반영한다. 계속 남아서 일할 수 있을 만큼 조직 문화에 적합한 인재인지에 대해서는 주의를 기울이지 않았다. 둘째, 기업 역시 조직적합성을 평가하고 판단할 수 있는, 믿을만한 선발도구가 부족했기에 더욱 제한적이었다."

---

(1) 한국기업교육학회, 2010
(2) 한국기업교육학회, 2010

6

HR Development _교육훈련 전략

1

인적자원개발의 개념과 중요성

" In the 21st century, the education and skills of the workforce will end up being the dominant competitive weapon"

–Lester Thurow, Head to Head, 1992

1. 왜 HRD 인가?

인적자원개발(human resource development, HRD)이란 조직목표의 효과적 달성과 구성원의 발전(계발)을 동시에 도모하는 전략으로, 핵심능력(core competency) 배양, 조직적합적 가치 공유 및 발전, 바람직한 기업문화 형성에 투자하는 활동 총체를 일컫는다.

인적자원개발은 이중적 목표를 지향한다. 조직목표의 효과적 달성과 구성원의 자아실현을 동시에 추구한다. 어느 하나만을 배타적으로 강조하는 것은 바람직하지 않다. 두 목표는 상호의존적이면서 동시에 시너지를 창출하기 때문이다. 인적자원개발에 있어 전통적인 접근은 직무역량 배양에 많은 초점을 두었다. 그러나 최근에는 문화에 초점을 둔 교육투자가 더 중요하게 인식되고 있다. 바람직한 가치와 문화를 형성·발전시키는 것 또는 인적자원개발의 중요한 요소임을 간과하지 말아야 한다.[1)]

HRD는 왜 중요한가? 첫째, 조직의 성과가 핵심역량의 함수라면 핵심역량을 지속적으

1) 용어와 관련하여 훈련, 교육, 개발 등 다양한 용어를 사용하고 있다. 훈련은 주로 직무역량에 초점을 둔 직무훈련을, 교육은 일반적인 지식이나 가치, 문화 등에 초점을 둔 교육을, 개발(development)은 훈련과 교육을 포괄하되 비전 정립이나 리더십 함양을 포함하는 과정(일반적으로는 관리자 양성을 위한 훈련프로그램에 집중되는 경우도 있다)을 의미한다(Holt, 1993). 필요에 따라서는 각각을 구별하여 사용하지만 실제에서는 이를 통합해 인적자원개발 혹은 교육훈련으로 칭하는 것이 보통이다. 이와 관련해 잭 필립스(Jack Phillips)의

로 업그레이드하는 교육훈련은 조직의 성과를 결정하는 핵심 변수이기 때문이다. 레스트 서로우(Lester Thurow, 1992)는 21세기를 결정짓는 핵심요소는 교육임을 다음과 같이 강조했다.

> *"In the 21st century, the education and skills of the workforce will end up being the dominant competitive weapon."*

주도적인 경쟁력을 결정하는 '끝판왕'으로서 교육훈련과 잘 개발된 지식의 중요성을 잘 드러내고 있다. 둘째, 환경변화의 변동성이 급격해지면서 교육훈련의 중요성은 더욱 커지고 있다. 변화하는 환경은 역량의 변화를 요구한다. 어제까지 핵심역량으로 유효했던 많은 요소들이 오늘과 내일도 효과적으로 작동할 것이라고 기대할 수 없다. 현대 경영이 혁신을 강조하는 것은 이 때문이다. 혁신은 변화하는 환경에 조직을 적응시키는 것이 첫 단계이거니와 교육훈련은 이를 완성하는 전략적 투자다.

셋째, 변화하는 환경에서 교육훈련은 조직의 경쟁력을 높이는 데 기여할 뿐만 아니라 구성원의 노동시장력을 제고하는 데도 도움을 준다. 멜로우(2002)는 교육훈련이 조직과 구성원의 상생적 발전을 이끄는 중요한 역할을 수행함을 다음과 같이 설명한다.

> "Training involves some kind of change for employees: changes in how they do their jobs, how they relate to others, the conditions under which they perform, or changes in their job responsibilities. Although some employees may find any kind of change threatening, change that results from employee training and development has nothing short of win-win outcomes for both employees and employer. Strategically-targeted training in critical skills and

견해(1999, 32면)는 훈련, 학습, 개발의 차이를 이해하는 데 도움이 된다. "많은 글로벌 조직들은 업무와 관련된 기술을 개선하고 미래의 직업을 위해 개인을 준비시키는 프로세스를 지칭하는 데 '교육과 훈련'이라는 용어를 즐겨 쓴다. 그러나 일부 기업들은 교육훈련 부서가 학습조직을 개발하는 중요한 역할을 수행함에 따라 '학습'과 '학습 솔루션'이라는 용어를 선호한다. 또 다른 기업은 여전히 학습이 제한적임을 발견하고 '성과'나 '성과향상'에 더 치중하는 경향이 있다."(Phillips, 1999, 30면). 필립스는 교육훈련의 궁극적 목적이 성과향상이며 구성원의 개발 측면이 중요한 만큼 '개발(development)'이라는 용어가 적당하다고 한다.

knowledge bases adds to employee marketability and employability security that is critical in the current environment of rapidly developing technology and changing jobs and work processes. Organizations continue to seek out and employ knowledge workers rather than workers with narrowly defined technical skills."

–Mellow, 2002, 273면 P) 276 … (1)

넷째, 커다란 성공을 달성한 기업들에게도 교육훈련은 지속적으로 투자해야 할 전략적 부문이다. 스프라이처(G. M. Spreitzer)는 아무리 '잘 나가는' 기업이라도 지속적인 교육훈련에 투자하지 않을 경우 괴멸할 수밖에 없음을 잘 지적하고 있다.

"한때 시장에서 최강자 자리를 지키던 기업들이 발 빠른 시장 대응에 실패해 몰락하게 된 사례가 있다. 인터넷의 폭발적 성장과 함께했던 야후는 당시 독보적 시장 지배라는 긍정적 상태에 취해 기술 발전을 등한시하다가 몰락의 길을 걸었다. 야후가 새로운 검색 엔진 개발에 관심을 기울이지 않는 동안 구글은 빠르게 성장했고 인터넷의 제왕 자리를 차지하게 됐다. 썬마이크로시스템즈는 자바(java)를 개발하면서 프로그램 언어의 표준을 바꿀 만큼 시대를 풍미한 기업이었으며 창의성과 사율성을 존중하는 긍정적 조직 문화로 유명한 기업이었다. 그러나 지나친 긍정성을 경계하지 않고 시장 변화에 빠르게 대응하지 못한 탓에 2009년에 오라클에 인수되고 말았다. 모토롤라, 노키아, 코닥 등도 유사한 사례다. 반복된 성공의 결과인 지나친 자신감이(이로 인해 교육훈련에 지속적으로 투자하지 않은 것이) 외려 실패의 원인으로 작용한 것이다."

–정권택 외, 2015, 237-8면(괄호는 인용자)

오늘의 경영환경은 기업으로 하여금 지속적인 혁신을 요구한다. 혁신은 교육훈련에 적극적으로 투자하지 않고는 불가능하다. 노나카 이쿠지로는 혁신의 선행요건으로 교육훈련을 통한 지식 축적의 중요성을 다음과 같이 강조하고 있다.

“직원이 창조해 낸 지식을 기업 전체 지식으로 활용하는 것이 일본 기업의 연속적인 혁신으로 연결된다. 이는 노나카 이쿠지로의 지식전파 이론이다. 그 경로는 이러하다. “외부지식 함양 → 조직 내에서 새로운 지식으로 변형 → 새 지식을 바탕으로 혁신 창출 → 제품/서비스 형식으로 재구조화(외부에 표출) → 외부지식을 다시 흡수”으로 반복되는 과정이 일본식 혁신 과정이다.”

–Hysanori·Kanako, 2001

그 혁신의 핵심에는 지식이 있다. 노나카는 지식을 형식지와 암묵지로 나누었다. 형식지란 언어나 문자로 명확히 표현될 수 있는 지식을 말한다. 자동차 조립 매뉴얼처럼 명확하게 표현될 수 있는 지식이 그 예다. 반면 암묵지는 외부로 표현되기 어려운 지식을 의미한다. ‘00와 같은 느낌’ 혹은 ‘00와 같은 이미지’처럼 겉으로 명확히 드러날 수 없는, 애매한 형식으로만 존재할 수 있는 지식이 암묵지다.

형식지와 암묵지는 혁신의 근원인 가치창조를 해명하는 열쇠다. 신제품에 대한 아이디어를 한 사람이 가지고 있다고 해도 그것이 다른 구성원에게 전달될 수 없는 암묵지라면 제품화는 매우 어렵다. 그러나 그 아이디어가 형식지로 전환될 수 있다면 제품화의 가능성은 높아진다. 암묵지와 형식지는 반복적으로 상호교류하면서 다음의 네 단계를 거쳐 서로 발전한다.

첫 단계는 암묵지의 공동화 단계다. 암묵지 간의 연계를 통해 일정한 의미 혹은 이미지가 만들어진다. 두 번째 단계는 암묵지의 형식지화 단계다. 구성원이 이해한 암묵지를 소통을 통해 일정한 형식지로 전환시킨다. 세 번째 단계는 형식지와 형식지의 연결 단계다. 형식지로 전환된 암묵지가 기존의 형식지와 연결되면서 새로운 구체적인 형식지로 발전한다. 마지막 단계는 형식지의 암묵지화 단계다. 이는 구성원의 내면화단계이기도 하다. 발전된 형식지를 토대로 새로운 암묵지를 개발하고 내면화한다. 이를 통해 구성원의 개별적 지식은 조직의 지식으로 확대 발전한다.

유사한 맥락에서 멜로우(Mellow, 2002)는 교육훈련을 통한 지식의 확장은 구성원들로 하여금 조직 전반에 대한 이해를 높임과 동시에 이들이 역할할 수 있는 범위를 확대함으로서 성과창출에 기여할 수 있음을 강조한다. 교육훈련을 통해 지식이 잘 축적된 구성원들은 이전보다 조직 자체에 대한 이해를 넓힐 뿐만 아니라 더 다양한 역할을 수행할 수 있게 된다. 이는 조직과 구성원, 고객에 다양한 혜택을 부여하는 기반이 된다.

> "Organizations can benefit from training, beyond bottom line and general efficiency and profitability measures, when they create more flexible workers who can assume varied responsibilities and have a more holistic understanding of what the organization does and the role they play in the organization's success. Providing employees with broader knowledge and skills and emphasizing and supporting ongoing employee development also help organizations reduces layers of management and make employees more accountable for results. Everyone(employees, employers, and customers) benefits from effective training and development programs."
>
> –Mellow, 2002, 273면 P) 276 … (2)

넷째, 최근 인재 경영에서 강조되고 있는 사회자본을 축적하는 데 있어서도 교육훈련은 중요한 역할을 수행한다. 현대 기업은 직무훈련과 함께 폭넓은 교육에 투자하고 있다. 교육의 초점은 주로 직무역량 보다는 비전과 목표의 공유, 조직문화에 대한 이해, 리더십, 대인관계기술 등에 두이진다. 창의와 소통의 중요성이 강조되면서 창의적 사고, 문제해결능력, 소통기술에 대한 교육이 강조되고 있다. 이는 조직 내의 사회적 자본을 구성하는 핵심요소이기도 하다.

사회자본은 신뢰, 협력, 구성원의 호혜적 행동을 아우른다. 신뢰에 기초한 상호협력은 구성원들의 역량을 제고할 뿐만 아니라 협업의 질을 높여 생산성 향상에 크게 기여할 수 있기 때문이다. Putnam(1995)은 신뢰, 규범, 네트워크를 사회자본의 중요한 요소로 보고 이는 사회구성원의 상호이익을 위해 조정과 협력을 가능케 하는 기능을 수행한다고 보았다.[2] 신뢰는 협동을 위한 기본조건으로 협업의 질을 높인다는 점에서 사회자본은 기

2) Putnam은 사회적 자본을 '신뢰, 규범, 네트워크와 같이 조직의 특성에 따라 구성원이 상호이익을 위해 조율하고 협력하는 것'으로 정의하였다(Putnam, 1995). 그는 모든 인간관계에서 형성된 사회적 자본이 소속 집단이나 사회에 긍정적인 영향을 미치는 것이 아니라 수평적인 집단에서 형성된 사회적 자본만이 진정한 사회적 자본이라고 강조하였다(박희봉 이, 2003). 반면 Fukuyama(1995)는 미국 도심부 소규모 업계의 경

업조직의 성과를 높이는 데 기여하는 특수한 성격의 자원이다(Putnam et al, 1994).[3] 현대 경영은 이러한 사회자본을 형성할 수 있는 교육훈련에 더 많은 투자를 촉진시킬 필요가 있다.

그럼에도 불구하고 교육훈련투자 만큼 인식과 실천의 괴리가 두드러지는 HR 분야도 없다. 인적자원개발의 중요성을 강조하는 것은 새삼스럽다 못해 진부해 보이기까지 하다. 지식정보화의 진전으로 지식, 정보, 기술과 기능, 창의와 소통능력 등 인적자원에 저장되는 역량의 중요성이 날로 높아지고 있다는 사실, 경영 환경은 실시간으로 변화하고 있으며 환경변화로 인해 지식과 역량의 상대적 가치 역시 함께 변화한다는 사실, 그래서 조직의 역량을 결정하는 핵심요인으로서의 인적자원개발이 지속적인 과정이어야 한다는 사실은 누구도 쉽게 부정할 수 없다. 그러나 경영현장을 둘러보면 올바른 교육훈련을 실천하려는 의지를 찾기란 쉬운 일이 아니다.[4] R&D 분야와 같이 새로운 기술개발이 필요한 부문 일부를 제외하고 나면 더욱 그러하다. 가장 큰 이유는 교육훈련 투자의 효과가 단기간에 가시적으로 드러나지 않기 때문이다. 지식의 개발과 축적은 많은 시간을 필요로 한다.

우 흑인 소유가 거의 없고, 유대인이나 한국인 등 다른 인종 집단에 의해 지배되고 있는 현상을 연구하였다. 그는 이러한 현상의 원인으로 흑인, 즉 '하층민'사이에 결여되어 있는 공동체 의식과 상호신뢰를 지목했다. 그는 공동체적 성향이 결여되어 있을 때에는 경제적 기회가 주어지더라도 이를 활용할 수 없다고 지적하면서, '사회적 자본, 사람들이 공통의 목적을 위해 단체와 조직 내에서 일할 수 있는 능력'의 차이에서 찾고 있다(김준기, 2006).

3) Coleman(1988)은 기업의 자본을 크게 금융 자본, 물적 자본, 인적 자본, 사회적 자본으로 구분하고 사회적 자본이 여타 자본과 구별되는 특성을 다음과 같이 설명하고 있다. 첫째, 사회적 자본은 단독적으로 형성되거나 유지될 수 없고 두 사람 이상의 행위자의 관계 속에서 존재하는 자본이다. 둘째, 다른 유형의 자본은 소유 주체에게 그 이익이 배타적으로 귀속되나 사회적 자본은 그 이익이 공유되는 특성을 가지고 있다. 이는 조직 내부에서 형성된 사회적 자본이 그 조직과 연결된 다른 조직에도 영향을 미치기 때문이다. 셋째, 사회적 자본은 지속적으로 유지하기 위해서 끊임없는 노력을 투입해야 한다. 즉 구성원은 다른 구성원과 서로 끊임없이 사회적 자본을 확인하고 재확인하는 절차를 거치는 등 일련의 지속적인 교환과정을 거쳐야만 지속적으로 유지되고 재생산될 수 있다. 넷째, 사회적 자본은 등가의 교환관계를 전제로 하지 않는다. 즉 사회적 자본의 교환은 제로 섬(zero-sum)이 아니라 포지티브 섬(positive-sum)의 특성이 있다. 게다가 사회적 자본은 사용하지 않으면 감소하는 특성도 가지고 있다. 다섯째, 사회적 자본의 교환은 동시성을 전제로 하지 않는다. 사회적 자본의 측면에서는 누군가에게 도움을 받았을 경우 그에 대한 보답은 즉각적으로 행해지기 보다는 나중에 기회가 닿을 때 보답하면 되기 때문이다.

4) 교육훈련투자에 대한 연구의 부재도 문제다. HRD의 중요성을 강조하고 있음에도 불구하고 관련연구가 그리 많지 않다. HRD에 대한 실증연구는 주로 미국에서 이뤄졌는데, 그럼에도 불구하고 많은 연구가 축적돼 있는 것은 아니다. Bassi, Gallagher, and Shrorer(1996)에 따르면, 미국에서 조차 기업의 훈련투자에 대한 자료가 부족한 이유는 첫째, 회계제도 자체가 기업의 교육훈련투자 규모를 정확하게 파악할 수 없게끔 만들어져 있다는 점, 둘째, 민간기관의 조사가 이뤄지고 있으나 대부분 표본수가 너무 적고 응답률도 낮아 조사결과를 일반화하기엔 무리가 있다는 점, 셋째, 정부 주도의 조사가 거의 이뤄지지 않고 있다는 점 등이 꼽히고 있다(한국노동연구원, 2002, 〈기업교육훈련 투자의 현황과 과제〉).

특히 조직에 가시적인 성과를 창출하는 데는 더 많은 시간이 걸릴 수 있다. 또한, 재정적 여력이 충분한 대기업을 제외한다면 중소영세기업의 경우에는 교육훈련에 투자할 재원이 충분하지 않다. 고용보험 등 정부의 지원이 확대돼야 하는 이유이기도 하다.

2

HRD 전략 프로세스

교육훈련이 성공적이기 위해서는 전략을 개발하는 과정이 과학적으로 체계화돼야 한다. 교육훈련은 조직과 구성원의 니즈 분석이 선행돼야 하며, 니즈를 충족시킬 수 있는 효과적인 방법이 무엇인지에 대한 해법을 찾아야 한다.

1. 니즈 분석

첫 단계는 니즈분석 단계다. 조직이 처한 환경과 조건을 세밀히 탐색하고 어떤 지식과 역량이 요구되고 있는 지를 분석한다. 이때 조직의 목표가 무엇인지를 뚜렷하게 재정의하고 이를 달성할 수 있는 자원과 역량이 무엇인지에 대한 전략적 판단이 중요하다. 현재 보유하고 있는 지식과 역량의 상태를 파악한 것 역시 니즈분석 단계에서 수행돼야 할 중요한 과업이다.

2. 교육훈련 방식 탐색

둘째 단계는 적합한 교육훈련 방식을 탐색하는 일이다. OJT(on the job training), Off-JT 등 다양한 방식을 고려한다. 특히, OJT와 관련해서는 최근 멘토링의 효과에 대한 관심이 어느 때 보다 높아지고 있다. 이는 전인격적 일대일의 관계를 형성함으로써 직무내용에 대한 훈련은 물론 직장내에서의 삶의 방식을 학습시킬 수 있는 교육 방식이다. 소외 등 현대 작업장의 문제에 효과적으로 대응할 수 있으며 장기근속을 유도하는 등 실질적인 성과가 매우 높은 것으로 나타나고 있다.

특히, 멘토링이 효과적이기 위해서는 '좋은 멘토'를 육성하는 것이 관건이다. 좋은 멘토가 갖춰야 할 조건은 다음과 같다.

1) 멘토는 직무의 내용을 명확히 이해해야 한다.
2) 멘토는 또한 조직의 비전과 목표, 전략에 대한 깊은 이해를 보유해야 한다.
3) 멘토링은 전인격적 관계에 기반하는 만큼, 멘토는 사람에 대한 폭넓은 이해력을 갖추어야 한다.
4) 멘토는 인내심을 갖춰야 한다. 멘티는 실수를 통해 성장한다. 실수하는 과정을 지켜보고 실수를 통해 더 나은 성취를 달성할 수 있도록 인내하며 지도해야 한다.
5) 칭찬과 축하의 능력은 멘토에게 요구되는 가장 중요한 스킬이다. 멘티가 어떤 성과를 냈다면, 비록 그것이 작더라도 칭찬하고 축하함으로써 멘티로 하여금 성취감을 느끼도록 해야 한다.
6) 좋은 멘토는 더 좋은 멘토를 만든다. 동료들로 하여금 좋은 멘토가 될 수 있도록 독려하고 함께 학습하고 성장하는 노력을 기울여야 한다.

퍼시픽 텔레시스 그룹의 멘토링은 효과적인 사례 중 하나로 꼽힌다. 포춘지의 커버 스토리를 장식할 만큼, 이 그룹의 멘토링은 성공적인 프로그램으로 유명하다. 그룹 회장이 직접 멘토로 활동함으로써 제도의 정착을 유도했고, 구성원들의 만족도와 기업에의 성과기여도 높은 것으로 평가되고 있다.

"Mentoring is a part of Pacific Telesis's programs. The mentor, typically at least two levels senor to the protege, provides additional development and support. Mentors help to broaden their protege's understanding of business issues, expand professional networks, and facilitate opportunities for developmental work experience. Pacific Telesis Chairman Phil Quigley helped ensure the success of the program by personally inviting company executives to be mentors and by serving as a mentor himself. Pacific Bell has been recognized for its mentoring program in a number of publications, including the Sept. 21. 1992 Fortune Magazine cover story, "Working Women: When will they make it to the top?"" P) 276 … (3)

(Source: the U.S. Equal Employment Opportunities Commission, http://www.eeoc. abouteeoc/task_reports/practice.html)

3. 평가

인적자원개발 전략은 평가로 마무리 된다. 평가는 인적자원관리 전략을 수립하고 집행하는 과정에서 항상 염두에 두어야 할 중요한 과정이다. 평가는 경영학의 본질을 이루는 핵심이다. 평가는 주로 일의 말미에 배치되나, 실제로는 새로운 일의 시작이기도 하다. 과거 모든 경영은 '기획하고 평가하라'는 수순으로 요약됐다. 그러나 현대 경영은 그 수순을 바꾼다. '먼저 평가하라'. 새로운 일을 시작한다 하더라도 유사한 사례를 검토하고 과거의 경험을 복기하는, 평가 과정이 선행돼야 한다. 이때 기획은 비로소 견실한 계획이 될 수 있다.

교육훈련 전략은 평가의 중요성이 더 강조되는 분야다. 프로그램의 효과성 평가와 이를 통한 보완 및 신규프로그램 개발을 위해 교육훈련 프로그램에 대한 지속적인 평가와 보완 관리가 매우 중요하다. 특히, 교육훈련이 단기적 또는 중장기적으로 조직의 목표달성에 얼마나 기여하고 있는가를 평가하되, 가시적 요소 뿐만 아니라 비가시적 요소에 대한 적절한 평가가 함께 이루어져야 한다. 암스트롱(Armstrong, 2016)는 평가의 4단계를 다음과 같이 정리하고 있다.

3.1 반응에 대한 평가

첫 단계로 교육훈련이 실시되고 나면 참여자의 즉각적 반응을 관찰하고 평가한다. 참여자는 고객으로서 교육훈련의 내용, 방식, 의미, 효과 등에 대한 이들의 만족도를 조사함으로써 반응에 대한 평가가 완성된다.

즉각적 반응을 적절히 평가하기 위해서는 사전준비가 필요하다. 커크페트릭(Kirkpatrick, 2000)은 이를 위해 네 가지를 제안한다.[5)]

1) 어떤 요소를 기준으로 반응을 평가할 것인지를 사전에 정하라.
2) 반응을 정량적으로 측정할 수 있는 도구를 디자인하라.
3) 가급적이면 의견, 느낌, 제안을 구체적으로 작성해 제출토록 하라.
4) 수용가능한 평가척도와 기준을 지속적으로 개발하고 적용하라.

3.2 학습목표 달성도 평가

교육훈련이 목표한 학습이 어느 정도 달성됐는지에 대한 평가가 필요하다. 새로이 획득된 지식, 정보, 기술 등이 어느 정도인지를 평가한다. 사전-사후 비교를 통한 평가가 하나의 방법이다.

3.3 태도변화에 대한 평가

교육훈련의 중요한 목표 중 하나는 새로운 태도를 형성하는 일이다. '태도가 역량의 핵심을 구성한다'는 말은 현대 경영에서는 과장이 아니다. 앞서 많은 토론에서 보았듯이, 올바른 행위양식은 새로운 역량을 발전시키는 중요한 플랫폼이기 때문이다. 교육훈련 평가에 있어 태도 변화는 그만큼 중요성을 띤다. 다만, 태도나 행위양식의 변화는 단시간에 가시적으로 드러나지 않는다. 중장기적 관점에서 지속적인 관찰을 통해 평가할 수 있

5) △ Determine what you want to find out △ Design a form that will quantify reactions △ Encourage written comments and suggestions △ Develop acceptable standards etc

는 것인 만큼 이에 부합하는 '평가 인식'을 갖추어야 한다.

3.4 결과에 대한 평가

궁극적으로 교육훈련이 기획한 바를 얼마나 달성했는가를 측정하고 평가하는 과정으로 평가의 마무리 단계라고 볼 수 있다. 결과는 다양한 형식으로 나타난다. 매출액, 생산성, 주가 등 재무적 지표로 나타나기도 하고, 고객만족도 증가, 공중의 이미지 개선 등으로 표현될 수도 있다. 무엇보다, 인적자원성과(HR outcomes)에도 관심을 기울여야 한다. 구성원의 직무에 대한 만족도, 조직에 대한 몰입도, 충성심, 사기 등 다양한 성과를 고려해 평가해야 한다.

결과에 대한 평가와 관련해 훈련투자회수율(return on investment, ROI)[6]을 분석할 필요가 있다. 이는 교육훈련 예상이 해마다 증가함에 따라 이의 성과에 대한 경험적·과학적 측정 요구 증가하고 있기 때문이다. 그러나 교육훈련과 관련한 회수율을 평가하는 것은 현실적으로 쉽지 않다. 교육훈련 효과가 가시적으로 나타나는 데 시간이 걸릴 수 있으며, 효과가 나타나는 방식도 다양하기 때문이다. 필립스는 현실적인 훈련투자 회수율 분석을 위해 다음 세 가지를 제안하고 있다(Phillips, 2001).

1) 길고 복잡한 공식보다는 단순하고 명확한 산식이 보다 현실적이고 바람직하다.
2) 쉽게 실행 가능한 프로그램 개발 필요하다. 이는 지속적인 평가와 평가의 습관화를 위해 필요한 요소다.
3) 성과에 영향을 미치는 다양한 변수를 통제해야 한다. 동시에 비가시적 이익도 고려해야 한다. 직무만족의 증가, 조직몰입의 증가, 구성원의 참여 의식 증가, 팀워크의 개선, 고객서비스 개선, 불만과 갈등 감소 등이 대표적인 예다.

6) ROI = (순프로그램 이익/프로그램원가)×100

3

학습조직

1. 왜 학습조직인가 - 학습조직의 개념과 중요성

교육훈련전략과 관련해 주목해야 할 이슈는 학습조직(learning organization)이다. 학습조직이 주목받는 이유는 최근 경영에 있어 변화관리 능력의 중요성이 높아지고 있기 때문이다. 환경변화의 복잡성 증가로 불확실성이 가중되면서 이를 관리할 수 있는 역량이 어느 때 보다 요구되고 있는 상황이다. 학습조직은 변화무쌍한 환경에 대한 이해와 실시간 분석, 대응방안 마련과 실천, 무엇보다 이러한 학습과 전략적 대응을 자연스럽게 조직에 배게(embedded)함으로써 조직의 문화로 만드는 전략이다. 변화관리가 필요한 현대 경영이 학습조지에 관심을 기지고 투자해야 하는 이유가 여기에 있다.

그러나 중요성에도 불구하고 학습조직을 구축하는 일은 쉽지 않다. 학습조직의 개념이 매우 넓고 다양한 분야를 망라하고 있어 어디에 초점을 두어야 할지를 결정하기가 쉽지 않을 뿐만 아니라 현장 경영에 실질적 도움을 주는 경험적 연구도 부족하기 때문이다. 양·워킨슨·마르시크(2004)는 실제로 많은 기업이 학습조직화를 강조하고 있음에도 불구하고 실제로는 학습조직을 성공적으로 구축하는 예는 드물다는 점을 지적하고 있다. 가장 큰 이유는 학습조직의 개념이 너무 넓고, 이에 대한 기업의 기대가 지나치게 의욕적이기 때문이다. 그러나 그럼에도 불구하고 학습조직은 조직이 학습을 문화로 정착시킬 수 있는 가능성을 확장한다는 점에서 기업이 항상 추구해야할 전략이며, 지속적인 연구개발과 투자가 필요하다.

"There are many anecdotal examples describing organizations that have become learning organizations, including Zytec and Toyota. However, empirical research demonstrating the effectiveness of learning organization is sparse. One of the problems in the learning organization literature is that theorists and practitioners have projected a wide range of ideas and techniques onto this term. Consequently, it is difficult to design a learning organization intervention and difficult to combine research evidence from different studies. Despite these problems, there still seems to be considerable interest in the learning organization concept. Recent efforts to devise a reliable measure of this construct should encourage further research in this area.

−Yang, B, Watkins, K. E. and Marsick, V. J, 2004 P) 277 … (4)

우선, 학습조직의 개념부터 살펴보자. 한국기업교육학회가 정의하는 사전적 정의는 다음과 같다.

학습조직이란 "조직의 지속적인 경쟁우위를 확보하기 위한 근본적이고 총체적이며 지속적인 경영혁신 전략으로서, 개인학습(individual learning), 팀 학습(team learning), 조직학습(organizational learning)이 습관적으로 발생할 수 있는 조직적 기제(organizational mechanism)가 무엇인지를 찾아 제도적, 문화적, 시스템적, 환경적 차원의 노력을 전개하는 활동이다.[(1)]"

'습관적으로 발생'한다는 점이 학습조직의 중요한 특징이다. 이는 시간의 축적을 통해 문화로 자리 잡게 된다. 또한 개인학습과 조직학습을 구별해서 이해하는 것이 필요하다. 개인학습이 개인의 행동양식의 변화과정을 의미한다면, 조직학습은 개인학습이 조직에 일상적인 행위양식으로 제도화되는 것을 의미한다.

학습조직을 이해함에 있어 키워드는 학습과 조직이다. 학습이 무엇인지를 정의하기란 쉽지 않지만 일반적으로 산출물(products), 과정(process), 기능(functions)의 측면을 고려해 정의한다(Harris & Schwahn, 1991). 특히, 경영의 현장에서는 물론 산출물과 과정을 모두 균형 있게 고려해야 한다는 점을 주목해야 한다.

참고로 다른 정의도 함께 살펴보자.

1) 피들러(Pedler)는 '일상적으로 학습을 계속 진행해 나가며 스스로 발전하여 환경 변화에 빠르게 적응할 수 있는 조직'으로 학습조직을 정의한다.
2) 가빈(Garvin)은 '조직원이 학습할 수 있도록 모든 기회와 자원을 제공하며 학습결과에 따라 지속적인 변화를 이루는 조직이며, 변화에 능숙한 조직'으로 정의했다.
3) 셍게(Senge)는 '구성원 자신들이 진심으로 원하는 결과를 창출하는 데 필요한 역량을 지속적으로 개발시켜 주는 조직으로, 새롭고 창의적인 사고가 길러지고 집단적 포부가 자유롭게 논의되고, 구성원들이 함께 학습하는 것을 배우는 조직'으로 정의한다 (한국기업교육학회, 2010).

google 해커톤 〈출처: wikimedia〉

2. 학습조직의 본질과 특성

2.1 학습조직의 본질

워너와 디사이몬(Werner·DeSimone, 2006, 591면)의 정의는 학습조직의 구체적 특징을 잘 드러낸다. 학습조직은 무엇보다 구성원 모두가 문제를 스스로 인식하고 정의하며 새로운 해결방식을 모색하는 활동들이 습관처럼 지속적으로 일어나는 조직이다. 이점에서 학습조직은 물질화된 틀이라기 보다는 관습화된 행동양식의 성격이 강하다.

학습조직은 조직으로 하여금 창의적인 시도를 다양한 방식으로 수행하게 끔 유도하며, 궁극적으로 조직의 역량을 강화한다. '감마 B 체인지'를 유발하는 것이 학습조직이거니와, 워너와 디사이몬은 그 핵심을 조직의 패러다임 변화로 본다. 좀 더 쉽게 설명하면, 조직이 '일에 대한 사고, 접근, 수행 방식'을 근본적으로 변화시키는 것이 학습조직이며,

이를 감마 B 체인지라 명명했다. 패러다임의 변화는 구성원이 스스로 자신이 무엇을 수행하는 지, 자신이 생산하는 것이 무엇인지, 그로 인해 조직은 어떤 변화를 만들어내는 지, 그 과정에서 조직뿐만 아니라 구성원 스스로가 어떻게 변화하는 지를 인식하는 과정을 통해 완성된다.

> "A learning organization is an organization in which 'everyone is engaged in identifying and solving problems, enabling the organization to continuously experiment, improve, and increase its capabilities'. This approach involves a shift in an organizational paradigm – or gamma B change – because employees are expected to continuously learn as they produce."
>
> –Werner·DeSimone, 2006:591 P) 277 … (5)

2.2 단순순환학습과 이중순환학습

그렇다면, 학습은 어떻게 일어나는가. 학습이 발생하는 세 가지 단계를 이해한다면, 학습에 대한 보다 구체적인 상을 얻을 수 있다. 단순순환학습, 이중순환학습, 추가순환학습 등 세 단계로 나누어 살펴보자.

첫째, 단순순환학습(single–loop learning)은 1차원 학습이라고도 한다. 조직구성원이 환경과 적응하는 과정(일정한 문제를 발견하고 이를 해결하는 과정)에서 조직 내에 축적돼 있는 현재의 지식 - 즉 교육훈련 등을 통해 '알고 있는' 지식과 정보 - 을 활용하면서 오류를 발견하고 행동을 변화시켜 나가는 과정을 의미한다.

단순순환학습을 통해 조직은 자신의 전략적 유효성 혹은 전략적 역량을 어떻게 개선할 것인가, 이를 위해 시급히 해결해야 할 문제는 무엇인가 등의 문제를 제기하고 구성원들이 서로의 경험, 발견, 해석, 지식 등을 공유토록 한다. 이는 지속적이고 점진적인 개선을 창출하는 학습의 첫 단계다.

둘째, 단순순환학습은 이중순환학습(double–loop learning)으로 나아가야 한다. 이중순환학습은 조직의 규범, 가치, 가정 등에 근본적인 문제를 제기하고 이를 변화하는 환경에 부합토록 재구성하는 과정을 의미한다. 단순순환학습이 문제해결에 필요한 전략적 역량을 학습하고 이를 습관화하는 과정이라면, 이중순환학습은 근본적인 가정에 오류가 없는가, 패러다임이 변화한 것은 아닌가, 과거의 방식이 미래에도 그대로 적용될 수 있는가, 우리에게 필요한 새로운 인식전환은 무엇인가 등을 문제제기한다. 이중순환학습 능력은 조직의 질적 발전을 가능케 하는 원동력이 된다. 이를 2차원 학습이라하기도 한다.

셋째, 단순순환학습과 이중순환학습이 지속적으로 상호 연계돼 발전하는 학습이 필요하다. 이를 추가순환학습(deuterolearning) 혹은 되먹임(feedback)의 학습이라 부를 수 있다. 되먹임, 혹은 피드백이란 산출된 결과가 새로운 투입요소로 전환돼 시스템으로 하여금 새로운 생산 혹은 전환을 가속토록 하는 과정이다. 학습에 있어서도 되먹임의 과정은 매우 중요하다. 단순순환학습이 문제해결 능력을 높였다면, 이중순환학습은 단순한 문제해결 능력 제고를 넘어 조직이 추구하는 궁극적 가치와 비전, 목표를 달성할 있는 능력을 함양시킨다. 이중순환학습의 결과는 다시 새로운 문제를 인식하게 하고 이를 해결할 수 있는 방안을 모색토록 조직을 이끈다. 이를 새롭게 수행하는 과정은 새로운 단순순환학습이 시작되는 지점이기도 하다. 이 과정을 반복함으로써 조직은 학습역량을 높일 뿐만 아니라 학습의 문화화를 달성할 수 있게 된다.[7]

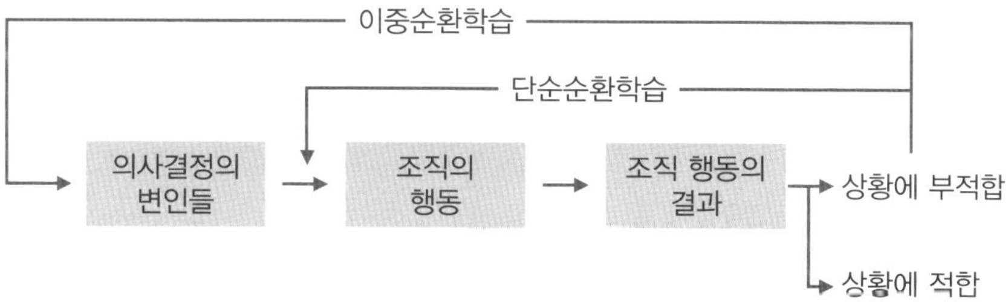

2.3 학습과 자동온도계 예시

단순순환학습과 이중순환학습을 설명하는 예로 크리스 아지리스(Chris Argyris)의 자

7) Learning can occur on at least three different levels: 1. single-loop learning emphasizes the identification of problems and then taking corrective action. 2. Double-loop learning emphasizes understanding and changing the basic assumptions and core values that led to a particular problems. 3. Deuterolearning is directed at learning process by improving how the organization performs single- and double-loop learning (Werner·DeSimone, 2006, 591면).

동온도계 예시는 재미있다. 예를 들어 내부 온도를 일정한 수준으로 계속 유지하는 자동온도계는 단순순환학습의 좋은 예다. 창문이 열려 찬 공기가 유입되면, 이를 문제로 인식하고 열 공급을 높여 예전의 온도를 회복한다. 자동온도계는 내부 온도의 변화를 스스로 민감하게 파악하고 그에 합당한 조치를 실시간 수행함으로써 일정한 수준의 온도를 유지하는 목표를 달성한다.

반면, 이중순환학습은 “왜 일정한 온도를 유지해야 하는가” 혹은 “처음 셋팅된 온도가 적당한 온도인가”라는 문제를 제기하는 데서 시작된다. 일정한 온도를 유지할 필요가 없는 상황이라면 목표는 수정돼야 한다. 처음 셋팅된 온도가 적당하지 않다면 역시 목표는 수정돼야 한다.[2]

3. 학습의 5원칙

셍게(Senge, 2006)가 제안하는 학습 5원칙은 학습조직의 본질을 이해하는 데 좀 더 도움이 된다. 그가 제시하는 다섯가지 원칙은 다음과 같다.

첫째, 자기 주도성 원칙이다. 문제제기, 목표설정, 도달하고자 하는 미래에 대한 상의 설정 등 학습의 시작과 결과가 모두 구성원 스스로에 의해 이뤄져야 한다.

둘째, 사고 모델(mental model)의 원칙이다. 인간의 사고 과정을 살펴보면, 그 핵심은 성찰, 분류, 개선 등을 반복하는 과정으로 이뤄져 있다. 학습은 성찰적 인식, 복잡한 것들을 일정한 기준에 따라 분류하고 구분하는 일, 이에 대한 개선책을 강구하는 일 등을 통해 발생한다. 그만큼 성찰적 인식, 명확하고 체계적인 분류, 구체적 개선이 학습을 실질화하는 중요한 요소다.

셋째, 비전 공유의 원칙이다. 학습조직에서의 학습을 개별적 차원에 일어나는 행위가 아니다. 조직 구성원은 개인의 차원에서 문제를 인식하는 것이 아니라 조직의 차원에서 문제를 인식해야 한다. 성찰 역시 조직의 차원에서 일어난다. 조직의 차원에서 발생한다는 뜻은, 조직의 관점에서 문제를 인식하고 해결방안을 모색한다는 점을 의미한다. 조직 차원에서의 학습은 비전의 공유를 통해 강화된다. 구성원들은 우리가 해결해야 할 문제가 무엇인지를 조직의 가치와 목표의 관점에서 정의하고 이를 공유해야 한다. 이를 위해 선행돼야 할 일은 조직의 비전이 무엇인지에 대한 공동의 인식을 확보하는 것이다. 또한, 문제해결을 통해 우리가 도달할 수 있는 미래상이 무엇인지를 공유하는 일 역시, 학습조직을 재강화하는 데 필수적이다.

넷째, 팀 빌딩의 원칙이다. 변혁적 사고, 개방적 사고, 집합적 사고가 유기적으로 결합될 때, 비로소 효율적 학습을 위한 기반이 만들어진다. 팀 빌딩은 학습조직의 효과적 구축을 위해 필요한 구성원들의 관계적 자산이다. 각 구성원들은 변혁적 사고를 통해 창의적이고 도전적인 아이디어를 지속적으로 창출한다. 개방적 사고를 통해 서로의 의견과 경험을 존중하고 이를 종합해 새로운 아이디어를 창출한다. 집합적 사고를 통해 집단지성이 발휘될 수 있는 조건을 마련한다. 집단지성(collective intelligence)은 개인의 지성을 합한 양보다 더 많은 양의 지성 혹은 능력을 산출할 수 있다.

[The four disciplines, Peter Senge]

1) Personal Mastery - learning to expand our personal capacity to create the results we most desire, and creating an organizational environment which encourages all its members to develop themselves toward the goals and purposes they choose.
2) Mental Models - reflecting upon, continually clarifying, and improving our internal pictures of the world, and seeing how they shape our actions and decisions.
3) Shared vision - building a sense of commitment in a group, by developing shared images of the future we seek to create, and the principles and guiding practices by which we hope to get there.
4) Team building - transforming conversational and collective thinking skills, so that groups of people can reliably develop intelligence and ability greater than the sum of individual members'talents.

-Senge, 2006, 6-7면

셍게의 실천원칙은 분석적인 이해에 치중하는 서양적 사고보다는 통합적 사고를 중시하는 동북아시아의 사고에 가깝다. 전체적인 구조나 조직의 비전 등 큰 틀에서 문제를 바라보고, 단순한 해법을 얻는 데 그치기 보다는 조직 자체의 변화를 근본적으로 꾀한다는 점에서 확장된 이중순환학습과도 연계된다. 문제를 해결함에 있어 증상에 대한 대증적 처방만을 찾는 것이 아니라 문제의 근본을 성찰하고 본질적 해결을 통해 보다 나은 창의를 발현코자 하는 것이 조직학습, 학습조직의 궁극적 원리이기 때문이다.

학습조직에 대한 연구를 종합해보면, 효과적인 학습조직이 형성·발전되기 위해서는 다음 4가지 요소를 갖추어야 한다.

첫째, 창의성에 바탕을 둔 조직적 인식 역량을 강화해야 한다. 창의란 다양한 측면을 새롭게 바라볼 수 있는 능력에 다름 아니다. 변화하는 환경, 조직이 직면하고 있는 문제에 대해 다각적인 측면을 종합적으로 분석하는 과정을 통해 '이전과 다른 새로움'을 포착할 있다. 즉, 문제인식과 진단은 창의적 사고에 기초할 때 보다 정확하고 종합적으로 이루어질 수 있다. 따라서 기존의 틀(conventional wisdom)을 벗어나서 보다 다각적인 접근방식을 개발하고 훈련해 나가야 한다. 이때 창의적 인식은 '조직적'이어야 한다. 조직적 인식이란 개인적 인식에 대비되는 개념이다. 즉, 개인의 관점에서 상황을 진단하는 것이 아니라 조직의 관점에서 분석하고 진단함으로써 조직의 목표에 부합하는 해법을 찾아나가는 역량을 계발해야 한다.

둘째, 학습과 일의 연계성이 구축돼야 한다. 학습은 항상 일(jobs)과 연계돼 일어나야 한다. 일은 학습을 통해 그 내용이 풍부해진다. 학습을 통해 얻어진 새로운 지식과 접근방법은 일의 효율성을 높일 뿐만 아니라 일과 구성원의 관계에도 변화를 가져온다. 일의 변화는 또 다시 학습을 위한 계기를 마련한다. 이처럼 일과 학습은 상호 연관성을 매개로 서로 발전하는 관계에 놓인다.

셋째, 학습조직은 교수자 중심의 학습을 지양하고 자기주도적 학습이 지속적으로 이뤄질 때 비로소 효과적으로 구축된다. 자기주도성은 셍게가 특히 강조한 학습의 주요한 원칙이다. 학습의 주제와 해결방식은 외생적으로 주어지는 것이 아니라, 일의 주체인 구성원이 제기하고 탐색한다. 자기주도성이 확립되기 위해서는 시스템적 지원이 필요하다. 구성원이 다양한 아이디어를 문제로 제기할 수 있는 자율적 권한을 보유하고 있어야 한다. 제기된 아이디어가 활발하게 토론되고 실험될 수 있는 공간도 필요에 따라 마련돼야 한다.

넷째, 위와 관련된 요소로서, 학습조직의 효과가 지속적으로 발현될 수 있도록 시스템적 지원을 체계화해야 한다. 조직 내에서 다양한 학습이 실시간으로 편리하게 수행될 수 있도록, 컴퓨터 등 통신기술을 활용한 시스템적 지원이 확대돼야 한다. 학습은 지속적으로 관행처럼 반복적으로 일어나야 하며, 그 자체가 문화로 정착돼야 한다. 앞서 강조한 바와 같이, 학습의 문화화야 말로 학습조직의 궁극적 목표다. 학습은 단순한 테크닉이나 매뉴얼화된 작업방식을 가르치는 것이 아니다. 이는 전통적인 직무훈련일 뿐이다. 학습은 보다 광범위한 인식의 변화, 태도의 변화, 문제해결 능력의 변화, 문제를 포착하는 방식의 변화 등을 포함하는 포괄적인 행동이다. 학습조직을 효과적으로 구축하기 위해서는 조직 차원에서의 체계적 지원이 필요하다. 올바른 학습을 유인하고 학습에의 참여, 학습을 통한 성과 등에 대해서는 올바른 평가를 통해 지속적으로 보상하는 시스템을 구축해 나갈 필요가 있다.

> "Many organizations use the term 'learning' rather than 'training' to emphasize the point that the activities engaged in as part of this developmental process are broad-based and involve much more than straightforward acquisition of manual or technical skills. Learning implies ongoing development and continuously adding to employees' skills and knowledge to meet the challenges the organization faces from its external environment. A focus on learning, as opposed to training, emphasizes results rather than process, making such an approach more palatable to senior executives. Any kind of employee learning that is not reinforced by the organization's reward system has little chance of impacting employee behavior and performance."
>
> –Mellow, 2002, 272면 P) 277 … (6)

4. 학습조직의 5가지 차원과 구축 전략

4.1 학습조직의 5차원

학습조직은 조직 내에 '배태된 문화(embedded culture)'의 형식으로 존재해야 한다. 이를 위해서는 구조와 시스템, 인적자원관리 정책, 조직문화, 리더십 등 경영의 모든 요소가 '학습'을 중심으로 유기적으로 결합해야 한다.

워너와 디사이몬(2006)은 학습조직의 5가지 차원을 구조, 정보공유, HR 프랙티스, 조직문화, 리더십으로 구분해 규정한다.

첫째, 구조란 학습조직이 추구해야 할 체계를 말한다. 조직의 학습이 원활하게 작동하기 위해서는 조직구조의 단순화가 필요하다. 여기서 말하는 단순화란 단계의 최소화를 의미한다. 경영자와 구성원 간의 장벽을 제거하기 위해서는 층층시하 식의 단계를 가급적 최소화해야 한다. 이른바 '계층적 장벽'을 제거하고 단순화 할 때 비로소 학습조직이 원활하게 발전할 수 있는 기반이 마련된다.

효율적 학습은 구성원들 간의 협업적 소통을 필수적 요건으로 한다. 구성원 간의 협업적 소통을 적절히 촉진하는 구조로는 자율팀(self-managed teams)이나 횡단적 기능팀(cross-functional team)을 들 수 있다. 실제로 팀은 정보를 공유하고 확산하는 데 있어 필수적인 구조다. 규모난 집중력 면에서 팀은 거대한 조직보다 창의적 아이디어를 생산하고 이를 정보화해 다른 팀과 공유하는 데 매우 효과적이다. 따라서 효과적인 학습조직을 구축하는 데는 이에 걸맞는 조직구조를 갖추는 것이 필수적으로 요청된다.

둘째, 정보공유는 학습조직의 내용을 결정하는 중요요소다. 공유라는 과정이 없다면 개인의 학습은 조직의 학습으로 연계되지 않는다. 새로운 정보, 창의적 아이디어, 혁신적 문제해결 방식을 습득했다 하더라도 개인의 차원에 갇힐 경우, 이는 조직의 지(知)나 역량으로 전환되지 못한다. 공유되지 않은 정보는 성과창출에 실질적인 도움을 줄 수 없을 뿐만 아니라 사장될 경우 고스란히 비용으로 남을 뿐이다.

공유는 또한 가치를 더하는 과정이기도 하다. 하나의 새로운 아이디어는 그 자체로 가치를 가질 수 있으나, 동료나 다른 팀과 공유함으로써 더 나은 아이디어로 발전할 수 있는 계기를 얻게 된다. 특히 새 아이디어는 다른 직무를 수행하는 팀의 관점에서 새롭게 재해석될 수 있을 뿐만 아니라 이를 응용하는 과정에서 더 나은 아이디어로 진화할 가능성도 충분히 갖추고 있다. 공유는 발견된 지식이나 아이디어를 조직 전체로 확산하는 기능을 넘어, 새로운 가치를 창출하는 과정이기도 하다. 그만큼 학습조직의 효과성을 결정하는 데 필수적인 요소다.

셋째, HR 프랙티스들의 조화다. 학습조직은 이를 지원하는 HR 프랙티스들과의 조화를 통해 성장한다. 성과평가 시스템, 보상시스템, 교육훈련지원 시스템 등은 학습조직을 효율적으로 구축하는 데 필수적인 지원체제다.

넷째, 조직문화의 차원이다. 학습조직이 발달하기 위해서는 이를 지지하는 조직문화의 발전이 뒷받침돼야 한다. 학습 친화적 조직문화를 구축하지 않고서는 지속가능한 학습은 불가능하다고 해도 과언이 아니다. 학습에는 늘 실패의 위험이 따른다. 학습의 결과가 단기간에 가시적 성과로 드러나지 않을 수 있으며, 새로운 문제해결방식이 늘 성공적이지 않을 수 있기 때문이다. 그러나 실패의 위험을 수용하지 않고서는 창의적이고 새로운 학습 시도는 불가능하다. 조직은 실패의 위험을 회피하기 보다는 적극적으로 수용하는 문화를 발전시켜 나가야 한다. 적극적으로는 실패를 통해 더 많은 것을 얻어내고자 하는 '실패를 통한 학습'을 조장하기도 해야 한다. 실패하기 위한 실패가 아니라 '올바른 실패'를 적극적으로 유도하는 문화는 구글, 페이스북 등 실리콘 밸리 기업이 공통적으로 보유한 문화이기노 하다.

"구글의 CEO 선다 피차이(Sundar Pichai)는 2015년 12월 한국 방문 당시 한 강연에서 '실패하거나 목표를 달성하지 못한 프로젝트라 해도 그 여정을 통해 많은 것을 배울 수 있다'고 역설했다. 구글은 '1년 안에 실패하기'를 제도화해 운영한다. 자유롭게 도전하되, 프로젝트 성패 여부를 냉정하게 판단해 실패 확률이 높다면 1년 안에 포기하도록 권장하는 것이다. 프로젝트에 실패하면 책임을 져야 하고 퇴사까지 각오해야 하는 대다수 기업들과는 사정이 다르다. 구글은 '진정성 있게 도전했으나 아쉽게 실패한' 프로젝트에는 특별히 책임을 묻지 않는 것으로 유명하다(정권택·예지은, 2017, 168-169면)"

다섯째, 리더십이다. 리더십의 중요성은 언제나 강조된다. 학습조직에 걸맞는 리더십은 학습조직 자체를 구성하는 하나의 차원이기도 하다. 구성원의 도전적이고 창의적인 학습을 지속적으로 격려하고, 실패를 적극적으로 권장하며, 새로운 해법을 탐색하는 데 적극적으로 지원하는 리더십은 학습조직을 발전시키는 데 필수적 요소다.

셍게는 학습조직에 필요한 리더십은 경영진에게만 요구되는 것이 아니라 구성원 모두에게 요구되는 자질이라고 강조한다. 경영진은 학습조직의 비전과 목표, 중요성에 대해 명확히 인식하고 이를 구성원들과 공유할 수 있는 다양한 전략을 개발해야 한다. 학습문화가 새로운 문화로 정착하는 데, 경영진의 관심과 노력의 중요성은 아무리 강조해도 지나침이 없다. 그러나 경영진의 리더십 못지않게 부서장과 개별 구성원의 역할 역시 중요하다. 부서장은 일선에서 구성원의 학습능력을 개발하고 지원하는 프론티어로서 역할해야 한다. 구성원들과의 긴밀한 소통을 통해 효과적인 학습이 일어날 수 있도록 지원하는 노력이 필요하다. 개별 구성원 역시 학습의 주체로서 셀프 리더로서 역할해야 한다. 경영진, 관리자, 구성원 모두가 학습 조직의 주체가 될 때 비로소 학습조직은 문화로서 완성될 수 있다.(3)

참 고

1. 개인학습 vs 조직학습

'누가 학습하는 것인가'라는 질문은 학습조직을 이해하는 데 중요한 질문 중 하나다. 이는 "개인이 학습을 하는 것인가, 아니면 조직 자체가 학습의 주체인가"의 문제다(Turner, Mavin, Minocha, 2006).

개인만이 학습의 주체가 될 수 있다는 입장은 Bhatt(2000, 2002)에 잘 나타나 있다. 그에 따르면, 조직은 사람이 아니므로 학습이나 사고와 같은 인간의 속성을 지니기 어려우며 따라서 조직학습이란 개념은 독립적으로 존재하지 않는다고 본다. 조직이라는 환경에서 개인이 학습하는 것일 뿐이며, 조직은 개인의 학습을 지원하고 장려하는 역할을 수행하는 것일 뿐이다.

반면, 조직 자체를 학습의 주체로 보는 견해가 통설이다. "조직은 학습을 가능케 하거나 촉진하는 질적인 특성을 지닌 존재다. 복잡한 학습과정들이 조직 내에 위치할 수 있다. 개인만이 학습주체가 아니라 시스템인 조직도 학습이 가능하다(강대석, 2007, 44면)."

두 관점은 모두 일면적 타당성을 지닌다. 개인의 학습이 없이는 조직의 학습이 가능하지 않다는 점에서 개인학습과 조직학습을 이항대립적으로 사고하는 것은 무의미하다. 외려 조직을 학습의 독립적 주체로 사고하는 것이 전략적으로도 바람직하다. 이와 관련해 조직학습의 개념은 학습조직을 이해하는 데 많은 시사점을 제공한다. 한국기업교육학회가 제시하는 조직학습의 개념은 다음과 같다.

> "조직학습은 조직차원의 제도와 시스템, 업무여건과 환경, 문화적 기반을 어떻게 조성하면 개인차원의 학습이 효과적으로 발생해서 조직 전체가 외부환경변화에 능동적으로 대응하고, 조직이 지속적으로 발전할 수 있는 지를 모색하는 학습이다. 미시적 측면의 학습활동 촉진 및 극대화에 주력하는 심리학적 개인학습이 주로 개인 차원의 자세와 태도변화, 사고방식과 행동의 변화를 밝혀 보려는 노력

과는 다르게 심리적 차원에서 이뤄지는 개인학습의 단순한 합은 결코 조직학습이 될 수 없다고 한다. 조직학습이 발생하기 위해서는 개인차원의 학습촉진 및 지원 활동과는 근본적으로 다른 어떤 노력이 필요함을 역설한다. 이에 따라 경영학에서 연구되는 조직학습은 '심리학적 개인학습과 차별화되는 조직학습의 정체와 본질은 무엇인가', '조직이 학습하는 과정은 어떻게 설명될 수 있는가', '조직학습은 조직의 경쟁력 강화와 어떤 방식으로 연결되는가' 등의 근본문제를 제기한다. 조직학습 단계에 이르면 개인학습과 팀 학습은 조직의 일상화된 절차, 규칙, 시스템, 조직운영 프로세스와 함께 제도화된다. 개인학습이 팀 학습으로, 다시 팀 학습이 조직학습으로 연결되는 선순환적 과정이 이뤄지려면 조직 내에 있는 개인의 학습활동을 촉진시키는 메커니즘 뿐만 아니라 개인 학습이 조직학습으로 연결될 수 있는 제도적, 시스템적, 문화적 촉진 메커니즘이 구비될 필요가 있다. 이렇게 제도화된 조직학습이 반복, 습관적으로 이뤄지는 조직을 학습조직이라고 한다."

-한국기업교육학회, 2010, 224-5면

2. Outsourcing

○ 현황

ㄴ 최근 교육훈련과 관련해 아웃소싱이 늘고 있다. 아웃소싱이란 조직의 전략적 목표 달성을 지원하기 위해 교육훈련과 성과향상 프로그램을 제공하는 외부자원을 활용하는 방식을 의미한다. 분야별로 전문성을 갖춘 교육기관의 서비스를 활용함으로써 비용을 줄이고 효과를 높일 수 있는 장점이 있다.

ㄴ Reengineering과 Downsizing의 중요성이 강조되면서, T&D부서 축소와 Outsourcing 증가하고 있다.

○ 주요원인

ㄴ 효율성과 전문성 제고 (미국교육훈련·개발협회, American Society for

Training and Development, ASTD)

◆ 교육훈련 직무의 운영상 효율성 제고

◆ 교육훈련부서 축소에 따른 비용 상쇄

◆ 외부 전문기술수준에의 근접노력

◆ 운영비용감소 및 훈련효과성 제고

○ (Process) 고려해야할 요소

└ 적절한 전문성을 갖춘 계약자가 존재하는 가?

└ 교육훈련직무 중 어느 부분을 Outsourcing 할 것인가?

◆ 설계 및 개발: 전문적인 훈련프로그램의 개발

◆ 실행 : 정해진 프로그램의 효율적인 실행

◆ 평가 : 프로그램 성과측정 및 피드백

└ Outsourcing 관리의 체계화

◆ 적절한 통제를 위한 의뢰자와 계약자간의 역할과 책임에 대한 분명한 정의 (의뢰자의 Initiatives)

◆ 이를 위한 의사소통의 원활화가 전제되어야 함

└ 성과의 측정과 평가

◆ 명확한 수행지표가 사전에 결정되어야 – Key Performance Indicators

◆ 장단기적 관점/가시적 비가시적 요소 등의 고려

요 약

인적자원개발의 중요성은 강조하지 않더라도 모두가 알고 있습니다. 그러나 실제로 중요성에 대한 인식 만큼 실천이 따르지 않는 대표적 분야이기도 합니다. 한국직업능력개발원의 조사(〈기업직업훈련실태조사〉,2016)에 따르면, 재직근로자를 대상으로 교육훈련을 실시하는 기업은 48.2%에 불과하고 1인당 평균 교육시간(집체교육의 경우)도 연간 20.2시간에 그칩니다. 투자비용도 매우 적습니다. 집체훈련에 투자하는 비용이 연간 224천원(1인당)에 불과하기 때문입니다. 물론 이 수치는 10인 이상 기업을 평균한 것이기 때문에 기업의 규모에 따라 차이가 클 것입니다. 재정적 여력이 낮은 중소기업은 자체 훈련을 엄두도 내지 못하고 있을 가능성이 큽니다. 그러나 훈련시간이나 투자액 등을 고려한다면, 인재육성의 중요성을 강조하는 만큼이나 실질적인 실천이 이뤄지는 것은 아니라고 볼 수 있을 것 같습니다.

전략의 측면에서 본다면, 인적자원개발 전략이 주목해야 할 점은 구성원의 니즈를 반영하는 전략으로 발전해야 한다는 점입니다. 인적자원개발전략은 조직의 니즈와 구성원의 니즈를 균형있게 종합하는 방향을 발전해야 합니다. 조직의 성과 향상 만을 고려할 것이 아니라 능력개발과 자아실현을 원하는 구성원의 니즈를 어떻게 충족시킬 것인가를 먼저 고민해야 합니다. 이때 비로소 인적자원개발전략은 조직과 구성원의 상생 발전을 위한 '좋은 전략'이 될 수 있습니다.

학습조직에 대한 인식을 새롭게 하고 이를 경영현장에 확산해 나가는 노력이 필요합니다. 학습조직이란, 우리가 본문에서 살핀 바와 같이, 학습이라는 실천이 문화로 정착돼, 일상적으로 일어나는 조직입니다. 제가 강조하고자 하는 중요한 목표 혹은 특징은 창의적 인식 능력을 함양하는 것입니다. 창의란 창조와 다릅니다. 없는 것에서 창조하는 것이 아니라 있는 것들을 새롭게 바라보고 분석하고 종합하고 결합함으로써 얻어지는 것입니다. 이를 위해서는 무엇보다 개방적인 인식과 다각적인 관찰·숙려 능력이 요구된다고 볼 수 있습니다.

리더십의 중요성은 늘 강조돼야 합니다. 특히 학습조직은 그 자체로 문화일 수 있습니다. 문화는 자기 논리를 가지고 발전하는 속성이 있다 보니, 기존의 문화와 다른 새로운 문화를 조직내로 유입하는 일은 간단치 않습니다. 물론 기존의 문화가 늘 새로운 문화와 갈등하는 것은 아닙니다. 새로운 행위양식이 필요할 때, 기존의 문화와 융합시킬 수 있는 다양한 방식이 존재하기 때문입니다. 그럼에도 불구하고 새로운 문화적 요소의 유입은 구성원들로 하여금 긴장과 갈등을 유발하기도 합니다. 여기가 바로 리더십이 강조되는 지점입니다. 리더십은 하나의 예술과도 같지요. 정형화될 수 없고, 복잡한 요인에 따라 상호변형되는, 형성적 행위라고 할 수 있습니다. 학습조직을 구축함에 있어 리더에게 요구되는 소양은 다양하겠지만, 무엇보다 리더가 먼저 학습 친화적인 태도를 갖추어야 합니다. 특히 학습은 늘 실패의 위험을 수반합니다. 실패를 처벌하지 않고, 외려 조장하고 격려하는, 통 큰 리더십이 필요합니다.

과 제

다음을 토론해 봅시다.

인적자원개발은 구성원의 역량을 육성하는 데 초점을 둔 전략이다. 그러나 조직이 필요한 역량을 갖추는 방법은 육성만이 유일하지 않다. 필요한 역량을 갖춘 인재를 외부에서 채용할 수도 있다. 인적자원개발과 관련해, 이른바, 메이킹(making) 전략 대 바잉(buying) 전략의 대립이 오랜 동안 지속되어 왔다. 메이킹 전략이 인적자원개발전략의 필요성을 더 중시한다면, 바잉전략은 그 반대다. 사올 것인가, 양성할 것인가. 이 논쟁의 이면에는 재능(nature) vs 육성(nurture) 논쟁이 자리잡고 있다. 역량이 재능적 차원에서 구성된다면, 이는 훈련으로 육성되는 데는 한계가 있다. 반면 역량이 육성될 수 있다면, 적극적으로 육성함으로써 필요한 역량을 만들어 나갈 수 있다. 질문은 "메이킹 전략과 바잉 전략 중 어떤 것이 더 효과적일 것인가"다. 이는 아직도 풀리지 않은 과제다. "상황에 따라 결정해야 한다"는 뻔한 답 이외에 주어져 있는 것이 없다. 여러분들의 의견은 무엇인가. 심리학의 전문성 연구(expertise research) 분야에서 대표적인 연구로 거론되는 두 입장을 보며 '근본적인 이유'를 고민해보자.

1) 에릭슨의 1993년 연구 '전문역량 습득에 있어서의 의도적 연습의 역할'은 후일 1만 시간 법칙이라고 불리게 되는 원리를 처음 제시했다. 에릭슨은 서베를린의 음악 아카데미 학생들을 대상으로 실력에 영향을 주는 요인을 분석했다. 의도적 연습(Deliberate practices)은 실력향상에 얼마나 영향을 미치는가. "보통 집단의 경우 주당 평균 연습시간은 9시간에 그친 반면, 최우수집단과 우수집단은 평균 24시간을 넘었다. 또한 최우수집단과 우수집단을 가르는 차이는 '누적연습시간'"에서 비롯됐다(정권택 외, 95면). 이는 말콤 글래드웰의 '1만 시간 법칙'으로 이어진다. "애플은 2014년 자사 소프트웨어 개발자 대외의 참가 연령을 종전 18세에서 13세로 낮추었다. 가능성 있는 10대들을 발굴해서 1만 시간의 경험과 기회를 주

겠다는 의도였다."(정권택 외, 96면)

2) 짐 햄드릭 등의 연구(2014) '의도적 연습: 전문가가 되기 위한 전부인가'라는 논문은 의도적 연습만으로 불충분하다는 점을 주장한다. "힘브릭 연구진은 재능과 연습에 관한 88개 논문을 분석한 결과, 음악, 스포츠, 체스 등의 분야에서 뛰어난 사람과 그렇지 않은 사람의 차이를 훈련량으로 설명할 수 있는 비율은 20% 수준이라고 결론 내렸다. (중략) 교육과 지적 전문가 분야의 편차는 이보다 더 크다. 교육분야는 의도적 훈련의 기여도가 4%에 불과하며, 지적 전문 분야(의사, 변호사)는 단 1퍼센트에 불과하다고 한다. 그러나 이 연구결과를 보고 훈련양보다 재능이 중요하다고 주장할 수는 없다. 교육에 대한 의도적 훈련의 기여도가 4%에 불과하다 해서 재능이 나머지 96%를 차지하는 것은 아니기 때문이다."(정권택 외, 97면) 환경, 성격, 인내심, 운, 타이밍 등 다양한 요소가 영향을 미친다.

해 석

1) “교육훈련은 구성원의 다양한 측면을 변화시킨다. 이 변화는 직무를 수행하는 방식에서의 변화, 타인들을 대하는 태도, 일을 수행하는 환경에 대한 태도, 직무에 대한 책임 의식 등이 포함된다. 물론 구성원들 중 일부는 이러한 변화를 위협으로 느끼는 경우도 있다. 그러나 교육훈련은 모두가 상생할 수 있는 윈-윈 효과가 있다. 필수적 숙련과 지식 함양에 전략적으로 잘 타겟팅 된 교육훈련은 구성원들의 노동시장 경쟁력을 제고하거니와 이는 기술이나 직업구조가 급변하는 현재의 환경을 고려하면 매우 중요한 역량이다. 현대 기업은 과거의 좁은 의미의 전문적 숙달을 갖춘 인력보다 지식노동자를 원하기 때문이다.”

2) “조직은 훈련으로부터 일상적인 효율성이나 이익률을 높이는 이외에도 다양한 혜택을 얻을 수 있다. 무엇보다 조직의 역할에 대한 통합적 이해력을 갖추고 자신의 책임을 다할 수 있는, 다재다능한 구성원을 육성할 수 있기 때문이다. 광범위한 지식과 숙련을 갖춘 구성원을 육성하고 직원의 능력개발에 지속적으로 투자함으로써 조직은 일상적인 관리계단을 줄일수 있을 뿐만 아니라 구성원의 성과책임 의식을 제고할 수 있다. 효과적인 교육훈련투자는 조직과 구성원뿐만 아니라 고객에게도 혜택을 부여한다.”

3) “멘토링은 퍼시픽 텔레시스 그룹이 중시하는 프로그램 중 하나다. 대게 멘토는 두 단계 상위자가 맡는데, 이들은 멘티에 대해 사업과 관련된 주요 이슈를 설명하고 네트워크를 넓히는 데 도움을 준다. 도전적인 직무 경험을 쌓을 수 있도록 촉진자의 역할을 수행하기도 한다. 퍼시픽 텔레스의 회장(Phil Quigley) 역시 자신이 직접 멘토로 활동함으로써 멘토링 프로그램의 성공을 이끌었다. 계열사 임직원들을 직접 초청해 멘토링을 제공하는 식이다. 이 그룹에 속한 퍼시픽 벨사의 멘토링은 많은 언론에 보도될 만큼 유명하기도 하다. 1992년 포춘지의 커버스토리(“직장여성: 그들이 최고의 지위에 이르는 때”)로 실리기도 했다.”

4) “지태크나 도요타 등 학습조직을 설명하는 많은 사례가 있는 것이 사실이지만, 학습조직의 효과성을 증명하는 경험적 연구는 매우 적다. 원인 중 하나는 학습조직 이론가와 전문가들이‘학습조직’에 너무 많은 기대를 의욕하기 때문이다. 실제로 학습조직을 기획하고 디자인하는 것은 쉬운 일이 아니다. 그러나 이러한 어려움에도 불구하고 학습조직의 개념은 많은 유용성을 지닌다. 최근 연구들은 학습조직의 구체적 개념화를 위해 필요한 개념적·실천적 도구들을 개발하고 있다. 앞으로 많은 연구가 필요하다.”

5) “학습조직은 구성원 모두가 문제를 인식하고 해결하는 과정에 관행처럼 스며들어 있는 조직을 의미한다. 이는 조직으로 하여금 지속적인 실험, 개선, 역량 강화를 가능하게 한다. 이러한 접근은 조직의 패러다임 변화를 유발한다. 감마 B 체인지라 부를 수 있거니와 이는 조직 구성원이 자신이 직무를 수행하는 과정에서 동시에 스스로 학습하는 결과를 낳기 때문이다.”

6) “대부분 조직에선 ‘훈련’보다는 ‘학습’이라는 용어가 더 일반적으로 사용되고 있다. 그 이유는 인적자원개발이라는 육성과정의 중요한 부분으로 반복적이거나 단순한 테크닉 중심의 숙련을 훈련시키는 것을 넘어 보다 광범위한 학습활동의 중요성을 강조하기 위해서다. 학습은 지속적인 개발임과 동시에 조직이 외부환경 변화나 도전에 적응하는 데 필요한 지식과 숙련을 축적하는 과정이기도 하다. 그러나 훈련이 아닌 학습에 초점을 두는 경우 이는 과정보다는 결과를 강조한다. 현장이 최고경영자들에겐 매우 매력적인 개념이기도 하다. 조직의 보상시스템이 구성원의 학습을 지속적으로 지원해야 한다. 그렇지 않을 경우 학습은 구성원의 행동양식의 변화는 물론 성과향상에도 긍정적인 영향을 미치지 못하게 된다.”

(1) 한국기업교육학회, 2010, 291-2면

(2) Chris Argyris makes the following point about learning:"If learning is to persist, managers and employees must look inward. in particular, they must learn how the very way they go about defining and solving problems can be a source of problems in its own right. I have coined the terms single-loop and double-loop learning to capture a crucial distinction. to give a simple analogy: a thermostat that automatically turns on the heat whenever the temperature in a room drops below 68 degrees is a good example of single-loop learning. A thermostat that could ask, 'why am I set at 68 degrees?' and then explore whether or not some other temperature might more economically achieve the goal of heating the room would be engaging in double-loop learning.

(3) "There are at least five different organizational dimensions of a learning organization: structure, information systems, HR and HRD practices, organizational culture, and leadership.

① Structure: One of the key dimensions of a learning organization is the reduction or removal of hierarchical barriers that divide managers and employees. In their place, learning organizations have implemented more collaborative structures like self-managed teams and cross-functional teams. Teams provide a natural setting for sharing and disseminating information. If teams develop a learning capacity, they become a microcosm for other teams in the organization. Teams can serve as a incubator for new ideas, because their limited size and focus permit them to mobilize their resources and experiment more efficiently than larger units. New knowledge gained through team learning can be propagated to other teams, although there is no guarantee this will occur.

② Information acquisition, sharing and retention. While individuals and teams can learn, solve problems, and create new ideas, the organization will not have learned unless this new knowledge is acquired, stored, and made available to other organizational members, both now and in the future. Indeed, there is a growing interest in the topic of 'knowledge management'. to create a learning organization, management must institute structures and practices that encourage information sharing and retention. This includes innovative and state-of-the-art information systems. Knowledge can be acquired from both internal and external sources. Internal sources would involve interactions between group members who can think insightfully about complex issues and are able to use their combined potential. For example, General Electric's Corporate Executive Council meets quarterly to share information, ideas, and concerns and examine best practices both within and outside the industry 'to stimulate broad-range thinking'. External sources would be unlimited, including organizational reports, industy reports, literature, and events.

③ HRM practices. There are a number of HRM practices that are necessary to support a learning organization. For example, performance appraisal and reward systems that reinforce long-term performance and the development and sharing of new skills and knowledge are particularly important. in addition, the HRD function in a learning organization may be radically changed to keep the emphasis on continuous learning. In a learning organization, every employee must take the responsibility for acquiring and transferring knowledge. Formal training programs, developed in advance and delivered according to a preset schedule, are insufficient to address shifting training needs and encourage timely information sharing. Rather, HRD professionals must become learning facilitators. Their role should be to assist, consult, and advise teams on how best to approach learning. they must be able to develop new mechanisms for cross=training peers - team members - and new systems for capturing and sharing information. to do this, HRD professionals must be able to think systematically and understand how to foster learning within groups and across the organization.

④ Organization culture. An organization's culture is made up of the shared beliefs, expectations, and behavioral patterns that define the organization's identity to its members. In a learning organization, the organizational culture contains elements that promote learning and knowledge sharing throughout the organization. For example, learning often requires some amount of risk. In a learning organization, risk taking in situations that represent opportunities to learn is not only encouraged, it is expected and rewarded. mistakes are more likely to be viewed as opportunities to learn, rather than as failure. One of the challenges in becoming a learning organization is to move individuals and groups toward this new set of expectations and norms.

⑤ Leadership. the role of the leader is critical to a learning organization. A leader in a learning organization is viewed as someone who can move the organization toward the kinds of culture, systems, and practices that are needed to support this philosophy. Peter Senge argues that this kind of leadership is needed not only at the top of a learning organization, but also at every level. Senge advocates three essential types of leaders: Executive leaders should be managers who create a vision that embraces organizational learning principles, create a new culture, and provide support to local line leaders. these individuals are also the transformational leaders who teach, guide and continually reinforce the organizational vision. Local line leader, or change managers, usually heads of divisions or major departments, provide the impetus for change by experimenting with new learning capabilities that may produce desired results. it is critical that they get actively involved in developing learning linkages throughout their unit to provide access to new information. The internal networkers or community builders, or change agents, are 'seed carriers' who assist local line leaders in experimenting and diffusing of new ideas. this is a role that HRD practitioners can fill."

—Werner·DeSimone, 2006, 592–4면

7

HR Performance Feedback _성과관리 전략

1

성과관리란 무엇인가

"측정할 수 없으면 관리도 개선도 가능하지 않다. 측정은 기록에서 시작된다. 어제보다 나은 오늘을 위해서는 어제의 기록이 필요하고, 그 기록으로 오늘의 성과를 판단할 수 있다. (중략) 어제와 비교한 오늘의 수치는 경영과 관리의 측면에서 필수 데이터다. 구체적인 개선 목표를 제시하라 성과를 기록하라. 그리고 내일과 비교하라. 진화는 측정과 기록으로 비로소 시작된다."

– 피터 드러커

1. 성과평가와 관리의 본질

성과관리(Performance Feedback)란 구성원의 직무성과, 학습능력, 태도의 변화 등을 평가하고 관리하는 활동이다.[1] 성과란 구성원의 직무활동을 통해 드러난 결과(outcomes)만을 의미한 것이 아니다. 수행(performance) 과정을 포함한다. 이점에서 성과관리는 결과와 과정을 모두 평가와 관리의 대상을 삼는다.

과거에는 인사평가(appraisal) 혹은 인사고과(人事考課, 일본식 표현)라는 말을 주로 사용했으나 지금은 성과평가라는 용어가 더 보편적이다. 가장 큰 이유는 성과평가의 기능과 목적이 바뀌었기 때문이다. 과거의 인사고과는 주로 보상과 처벌에 초점이 두어져 있었다. 특히 조직의 규율을 위반하거나 부정적 영향을 미친 구성원을 처벌하는 기능이

1) 성과평가는 성과관리를 위한 하나의 과정적 요소일 수 있다. 성과관리는 성과평가를 포함해서 구성원의 자아실현과 조직의 니즈 충족을 지속가능하게 하는 시스템적 접근이란 측면에서 더 넓은 개념이다. 성과평가가 하나의 프랙티스(practice) 개념이라면, 성과관리는 시스템 차원의 개념이다.

주를 이루고 있었다. 성과에 대한 측정 역시 과학적인 기준에 근거하기 보다는 상사의 직관과 관찰에 의존하는 경우가 많았다. 평가 대상의 측면에서도 성과 자체를 평가하기 보다는 직무를 수행하는 사람의 태도를 판단하는 식의 평가가 더 많았다.

그러나 인적자원관리의 체계화가 진전되면서 성과관리는 단순한 보상기제에서 전략적 도구로 발전하기 시작했다. 첫째, 성과관리가 전략적 의미를 갖는 이유는 성과를 측정하고 관리함으로서 실질적인 성과향상에 직접적인 영향을 미치는 도구로 발전했기 때문이다. 드러커가 늘 강조했던 것처럼, 평가는 진전을 위한 필수적 사전단계다. 그의 말처럼, 측정되지 않는다면 관리할 수도 개선할 수도 없다. 지속적 성과창출을 유도하기 위해서는 성과창출 과정을 평가하고 관리해야 한다. 둘째, 성과관리의 더 큰 의미는 근본적 목적의 변화다. 과거 인사고과의 목적이 보상 또는 처벌에 있었다면, 성과평가의 목적은 발전적 대안을 제시함으로써 가치 있는 인적 자원으로 성장할 수 있는 기회를 제공하는 데 있다. 성과평가에서 피드백의 중요성을 강조하는 이유는 이 때문이다. 물론 잘 한 일을 적극적으로 보상하고 잘못에 대해서는 정당한 처벌로 대응하는 것이 공정한 평가의 중요한 요소임에는 틀림 없다.

그러나 전략적 성과관리는 여기에 그치지 않는다. 긍정적 성과가 창출됐다면 결과에 만족하지 않고 긍정적 성과를 창출한 경로와 이유를 분석함으로써 향후 지속적인 성과향상을 위한 자원으로 삼아야 한다. 부정적 결과에 대해서도 마찬가지다. 그 원인을 조직의 차원, 프로세스의 차원, 구성원 역량의 차원, 문화의 차원 등에서 다각적으로 분석하고 이를 개선할 방안을 마련해야 한다. 특히, 구성원의 역량이나 태도에 문제가 있다면, 이를 보완하고 개선할 수 있는 실천적 대안을 제시하고 적극적으로 지원함으로써 더 나은 인적 자원으로 성장할 수 있도록 이끌어야 한다. 인적자원관리시대의 성과평가의 본질은 바로 여기에 있다. 결국 성과평가의 가장 큰 목적은 건설적인 피드백을 제공함으로써 더 나은 변화를 촉진하는 데 있다고 할 수 있다. 직무성과, 학습능력, 행동양식 등을 포괄적으로 평가하되, 처벌이 목적이 아닌, 발전적 대안을 제시하는 적극적이고 전략적인 성과평가의 제도화를 지속적으로 추구해 나가야 한다.[2)]

---

2) 특히 현대 경영 조직은 수평조직화의 경향을 관료제적 단계가 축소되면서 성과평가의 중요성은 더욱 커지고 있다. 많은 단계로 이뤄져 있는 경우에는 상사에 의한 부하 평가가 세밀하게 이뤄지는 반면, 수평적 조직이 확대될수록 전통적인 평가기회는 축소될 수밖에 없기 때문이다. "The trends toward more streamlined organizations and hierarchies with fewer employees having broader job

"The performance feedback is the process of assessing employees' work and behavior for constructive feedback to improve their performance."

–Mohrman, Resnick–West, and Lawler, 1989, Holt, 1993 P) 315 ··· (1)

멜로우 역시 성과관리와 평가는 보상이나 처벌을 목적으로 하기 보다는(전통적인 인사고과의 목적) 바람직한 대안을 제시함으로써 구성원의 자아실현과 경력개발을 지원하는데 더 큰 목적으로 두어야 한다고 강조한다. 이를 위해서는, 특히 평가제도의 설계와 운영 등 전반적 과정에서 구성원의 참여가 보장될 필요가 있음을 역설한다.

첫째, 성과관리가 전략적 도구인 점은 성과창출을 위한 직접적이고 유의미한 효과를 달성토록 돕기 때문이다. 조직이 추구하는 목표를 달성하는 정도를 측정하는 것은 성과관리의 시작이자 성과창출을 결정하는 기반이 된다.

둘째, 피드백이라는 용어에는 상호 보완적 행위의 의미가 포함돼 있다. 피드백, 즉 되먹임이란 어떤 과정을 통해 만들어진 산출이 다음의 과정에 의미 있는 투입이 되는 과정을 의미한다. 성과관리를 성과창출 사슬을 전반적으로 관리하는 전략으로 정의한다면, 성과평가의 결과는 새로운 투입으로 기능해야 한다. 새로운 투입은 평가과정에서 발견된 오류를 시정하는 것이 핵심이다. 인적 자원의 측면에 초점을 두며, 이는 성과창출에 효과적인 직무수행 방식, 직무를 대하는 태도, 직무 수행과정에서의 동료와의 협업, 상사로서의 리더십, 부하로서의 팔로워십, 동료간의 파트너십 등 긍정적 요소를 구체화하고 체계화함으로써 향후 지속적인 성과창출의 원동력을 삼는 일이다. 부정적인 측면에 초점을 두면, 성과창출에 방해가 되는 요소를 식별하고 이를 극복할 수 있는 개선방안을 도출해 내는 일이다. 성과가 미흡한 구성원이 있다면, 성과저조의 원인이 역량에 달려있는 지, 구성원과의 관계에 달려있는 지, 태도의 문제인지 등 다양한 차원에서 문제를 분석하는 일이 우선이다. 직무가 적성에 맞지 않을 경우, 아무리 훌륭한 인적 자원을 보유하고 있다 하더라도 그 구성원은 성과를 내는 데 실패하기 십상이다. 성과평가과정은 긍정적인 요소를 밝히고 체계화하는 과정에 그치지 않는다. 부정적 요소를 개선할 수 있는 발전적 대안을 모색하는 것이 더 중요하다. 현대 경영이 성과관리를 핵심적 전략으로 취하는 이유도 여기에 있다.

---

assignments have results in performance feedback taking on a more critical role than it has assumed in the past(Mellow, 2002)."

다시 한 번 강조하거니와, 성과평가는 처벌을 위한 기제가 아니라 건설적 대안을 제시함으로서 구성원이 보다 더 나은 인적 자원으로 성장할 수 있도록 지원하는 데 그 근본적 목적이 있다. 따라서 성과관리 전략은 구성원의 개발전략의 또 다른 형식이라 볼 수 있다.[3)]

셋째, 현대의 성과관리는 쌍방향성을 요구한다. 과거의 인사고과는 상사의 일방적인 평가에 의해 이뤄진다. 이는 '분석적 과정'이기보다는 '평가적 과정'이다. 분석적이라 함은 대상의 다양한 측면이 갖는 의미를 과학적으로 분해하고, 의미를 도출하고, 조직의 관점에서 종합하는 과정을 말한다. 반면, 평가적 과정이란 시비를 가리는 데 머무는 활동이다. 분석적 과정을 결여함으로 무엇이 긍정적 효과 혹은 부정적 효과를 발생시켰는지, 이해할 수 없게 된다. 전략적 평가는 평가적이기 이전에 분석적이어야 한다. 효과적인 분석은 상사 등 권위를 갖는 집단에 의한 일방적 접근으로는 달성될 수 없다. 직무수행 과정의 주체인 구성원이 자발적으로 참여할 때 비로소 '분석적 성과평가'는 효과적인 전략으로 기능할 수 있다.

> "An organization's long-term success in meeting its strategic objectives rests with its ability to manage employee performance and ensure that performance measures are consistent with the organization's needs. Consequently, performance management – also called performance evaluation, performance appraisal, or performance measurement – is becoming more of a strategic issue for organizations than in the past. The term 'Performance feedback' will be used to stress that the performance management system needs to be understood and accepted by the organization's employees and must provide them with meaningful information if it is to be effective. Effective performance management systems require employees and employers(supervisors) to work

3) "Organizations need broader measures of employee performance to ensure that 1) performance deficiencies are addressed in a timely manner through employee development programs that meet the changing needs of the organization and its market, 2) employee behaviors are being channeled in the appropriate direction toward performance of specific objectives that are consistent with the work unit and organization's strategy, and 3) employees are provided with appropriate and specific feedback to assist with their career development.(Mellow, 2002)"

together to set performance expectations, review results, assess organizational and individual needs, and plan for future. On the other hand, the terms 'performance appraisal or performance evaluation'imply a one-sided judgemental approach to performance management, where employees have little involvement in the process."

-Mellow, 2002, 298면 P) 315 … (2)

2. 성과관리의 기능

앞서 강조 했듯이, 성과관리는 조직구성원의 성과향상과 능력개발을 위한 과정인 만큼 발전적 대안을 효과적으로 제시하는 것이 목적이자 효과다. 전통적 성과평가는 위에서 제시한 바와 같이 보상(다른 한편으로는 처벌)을 목적으로 한다. 발전적 대안을 제시하는 데 초점을 둔 현대 성과평가관리와 대별된다. 물론, 성과평가의 중요한 목적 중 하나는 보상의 공정성과 인력활용의 효과성을 제고하는 데 있다. 피고스와 마이어스(Pigors and Myers, 1981)는 성과관리의 주요기능을 4가지로 요약했다.

첫째, 승진후보자 선정 기능이다. 승진(promotion)이란 권한과 책임의 양이 크고 난이도가 높은 식부기회를 제공하는 일이다. 구성원은 조직 내에서 승진이라는 과정을 통해 성장한다. 이들은 직무역량을 축적하며 리더로 성장하고자 하는 열망을 갖는다. 승진은 이러한 구성원의 열망과 요구를 충족시키는 과정이다. 그러나 조직의 관점에서 보면, 승신은 앞으로 조직을 이끌 리더를 양성하는 과정이기도 하다. 이는 미래 조직의 성패를 좌우하는 일인 만큼 신중함이 요구된다. 이 점에서 성과관리의 가장 중요한 기능은 조직의 미래를 이끌어나갈 리더를 선발하고 육성하는 데 있다.

둘째, 임금 등 보상을 결정하는 기능이다. 보상에 있어 가장 중요한 원칙은 공정(fairness)이다. 공정이란 공평(equality)과 구별되는 개념이다. 공평이 과정에서의 공헌과 상관없이 결과의 평등을 달성하는 개념이라면, 공정은 결과보다는 과정에 초점을 두는 개념이다. 어떤 일을 수행하는 과정에서 크게 공헌했다면, 적게 기여한 구성원에 비해 높은 보상이 부여되는 것이 공정의 원리에 부합한다. 아리스토텔레스의 분배정의 개념인 '각자의 몫을 각자에게'라는 원칙은 공정의 원리를 함축적으로 요약한다.

그러나 경영 현장에서 구성원 각자의 공헌을 객관적이고 공정하게 평가하는 일은 매우 어렵다. 특히, 사회화된 작업장에서의 협업을 특징으로 하는 현대 작업과정을 고려하면, 한 개인의 기여가 정확히 어느 정도인지를 측정하는 것은 더욱 곤란해진다. 이러한 현실적 곤란함으로 인해 성과평가에 대해 회의적인 입장도 실제로 많다. 우리에겐 품질 경영으로 유명한 에드워드 데밍(Edward Deming)은 성과평가를 매우 탐탁지 않게 생각했다고 전해진다.

> "성과평가 시스템을 운영해서 득보다 실이 크다면 운영을 중단해야 한다. 성과평가 시스템을 개선할 수 있는 대안을 찾으려고 노력해선 안 된다. 헛수고다."[4)]
>
> –W. Edward Deming

공정하고 객관적 평가가 현실적으로 어렵다는 사실은 부정할 수 없다. 그러나 이를 이유로 성과평가의 제도적 유효성을 근본적으로 부정하는 것은 본말전도의 우를 범하는 일이다. 외려 어려운 현실을 인정하면서도 보다 공정하고 객관적인 평가의 방법을 고민하고 탐색하는 노력이 필요하다. 특히, 임금 등 보상의 결정과 관련해서는 그 필요성이 더욱 크다. 물질적 보상에 대해서는 대부분의 구성원이 민감하게 반응하기 때문이다. 이는 비단 경제적 소득의 차이 때문만은 아니다. 기업에서의 보상은 단순한 소득의 의미를 넘어 조직이 나를 얼마나 중시하고 있는지를 나타내는 중요한 지표 중 하나이기 때문이다. 많은 보상은 기업이 나의 가치를 크게 인식하고 있다는 점을 나타내는 근거이기도 하다. 심리적 측면에서는 공정에 대한 예민성을 거론할 수 있다. 보상의 크기 보다는 결정된 보상의 공정성에 의해 구성원의 만족이나 몰입이 결정된다. 그러나 이를 '배고픔 보다 배아픔이 더 중요한 현실'이라는 식으로까지 과장할 일은 아니다. 그럼에도 불구하고 보상에서의 공정성은 매우 중요하다. 그만큼 객관적이고 공정한 성과평가 전략이 중요하다는

---

4) 1993년 3월 10일, 루이지애나 주 뉴올리언스에서 데밍 박사가 행한 프리젠테이션 중. 그는 '품질, 생산성, 그리고 경쟁력 있는 포지션(Quality, Production, and Competitive Position)'이라는 제목의 4일간 강좌에서 이렇게 말했다 (개롤드 마클, 〈성과관리 시스템의 패러다임을 바꿔라〉, 4면)

점을 간과해서는 안 된다.

셋째, 성과평가는 구성원의 재배치 근거로 활용된다. 구성원은 다양한 직무경험을 통해 경력을 개발하고 성장한다. 다양한 내용의 직무경험을 제공함으로써 직무수행의 범위를 넓히고 역량을 개발하는 기회를 부여해야 한다. 성과평가의 관점에서는 '적재를 적소'에 배치하는 기능에 주목해야 한다. 성과평가를 통해 개별 구성원과 직무 사이의 적합성을 판단하고, 그가 가장 성과를 잘 낼 수 있는 부문으로 재배치함으로써 구성원의 만족은 물론 조직의 성과향상에 기여할 수 있도록 해야 한다. 직무의 재배치는 교육훈련과 동시적으로 수행될 때 효과적이다. 개별 직무는 저마다 고유한 특성을 지니고 있다. 직무가 요구하는 역량과 태도로 직무마다 다르다. 따라서 평가를 통해 구성원의 직무를 재배열하되, 새로운 직무가 요구하는 역량을 충분히 갖출 수 있도록 교육훈련투자가 함께 병행돼야 한다.

넷째, 인적자원개발전략의 효과 역시 성과평가를 통해 구체화된다. 이미 살펴본 바와 같이 인적 자원에 대한 교육훈련은 성과창출뿐만 아니라 구성원의 만족과 몰입을 증진시키는 데 매우 중요한 투자다. 교육훈련투자는 많은 비용을 수반하는 만큼 투자의 효과를 측정하는 일 역시 중요하다. 성과평가는 인적자원개발의 효과를 측정하고 분석하며 더 나은 프로그램을 개발할 수 있는 계기를 만든다.

유사한 맥락에서 요시카와(吉川榮一, 1990) 역시 성과평가 및 관리의 중요성을 역설한다. 나소 반복되지만, 강조를 위해 그의 주장을 요약하면,

1) 성과평가는 구성원의 적성, 능력을 평가하여 적재적소 배치를 통해 인적 자원 활용의 효과성을 높인다.
2) 구성원의 잠재력 평가를 통해 조직의 요구 및 종업원의 자아실현 요구 충족하는 데 있어 성과평가는 핵심적 기능을 수행한다.
3) 급여, 승진 등에 반영함으로써 적정한 처우를 통한 업무의욕 증진과 조직성과 달성을 극대화하는 효과를 갖는다.

2

성과관리 프로그램

1. 목표관리(MBO)

맥그리거(Douglas McGregor)와 드러커(Peter Drucker)에 의해 체계화된 목표관리(MBO, management by objectives)는 성과관리를 위한 일반적인 프로그램의 하나로 개발됐으나 현재는 프로그램의 차원을 넘어 성과관리의 보편적 원리로 자리 잡고 있다. 성과관리의 준거를 단기적인 효율성에 두지 않고 조직이 추구하는 근본적인 목표에 두는 목표관리는 효과적인 성과관리를 위해서는 조직의 모든 활동이 궁극적 목표와 연계돼 있음을 강조하기 때문이다. 또한 전통적인 평가에서는 피평가자의 지위에 머물러 있던 구성원에 대해 평가의 주체로 참여할 수 있는 제도화된 공간을 제공하고 있다는 점에서, 목표관리는 '경영 민주주의'를 구현하는 제도적 기반이기 때문이기도 하다.

1.1 개념

목표관리란 성과평가와 관리를 목표에 준거해 수행하는 활동과 프로그램을 의미한다. 맥콘키에(McKonkie, 1979)는 목표관리 기법에 대한 다양한 연구를 종합해 목표관리의 특징을 다음과 같이 요약한다.

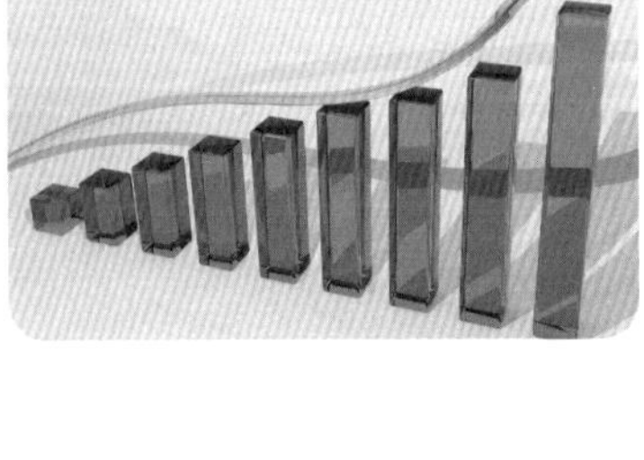

첫째, 목표관리는 목표에 항상 준거를 두는 성과관리 프로그램이다. 목표란 궁극적인 비전, 중장기적 목표, 단기적 현안을 모두 포함하는 포괄적인 개념이다. 이 목표는 체계적인 진단과정을 통해 수립돼야 한다.

둘째, 목표는 구성원과의 민주적 협의 과정을 통해 수립돼야 한다. 민주적 수립과정은 상사와 부하 등 모든 구성원이 조직의 목표를 효과적으로 공유토록 하는 유일한 수단이다.

셋째, 목표는 명확해야 한다. 측정가능한 것으로 재정의 돼야 하며 사간계획을 포함하는 실행계획(action plans)이 함께 마련돼야 한다. 즉, 목표는 측정가능한 수치로만 제시되는 것이 아니라 이를 달성할 수 있는 구체적인 실행계획이 함께 마련될 때 비로소 의미 있는 목표가 된다.

> "MBO has various styles. McConkie(1979) reviewed the literature related to MBO and defined it as follows: A managerial process whereby organizational purposes are diagnosed and met by joining superiors and subordinates in the pursuit of mutually agreed upon goals and objectives, which are specific, measurable, time bounded, and joined to an action plan; progress and goal attainment are measured and monitored in appraisal sessions which center on mutually determined objective standards of performance"
>
> -Saori Yanagizawa·Hisataka Furukawa, 2016, 37면 P) 315 … (3)

1.2 과정

목표관리의 핵심은 구성원 상하간 협의를 통해 조직의 목표와 연관된 개별구성원의 목표를 설정, 비교, 수정 후 새로운 목표를 설정하고 이를 근거로 목표에 대비한 성과를 평가하는 방안이다. 그 과정은 크게 세 단계로 나뉜다.

1) **목표설정단계:** 전사적 목표에서 도출된 하위부서의 목표에 근거해 상사와 부하가 협의, 평가대상자가 달성해야 할 목표를 설정한다. 이는 평가대상자가 평가 기히

과정에서 주체로서 참여한다는 점에서 전통적 성과평가와 구별된다.

2) **목표달성을 위한 활동단계:** 평가대상자는 자율적 자기통제하에 설정된 목표달성을 위해 업무를 수행한다. 평가자(상사)는 평가대상자와 지속적인 커뮤니케이션을 통해 업무 진척 정도 확인, 장애요인에 대한 토론, 해법 모색 등 멘토 역할을 수행한다.

3) **평가단계:** 평가대상자가 먼저 자기평가를 실시하는 것이 MBO의 가장 큰 특징이다. 이를 토대로 상하간 평가회의(토론)이 이러진다. 이는 상사의 일방적 평가에서 탈피하고 성과달성과정에서 예상하지 못했던 상황이나 차후 목표달성을 위한 효과적인 방안 모색 등을 탐색하는 과정이다.

1.3 효과

목표관리시스템이 조직의 성과에 미치는 영향은 매우 긍정적으로 나타나고 있다. 로저스(Rodgers)와 헌터(Hunter)의 전통적 연구(1991)는 다양한 연구를 검토하고 목표관리가 성과향상에 매우 긍정적 영향을 미치고 있음을 제시하고 있다. 예를 들면, 한 메타연구(meta-analysis)에 따르면, 목표관리의 효과에 대한 70개 연구 중 68개에서 목표관리는 생산성 향상 효과가 높은 것으로 나타났다. 2개 연구만이 생산성 하락 효과가 있다고 보고하고 있을 뿐이다.

목표관리가 생산성 향상에 긍정적 영향을 미치는 이유는 목표관리에 내재한 독특한 특성 때문이다. 목표관리의 핵심적 특성은 목표설정 - 수행 - 평가의 전 과정에서 상사와 부하간의 협의가 이뤄진다는 점이다. 상사와 부하 간 협의는 목표관리의 핵심요소이자 성과를 결정하는 요인이기도 하다. 특히, 내실 있고 민주적인 협의가 이뤄지기 위해서는, 무엇보다 상사의 의지와 역할이 중요하다.

이는 목표관리가 성과를 향상시키는 평가도구로 발전하는 데 가장 중요한 요소다. 경영진과 부서장은 부하와의 협의과정이 내실있고 민주적으로 운영될 수 있도록 리더로서의 역할을 수행해야 한다. 부하로 하여금 자신의 의견을 자유롭게 제시할 수 있도록 권한을 부여해야 하며, 토론과 협의과정은 상호존중을 바탕으로 이뤄져야 한다. 권위주의적 지배가 일어나지 않도록 주의해야 하며, 부하직원에게는 목표설정 및 평가방식과 관련한 충분한 정보가 제공돼야 한다.

실제로 경영진과 부서장의 협력적 참여가 높은 경우 목표관리의 생산성 향성 효과도 높게 나타났다. 예를 들면, 상사의 협력적 참여의 정도가 높은 경우 평균 생산성 향상은 56%로, 그렇지 못한 경우의 6% 향상효과보다 월등이 높다.

> "Goal setting, participation in decision making, and objective feedback have each been shown to increase productivity. As a combination of these 3 processes, management by objectives(MBO) also should increase productivity. A meta-analysis of studies supported this prediction: 68 out of 70 studies showed productivity gains, and only 2 studies showed losses. The literature on MBO indicates that various problems have been encountered with implementing MBO programs. One factor was predicted to be essential to success: the level of top-management commitment to MBO. Proper implementation starts from the top and requires both support and participation from top management. Results of the meta-analysis showed that when top-management commitment was high, the average gain in productivity was 56%. When commitment was low, the average gain in productivity was only 6%."
>
> -Rodgers, Rober· Hunter, John E, 1991 P) 315 … (4)

1.4 의의와 한계

목표관리는 평가 대상자가 평가의 기획-실시-평가 과정에서 주체로 참여함으로써 평가과정의 민주성과 타당성을 제고할 수 있다. 이로 인해 평가결과에 대한 신뢰도가 매우 높으며, 평가 과정이 전통적인 평가과정과 달리 상하간 이해를 도모화고 협의와 토론을 통해 보다 발전된 대안을 탐색할 수 있는 의미있는 과정으로 발전할 수 있다는 장점이 있다. 이는 '경영의 민주주의'를 구현하는 기반으로서의 의미를 갖는다.

다만, 목표관리는 목표를 설정하는 과정에서 상하간 담합이 이뤄질 가능성이 있다는 점에 유의해야 한다. 평가결과에 따라 차등보상이 이뤄지는 만큼 - 부서단위에서 - 달성하기 쉬운 목표를 설정하고자 하는 유인이 존재하기 때문이다.

2. 균형성과표 (BSC, Balanced Score Cards)

2.1 왜 균형성과표인가

무엇을 평가할 것인가. 성과평가의 대상에 관한 문제다. 이는 성과관리의 전략적 위상을 결정하는 핵심적 물음이기도 하다. 가장 큰 이유는 평가대상은 구성원에게 조직이 앞으로 나아갈 방향을 제시하는 의미를 담고 있기 때문이다. 효율성을 중심으로 평가대상을 구성할 경우, 구성원의 행동은 효율성을 제고하는 식으로 변화할 것이다. 고객가치나 사회적 책임을 중시한다면, 구성원은 고객에 대한 이해를 높이고 사회적 책임을 자발적으로 수행하기 위한 노력을 기울일 것이다. 평가대상은 조직이 나갈 방향을 제시함으로써 구성원의 행동을 변화시키는 효과를 갖는다는 점에서 그 자체로서 '전략적'이다. 또한 성과평가의 대상 범위는 평가의 질을 결정하는 요소다. 평가대상의 범위가 넓다면 구성원의 다양한 측면이 평가될 수 있다. 반대로 평가의 범위가 협소하다면, 평가가 필요한 측면에 대한 측정이 결여돼 평가의 타당성과 공정성을 해칠 수 있다.

균형성과표는 평가대상의 합리성에 대한 질문을 통해 탄생했다. 전통적으로 성과측정에 있어 가장 중요한 기준은 재무지표에 의한 평가였다. 재무(측정)지표를 따를 것인가, 운영(측정)지표를 따를 것인가. 재무지표는 매출액, 영업이익, 시장점유율 등 재무적 성과를 나타내는 지표인 반면, 운영지표는 사이클 타임, 불량률 등 운영 과정의 질을 측정할 수 있는 지표다. 그러나 "재무지표보다는 운영지표를 개선해야 한다. 그러면 재무성과는 뒤따를 것이다"라는 주장이 일면서 운영지표 중심의 성과평가의 중요성이 제기됐다.

재무지표와 운영지표를 균형 있게 고려하는 새로운 성과관리 시스템이 이른바 균형성과표의 출발이다. 로버트 캐플란과 데이비드 노턴은 12개 기업을 대상으로 성과측적 프로젝트를 추진하는 동안 최고경영자들에게 사업의 성과를 신속하면서도 종합적인 관점에서 측정할 수 있도록 도와주는 새로운 성과관리시스템으로서 균형성과표를 개발했다. 이후 균형성과표는 조직의 상황에 부합하는 평가지표의 다양화 과정을 거쳐 보다 진전된 성과관리 시스템으로 발전한다.

2.2 균형과 스코어 카드

균형성과표의 특징은 '균형'과 '성과표'에 있다. 먼저 평가대상이 조직과 구성원 개발 차원에서 균형 있게 구성돼 있다. 재무적 성과, 고객만족, 내부프로세스, 조직의 학습능력 등 4개 차원을 포함한다. 재무적 성과는 실행결과로서의 성과를 나타내는 지표로 전통적인 성과지표다. 반면, 고객만족, 내부프로세스, 학습능력은 운영지표다. 고객만족은 미래의 재무성과에 영향을 미치는 가장 중요한 지표다. 이를 관점의 차원에서 요약하고 필요한 질문을 부가하면 다음과 같다.

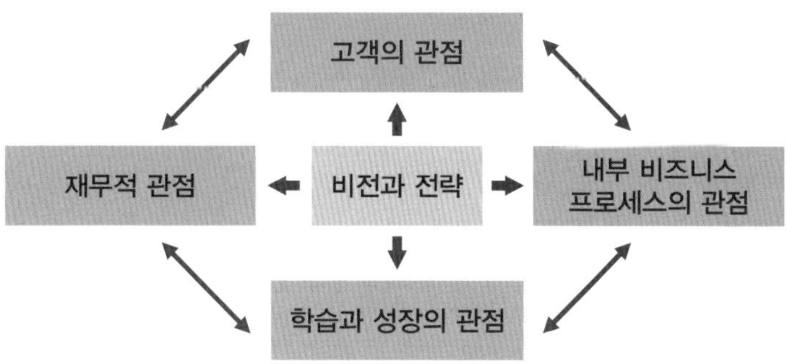

첫째, 고객의 관점이다. 균형성과표는 고객의 관점에서 조직과 구성원을 판단할 수 있는 평가대상 지표를 포함해야 한다. 이때 고려해야 할 주된 질문은 다음과 같다.

ㄴ 고객들은 우리 회사의 제품과 서비스에 만족하는가.

ㄴ 우리 회사를 '좋은 회사'라고 생각하는가.

ㄴ 앞으로 우리에게 어떤 기대를 가지고 있는가.

둘째, 내부 프로세스 관점이다. 우리는 어떤 점에서 탁월해야 하는가에 대한 질문이다. 내부 프로세스의 효율성을 높일 수 있는 다양한 문제제기를 이끌어내고 이를 측정가능한 요소로 전환해야 한다. 예시적 질문은 다음과 같다.

ㄴ 우리 회사의 의사결정단계는 합리적인가. 지나치게 많거나 혹은 적은 것이 아닌가.

ㄴ 우리 회사의 회의 문화는 효율적인가. 회의의 빈도가 너무 많은 것은 아닌가. 회의 시간이 불필요하게 길지는 않는가.

ㄴ 우리 회사는 구성원들에게 실질적인 권한 위임을 부여하고 있는가. 즉각적인 개선이 이뤄질 수 있는 지점에 대해 실질적인 권한 위임이 이뤄지고 있는가.

셋째, 혁신과 학습의 관점이다. 아무리 강조해도 지나침이 없다. 우리 회사는 가치를 지속적으로 개선하고 창출할 수 있는 역량을 갖추고 있는지에 대해 끊임없이 물어야 한다.

넷째, 재무적 관점은 균형성과표에서도 가장 중요한 핵심 지표 중 하나다. 주두들은 우리 회사를 어떻게 평가하는가. 우리의 매출액, 영업이익, 순이익, 주가 등 재무적 지표는 나아지고 있는가. 재무적 관점에서 우리의 목표는 무엇이 돼야 하는가 등에 대한 질문은 재무적 관점을 핵심을 이룬다.

균형성과표가 갖는 또 하나의 특징은 스코어 카드의 속성에 비롯되는 실시간성이다. 스코어 카드는 스포츠 경기에서는 경기의 일부를 구성하고 있다고 할 만큼 중요한 요소다. 시시각각 변하는 점수를 선수들과 관객들에게 보여주지 않는 경기를 생각해보라. 선수들은 자신의 팀이 어느 정도 앞서는 지, 혹은 뒤처지는 지 알 수 없다. 앞으로 얼마를 더 득점해야 게임을 이길 수 있는지, 무엇을 더 보완해야 하는 지도 알 수 없다. 이런 상황에서는 선수들이 경기에 집중할 수 없을 뿐만 아니라 사기도 떨어진다. 관객들도 마찬가지다. 내가 응원하는 팀이 어느 위치에 있는지를 모르는 상황에서는 경기를 즐기는 데 한계가 있다. 시시각각으로 변하는 점수판은 선수와 관객 모두를 위해 필요한 경기의 한 부분이다.

균형성과표 역시 경기의 점수판을 경영 현장에 구현하고자 하는 시도다. 구성원들은 자신의 모니터를 켜는 순간 소위 '성과다이아몬드'가 제일 먼저 나타난다. 재무적 관점, 고객 관점, 학습과 혁신 관점, 내부프로세스 관점에서 나의 목표와 지금까지 내가 달성한 목표가 다이아몬드 상의 꼭짓점으로 드러난다. 오늘 한 일을 기록하면 나의 위치는 목표의 꼭지점으로 조금씩 이동할 것이다. 그러나 성과가 좋지 않다면 이 다이아몬드는 내게 항상 부담으로 남아 있게 된다.

2.3 의의

평가대상의 다변화를 통해 성공적 조직이 갖추어야 할 다양한 요소를 균형 있게 드러낸다. 구성원이 갖추어야 할 역량 역시 성과의 측면에서만이 아닌 학습, 협업, 고객관계 등 다양한 측면에서 균형 있게 제시된다. 균형성과표는 경영자에게는 종합적 지도를 제공한다. 조직이 위치한 현재의 지점과 앞으로 나아가야 할 미래의 목표를 종합적으로 드러내기 때문이다.

> "균형성과표는 재무, 고객, 내부과정, 혁신 및 학습의 관점을 결합해 제시함으로써 경영자들에게 최소한 암묵적으로라도 많은 상호관계를 이해하는 데 도움을 준다. 그리고 이러한 이해를 통해 경영자들은 기존 성과측정 시스템의 한계를 극복하고 궁극적으로는 의사결정과 문제해결 능력을 향상시킬 수 있다. 균형성과표는 기업들로 하여금 뒤를 돌아보게 하는 것이 아니라 앞을 보고 전진하게 한다."
>
> -로버트 캐플런·데이비드 노턴, 1998, 172-177면

구성원 역시 핵심역량으로 성장하는 데 필요한 (다양한) 요소가 무엇인지를 이해할 수 있으며, 목표와 현재의 위치를 실시간으로 알 수 있으므로 이를 성과향상을 위한 동력으로 삼을 수 있다. 자신에게 부족한 점을 이해하고 이를 보완하는 노력을 기울임으로써 자신의 경쟁력을 좀 더 갖출 수 있는 계기가 되기도 한다. 그러나 실시간으로 제공되는 평가표라는 '기호'는 직장 내 삶에서 가장 무거운 부담으로 작용할 가능성도 크다. 그 중압감으로 인해 외려 생산성이 낮아질 가능성도 상존한다. 기호에 늘 반응해야 한다는

점에서 구성원 스스로가 수동적 존재라는 인식이 생길 수 있고 이는 조직의 성과는 물론 구성원 개인의 역량개발에 있어서도 부정적 영향을 미친다.

3. 다면평가

3.1 개념

다면평가(360도 평가, 전방위평가)란 구성원을 둘러싸고 있는 모든 이해관계자가 한 구성원을 평가하는 제도로서, 상사평가, 동료평가, 부하평가, 고객평가 등을 종합한 평가다. TEAM사에 의해 고안된 이래 현재는 대부분의 회사가 다면평가 시스템을 도입하고 있다. 2006년 현재 포춘지 선정 1,000개 기업 중 90% 이상이 도입해 실시하고 있으며, 우리나라의 경우도 민간부문과 공공부문에 광범위하게 도입돼 있다.

3.2 특징

다면평가의 가장 큰 특징은 업무의 다차원성을 고려한 평가라는 점이다. 업무는 상사, 동료, 부하, 고객 등 다양한 이해관계자와의 관계에서 구성된다. 업무의 성과 역시 이와 관련된 이해관계자가 판단, 평가하는 것이 상사의 일방적 평가의 폐단을 줄이고 보다 객관적인 평가를 가능하게 한다. 특히, 다면평가는 구성원의 자기계발을 지원하는 데 목적을 두고 있다. 따라서 전통적 인사평가가 승진이나 이동, 보상에만 초점을 두고 있는 한계를 극복할 수 있다.

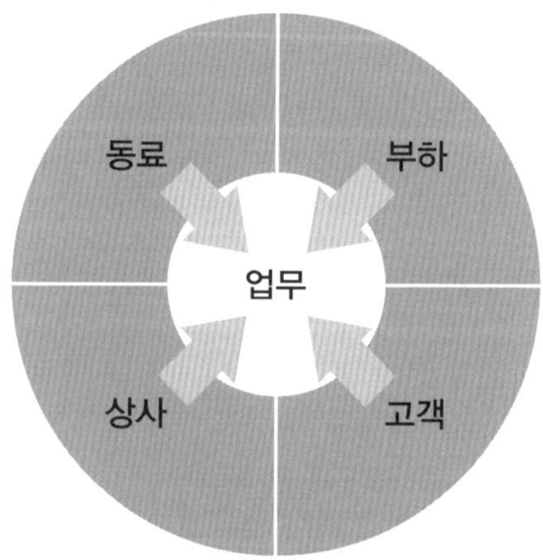

[업무의 다차원성]

3.3 주요과정

- **평가자 선정 단계 :** 1단계에서는 평가자를 선정한다. 이때 평가자는 업무와 관계된 자로서 상사, 동료, 부하, 고객 등이 포함될 수 있다. 공정한 평가가 이뤄지기 위해서는 평가대상자의 업무수행 결과와 과정을 잘 파악할 수 있는 사람들로 평가자를 선정해야 한다.
- **평가요소 설계 단계 :** 2단계에서는 평가요소를 설계한다. 평가대상자에 따라 평가가능요소와 불가능요소를 구분하고 대상자 별로 특성에 맞는 평가요소를 선정한다.
- **평가 단계:** 3단계는 평가단계다. 진솔한 평가를 위해 평가자의 익명성을 보장해야 한다. 다만 익명성의 보장은 주관적인 평가, 가혹한 평가 등이 발생하는 원인이 될 수 있다. 평가자에 대한 훈련이 필요한 이유가 여기에 있다.
- **평가결과 활용 단계:** 4단계는 평가결과 활용단계다. 보상과 인사이동을 위한 자료로 활용될 수 있으나 보다 근본적인 목표는 구성원의 자기계발을 지원하는 데 있다.

3.4 의의와 한계

다면평가 역시 목표관리와 함께 전통적인 인사평가의 한계를 극복할 수 있는 장점이 있다. 무엇보다 내가 수행한 업무의 다양한 측면을 종합적으로 평가할 수 있어 평가의 공정성을 높일 수 있다. 그러나 평가프로그램이 과학적으로 설계되지 않을 경우 인기투표로 전락할 가능성이 있으며 구성원 간 불필요한 갈등을 유발할 소지도 충분히 존재한다. 따라서 평가에 대한 사전교육을 철저히 하되 인사고과에 미치는 영향을 명확히 공지하여 개인적 감정에 기초한 평가가 이뤄지지 않도록 해야 한다. 평가자 선별에 있어서도 유의해야 한다.

업무의 성과와 과정에서의 장단점을 잘 판단할 수 있는 평가자를 선정해야 한다. 결과에 대한 보안 문제 역시 중요하다. 다면평가는 구성원의 자기계발을 지원할 목적으로 실시되는 만큼 평가결과가 공개되는 것은 바람직하지 않다. 이러한 점을 고려할 때, 다면평가는 초기에는 평가보다는 구성원의 역량개발을 지원하는 목적으로 사용하되, 상황을 보아가며 보상이나 승진에 적용하는 단계적 접근이 필요하다.

4. 인적자원평가센터(HR Assessment Center)

4.1 배경

인적자원평가센터(이하 평가센터 혹은 AC)는 가장 고도로 발전된 평가프로그램의 한 형태로, 역량평가센터 혹은 역량평가위원회라 불리기도 한다. AC는 세계대전의 와중에서 처음 시도됐다. 전쟁을 효과적으로 수행하기 위해서는 장교의 역할이 중요한 만큼 역량과 리더십을 갖춘 장교를 선발하는 것이 전쟁의 성패를 좌우하는 요소다. 영국, 독일, 미국의 군 당국은 실제와 유사한 상황을 설정하고 상황 속에서 어떤 행동을 보이는 지를 관찰함으로써 장교로서 역할 할 수 있는 자원을 선별했다. 예를 들면, 전투수행과정에서 나타날 수 있는 다양한 상황을 가상의 시나리오로 만들고 실제 상황속에서 예비장교후보가 상황을 어떻게 인식하고 어떻게 행동하는 지를 관찰함으로써 실제 전투를 지휘할 수 있는 역량을 파악하는 방식이다.

이후 민간기업에 채용 및 승진후보자 선발 과정에 응용돼 도입되면서 주요한 성과평가프로그램으로 성장했다. 특히 채용보다 역량개발에 초점을 둔 성과평가프로그램으로 발전한 계기는 AT&T에서 비롯됐다.

> “[역량개발에 초점을 둔 AC의 개발과정은] 1956년에 시작해 70년대 까지 상당한 기간 동안 관리자 역량의 개발과 관련된 종단연구가 이뤄졌다. 특히 평가위원회(AC)의 결정이 향후 성공적 경력개발과 얼마나 관련이 있는지를 체계적으로 검증했다. 또한 육성의 목적으로 도입된 것이기 때문에 이전의 평가위원회와 유사하면서도 심리적인 동요를 일으키는 긴박한 상황이나 실패를 극복하는 과정을 살피는 과제 같은 극단적 요소는 제외됐다. 미국의 경우, AT&T의 체계적인 검증과 방법론 개발에 힘입어 1970년대부터는 메이시 백화점과 같은 일반 민간

기업에 점차 확대됐다. 최근 미국에서는 민간기업보다는 교사, 공무원, 소방대원 등 공공조직의 인력을 선발하고 승진후보자를 결정하는 수단으로 많이 활용되고 있다. 또한 인력 선발의 목적 보다는 평가를 통한 교육, 인적자원계획, 조직성과 개선과 같은 폭넓은 인적자원관리 방식으로 활용되고 있다."

-한태영, 2015, 401면, 수정해서 인용함

4.2 주요기능

발전과정에서 나타나듯, 평가센터는 채용이나 선발뿐만 아니라 역량개발에 효과적인 프로그램이다.

첫째, 평가센터는 새로운 자원을 선발하는 도구로 활용될 수 있다. 특히 관리자급 이상의 리더를 선발하는 과정은 조직의 미래 성과를 결정하는 과정인 만큼 신중을 기해야 한다. AT&T가 평가센터를 도입한 이유 역시 조직의 성과에 가장 커다란 영향을 미치는 중간관리자의 지위에 올바른 자원을 배치하기 위해서였음을 상기할 필요가 있다.

둘째, 구성원의 역량을 다각적인 측면에서 평가하고 부족한 역량을 보완하는 기능이다. 최근 경영에서 가장 강조되는 기능이기도 하다. 특히 조직의 목표, 비전, 상황 등을 고려할 때 조직의 유효성을 극대화하는 데 필요한 역량과 자질이 무엇인가를 파악하고, 이에 기초해 구성원의 역량을 평가하고 개발한다는 점에서 성과향상에 실질적인 효과가 있음은 물론 효과적인 인적자원개발에도 적극적으로 공헌할 수 있다. 역량개발의 측면에서 보면, 평가센터는 구성원이 현재 보유하고 있는 장점과 단점을 조직의 맥락에서 파악하고 미래에 보다 가치 있는 자원으로 성장할 수 있는 기반을 마련하는 데 초점을 두고 있다.

"The assessment center method is a procedure used by human resource management (HRM) to evaluate and develop personnel in terms of attributes or abilities relevant to organizational effectiveness. (중략) The use of assessment centers is for three HR purposes: 1) deciding who to select or promote 2) diagnosing strengths and weaknesses in work-related skills as a prelude to development, and 3) developing job-relevant skills."

-George C. Thornton III and Deborah E. Rupp, 2006, 1면 P) 316 ··· (5)

4.3 주요 특징

평가센터는 전통적인 성과평가와 구별되는 독특한 특징을 가지고 있다. 평가대상, 방식, 평자자, 평가시간, 평가도구 등에 있어 커다란 차이가 있다.

첫째, 전통적인 평가가 일반적으로 이미 드러난 과거의 업적이나 자질 혹은 능력을 평가하는 데 비해 평가센터는 현재의 태도와 잠재능력, 향후 달성될 미래업적에 초점을 두어 평가한다.

둘째, 평가자 역시 상사 등 내부구성원으로 주로 구성되는 일반적인 평가와 달리 숙련된 전문가의 역량을 활용한다는 점에서 차이가 있다. 구성원이 보유한 태도와 잠재능력, 향후 리더로서 역할 할 수 있는 가능성 등을 포괄적으로 평가하기 위해서는 다양한 측면을 다각적으로 평가하고 분석하는 것이 필요하다. 이는 고도의 전문 역량을 필요로 하거니와 평가센터는 경영학자, 심리학자, 변호사, 의사 등 전문적 역량을 갖는 다양한 평가자로 평가위원회를 구성해 평가를 수행한다.

셋째, 평가시간도 매우 길다. 다양한 도구를 활용해 복수의 전문가가 평가하므로 일반적으로 많은 시간이 투입된다. 합숙면접 등을 실시하면서 평소의 생활태도까지 관찰, 평가하는 경우도 많다.

넷째, 피평가자의 다양한 측면을 평가하기 위해 잘 개발된 고도화된 도구가 활용된다. 이에 대해서는 절을 달리 상술한다.

4.4 평가방식

평가방식은 매우 독특하며 고도로 발달된 프로그램과 이를 운용하는 전문가의 결합에 의해 진행된다. 심리학에 기초해 설계된 프로그램을 주로 사용하며 다양한 시나리오를 활용한 면접 방식이 활용된다. 주로 사용되는 방식은 발표(presentation, PT), 역할연기, 서류함기법, 집단토론 등이 포함된다.

첫째, 발표는 정보 분석 능력, 해법 도출 능력, 논리적 유추능력, 설득적 설명능력 등을 판단하는 데 필수적인 도구다. 주로 조직이 처한 상황을 가상 시나리오로 구성하고 시나리오에 제시된 정보를 활용해 문제를 진단하고 해법을 제시하는 방식의 과제로 구성된다. 발표를 통해 파악하고자 하는 능력을 예시하면 다음과 같다.

ㄴ 다양한 정보를 체계적으로 조직하고 통합하는 능력

ㄴ 조직의 관점에서 정보를 재해석하고 이해하는 능력

ㄴ 시나리오 과제가 제시하는 문제를 정의하고 이를 해결할 수 있는 방안을 논리적으로 도출하는 능력

ㄴ 자신의 의사를 명확하게 전달하고 논리적으로 설득하는 능력

둘째, 역할연기(role-play)는 이해관계자가 복잡하게 얽혀 있는 상황에서 각 주체들의 고유한 입장을 이해하고, 자신이 맡은 역할을 복잡한 맥락 속에서 적절히 수행하는 능력을 보유하고 있는지를 평가하는 데 초점이 두어진다. 주로 갈등적 상황이 과제로 제시되며 그 상황에서 실제 하나의 입장을 대변하는 역할을 수행토록 구성돼 있다. 주로 상사, 부하, 고객, 정부, 시민단체 등 조직을 둘러싼 주요 이해관계자들을 상황에 등장시키고 일정한 역할을 연기토록 과제를 제시한다. 역할연기는 과제의 내용에 따라 다양한 역량을 판단할 수 있는 도구이며 주로 다음과 같은 역량을 판단하는 데 유효하다.

ㄴ 갈등적 상황에 대한 명확한 이해

ㄴ 이해관계자들이 갈등하는 지점, 갈등의 원인과 배경, 갈등을 해소하기 위해 가장 중요한 과제 등에 대한 판단력

ㄴ 복잡한 이해관계자 중 이익을 공유하고 있는 행위자들의 선별 능력, 이들의 협력을 이끌어내는 능력

셋째, 서류함(In-Basket)기법은 바구니 속 과제를 선택해 푸는 방식으로 시작됐으며, 현재는 미결서류함속에 해결되지 않은 다양한 과제가 산적돼 있는 상황을 가정한다. 발표나 역할연기에 비해 과제의 양이 상대적으로 적으며, 전문지식, 창의적 해결방안 모색 능력 등을 판단하는 데 유효한 기법으로 활용되고 있다. 특히 미결서류함에 들어 있는 과제를 보고 이에 대해 간략한 페이퍼 워크를 수행토록 함으로써 보고서 작성 능력도 함께 평가

할 수 있는 장점이 있다. 보고서에 대한 상호토론을 통해 문제인식 능력, 문제를 해결하는 데 필요한 전문지식의 보유 정도, 의사소통 능력 등을 평가한다.

넷째, 집단토론은 서로 다른 입장을 가진 역할이 제시된다는 점에서 역할연기와 유사한 형식을 지닌다. 그러나 집단토론에 참여하는 피평가자는 일반적으로 하나의 조직에서 서로 다른 업무를 담당하는 자의 역할을 수행함에 따라 이해관계가 대립되면서도 조직 차원에서 대승적인 대안을 함께 탐색해야 하는 공통의 과제를 가지고 있기도 하다. 상황에 대한 명확한 인식능력이 기본적으로 요구되며, 동시에 문제를 해결함에 있어 제3의 대안을 창출하는 등 창의적 제안능력, 토론진행 능력, 리더십 등을 평가하는 데 효과적이다.

4.5 효과

실제로 평가센터는 평가와 역량개발을 위해 매우 포괄적이고 유연한 수단을 포함한다. 그 만큼 긍정적 효과가 다양한 측면에서 발휘될 수 있다.

첫째, 구성원이 보유한 다양한 능력을 종합적으로 관찰하고 분석함으로써 포괄적인 발전 대안을 제시할 수 있다. 역량은 매우 다차원적인 성격을 갖는다. 보편적인 역량의 범주에 속하는 많은 요소들이 있기도 하나, 직무와 관련한 역량은 직무 성격과 역량의 적합성을 고려해야 한다는 점에서 보편적 역량과 구별되는 고유한 분석이 필요하기도 하다. 평가센터는 다양한 도구와 평가전문가의 역량을 결합해 구성원에 대한 다각적인 분석 및 평가를 가능하게 한다는 점에서 포괄적인 역량개발 대안을 제시하는 데 효과적이다.

둘째, 평가의 타당도가 상대적으로 높다. 이는 평가도구를 설계하는 과정에서 조직이 요구하는 역량을 명확히 정의하고 이를 측정할 수 있는 고도화된 도구를 도출하기 때문이다. 평가센터는 조직이 필요로 하는 역량을 범주화하고 범주를 구성하는 하위 역량지표를 체계적으로 배열함과 동시에 중요도에 따라 가중치를 부여함으로써 타당도가 높은 평가도구를 도출할 수 있다.

셋째, 피평가자의 수용성 또한 매우 높게 나타나고 있다. 이는 평가제도의 설계 과정이 과학적이고 체계적이며 운용과정 역시 전문가에 의해 수행됨에 따라 신뢰할 수 있기 때문이다. 무엇보다 일회적인 평가로 끝나지 않고 목적을 달리하는 다양한 과제를 활용해 여러 명의 전문가가 여러 단계를 거치는 중층적 평가가 이뤄지므로 피평가자의 다양한 면모를 관찰하고 평가할 수 있다. 이는 피평가자의 자발적 수용도를 높이는 데에도 긍정적인 효과가 있다. 실제로 평가센터의 경우 부정적인 효과가 거의 없는 것으로 나타나고 있는 점 또한 이에 대한 경험적 근거이기도 하다. 다만 타당성과 신뢰도 매우 높음에도 불구하고 개발비용과 시간이 많이 소요된다. 무엇보다 프로그램의 구성과 설계, 운용을 위한 전문성이 매우 요구된다.

> The assessment center method offers a comprehensive and flexible tool to assess and develop applicants and employees in a modern work environment. AC has many strengths:
>
> 1) AC can measure complex attributes
>
> 2) they are seen as fair and 'face valid'by those who participate in them,
>
> 3) they show little adverse impact,
>
> 4) they predict a variety of criteria (e.g. performance, potential, training success, career development; Gougler, Rosenthal, Thornton and Bentson, 1987).
>
> -George C. Thornton III and Deborah E. Rupp, 2006, 4-5면 P) 316 … (6)

3

올바른 성과관리의 요건

1. 구성요건

구성요건이란 올바른 평가를 위해 평가도구가 갖추어야 할 전제조건을 의미한다. 성과평가가 제대로 작동하기 위해서는 평가제도와 도구에 있어서 타당성, 신뢰성, 수용성, 경제성 등 네 요소를 갖추어야 한다. 이중 어 가장 중요한 요소는 수용성이다.

수용성은 피평가자인 구성원이 평가제도, 운영과정, 평가결과 등 성과평가 전반에 대해 자발적으로 수용하는 정도를 의미한다. 수용성은 성과평가의 질과 지속가능성을 결정하는 핵심요소다. 제도의 설계와 운영과정, 성과평가 결과 등에 대해 자발적 수용도를 높이기 위해서는 많은 조건을 충족해야 한다. 평가프로그램의 객관성과 공정성에 대해 피평가자로부터 믿음을 확보할 수 있어야 한다. 이를 위해서는 평가기준에 대한 명확한 정의, 평가설계, 기획, 운영과정 전반에 대해 참여기회 제공 등 공정성 확보를 위한 제도적 보장책이 마련돼야 한다. 특히 목표관리의 원리에서 강조했던 바와 같이 민주적이고 실질적인 참여기회가 보장될 때 평가제도 전반에 대한 구성원의 수용성은 높아진다.

타당성 역시 중요하다. 성과평가도구는 측정하고자 하는 요소를 올바르게(제대로) 측정할 수 있어야 하기 때문이다. 조직목표–직무요소–평가요소 간 상관관계가 명확해야 한다. 성과평가를 통해 잘 한 사람과 그렇지 못한 사람이 명확히 구분돼야 한다.

신뢰성이란 도구를 의존할 수 있는 정도를 나타내는 지표다. 반복실험을 통해 동일한 효과가 도출되는 지를 나타내는 지표로서 평가결과의 일관성 정도를 판단할 수 있다.

평가도구는 실용적이어야 한다. 이해하기 쉽고 사용하기 편리해야 한다. 지나치게 복잡하고 난해한 경우 그 자체가 수용성 확보에 장애로 작용할 수 있다.

2. 불가능성 혹은 오류의 불가피성, 그리고 조직적 대응

'객관적이고 공정한' 성과평가 프로그램이 존재하는가? 난제 중 하나다. 평가할 수 있는 대상의 한계, 평가자의 주관성, 전문성이나 인식 상의 문제, 보다 근본적으로는 '각자의 몫을 각자에게'라는 아리스토텔레스의 명제가 갖는 근원적 한계 등으로 인해 완벽한 평가시스템을 구축하는 데는 불가피한 한계가 따른다. 특히 생산은 다양한 구성원들의 협업에 기초한다고 볼 때, 참여자의 기여분을 개별화하는 것은 불가능에 가깝다.

객관적이고 공정한 성과평가제도의 불가능 혹은 오류가 불가피한 내재적 한계 문제에 대해 어떻게 접근해야 하는가. 무엇보다 불가능성과 오류의 불가피성을 구성원 모두가 인정하는 것이 필요하다. 진지하고 솔직한 토론을 통해 평가제도 자체에 내재할 수밖에 없는 한계를 인정할 때, 비로소 오류를 최소화 할 수 있는 차선책의 탐색이 가능해진다. 불가능성을 인정하지 않는다면, 존재하지도 않는 완벽한 성과평가시스템을 구축하느라 너무 많은 시간과 비용을 낭비할 수 있다. 무엇보다 실패가 예정돼 있다는 점에서 성과평가제도 자체에 대한 불신만 커질 확률이 높다.

불가능성에 대한 인정은 성과평가제도의 발전을 포기하는 것을 의미하지 않는다. 잘못 이해하면 좌절로 이어지고 이는 성과평가제도의 포기라는 잘못된 결과로 이어질 수 있다. 실제로 에드워드 데밍의 입장에서도 살펴본 바와 같이 성과평가에 대한 회의적인 시각은 도처에 존재한다. 그러나 내재적 한계를 대하는 전략적 태도는 좌절이나 포기에 있지 않다. 불가능함에도 불구하고 오류를 최소화 할 수 있는 '차선의 최선'을 진지하게 탐색하는 일이 중요하다. 불가능은 유토피아의 역설을 지닌다. 유토피아는 '없다는 사실' 때문에 외려 도전의 매력적 대상이 된다. 성과평가 역시 마찬가지다. 완벽한 제도는 존재하지 않을 수 있으나, 그럼에도 불구하고 포기해서는 안되는 성과평가제도의 질적 발전을 위해 경영자와 구성원은 도전적인 시도를 거듭해야 한다.

이러한 시도가 의미 있는 결과를 산출하기 위해서는 '불가능성 혹은 오류의 불가피성'에 대한 조직 차원에서의 공유가 절대적인 전제조건이다. 이를 공유할 때 비로소 필요한 차선을 탐색하는 일에 좀 더 진지한 노력을 기울일 수 있기 때문이다. 맥그리거(Douglas McGregor, 2006)는 코인즈와 제킨스의 견해를 적절히 인용하며, 한계가 있으나 포기해서는 안 되는 성과평가의 난제를 잘 지적하고 있다.

> "성과평가를 폐지하라. 물론 쉬운 일은 아니다. 업적을 평가하는 것은 전통적으로 현명한 일로 여겨져 왔다. 부득이한 결점에도 불구하고 우리는 거기에 익숙해졌다. 그 제도를 계속 밀고 나가는 것은 사람들과 이들의 욕구 - 피드백, 훌륭한 코칭, 계발, 측정에 대한 욕구 - 를 내팽개치는 것과 같은 것이다. 조직과 사람들이 자신들이 서 있는 위치를 알 수 있도록 하는 측정에 대한 요구를 도외시하는 것이다. 평가를 폐지한다는 것은 본래의 좋은 의도를 버린다는 뜻이 아니다. 오히려 정반대로 그러한 의도를 진지하게 받아들이고 평가제도가 갖는 문제점을 야기하지 않는 다른 경로를 발견하는 것이다."
>
> –맥그리거, 2006, 178면, 고쳐서 인용함

그 다른 경로는 평가제도의 바깥에 있지 않다. 더 나은 평가제도, 즉 차선을 탐색을 하는 데서 발견될 것이다. 그 과정은 민주주의 원칙에 철저하게 입각해야 한다. 평가프로그램을 기획하는 과정, 평가지표를 선정하는 과정, 평가제도를 운영하는 과정, 평가결과를 공유하고 피드백을 제공하는 과정 등 모든 과정에서 구성원이 실질적으로 참여할 수 있는 기회가 보장돼야 한다. 동시에 평가자에 대한 철저한 훈련도 지속적으로 보완돼야 한다. 평가의 질은 평가자의 질을 넘어설 수 없다. 관대화 경향, 가혹화 경향, 스테레오타입, 중심화경향 등 주관에 따른 오류를 극복하기 위한 훈련뿐만 아니라 평가제도 전반에 대한 이해를 높이고 이를 취지에 부합토록 운영하는 능력 등을 지속적으로 함양해 나가야 한다.

요 약

이 장에서는 성과평가와 관리에 대해 살펴보았습니다. 평가란 경영의 전부라 해도 과언이 아닙니다. 경영학은 평가의 학문입니다. 올바른 평가가 이뤄질 때 비로소 조직과 구성원은 자신을 성찰할 수 있고 발전적 대안을 탐색할 수 있습니다. '측정될 수 없는 것은 관리도 개선도 가능하지 않다'는 드러커의 명제를 해석함에 있어서는 신중함이 필요합니다. 물론 평가의 중요성을 강조하고 있다는 점은 이론의 여지가 없습니다. 그러나 자칫, 모든 것을 계량화해야 한다거나, 계량화 할 수 없는 것이라면 평가에서 제외돼야 한다는 식의 오해는 피해야 합니다. 경영은 생물처럼 변화 무쌍한 과정입니다. 정량적으로 평가할 수 있는 요소들은 생각보다 많지 않습니다. 특히 인적자원관리 분야에서는 정성적인 요소가 더 중요합니다. 구성원들은 상품화된 노동력이 아니라 조직의 성장을 함께 책임지는 파트너입니다. 구성원들이 조직의 비전을 얼마나 신뢰하는 지, 조직이 추구하는 목표가 얼마나 의미 있는지, 직무에 대해 만족하는지, 직무를 수행하는 나를 자랑스럽게 생각하고 몰입하는 지, 동료에 대한 신뢰는 어느 정도 되는지 등 계량화할 수 없지만 필수불가결한 요소가 매우 많습니다.

평가가 올바르게 서지 못하면 조직은 큰 낭패에 처합니다. 평가는 구성원들에게 방향과 존재감을 부여합니다. 조직이 제시하는 평가요소는 구성원들이 지향하는 행동의 방향입니다. 올바른 평가는 조직의 구성원들로 하여금 '내가 조직을 위해 중요한 존재인가'를 확인시켜주는 상징적 기능도 수행합니다. 평가를 통해 부족한 점을 인식하고 보완함으로써 자기발전을 경험하는 계기도 마련됩니다. 그만큼 평가는 중요합니다. 그러나 평가는 어려운 일임에 틀림없습니다. 어느 기사에선가, 경영자들이 가장 곤혹스러워 하는 직무를 설문조사한 결과가 보도됐었습니다. 가장 곤혹스러운 일을 해고이고 그 다음이 평가라고 합니다. 이 둘은 서로 관련돼 있기도 하지요. 그 곤혹스러움은 평가라는 행위 자체에 내재된 한계 때문입니다. 모두가 공정하고 객관적인 평가를 원합니다. 평가자도, 피평가자도 공통적으로 요구하는 사항입니다. 그러나 현실은 완벽한 평가제도를 허용하지 않습니다. 어쩌면 평가 뿐만 아니라 경영을 구성하는 모든 제도와 행위가 그러할 것입니다.

그 불가능성을 어떻게 대면하는가에 따라 경영의 질, 조직의 질이 결정된다고 생각합니다. 대면하는 방식은 좌절과 회피일수도 있고, 불가능해 보임에도 더 나은 것을 찾는 도전적인 방식일수도 있습니다. 본문에서는 후자의 중요성을 강조했습니다. 불가능의 상황에서도 의미 있는 도전을 구성원 모두와 함께 하기 위해서는 무엇이 필요합니까. 공유입니다. 내재된 한계에 대한 공통의 인식이 선행될 때, 비로소 모든 구성원은 오류를 최소화 할 수 있는 차선의 길을 진지하게 탐색할 수 있습니다. 인식의 공유가 선행되지 않는다면, 근본적인 회의에서 빠져나올 길이 없습니다. 겉으로는 수용하는 듯하나 속으로는 불만이 쌓이는 상황이 속출될 것입니다. 인식의 공유는 그만큼 중요합니다. 평가에 있어 '차선의 최선'을 찾는 일은 인식의 공유, 그리고 리더십에 의해 가능하다는 점을 꼭 잊지 말길 바랍니다.

과 제

1) 성과평가의 본질은 무엇인지 토론해 봅시다.

2) 소위 선진기업들은 평가의 타당성과 수용성을 높이기 위해 어떤 제도를 창안하고 시도하는 지 조사해 봅시다.

3) 성과평가 장에서 배운 이론 등을 토대로 나의 삶을 평가하는 원리는 무엇인지, 생각하고 적용해 봅시다.

4) 다음 가상사례를 보고 동료들과 함께 토론해 봅시다. 정답은 없습니다. 다양한 평가를 시도하고 함께 토론해 봅시다.

(주) 한국된장, 신중한 이사의 고민

당신은 (주)한국된장 신중한 이사입니다.

다양한 평가법을 활용하여 Rating된 평정표/자기계발 권고안을 제출하시기 바랍니다.

- 수퍼된장팀의 과장급을 A B C D E로 등급화 할 것. 단 A/B/C 등급은 각 1명에게만 부여.(기준과 평정방법은 평정자에게 맡겨져 있다.)
- 평정자는 평정에 대한 기준과 근거를 서면으로 제출.(합당하지 못할 경우, 평정자에게 불이익이 가해짐.)
- C등급 이하인 구성원에 대한 발전적 대안/조언을 구체화하세요.

(주)한국된장은 오직 된장만을 만들어온 70년의 전통을 자랑하는 기업이다. 그러나 2000년대 이후 된장에 대한 수요가 줄면서 (주)서울된장에 국내업계 1위의 자리를 내어주었고 지금까지 많은 어려움을 경험하였다. 작년에는 급기야 대대적인 조직

혁신을 단행하였고, 다행히 유럽시장에서의 한국 된장에 대한 수요가 커지면서 점차 성장하기 시작, 올해에는 당기순이익이 전년대비 30% 증가. 2년 연속 고객만족도 1위, 제품의 신뢰성 평가 2위 등 성장을 거듭하고 있다. 이제는 업계의 선두를 재 탈환해야하는 위치. 세계시장에서 일본의 '막나가네 된장'과의 경쟁에서 이기기 위해 공격적인 프로젝트가 진행 중에 있다. 그 일환으로 최근 들어 항암효과를 배가한 〈수퍼된장2080〉을 출시하였으며, 그 결과에 귀추가 주목되고 있다. 마케팅만 성공하면, 세계 업계 1위로 도약할 수 있다. 설립자는 수퍼된장에 대단한 기대를 하고 있다.

한편 요즈음 들어 직원들의 불만이 늘고 있다. 고충처리센터를 통해 접수된 불만 중 가장 큰 것은 인사평가의 객관성이다. 우리회사는 지난해 성과급제도를 도입하였다. 평정자가 피평정자를 종합평가하여 5단계(A-B-C-D-E)로 부여, A단계는 100%, B단계는 80%, C단계는 50%의 상여금을 지급하는 것과 승진에 가산점을 부여하는 것이 주된 골자. 그러나 평가기준이 구체적이지 않고, 평가자 1인(이사급)이 Rating 하는 방식이 문제라는 지적이 사내게시판을 통해 올라오기 시작했고, 노동조합도 평가자의 자의적 인사평가를 줄 일수 있는 방안을 요구할 참이다. 금주에는 하반기 정기 인사평가가 계획되어 있다. 수퍼된장 T/F 팀장인 신중한 이사(43세)는 고민에 빠졌다. 우리 팀은 최근 수퍼된장을 출시한 팀. 인사·총무부서에서 잔뼈가 굵은 신중한 이사는 나름대로 신중을 기하려 하지만 인사평가는 항상 어렵게만 느껴진다. 특히 과장급 인사는 참 어렵다. 내일까지 평정표를 부사장에게 제출해야 한다. 어떻게 해야 하나?

수퍼된장T/F의 과장급은 총 6명이다.

최고 선임격인 강다귀 과장(40세). 6년차 고참으로 신제품개발을 맡고 있다. 그의 장점은 추진력. 지난번 수퍼된장의 출시를 총괄 지휘하였다. 시기상조론, 비용대비 효과가 적다는 비판 등 많은 반대를 무릅쓰고 TOP CEO의 결심을 받았으며, 총괄기획/관리 등 커다란 공헌을 했다. 저돌적이며 일을 무서워하지 않는다. 그러나 자기 중심적 성향이 강해 때때로 팀원들 뿐만 아니라 타 부서 구성원과의 마찰이 심할 경우도 있다. 수퍼된장 출시를 2개월 앞두고 마케팅 부사장과의 의견충돌이 있었고, 이로 현재 마케팅 부서와 다소 갈등관계에 있기도 하다. 한편에서는 게으르다는 말을 듣기도 한다. 지난번 야유회때 늦게 일어나서 야유회에 참가하지 못했기 때문에 그런 평이 생겼을 수도 있다.

조사파트를 맡고 있는 함리적 과장(44세). 과장 5년차다. 함과장은 온순하고 합리적인 성품으로 팀원들로부터의 신망이 두텁다. 우유부단한 점이 가장 큰 약점이나, 매우 성실하고 팀의 화목을 이끄는 중요한 역할을 하고 있다. 소비자 성향분석에 남다른 소질이 있어 그간 국내 수요동향 분석을 주로 담당하였다. 신이사와는 대학선후배 사이. 후배를 상사로 모시고 있음에도 별다른 불평이 없다. 지난번 차장승진인사에서 업무성과 미달로 누락되었다. 이번 승진에서도 누락되면 조직을 떠나야 할지도 모른다. 참고로 생후 2개월 된 딸이 있고, 가정 형편이 매우 어렵다.

다음은 영업을 맡고 있는 박차고(38세)과장. 4년차인 박과장은 우리회사의 경쟁사인 (주)00쌈장에서 스카웃된 인물. 원칙주의자이며 특유의 추진력과 저돌성으로 신이사의 신임을 한 몸에 받고 있고, 업무에 있어 매우 성실하다. 그러나 팀원들과의 대인관계는 별로 좋지 않다. 가장 큰 이유는 추진력은 강하나 치밀함이 떨이지고 다른 팀원의 의견을 존중하지 않는다는 점이다. 수퍼된장 출시와 관련하여 팀내에서 허상임 과장과 마찰이 매우 컸고, 회사내에서도 많은 반대가 있었으나 이를 모두 극복하고 수퍼된장건을 성사시키는데 가장 커다란 공헌을 했다. 참고로 미혼이다.

기술개발파트를 맡고 있는 허상임(40세)과장. 과장 4년차로 박과장과 동기. 일에 매일 매일 허덕대며 산다. 매사에 매우 소극적이며 새로운 일을 꺼리는 경향이 있다. 그러나 매우 치밀하며 한번 선 소신은 굽히지 않는 스타일. 수퍼된장 출시에 대해 계속 반대하는 입장이었다. 개발비용이 너무 많이 든다는 점이 반대의 가장 큰 이유.

아직도 반대한다고 하여 왕따의 지경에 있다. 운전면허 1종을 매우 자랑스럽게 생각하고 있다.

해외영업파트의 오날렵(30세)과장은 과장 2년차다. 업무능력을 인정받아 신이사가 직접 스카웃한 인물. 꼼꼼한 업무수행 뿐 아니라, 크게 보는 안목이 강과장을 능가한다. 유럽시장에 밝고 특히 어학에 소질이 뛰어나 해외시장 동향분석 등을 맡고 있다. 해외 명문대학의 MBA 소유자이다. 앞으로 우리 부서의 가장 중요한 사업인 수퍼된장의 현지법인 설립건을 맡고 있다. 확인되진 않았으나 우리회사 설립자의 조카딸이란 소문이 있다. 때론 건방지다는 평을 듣기도하며, 박과장과 마찰이 심하기도 하다.

상품디자인을 담당하는 나몰라(31세)과장은 2년차 과장으로 오과장과 동기. 스스로 대단히 합리적인 인물이라고 말하면서 다닌다. 크게 말하고 다닐 때도 있다. 퇴근 5분전이면 가방을 싸기 시작한다. 야근이라도 시킬라 치면, 학원가야한다고 나간다. 다니는 학원만 3개. 국가자격시험을 준비중에 있다. 갖고 있는 자격증도 매우 다양한데, 자동차 정비 1급, 중장비 2급, 병아리 감별사 2급은 그가 자랑스러워하는 자격증이다. 그러나 맡은 일을 깔끔하게 처리하고, 때로는 새로운 아이디어를 내기도 하여 아이디어 뱅크로 불리기도 한다. 수퍼된장 아이디어의 원 제공자이기도 하다.

–시나리오 끝–

해 석

1) "성과평가란 구성원의 직무수행 전반과 행동양식을 관찰·평가하고 그가 더 나은 성과를 창출할 수 있도록 건설적인 대안을 제시하는 과정이다."

2) "장기적 관점에서 전략적 목표를 지속적으로 달성하는 지 여부는 조직의 성과관리 능력에 달려있다. 이를 위해서는 성과평가는 조직의 목표와 일관되게 정렬돼야 한다. 성과관리 - 성과평가나 측정이라고 불리는 - 의 전략적 중요성은 현대 경영에서 더 크게 부각되고 있다. 피드백이라는 용어에서 보이듯, 성과평가에 있어 중요한 요소는 구성원에 의해 잘 이해되고 자발적으로 수용돼야 한다는 점이다. 무엇보다 성과관리가 효과적이기 위해서는 구성원들에 대한 의미 있는 피드백이 제공돼야 한다. 전략적 성과관리의 성공은 상사와 부하가 협력하여 성과목표를 설정하고 결과를 리뷰하며 조직과 구성원의 니즈를 분석·평가하고, 미래를 계획할 때 비로소 가능하다. 과거의 인사고과는 일방적인 판단 과정일 뿐이다. 그 속에서 구성원은 [대상일 뿐] 주체로서 참여할 수 없었다."

3) "목표관리는 조직의 목표를 체계적으로 진단하고 상사와 부하가 이를 공유하며 효율적으로 달성할 수 있도록 협 업을 이끌어내는 과정이다. 이때 목표는 구체적이고 측정가능해야 하며 이를 달성하는 데 필요한 시간계획을 포함한 실행계획과 연동돼야 한다. 목표달성과정은 측정되고 관리돼야 한다. 이를 수행하는 평가과정은 상사와 부하 간 협의를 통해 결정된 성과의 객관적 기준에 늘 준거해야 한다."

4) "목표설정, 의사결정에의 참여, 공정한 피드백은 성과향상에 긍정적 영향을 미치는 요소들이다. 이 세 가지를 조합한 제도인 목표관리제도는 긍정적인 성과향상 효과를 지닌다. 한 메타연구는 목표관리제도의 다양한 생산성 효과를 잘 드러내고 있다. 70개의 연구 중 68개에서 긍정적 효과가 보고된 반면, 부정적 효과가 보고된 연구는 2

개에 불과하다. 목표관리에 대한 선행연구는 제도를 도입하고 운영과정에서 많은 문제가 있다는 점을 드러내고 있다. 성공적 운영을 위한 요소 중 하나는 탑 매니지먼트의 협력적 참여다. 목표관리의 성공적 도입은 위에서부터 시작된다. 성공적 운영 역시 경영진과 부서장 등 위의 협력과 참여에 의해 결정된다. 메타연구의 결과는 경영진의 협력적 참여가 높을 경우 평균 생산성 향상 효과가 56%에 달하고 있음을 보여주고 있다. 반면 그렇지 못한 경우에는 생산성 향상 효과가 6%로 줄었다."

5) "인적자원평가센터는 구성원의 성과평가와 역량개발을 동시에 달성하는 도구다. 센터는 주로 조직의 효과성과 직접적 관련성이 높은 자질이나 능력을 평가지표로 삼는다. 인적자원평가센터의 유용성은 세 가지다. 첫째, 선발이나 승진후보자를 결정하는 유용하게 사용할 수 있는 도구다. 둘째, 구성원의 장점과 단점을 직무차원에서 다양하게 진단할 수 있는 도구로 활용될 수 있다. 셋째, 직무와 관련된 다양한 지식과 기술을 개발시키는 데 효과적인 도구다."

6) "인적자원평가위원회는 종합적이면서도 유연한 평가도구이자 구성원의 역량개발을 돕는 시스템이다. 평가위원회는 많은 장점이 있다. 첫째, 복잡한 자질을 측정할 수 있다. 둘째, 피평가자들이 공정하고 타당한 평가라고 인식할 가능성이 높다. 셋째, 부작용이 적다. 넷째, 기준의 다양화를 통해 구성원의 평가요구를 만족시킨다."

8

Compensation _보상관리

1

보상이란 무엇인가

1. 보상의 두 원칙

인적자원관리 전략 중 중요한 또 하나는 보상전략이다. 보상(compensation)이란 구성원의 노력과 공헌, 성과 등에 대해 제공되는 물질적·비물질적 대가다. 임금과 다양한 부가복지혜택이 물질적 보상이라면, 칭찬, 격려, 공헌에 대한 인정, 도전적 업무의 기회 부여, 학습기회 부여 등 비물질적 보상도 물질적 보상 못지않게 중요하다.

보상은 기업은 물론 구성원 모두에게 매우 민감한 사항인 만큼 보상관리는 세심한 주의를 요구한다. 무엇보다 올바른 보상관리가 이뤄지기 위해서는 보상 수준, 보상 체계, 보상 방식 등에 있어 원칙의 정립과 일관된 집행이 필요하다. 보상전략 전반에 있어 무원칙 혹은 일관성 부재는 현장에서 자주 발견되는 오류이기도 하거니와 조직 전체의 분위기를 해치는 것은 물론 지속적인 몰입이나 협업에 커다란 장애를 야기하기도 한다.

두 가지 원칙이 중요하다. **첫째, 공정성의 원칙이다.** 이는 보상의 수준과 직접 연관돼 있다. 공정한 보상이란 구성원이 제공한 노동의 가치에 합당하게 지급되는 대가를 말한다. 구성원은 노동계약 등을 통해 고용관계에 편입되고 경영자의 지휘감독에 따라 일정한 노동을 제공한다. 경영자는 노동을 수취하고 정당한 대가를 지불해야 한다는 점에서 보상은 공정한 보상이어야 한다. 공정성과 관련해 가장 중요한 원칙은 '동일(가치)노

동 동일임금 원칙'이다. 한국을 비롯해 서구 국가 노동시장의 가장 중요한 문제는 보상의 불공정성 문제다. 특히 한국 비정규노동자는 동일한 노동을 제공함에도 불구하고 고용형태의 차이로 인해 정규직에 비해 차별적인 보상이 이뤄지고 있다. 비정규직의 임금이 정규직의 절반수준에 불과하고 복지혜택도 커다란 차이가 있다는 점, 나아가 이 격차가 고착되고 있다는 점이 지적되고 있다.

둘째, 합리성의 원칙이다. 합리성에 대한 해석은 매우 다양해 공정성을 포함하는 경우도 있다. 그러나 보상전략 부문에 있어서의 합리성의 원칙은 임금 등 보상전략이 성과를 얼마나 적절하게 반영하느냐의 문제다. 따라서 합리성의 원칙은 늘 보상체계의 문제로 귀결된다. 뒤에서 살펴보는 연공급 혹은 성과급 논란은 임금체계가 성과와 얼마나 연동돼 있는지에 따른 논란이다. 일반적으로 한국과 일본에서 보편적으로 발달한 연공임금은 구성원의 역량이나 공헌에 관계없이, 주로 근속기간에 의해 보상의 양이 결정된다는 측면에서 합리성이 떨어진다는 비판을 받고 있다. 연공임금의 합리성에 대해서는 서로 다른 이론적 견해가 존재하는 만큼 좀 더 면밀한 분석이 필요하지만, 한국의 경우 특정 부문 - 특히 내부 노동시장이 잘 발달한 대기업과 공공부문의 정규직 노동자 - 에서는 성과와 연동되지 않은 임금체계로 인해 비효율이 발생한다는 지적이 늘고 있다. 이에 대해서는 뒤에 관련된 절에서 보다 상술한다.

2. 보상의 사회적 의미

보상은 사회적이고 역사적이다. 역사성이란 시간과 공간에 따라 보상의 속성과 의미하는 바가 달라짐을 의미한다. 보상의 수준이나 제도는 사회마다 독특한 특성을 띠며 발달하거니와 이는 보상이 갖는 사회적 의미의 차이에서 비롯되는 결과이기도 하다. 밀코비치와 뉴먼(Milkovich·Newman, 2014)은 보상이라는 용어가 미국과 중국에서 서로 다른 의미로 사용되고 있음을 지적하고 있다. 미국의 보상이 주로 일에 대한 합리적 대가로서의 의미가 크다면, 중국 등 동북아국가의 경우에는 일의 가치나 산출과는 다소 무관하게 일한 사람의 기본적 생계에 대한 책임으로서의 의미가 더 크다.

"Taken literally, compensations means to counterbalance, to offset, to make up for. It implies an exchange. However, it does not mean the same thing in every country. In the United States, we equate compensation with wages and benefits given in exchange for effort or work. In China, the traditional characters for compensation are based on the signs for logs and water; compensation provides the necessities in life."

–Milkovich·Newman, 2014, 2면 P) 353 … (1)

한국의 경우도 사회적 인식의 측면에서는 중국의 예와 유사하다. 직업의 세계에서 보상 혹은 임금이라는 말 보다는 '대우(待遇)'라는 용어를 더 보편적으로 사용하는 이유가 여기에 있다. 대우란 일에 대한 대가를 포함하지만 그 보다는 "나의 삶을 영위하는 데 있어 충분한 보상이 이뤄지는지", "조직 내에서 얼마나 존중받고 있는 지" 등 다양한 삶의 측면을 내포하는 개념이기 때문이다.

보상의 사회적 측면을 가늠할 수 있는 요소는 임금과 복지의 수준, 임금격차, 최저임금 등 다양하다. 전반적인 임금과 복지 수준은 그 사회에서 기업의 사회적 공헌을 어느 정도 수행하고 있는지를 가늠할 수 있는 척도다. 한 사회의 구성원은 대부분 자영업자를 제외한다면 주로 노동을 제공하고 임금을 받아 생활하는 노동자다. 임금과 복지 수준이 상대적으로 높은 사회라면 – 물론 국가 경쟁력, 기업의 경쟁력 등의 요소를 우선 접어두고 – 기업은 구성원의 절대다수인 노동자의 삶에 적절히 기여하는, 하나의 사회적 제도로 기능한다고 볼 수 있다.

임금격차 역시 보상의 사회적 의미를 파악할 수 있는 가늠자다. 격차(gap)는 물론 합리적 차이로 인해 발생할 수도 있고 불합리한 차별로 인해 발생할 수도 있다. 합리적 차이로 인한 격차는 생산성의 차이, 공헌도의 차이, 산출물의 가치 차이 등으로 인해 발생한다는 점에서 불합리한 차별과 비교할 때 커다란 문제가 되지 않을 수도 있다. 사회적으로 주목해야 할 문제는 불합리한 차별로 인한 임금격차다. 이 경우 기업의 보상전략은 사회적 정당성을 확보할 수 없으며 구성원(노동자, 소비자, 시민 등 다중적 지위를 보유한 주체)의 저항에 직면할 수도 있다. 합리적 차이로 인한 격차도 그 차이의 양이 지나칠 경우에는 사회적 정당성이 떨어진다. 차이의 '합리적 양'은 사회마다 다르거니와 생산성의 차이에 대한 보상의 차이가 지나치게 클 경우 사회적 통합을 방해하는 요소로 기능할 수 있기 때문이다.

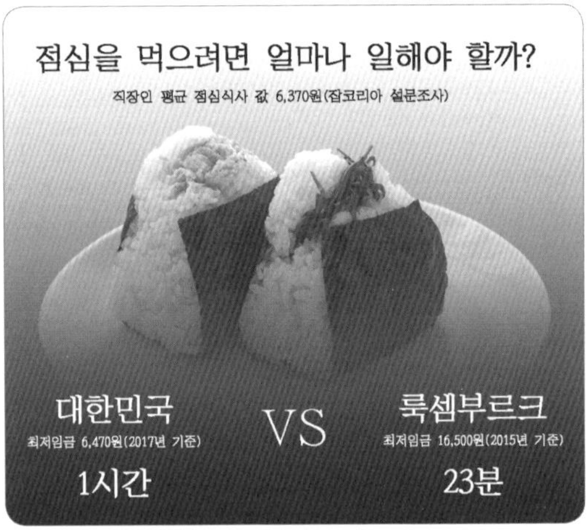

최근에는 최저임금이 모든 국가에서 중요한 이슈로 부상하고 있다. 최저임금이란 한 사회가 보유한 노동에 대한 인식을 드러낸다. 어떤 노동이든, 일정한 시간의 노동에 대해서 지불해야 하는 '사회적 최저한'이 최저임금제도가 지닌 사회적 의미다. 신자유주의 국가의 대표적 예로 거론되는 미국의 경우 연방최저임금(7.50달러)을 인상하려는 시도가 2010년 이후 지속적으로 이뤄지고 있고, 캘리포니아 등 대부분의 주는 최저임금을 15달러 이상으로 높여나가고 있다. 최근 한국정부도 16% 이상 인상된 최저임금을 책정하기도 했으며 2020년까지 최저임금 1만원 달성을 공약으로 제시하기도 했다.

3. 보상의 전략적 의미

보상은 구성원의 일과 노력에 대한 대가다. 합리적이고 공정한 보상은 그 자체로 정의로운 보상의 조건이 될 뿐만 아니라 구성원의 자발적 노력을 유인하는 전략적 수단으로서도 커다란 의미를 지닌다. 그러나 경쟁이 지속적으로 심화되고 있는 환경에 직면해 있는 기업은 생존과 지속가능한 성장을 위해 비용절감 노력이 불가피하며 이는 보상전략의 복잡화로 이어진다. 경영이란 성과를 내는 게임인 만큼, 비용은 성과를 결정하는 핵심적 측면이라는 점에서 '비용절감적' 보상전략은 기업이 선택할 수 있는 하나의 유효한 전략이다. '보상의 합리화'란 이 점에서 경영에 불가피한 요소다. 그러나 다른 한편으로는 비용절감만을 추구하는 극단적 합리화는 구성원의 자발적 동기를 해칠 뿐만 아니라 조직

내에 갈등을 유발시킴으로써 절감된 비용보다 더 큰 '다른 비용'을 초래할 수 있다. 현대 경영은 비용절감과 동시에 구성원의 자발적 동기를 유인할 수 있는 '전략적 보상'을 지속적으로 개발해야 하는 과제를 안고 있다.

최근 한국경영에 있어 화두가 되고 있는 성과주의 보상전략에 대해서는 균형 있는 시각이 필요하다. 성과주의 보상전략의 핵심은 연공위주의 임금체계를 성과중심의 임금체계로 재구성함으로써 생산성을 높이는 데 있다. 실제로 한국의 연공임금체계는 사회적 의미가 적지 않음에도 불구하고 기업 경영에 불합리한 부담을 가중시키는 요인으로 작용하고 있다. 특히 성과와 무관한 임금책정으로 인해 발생한 부담이 비정규직 등 소외계층의 근로조건 저하로 이어지는 악순환은 시급히 개선돼야 할 과제이기도 하다. 그러나 성과지상주의에 매몰된 임금체계 역시 부작용이 만만치 않다. 구성원은 늘 서로를 경쟁상대로 인식하게 되고 더 많은 성과를 위해 노동강도가 높아져 장기적인 관점에서는 기업의 성과를 떨어뜨리기 때문이다. 연공임금체계의 장점과 성과임금체계의 장점을 동시에 살릴 수 있는, 한국의 기업경영과 노동자의 상황에 부합하는 새로운 보상체계가 무엇인지를 끊임없이 고민해 나가야 한다.

2

임금과 노동시장

1. 임금

임금(wage)이란 '노동(력)이라는 상품의 가치'로 정의될 수 있다. 노동력은 절대가치와 상대가치를 동시에 지니는 특수한 상품이다. 절대가치란 노동력에 내재된 속성에 따라 부여된 가치다. 상대가치란 수요와 공급에 따라 노동시장에서 매겨지는, 변동되는 가치다. 노동력은 이러한 이중적 가치를 지닌 상품이다. 시장적 특성을 갖는 임금에 대해서는 장을 달리하여 설명하고 여기서는 법상 개념과 국제노동기준의 개념을 먼저 살펴보자.

한국 근로기준법은 임금을 다음과 같이 정의한다. 임금이란 사용자가 근로의 대상(對償)으로 근로자에게 임금, 봉급, 기타 어떠한 명칭으로든지 지급하는 일체의 금품이다(근로기준법 제2조). 이는 근로계약에 있어 가장 핵심이 되는 부분이며, 근로자의 생존 또는 생활과 직결되는 중요한 근로조건이다. 근로시간, 휴일, 휴가, 공민권행사의 보장, 휴업수당 등 근로조건의 대부분은 임금과 밀접한 연관을 맺는 만큼 중요한 근로조건이다(하갑래, 2012).

임금에 대한 국제기준과 외국의 사례도 임금의 개념을 이해하는 데 참조할 만 하다. 국제노동기구는 〈임금보호에 관한 협약〉에서 '근로에 대해 사용자가 지급하는 보수'로 임금을 정의하고 동일가치 노동에 대해서는 동일보수를 지급해야 함을 원칙으로 천명하고 있다. 미국의 공정근로기준법 역시 노동의 대가로 주어지는 다양한 금품을 임금으로 정의하고 있다. 모두 한국의 개념과 유사하거니와 임금은 명칭과 상관없이 노동의 대가로 주어지는 유무형의 보상을 모두 포함하는 개념이라는 점을 이해할 필요가 있다.

※ 국제기준과 외국의 사례

◆ ILO 협약 제95호 (임금보호에 관한 협약, 1949)

└ **제1조:** 본 협약에서 임금이라 함은 명칭 또는 계산방법의 여하를 불문하고 ... 근로 또는 서비스에 대하여 사용자가 지급하는 보수 또는 소득을 말한다.

◆ ILO 협약 제100호(동일가치노동에 대한 동일보수 협약, 1951)

└ **제1조:** 본 협약에서 보수라 함은 현금 또는 현물을 불문하고 ... 사용자가 근로자에게 지급하여야 할 ... 통상·기본 또는 최저의 임금 또는 급료 및 추가적 수당을 포함한다.

◆ 미국, Fair Labor Standards Act (1938), Sec.3(1)

└ **Wage:** paid to any employee includes the reasonable cost, as determined by the Secretary of Labor, to the employer of furnishing such employee with board, lodging, or other facilities, if such board, lodging, or other facilities are customarily furnished by such employer to his employees

---

2. 임금은 어떻게 결정되는가?

2.1 외부노동시장과 내부노동시장

앞서 노동력은 이중적 가치를 지니고 있다는 점을 설명했다. 근대 자본주의가 발전한 이래 노동시장이 발달하면서 노동력의 가치인 임금은 시장의 수요와 공급에 의해 결정되는 상대적 가치로서의 의미가 더 중요해진다. 그러나 다른 상품과 달리 노동력이라는 상품의 가치는 시장메커니즘에 의해서만 결정되지 않는다는 점에 주목해야 한다. 우리 사회의 통념 중 하나는 노동시장도 다른 상품시장과 마찬가지로 수요와 공급에 따라 소위 '보이지 않는 손'이 작동한다는 것이다. 이러한 통념은 낮은 임금은 수요의 부족 혹은 공급의 과다로 인해 생기는 불가피하고 자연스러운 현상이라는 인식을 낳는다. 그러나 이는 잘못된 인식이며 '이데올로기적'이다. 이념적인 이유는 정당성과 합리성이 결여된 차별적 임금이라도 시장에 의해 '자연스럽게' 결정된 불가피한 현상이라는 점을 이 주장은 암암리에 내포하고 있기 때문이다. 노동시장이 시장처럼 작동한다면, 임금의 수준이 천차만별인 현실을 제대로 설명할 수 없다. 동일한 노동에도 서로 다른 수준이 임금이 적용되는가 하면, 서로 다른 노동임에도 불구하고 임금 수준이 동일한 예가 현실에서는 흔히 발견되기 때문이다(신광영·이병훈 편, 2010, 6면).

이와 관련해 '내부노동시장(ILM, internal labor market)'은 매우 중요한 개념 중 하나다. 내부노동시장이란 1970년 되린저와 피오르(Doeringer·Piore, 1970)가 처음 정의 했다. 외부노동시장이 아닌 기업 내부에 존재하는 '또 하나의 시장'이다. 시장이 본질적으로 거래가 이뤄지는 곳이라고 한다면, 외부노동시장은 그 거래가 수요와 공급에 의해 이뤄지는 반면, 내부노동시장은 거래가 기업이 정하는 제도적 규칙에 의해 정해진다는 점에서 구별된다. 다시 말하면, 내부노동시장이란 노동력의 채용, 승진, 보상 등 노동력을 둘러싼 거래가 시장의 수요·공급과는 독립적으로 기업 내부의 제동적 규칙에 의해 이뤄지는(정해지는) 시장을 말한다. 되린저와 피오르는 저서 〈내부노동시장과 맨파워 분석〉(1970)에서 내부노동시장의 개념과 특징을 기업내의 규칙에 의해 움직이는 시장으로 요약한다.

> "(...) the cental concept around which the manuscript is organized is that of the internal labor market, an administrative unit, such as a manufacturing plant, within which the pricing and allocation of labor is governed by a set of administrative rules and procedures. The internal market, governed by administrative rules, is to be distinguished from the external market of conventional economic theory where pricing, allocating, and training decisions are governed directly by economic variables."
>
> -Doeringer·Piore, 1970, 8면 P) 353 ··· (2)

내부노동시장에서는 시장의 수요공급 법칙과는 독립적으로 기업의 자신의 경영철학과 전략에 따라 만든 규칙에 의해 노동력의 거래가 이뤄진다는 점이 특징적이다. 이때 노동력의 거래란 채용, 배치, 훈련, 임금결정, 승진 등을 모두 포함하는 개념이다. 즉, 내부노동시장에서는 "임금책정, 인력배분, 훈련결정 등이 경제적 변수에 의해 결정되는 외부노동시장과 달리, 조직의 관리규칙과 절차에 의해서 이뤄진다(신광영, 2010, 191-2면)."

내부노동시장의 특징은 현재 진입해 있는 구성원에 대해 차별적 혜택이 주어지는 것이다.

> "고용은 가장 낮은 직급에서만 이뤄지고 승진은 직무 사다리를 따라 조직 내부 사람들에게만 열려 있어 경쟁은 외부노동시장과 달리 제한적이다(Althauser and Kalleberg, 1981; Diprete, 1987). 승진 경쟁은 시장경쟁에서 벗어나 있기 때문에 경쟁은 현재 조직에 고용돼 있는 내부 구성원들 사이에서만 이뤄지고, 내부 승진을 통해서 능력과 경험에 대한 평가가 이뤄진다"
>
> -Williamson, 1975, 신광영, 2010, 191-2면 중 일부를 고쳐 재인용

> "단기계약을 통해 고용이 일시적으로 이뤄지는 것이 특징인 외부노동시장과는 달리 내부노동시장에서는 장기고용이 이뤄진다. 내부노동시장에서는 정년퇴직제도 등을 통해 고용안정이 보장된다. (중략) 직급 정년제도나 일본의 종신고용제도는 고용안정을 제도적으로 보장하는 전형적인 내부노동시장의 고용제도다."
>
> -신광영, 2010, 191-2면, 일부를 고쳐 인용

내부노동시장은 그러나 외부노동시장과 완전히 단절돼 있는 것은 아니다. 두 시장은 서로 내적으로 긴밀하게 연계돼 있으며, 노동력은 두 시장을 서로 왕래하면서 거래가 결정되기도 한다. 아래의 예에서처럼, 내부노동시장이 잘 발달돼 있는 기업에서 어떤 직무에 자리가 났다면, 이 사실은 곧 내부노동시장에 종사하는 구성원이 외부노동시장으로 진출한 것을 의미한다. 빈자리는 외부노동시장에서 인재를 채용해 채울 수도 있으나, 내부노동시장이 잘 발달한 기업에서는 내부구성원의 승진 혹은 재배치를 통해 그 자리가 채워진다. 이때 이뤄지는 승진이나 재배치는 기업이 정하는 일정한 규칙과 절차에 따라 이뤄지거니와 내부노동시장의 가장 중요한 특징이 여기에 있다. 따라서 내부노동시장에

포함돼 있는 구성원들은 일정정도 외부노동시장의 경쟁으로부터 자유로울 수 있다.

"These two markets are inter connected, however, and movement between them occurs at certain jobs classifications which constitute ports of entry and exit to and from the international labor market. The remainder of the jobs within the internal market are filled by the promotion or transfer of workers who have already gained entry to it. Consequently, these jobs are shielded from the direct influences of competitive forces in the external market."

–Doeringer·Piore, 1970, 9면 P) 353 … (3)

2.2 내부노동시장의 발달과 노동시장의 이중화

내부노동시장의 발견이 중요한 이유는 노동시장의 이중화를 설명하는 이론적 근거를 제공하기 때문이다. 노동시장의 이중화란 소위 좋은 노동시장과 나쁜 노동시장이 존재하며 둘 간의 이동은 엄격히 제한돼 있는 현상을 의미한다. 다시 말하면, 임금이나 근로조건이 열악한 시장에 종사하는 노동자는 소위 '좋은 노동시장'으로 이동하고 싶어도 할 수 없는 상황에 처한다. 이를 노동력 이동의 구조적 제약이라 부를 수 있다. 내부노동시장이 잘 발달된 대기업이나 공공부문은 구성원들이 시장의 경쟁 압력으로부터도 일정정도 자유롭고 높은 보상과 풍부한 승진기회를 가질 수 있다. 반면, 내부노동시장이 잘 발달한 부문에 진입하지 못한 노동자들은 시장경쟁에 고스란히 노출돼 있을 뿐만 아니라 근로조건이나 고용안정에서도 열악함을 면치 못한다.

되린저와 피오르는 이를 '산업적 봉건제' 혹은 '고립된 노동시장'으로 유비했다.(1)

"The rules governing internal labor allocation and pricing accord certain rights and privileges to the internal labor force which are not available to workers in the external labor market. The internal labor force, for example, has exclusive rights to jobs filled internally, and continuity of employment, even at entry ports, is protected from direct competition by workers in the external labor market. The phenomenon of internal labor markets is thus closely akin to the problems which other authors have identified as 'industrial feudalism', 'the balkanization of labor markets' and 'property rights' in a job."

–Doeringer·Piore, 1970, 10면 P) 353 … (4)

봉건제란 신분이 결정돼 있는 사회이거니와 노동시장에서도 높은 신분의 노동자와 그렇지 못한 소외노동자가 구별돼 별도로 존재한다면 이는 봉건제와 다름없다. 자본주의, 즉 봉건제 사회를 극복하고 새롭게 전개된 자본주의 사회가 이미 극복한 봉건제적 잔재를 스스로 내부에서 발전시키고 있는 셈이어서 커다란 아이러니다.

발칸화(balkanization) 혹은 고립화는 적대적으로 분열돼 있는 두 노동시장(외부노동시장과 내부노동시장)의 성격을 잘 드러낸다. 한국의 비정규문제는 노동시장의 이중화를 단적으로 드러내는 예다. 비정규노동자의 대부분은 내부노동시장이 잘 발달하지 못한 중소영세부문에 종사하고 있다. 이들은 단기계약으로 인해 고용이 불안정하며 임금과 근로조건에서 갖가지 차별을 경험하고 있다. 그럼에도 불구하고 대기업이나 공공부문으로 이동하는 데는 많은 제약이 있다. 역량을 갖추고 있음에도 불구하고 이들 부무으로 진입하는 것이 제약돼 있다는 점에서 한국 노동시장에는 정규–비정규간의 봉건적 질서가 확고히 자리하고 있다.

고립된 노동시장의 성격도 고스란히 드러나고 있다. 비정규노동자는 어찌 보면 외로운 섬에 고립돼 있다. 특히 발칸화가 적대와 분열을 강조하는 개념인 것처럼, 노동자 그룹 내에서도 정규직과 비정규직 간의 갈등은 날로 높아지고 있는 것이 한국 노동시장의 현실이기도 하다.

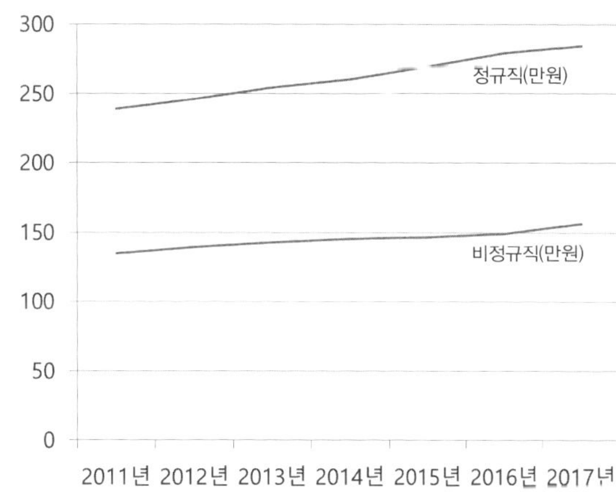

[근로조건별 월평균임금(8월 기준), 통계청]

3. 임금관리전략

3.1 개념

임금관리란 근로자의 기본적 욕구충족과 삶의 질을 향상시키고 기업의 생산성 향상을 위해 임금수준과 체계, 형태 등을 관리하는 활동을 말한다. 주요 목적은 다음과 같다.

첫째, 경쟁력 있는 인적자원의 확보·유지 및 기업의 생산성 향상은 임금관리의 가장 중요한 목적이다. 공정하고 경쟁적인 보상패키지를 제공하는 기업일수록 역량이 높은 인재를 유인할 수 있다. 경쟁임금(competitive wage)전략은 시장임금(market wage)을 상회하는 추가임금을 제공함으로써 좋은 인재를 유인하고자 하는 보상전략 중 하나다.

둘째, 임금관리를 통해 구성원의 동기를 유발하고 바람직한 행위규범의 강화할 수 있다. 임금은 보상을 넘어 일종의 상징을 생산한다. 높은 보상이 주어진다면 구성원은 조직이 자신의 가치를 높게 평가하고 있다고 느끼며, 그 기대에 부응하기위해 최선의 노력을 기울인다. 높은 보상은 구성원이 보인 행위가 '보상받을 만한 행위'임을 드러내는 것이기도 하다. 보상이 행위의 방향을 제시하는 '기호'로서의 효과가 큰 이유는 이 때문이다.

셋째, 구성원의 만족도 제고는 임금관리의 핵심 목적 중 하나다. 공정성과 합리성이 결여된 임금관리는 구성원의 불만을 가중시키는 요인이 된다. 반대로 공정하고 합리적 임금은 구성원의 직무만족과 몰입을 결정하는 가장 중요한 요소임이 많은 연구를 통해 밝혀지고 있다.

3.2 임금수준

임금 수준은 다양한 요소를 고려해 합리적으로 결정돼야 한다. Dunlop(1950)은 임금결정에 있어 근로자들의 생계를 보장하기 위한 소득수준, 기업의 지불능력, 물가수준, 사회적 조건 등을 종합적으로 고려해야 한다고 강조한다. 노동시장에서의 수요-공급은 임금 수준에 영향을 미침에 틀림없으나, 기업은 아래 사항들을 고려해 임금 수준을 합리적으로 조정해야 한다.

첫째, 생계비를 고려해야 한다. 임금은 근로자 생계의 원천이므로 임금의 최저하한선은 생계를 보장할 수 있는 수준이 되도록 노력해야 한다.

둘째, 기업의 지불능력을 고려해야 한다. 생계비가 임금의 최저선이라면, 기업의 지불능력은 상한선이 될 것이다. 일정 시점에서 기업의 지불능력이 매우 크다 해도, 기업의 성과는 환경 등에 따라 변동하는 반면 임금은 하방경직적 속성을 갖고 있으므로 다양한 요소를 종합적으로 고려할 필요가 있다.

셋째, 물가수준도 임금결정에 있어 중요한 고려사항이다. 화폐가치가 변동할 경우 명목임금이 상승한다 하더라도 실질임금은 하락할 수 있다.

넷째, 비교임금에 대한 고려도 적절히 이뤄져야 한다. 동일노동 동일임금의 원칙에 입각하여 동일한 노동시장 (질적 양적 측면에서) 동일한 노동을 제공하고 있는 근로자들은 동일한 수준의 임금을 지급 받아야 함이 공정한 임금의 원칙이기도 하다.

3.3 임금항목과 체계

임금항목은 임금체계를 구성하는 주요 요소다. 주된 항목은 기본급, 수당, 상여금 등 세 가지다.

기본급(base pay)은 기업이 일정한 규칙에 따라 구성원에게 공통적·고정적으로 지급하는 임금항목이다. 연공, 직무, 직능, 성과 등에 따라 정한다. 수당(allowance)은 기본급을 보완하는 성격의 임금항목으로 특정한 조건을 충족할 경우에 지급되는 임시적이고 소정적 성격의 임금이다. 생활보조적 수당 등 그 형태가 다양하다. 특히 한국의 경우 수당체계가 매우 복잡한 것이 특징이거니와 이는 기본급 인상에 부담을 느낀 기업과 노동조합이 이를 보완하기 위해 무분별하게 신설했기 때문이다. 상여금(bonus)은 성과향상을 위해 업적 등에 따라 차별적·변동적으로 제공되는 보상을 의미한다. 그러나 우리나라의 경우에는 상여금이 성과와 관계없이 미리 정해지는 것이 일반적이어서 기본급화 되어있는 실정이다. 상여금은 지불방식에 따라 기본급연동방식, 정액지급방식, 직급별 차별화방식, 성과별 지급방식 등으로 구별된다.

임금체계란 임금의 산정방식과 지불유형으로 임금항목을 구성한 체계를 의미한다. 임금형태 혹은 임금제도 등 다양한 이름으로 불린다. 대표적인 임금체계는 연공급 체계, 직무급 체계, 직능급 체계, 성과급 체계 등 4가지가 대표적이며 최근에는 일본을 중심으로 역할급 등 새로운 체계에 대한 논의도 증가하고 있다.

(1) 연공급 체계

연공급 체계(年功給, seniority based wage)는 근속연수에 따라 임금수준을 결정하는 체계다. 즉 임금항목의 중요 요소인 기본급이 근속연수에 따라 자동으로 승급되는 정기호봉제를 골간으로 한다. 성, 학력 등 속인적 요소도 기본급에 영향을 미치는 요소로 작용한다. 한국과 일본에서 주로 발달한 연공급은 연령에 따라 임금 수준이 높아지므로 생활보장의 성격이 강하다. 또한 장기고용을 전제로 하고 있으며, 숙련향상, 노동자의 몰입과 공헌 향상에 효과적이다.

윤진호(2010)은 한국의 연공급 체계를 '불완전한 연공급'으로 평가한다. 이는 같은 기업이라 하더라도 직종에 따라 기본급의 수준이 서로 다르며 정기적으로 인상되는 호봉승급분도 다른 경우가 많기 때문이다. 주로 생산직의 경우는 사무직에 비해 기본급 수준이 낮은 것이 보통이다.

최근 연공급에 대한 비판이 높아지고 있다. 근속연수나 연령에 따라 임금수준이 자동적으로 높아짐에 따라 성과를 반영하지 못하며 따라서 비효율적이라는 점이 주된 근거다. 그러나 연공급은 한국이나 일본 등 독특한 사회를 배경으로 발달한 임금체계로 다양한 장점이 있다. 특히 황수경(2005)는 연공의 증가에 따라 인적 자본이 효과적으로 축적된다는 점에서 연공급의 경제적 합리성을 인정하고 있다. 또한 이연임금가설을 주장하는 학자들은 "생애임금을 고려했을 대 기업들은 노동자가 젊었을 때는 생산성보다 낮은 임금을 지급하고 나이가 들면서는 생산성보다 높은 임금을 지급하는 체계"이기 때문에 장기적으로는 생산성과 보상수준의 균형을 이루고 있다고 보고 있다(윤진호, 2010, 20면).

연공급 체계는 장기고용을 전제할 때 합리성이 증가한다. 조기 퇴직이 일상화될 경우, 노동자는 생산성보다 낮은 임금을 받는 초기단계에만 고용돼 있고 이를 보상받을 중장기단계에서는 해고됨으로써 생산성과 보상수준의 균형이 파괴되기 때문이다.

(2) 직무급 체계

직무급(職務給, job-based pay)은 직무의 난이도, 희소성, 위험조건 등을 감안하여 직무의 상대적인 가치를 평가하고 이에 따라 임금을 책정하는 임금체계다. 연공급이 사람에게 붙어 있는 임금이라면, 직무급은 직무에 붙어있는 임금이다. 넓은 의미에서는 자격급, 직종급, 직무수당 등을 포함하는 개념이나 좁은 의미에서는 직무평가 절차를 거쳐 설정된 직무가치에 기반한 임금을 의미한다. 직무급에서는 다양한 직무 내용이나 책임의 정도 등을 분석(직무분석)하고 이에 부합하는 인적자원의 조건을 정한다음, 개별 직무의 상대적 가치를 평가(직무평가)하여 직무별 보상이 책정된다.

직무급은 동일노동 동일임금의 원칙에 부합한다. 그러나 현실적으로 직무평가가 주로 경영자에 의해 결정되며 직무의 가치를 객관적으로 비교 평가하기가 곤란하다는 점에서 동일노동 동일임금의 원칙을 제대로 수행할 수 있는지에 대한 회의적인 시각도 있다.

직무의 가치에 따라 보상이 이뤄지는 만큼 연공급에 비해 성과연동성이 높으나 직무만을 기준으로 임금을 결정할 경우 성과가 낮은 구성원의 생활을 보장할 수 없다는 단점도 있다. 또한 상대적으로 가치가 높은 직무의 수가 기업마다 제한적이라는 점도 문제로 지적된다.

최근 한국에서도 직무급 도입을 둘러싼 노사갈등이 빈번해지고 있다. 경영계는 연공급은 성과와 무관하게 보상이 이뤄짐에 따라 비합리적이라는 점을 강조하고 있는 반면, 노동계는 직무급의 경우 구성원의 기본생계를 보장하는 데 미흡하며 직무평가과정 역시 공정성과 객관성을 담보할 수 없다는 이유를 들어 반대하고 있다. 결국 올바른 직무급을 도입하기 위해서는 충분한 토론과 사회적 합의가 선행돼야 한다(Armstrong·Baron, 2002).

(3) 직능급 체계

직능급(職能給, skill-based pay)은 직무수행 능력에 따라 임금을 차등해 지급하는 방식이다. 연공급이 근속연수를, 직무급이 개별 직무의 상대적 가치를 임금 결정의 주요요소로 삼는다면, 직능급은 직무를 수행하는 사람의 능력에 초점을 둔다.

직능급 체계에서는 구성원의 직무수행능력에 따라 임금이 책정되거니와 이때의 능력은 현재적 능력뿐만 아니라 미래에 기대되는 잠재능력을 포함한다. 연공급에 비해 동기유발 효과가 높고 직무급의 단점인 상대가치가 높은 직무의 수가 제한되고 있는 점을 부분적으로 극복할 수 있는 장점이 있다. 그러나 직무평가와 마찬가지로 직무수행능력을 공정하게 평가할 수 있는 합리적 기준을 설정하기가 쉽지 않은 단점이 있다.

(4) 성과급 체계

성과급 체계(成果給, pay for performance)는 임금의 양이 성과에 따라 차등적으로 결정되는 임금체계다. 업적급 또는 능률급으로 불리기도 한다. 임금수준의 합리성과 공정성을 높일 수 있는 장점이 있을 수 있으나 구성원 간 경쟁을 심화시켜 갈등을 유발 시킬 수 있는 부작용도 크게 존재한다.

성과급의 효시는 테일러의 개수임금제다. 테일러는 표준작업량을 정하고 이를 달성하는 정도에 따라 임금을 차등해 지급하는 방식을 과학적 보수라 칭했다. 현대 경영에서는 개별 성과급제와 집단 성과급제 등 다양한 형식의 성과급이 발달해 왔다. 개별 성과급제가 개인의 성과에 따라 개별적으로 성과임금을 제공한다면, 집단 성과급제는 팀, 부서 등 집합단위로 성과목표를 설정하고 이의 달성정도에 따라 집합의 구성원을 대상으로 지급하는 성과급을 의미한다. 최근 한국에서 이미 확산되고 있는 연봉제는 주로 성과급제를 기본요소로 하고 있다. 성과급 체계에 대한 보다 구체적 사항은 절을 달리하여 상술한다.

(5) 역할급 체계

최근 일본의 사례를 연구하는 학자들을 중심으로 역할급에 대한 논의가 늘어나고 있다. 역할급이란 개인이 수행하는 역할의 크기에 따라 기본급을 결정하는 임금체계를 말한다. 이때 역할이란 직무에서 요구되는 역할과 함께 조직이나 상사, 동료 등이 구성원에게 기대하는 역할을 모두 포함한다(유규창·박우성, 2017).

역할급은 연공급의 문제점을 극복하고 대안적 임금체계를 탐색하는 과정에서 나온 일본식 산물이다. 근속연수가 늘어날수록 임금이 상승하는 연공임금체계는 성과를 반영하는 정도가 낮아 합리성이 떨어질 가능성이 높고, 특히 고령인력의 경우에는 성과와 보상 사이의 격차가 더 심해 기업으로서는 고령인력을 기피할 가능성이 높다. 연공급의 한계를 보완하기 위해 가장 주목받던 임금체계는 직무급이다. 사람이 아닌 직무 혹은 일의 가치에 따라 성과를 부여함으로써 성과와 보상 간의 합리적 균형을 달성할 수 있는 장점이 있다. 그러나 과학적인 직무평가가 선행돼야 하며, 특히 연공급 정서나 전통이 강한 한국이나 일본의 경우에는 도입하는 데 현실적 장애가 존재하는 것이 사실이다. 이로 인해 실제로 직무급에 대한 높은 관심에도 불구하고 실제 도입하는 사례가 적다. 따라서 한국에서도 직무급 대신 역할급 도입이 필요하다는 주장이 늘고 있다(박우성·이병하, 2016). 실제로 일본의 경우에는 직무급을 도입하고 싶으나 쉽지 않은 사례가 많아 그 대안으로 역할급이 제시됐다.

역할급은 직무급과 유사하게 일의 가치를 중시하는 임금체계이나 직무급과는 구별된다. 유규창·박우성(2017, 296면)은 이를 간명하게 잘 설명하고 있다.

> "역할급은 직무급과 마찬가지로 사람 중심이 아니라 일 중심의 임금체계이지만 직무급과는 다른 부분도 적지 않다. 예를 들어, 인사팀장 직무를 경우, 직무급에서는 직무평가에 따라 등급이 결정될 뿐, 누가 그 직무를 맡는가에 따라 등급이 바뀌는 일은 없다. 그러나 역할급에서는 인사팀장 직무를 맡고 있는 개인이 전사적으로 중요한 조직혁신 프로젝트를 맡게 되는 경우 역할등급이 상승할 수 있다. 직무는 그대로이지만 역할의 관점에서는 등급이 조정될 수 있으며, 직무는 동일해도 기대되는 역할이 적어지는 경우 역할등급을 강등될 수 있다(일부를 고쳐서 인용)."

최근 한국기업들도 역할급에 대해 주목하면서 부분적으로 시도를 하고 있는 것으로 알려져 있다. 역할급은 다양한 효과를 가질 것으로 기대된다. 무엇보다 직무능력, 직무가치, 실제 맡은 역할에 따라 보상을 달리함으로써 성과-능력-역할-보상을 연계함으로써 보상의 공정성과 합리성을 제고할 수 있다. 한국의 형편에 부합하는 역할급 모델에 대한 논의가 더욱 진전될 필요가 있다.

참 고

1. 임금과 관련된 근로기준법 주요 조항

제2조(정의) 5. "임금"이란 사용자가 근로의 대가로 근로자에게 임금, 봉급, 그 밖에 어떠한 명칭으로든지 지급하는 일체의 금품을 말한다.

제43조(임금 지급) ① 임금은 통화(通貨)로 직접 근로자에게 그 전액을 지급하여야 한다. 다만, 법령 또는 단체협약에 특별한 규정이 있는 경우에는 임금의 일부를 공제하거나 통화 이외의 것으로 지급할 수 있다. ② 임금은 매월 1회 이상 일정한 날짜를 정하여 지급하여야 한다. 다만, 임시로 지급하는 임금, 수당, 그 밖에 이에 준하는 것 또는 대통령령으로 정하는 임금에 대하여는 그러하지 아니하다.

제43조의2(체불사업주 명단 공개) ① 고용노동부장관은 제36조, 제43조, 제56조에 따른 임금, 보상금, 수당, 그 밖에 일체의 금품(이하 "임금등"이라 한다)을 지급하지 아니한 사업주(법인인 경우에는 그 대표자를 포함한다. 이하 "체불사업주"라 한다)가 명단 공개 기준일 이전 3년 이내 임금등을 체불하여 2회 이상 유죄가 확정된 자로서 명단 공개 기준일 이전 1년 이내 임금등의 체불총액이 3천만원 이상인 경우에는 그 인적사항 등을 공개할 수 있다. 다만, 체불사업주의 사망·폐업으로 명단 공개의 실효성이 없는 경우 등 대통령령으로 정하는 사유가 있는 경우에는 그러하지 아니하다. ② 고용노동부장관은 제1항에 따라 명단 공개를 할 경우에 체불사업주에게 3개월 이상의 기간을 정하여 소명 기회를 주어야 한다. ③ 제1항에 따른 체불사업주의 인적사항 등에 대한 공개 여부를 심의하기 위하여 고용노동부에 임금체불정보심의위원회(이하 이 조에서 "위원회"라 한다)를 둔다. 이 경우 위원회의 구성·운영 등 필요한 사항은 고용노동부령으로 정한다. ④ 제1항에 따른 명단 공개의 구체적인 내용, 기간 및 방법 등 명단 공개에 필요한 사항은 대통령령으로 정한다.

제49조(임금의 시효) 이 법에 따른 임금채권은 3년간 행사하지 아니하면 시효로 소멸한다.

2. 수당의 다양한 예

○ 생활보조적 수당

ㄴ 구성원의 가족수/물가상승/주택가격 상승 등에 따른 생계비 부담을 해소하기 위해 지급되는 임금항목(가족수당, 물가수당, 지역수당, 무주택근로자를 위한 주택수당 등)

○ 후생수당

ㄴ 복지향상을 목적으로 지급되는 수당을 체력단련비, 식대, 피복비 등으로 구성됨

○ 직무의 성격에 따른 부가적 수당

ㄴ 직무의 난이도, 작업조건의 유해성, 비전형적 근무형태 등에 딸 지급되는 수당

ㄴ 직무수당, 직책수당, 위험수당, 외근수당, 교대근무수당 등

○ 조정수당

ㄴ 임금격차 해소를 위해 일시적으로 부여되는 수당

ㄴ 공무원의 조정수당 (민간기업과의 임금격차 해소를 위한 목적)

○ 법률에 의해 부과되는 수당

ㄴ 근로기준법에 의해 부가되는 수당을 시간외근무수당, 휴일근로수당, 야간근로수당 등

3

성과주의 보상

1. 성과공유 _ Gain Sharing

1.1 집단적 성과공유

성과연동 보상(pay for performance)의 중요성이 강조되면서 다양한 성과분배 방식이 발달하고 있다. 게인 쉐어링(gain sharing)은 대표적인 집단적 성과공유 시스템이다. 이는 기업 또는 작업집단의 성과를 평가하여 기대성과와 실질성과와의 차액을 원천으로 노사가 배분하는 성과배분 방식이다. 구성원으로 하여금 성과분배에 참여할 수 있는 기회를 보장함으써 자발적 동기를 높이고 소득향상을 통한 생활 안정을 꾀하는 효과도 있다. 비용절감에 기초한 성과공유제가 활발히 활용되고 있거니와 대표적인 제도는 스캔론 플랜(Scanlon Plan), 러커 플랜(Rucker Plan), 임프로쉐어(Improshare Plan, improved productivity through sharing)다.

1.2 스캔론 플랜

기업생산성의 향상을 노동과 경영의 협조적 결합의 성과로 보고, 총 매출액에 대한 노무비 절약분을 상여금으로 종업원에게 배분하는 방식이다. 스캔론(J. N. Scanlon)에 의해 창안된 제도로서 노동자의 경영참여를 전제한다. 이 제도는 Y이론에 근거하여 종업원은 기업의 경영성과 향상에 기여할 수 있는 자발적 협조 의사와 능력이 있음을 가정한다. 주된 목적은 단순한 상여금제도에서 벗어나 종업원의 잠재능력을 극대화시키는 데 있다.

스캔론 플랜은 제안제도와 경제적 보너스로 구성돼 있다. 노사간 협력의 중요한 도구로서 집단중심의 종업원 제안제도의 중요성을 강조한다. 대게는 생산위원회(또는 조정위원회)를 구성해 구성원의 참여와 제안을 유도한다. 참여와 제안을 통해 절감된 노무비용을 노사가 미리 정한 비율에 따라 분배하는 제도다.

스캔론 플랜은 노사갈등 해소와 종업원의 동기부여를 통한 생산성향상에 기여도가 큰 것으로 평가되나, 보너스 산정에 있어 생산액 또는 판매액 등 단일한 경영성과지표를 사용하고 있는 점에서 경영성과를 명확히 나타내는데 한계가 있으며, 고도의 자동화된 작업장의 경우, 노동/자본배분비율의 산정이 용이하지 않다는 단점이 있다. 또한 매출액을 기준을 하는 경우, 경기상황에 따라 결정되는 경향이 있어 노사간의 공동협조나 노동자의 자발적 노력에 상관없이 호경기에는 항상 보너스가 지급되는 문제도 안고 있다.

스캔론 플랜의 예시 (Single Ratio Scanlon Plan의 경우)

"A사의 총 생산액은 1000원이고 노동비용의 당초 목표는 50%이나 실제 비용은 400원이 지출된 경우"

- 보너스 총액 (노동비용 절감분): 500 – 400 = 100
- 비축금 (예비비 성격의 비축률이 20%일 경우): 100×0.2 = 20
  ※ 목표미달시 손실보전을 위한 예비비
- 보너스 배분총액: 100 – 20 = 80
- 구성원배분몫 (75%) = 80×0.75 = 60
- 기업배분몫 (25%) = 80×0.25 = 20

1.3 러커 플랜

러커 플랜은 스캔론 플랜의 단점을 보완하는 성과공유제도다. 노동비용과 부가가치(매출액에서 원가를 차감)를 대비한 표준생산성 비율을 기준으로 이를 초과하는 부가가치 생산액을 노사간 배분하는 방식이다. 스캔론 플랜이 생산액 대비 노동비용 비율을 기초로 산정하는 데 반해, 러커 플랜은 경기변동으로부터 자유로운 부가가치 개념을 사용해 합리성을 높였다.

보너스 산정을 위한 기준비율을 과거의 경영실적, 최근 시장상황 등의 변화 등 다양한 요인을 고려하여 노동비용 목표비율을 설정한다. 경영참여를 통한 종업원 만족도 및 생산성향상 보다는 비용절감을 주된 목적으로 하며, 노동·자본의 배분비율은 50:50이 일반적이다. 러커 플랜은 스캘론 플랜과 내용이 유사하나, 경영참여를 도외시 한다는 점에서 스캔론 플랜에 비해 구성원 친화성이 떨어진다.

러커 플랜의 예시

"A사의 총 판매액은 1000원, 원료 등 비용이 500원. 부가가치액 대비 노동비용의 당초 목표는 60%이나 실제 비용은 200원이 지출된 경우"

- 부가가치액: 500
- 목표노동비용: 500×0.6 = 300
- 보너스 총액: 300 - 200 = 100
- 비축금 (예비비 성격의 비축률이 20%일 경우): 100×0.2 = 20

  ※ 목표미달시 손실보전을 위한 예비비
- 보너스 배분총액: 100 - 20 = 80
- 종업원배분몫 (50%) = 80×0.5 = 40
- 기업배분몫 (50%) = 80×0.5 = 40

1.4 임프로쉐어 플랜

임프로쉐어 플랜은 스캔론 플랜과 러커 플랜이 기업의 회계처리 방식에 의존하는 것과 달리 산업공학의 기법을 활용하여 성과를 측정하는 성과공유 방식이다. 기준시간동안의 생산량과 노동시간을 고려하여 기본노동생산성 비율을 설정하고 이 비율을 실제 기간에 적용시켜 절감된 노동시간을 측정해 배분액을 결정한다.

임프로쉐어 플랜은 새로운 기술 설비의 도입 등 다양한 요인을 고려할 수 있는 장점이 있는 반면 러커 플랜의 단점과 마찬가지로 종업원 참여 등 구성원의 자발적 참여를 적극적으로 고려하지 않는다는 점에서 한계가 있다. 최근에는 QC, 제안제도 등 종업원 참여제도와 병행하여 실시하는 경향이 강하며 이 경우 효과도 배가되는 것으로 나타났다.

임프로쉐어 플랜의 예시

"A사의 전년도 생산량은 1000단위, 총 노동시간은 1000시간이고 당월 실제 생산량은 100단위, 실제노동시간은 80시간일 경우"

- 단위당 기본노동생산성 비율 = 1000시간/1000단위 = 1
- 목표노동시간: 100 단위 × 1 = 100시간

  ※ 목표노동시간은 새로운 기술 장비 도입 등 다양한 요소를 고려하여 결정
- 절감된 노동시간: 100 − 80 − 20 시간
- 종업원배분몫 (50%) = 20×0.5 = 10 (10시간의 임금 등)
- 기업배분몫 (50%) = 20×0.5 = 10

---

2. 성과주의 임금체계의 문제점

2.1 인센티브 기능은 점차 사라진다.

성과주의 임금체계는 현대 경영에서 가장 보편화된 보상전략 중 하나다. 이는 성과와 급여를 연동함으로써 경쟁을 촉진시켜 성과를 향상시킬 수 있는 가능성이 있는 반면, 올바른 제도 설계, 구성원의 합의 정도 등에 따라 부정적 효과가 증폭될 가능성도 있다.

일본의 경영컨설턴트인 가와카미 신지(2003)는 일본 후생노동성의 자료에 근거하여 성과급제도가 문제점을 구체적으로 지적하고 있다. 일본 후생노동성의 "2002년 취로조건 총합조사"를 분석한 결과 성과급 도입기업 중 "잘하고 있다"라고 답한 기업은 10.5%에 불과한 것으로 나타났으며, 특히 70% 이상의 기업이 "평가에 문제점이 있다"고 답했다. 또한 평가를 납득할 수 없다고 답한 기업이 32.9%, 평가가 근로의욕을 떨어뜨린다고 답한 기업도 26.5%에 달하는 것으로 조사됐다.

성과급 제도의 장점은 인센티브 기능에 있다. 그러나 성과제도가 도입된 후 2-3년이 지나면 종업원들은 성과에 따른 급여를 당연한 것으로 생각하기 때문에 "인센티브" 기능이 상실되고 있다는 점도 문제로 지적됐다(신지, 2003:41). 실제로 성과제도 도입이전에는 경쟁력이 낮은 종업원은 걱정을 하게 되나, 정작 성과제도가 도입되고 나서 그 여파가 걱정한 수준이 아닐 경우, 안심하게 되고 예전과 동일한 방식으로 일하는 모습이 관찰되기도 했다.

2.2 고성과자 유출효과

신지의 재미있는 발견은 성과주의 임금체계가 고성과자의 유출로 이어지고 있다는 점이다. 일반적인 예상과 달리 구성원들은 높은 보상을 위해 의욕적으로 일하려고 하는 사람과는 오히려 함께 일하려고 하지 않는 성향을 보이기도 한다는 점은 매우 중요한 관찰이라고 볼 수 있다. 이로 인해 고성과자들은 조직 내 비공식집단으로부터 따돌림을 받게 되고 결국 이직을 선택할 확률이 높아진다. 이는 매우 아이러니한 상황으로 볼 수 있으나 새로운 것은 아니다. 이미 1930년대 인간관계학파는 호오손 공장 실험 등을 통해 비공식집단이 존재하고 있고 이들의 합의가 더 중요한 영향력을 행사하고 있음을 확인했다. 이 비공식집단은 경영진의 지시와 달리 자기 나름의 목표량, 달성방식 등을 결정했고 이를 따르지 않는 구성원들은 따돌림과 같은 방식으로 처벌함으로써 자신의 내부 규칙을 유지했다. 1930년대의 발견이 21세기 성과주의 임금전략에 그대로 나타나고 있는 셈이다.

2.3 협업과의 충돌 가능성

지나친 성과주의는 구성원들 간의 협업과 파트너십을 해칠 가능성이 높다. 조직은 늘 성과달성 능력에 차이가 있는 구성원들이 존재하기 마련이다. 성과에 대한 압박이 높을 경우, 고성과자와 저성과자 사이에 갈등이 증폭될 수 있다. 이는 앞서 말한 고성과자 유출문제의 또 다른 한 측면이기도 하다. 경우에 따라서는 상호협동이 일어날 가능성도 존재하지만, 성과목표를 달성해야 하는 현실적인 문제가 존재하고, 달성기준이 지나치게 높거나 빨리 달성해야 하는 경우, 상호협업을 기대하기란 쉽지 않다. 이는 결국 조직 전반의 협업 분위기를 저해하는 결과를 초래할 수 있다.

2.4 제도적 한계와 합리성의 제한

성과주의 임금체계는 성과와 보상을 직접 연동한다는 점에서 합리적인 보상체계로 인식된다. 그러나 이는 통념에 그칠 가능성이 크다. 성과와 보상을 합리적으로 연동하기 위해서는 성과에 대한 객관적이고 과학적인 측정이 선행돼야 한다. 앞서 성과관리전략의 장에서 설명한 바와 같이, 성과에 대한 과학적 측정은 늘 한계가 있다. 특히, 현대 자본주의 생산체제는 구성원들의 협업에 기초한 유기적 생산이 주를 이룬다. 협업 자체가 잉여가치 혹은 부가가치를 창출하는 근원이며, 따라서 생산과정 그 자체는 사회적이고 집합적이다.

"집합적이고 사회적인 생산과정을 통해 산출된 결과물을 구성원 개개인의 공헌으로 환원할 수 있는가"라는 난제가 있다. 구성원 사이에 공헌도가 크게 차이가 나는 경우에는 성과에 크게 기여한 그룹과 그렇지 못한 그룹을 구별할 수 있을 것이다. 그러나 그렇다 하더라도 두 그룹간의 구별은 '서수적인' 구별, 즉 공헌의 양에 따른 순서 정도를 구별할 수 있을 뿐, 공헌의 양의 차이를 정확히 측정하기란 어렵다. 이는 협업의 본질 때문이다.

또 다른 문제는 저성과자들이 다소 존재한다하더라도 이들의 공헌이 없었다면 생산 자체는 성공적으로 마무리되지 못할 수도 있다. 예를 들어, 어떤 프로젝트를 담당하는 팀이 있다고 상정한다면, 프로젝트의 완성은 팀의 성과물이지 개별 팀원들의 성과물이 아니다. 프로젝트는 팀원들이 각자 맡은 바의 역할을 충실히 수행하는 과정의 집합적 결합을 통해 완성되기 때문이다. 완성된 프로젝트라는 성과를 개별구성원에게 공헌도에 따라 환원하는 것은 불가능한 일이다. 가능하다해도 공정하고 객관적인 환원은 아니다.

결국 성과주의 임금체계는 '성과에 따른 보상(pay-for-performance)'이라는 추상 명제 하나만을 획득해 자신의 이름으로 삼은 것일뿐, 그 속내를 들여다보면 경험적인 검증이 필요한 요소가 많이 존재한다. 그러나 명확한 경험적 근거 없이 성과주의 보상체계가 가장 우월하다고 주장하는 것은 비과학적이다. 무엇보다 이러한 통념이 자리잡고 있는 지금의 현실이 더 문제다. 또한 앞서 설명한 바와 같이 협업이라는 자본주의적 생산체제의 본성을 고려한다면, 외려 성과주의 임금체계는 불가능한 보상전략일 가능성도 높다. 성과주의에 대한 현장 경영자들의 비판적 성찰이 필요하다.

4

근로복지

1. 근로복지[1)]의 중요성

1997년 외환위기 이후 유연화의 가속화, 구조조정의 상시화가 진행되면서 근로빈곤층(working poor)이 늘고 있으며, 이로 인한 사회 양극화는 더욱 심화되고 있다. 특히 2008년 미국 발 금융위기 이후 위기의 상시화가 지속되면서 일자리 위기가 가중되고 있고, 이로 인한 빈곤층 확대가 심각한 사회 문제로 대두되고 있다. 공식적 실업률과 달리 구직단념자, 불완전 취업자 등을 감안한 체감실업률은 상대적으로 매우 높아 실업의 위험이 가중되고 있다.

노동계층내의 양극화도 확대되는 추세다. 비정규노동자의 증가폭은 다소 둔화되고 있으나, 2017년 8월 현재 비정규노동자의 규모는 6,542천명에 달하고 있을 만큼 여전히 크다. 정규직과 비정규직간의 임금 등 소득격차도 해소되지 않고 있으며, 많은 수의 비정규노동자가 사회보험 등 복지수혜 기회로부터 배제되고 있다. 대기업과 중소기업의 격차, 수출부문과 내수부문의 격차 등으로 인해 노동자계층 내에 소득 불균형이 심화되고 있기도 하다.

근로빈곤계층(working poor)의 증가는 다양한 사회문제를 초래한다. 근로빈곤계층 대부분은 임금 등 소득 수준이 낮아 안정적 생활을 영위할 수 없을 뿐만 아니라, 이들에 대한 사회적 차원에서의 복지적 대응이 미흡할 경우 절대빈곤층으로 탈락할 위험도 있다.

1) 이 장은 〈환경변화에 따른 근로복지사업 효율화 방안(신은종 외, 2008.12)〉 중, '근로자복지사업 환경변화와 발전방향(신은종)'을 부분적으로 고쳐 실은 것이다.

소득불균형이 심화될 경우 저소득노동자의 상대적 박탈감을 증폭시켜, 생산성 하락은 물론 무력감 증가, 소외심화 등 사회문제를 야기하기도 한다. 특히, 근로빈곤층 대부분은 중소영세기업부문에 종사하고 있으므로, 이들의 소외나 생산성 하락이 지속될 경우 중소영세기업의 경쟁력 기반을 침식시켜 실업으로 이어질 가능성도 높다.

근로빈곤층의 증가가 중요한 사회문제로 대두됨에 따라 한국 정부는 이들을 실업 등 사회적 위험으로부터 보호하고 생활안정을 지원하기 위해 다양한 노력을 기울여왔다. 고용보험을 전 사업장으로 확대 적용하는 등 보편적 사회안전망을 확충함과 동시에 근로빈곤계층의 부족한 소득을 보전하고 최소한의 문화여가생활 기회를 지원하기 위해 다양한 근로복지사업을 추진해 왔다. 그러나 근로복지사업은 근로빈곤계층의 생활을 안정시키고 문화여가생활 기회를 향상시키는 데 일정정도 기여했으나, 만족할 만한 수준의 성과를 달성하지 못하고 있다.

한편, 근로복지의 한 축을 형성하고 있는 기업복지 부문에서도 문제가 발생하고 있다. 기업복지는 기업이 종업원의 근로의욕 고취, 직장만족을 통한 생산성 향상, 노사관계 안정 등을 목적으로 자율적으로 수행하는 근로복지의 한 형태다. 지식경제화 등 탈산업사회 경향이 가속되면서, 기업의 경쟁력이 노동자의 역량과 헌신에 크게 의존함에 따라 근로복지에 대한 기업의 관심은 어느 때보다 증가하고 있다. 그러나 현금급부 형태의 복지가 주를 이루고 있고, 장기적 관점에서 기업의 생산성과 연동된 선진적 기업복지는 활성화되지 못하고 있다. 무엇보다 기업의 복지여력 차이로 인해 대기업과 중소기업 간 복지 격차도 확대되고 있다.

2. 근로복지의 개념

근로복지(labor welfare)의 개념은 매우 광범하고 다의적이다. 일반적으로 넓은 의미의 근로복지란 노동자들의 물질적·정신적 삶의 향상을 목적으로 제공되는 모든 형태의 복지를 의미한다(박세일, 1988). 이는 임금 등 근로조건의 향상을 위한 모든 노동정책 뿐만 아니라 노령, 질병, 실업, 산업재해 등 사회적 위험에 대처하기 위한 사회보험 등 제반 사회정책을 포괄한다. 따라서 넓은 의미의 근로복지는 노동자의 생활에 영향을 미치는 제반 경제·사회정책을 포함하므로, 일반 국민 전체를 대상으로 하는 사회복지와 중복될 뿐만 아니라 개념상 차이도 뚜렷하지 않아 근로복지의 속성과 구체적 범위를 논하는 것이 현실적으로 곤란해진다. 반면 좁은 의미의 근로복지란 임금, 근로시간 등 기본적인 근로조건 이외에 노동자와 그 가족의 삶의 질을 향상시킬 목적으로 제공되는 복지를 의미한다.

근로복지는 사회정책적 의미의 사회복지와 구별되는 특징을 갖는다. 첫째, 근로복지는 근로의사와 능력이 있는 노동자를 대상으로 한다. 노동시장에 편입돼 근로를 제공하며 생활을 영위하거나, 일시적인 실업상태에서 구직활동을 수행하는 실업자를 포함하다. 이는 사회복지가 근로능력에 상관없이 일반국민을 대상으로 제공되는 것과 구별된다. 둘째, 근로복지는 제공되는 복지의 목적이 사회복지와 상이하다. 사회복지는 전국단위에서의 최저한의 수준(national minimum)을 보장함을 목적으로 하는 반면, 근로복지는 복지를 수행하는 주체에 따라 목적과 수준이 상이하다. 예를 들어 기업복지(corporate welfare)는 기업이 주체가 돼 스스로 시행하는 복지로 노동자의 직무만족과 조직몰입 향상을 통해 생산성을 높이는 데 주된 목적이 있다. 또한 기업의 자율적 수행을 원칙으로 하므로 그 복지의 수준은 기업의 지불능력, 종업원의 고유한 복지욕구, 노동조합의 조직여부 등에 따라 상이하게 나타난다. 반면, 정부 등 공공주체가 수행하는 공공근로자복지사업은 근로빈곤계층(working poor)의 복지수준 향상을 통해 복지격차를 해소하는 데 주된 목적을 두고 있다.

3. 근로복지의 구성과 특징

일반적으로 근로복지는 수행주체에 따라 공공근로복지(이하 공공복지), 기업복지, 자주복지 등 3가지로 구분된다. 공공복지란 국가가 주체가 돼 제공하는 제반 형태의 제도와 활동(서비스)을 의미한다. 공공복지는 크게 사회보험과 공공근로자복지사업(또는 서비스)로 대별될 수 있다(유길상, 1991). 사회보험은 국민연금, 건강보험, 고용보험, 산재보험 등 4대 보험으로 노령, 질병, 실업, 산업재해 등 노동자가 처할 수 있는 사회적 위험에 대해 보험의 원리를 토대로 대응하는 복지체제로 볼 수 있다. 사회보험이 시장경제사회에서 보편화돼 있는 사회적 위험에 대해 최저한의 보장을 목적으로 하는 복지적 대응이라면, 공공복지서비스는 노동자의 삶의 질 향상을 위해 부가적으로 실시하는 제반 복지 서비스를 의미한다. 이는 시기마다 다양하게 현상되는 노동자의 복지수요를 충족시킴으로써 이들의 생활을 부가적으로 지원하는 역할을 수행한다. 생활안정대부사업, 임금체불 생계비 대부 사업, 신용보증지원 사업 등 생활안정사업, 여성근로자의 일과 가정 양립을 지원하기 위한 직장보육시설지원사업, 창업 등 일자리 창출 지원을 위한 실업자·여성 창업지원 사업, 문화예술제 등 여가 지원 사업 등이 현재 시행중인 공공근로복지사업의 대표적 예다.

공공근로복지사업은 우리나라와 일본에서 발견되는 독특한 특징이다. 유럽의 경우 보편적 사회보장이 폭 넓게 발달함에 따라 근로자 복지는 사회보장체제에 통합돼 발전했다. 반면, 미국의 근로복지는 기업복지 중심 체제로 볼 수 있다. 사회보장 수준은 다른 국가에 비해 상대적으로 낮고, 근로복지는 대부분 기업의 필요에 따라 이뤄지고 있으며, 공공적 개입은 매우 드물다. 반면, 우리나라의 경우, 보편적 사회보장제도의 발전이 상대적으로 지체됐고, 기업복지의 발전 수준도 상대적으로 낮다. 따라서 보장수준이 미흡한 사회보장과 기업복지를 보완하기 위해 국가가 직접 개입하는 공공근로복지사업이 발달하게 됐다.

기업복지란 기업이 주체가 돼 실시하는 복지프로그램으로 임금 등 기본적인 근로조건 외에 추가적으로 실시되는 사업으로 구성돼 있다. 기업복지는 법률에 의해 강제되는 지 여부에 따라 법정복지와 법정외복지로 구분되며, 넓은 의미에서의 기업복지는 이 둘을 포함하는 개념이다. 법정복지는 법령에 의해 기업에 강제되는 복지를 의미한다. 국민연금 등 4대 사회보험은 공공복지에 해당하나, 그 재원의 일부 또는 전부를 기업이 제공하고 있으므로 본질적으로는 기업복지의 한 요소로 볼 수 있다. 법정외복지는 법령에 의해 강제되지 않는, 기업이 자율적으로 수행하는 복지를 의미하며, 주로 주택자금지원, 장학금 지원, 문화·여가생활 지원 등으로 구성돼 있다.

기업복지는 임의성을 특징으로 한다. 이는 기업이 종업원의 직무만족이나 조직몰입 향상을 통해 생산성을 증가시킬 목적으로 수행하기 때문이다. 실제로 기업복지는 공공복지 정책의 불충분한 부분을 보완함으로써 근로자의 삶의 질 향상을 도모할 뿐만 아니라 근로자의 생산성 향상과 노사관계 안정을 이끌어 내는 데 중요한 기능을 수행하고 있다. 기업복지는 주로 근로자의 실질소득 증대를 통한 생활안정, 노사관계안정, 기업의 사회적 이미지 개선, 노동력의 확보와 유지 등을 위해 중요한 기능을 수행하고 있다.

자주복지란 노동자가 주체가 돼 스스로 시행하는 복지활동을 말하며, 경조사에 대비한 공제활동, 조합원의 생활안정을 위한 신용협동조합활동, 기타 복지시설 운영 등을 포함하다. 산업화 초기에서는 근로자복지가 근로자의 자주복지를 중심으로 발달하기 시작했으나, 이후 사회보장이 확대됨에 따라 자주복지의 중요한 내용은 공공복지 부문으로 이전되기 시작했으며, 이로 인해 나라마다 차이는 있으나, 우리나라의 경우, 자주복지 발달이 다소 미흡하므로 복지체제에 있어서의 상대적 중요성은 다소 낮다고 볼 수 있다. 따라서 본 연구에서는 자주복지에 대한 구체적 논의는 제외한다.

[근로복지의 구성]

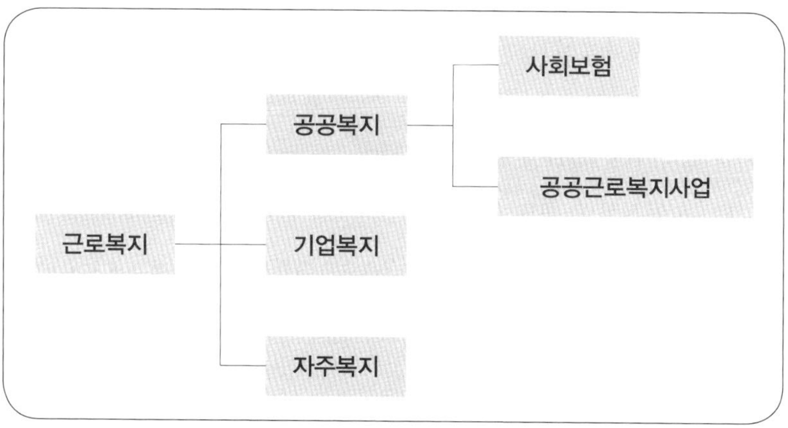

요 약

보상이란 매우 민감한 문제입니다. 실제로 직장생활을 하는 많은 이들은 동료의 월급 혹은 연봉이 얼마나 되는지를 알지 못합니다. 공무원처럼 직급에 따라 보수가 법령으로 정해져 있고 공개되는 직종을 제외하고는 더욱 그러합니다. 기업이 내부 구성원들에게도 공개하지 않기 때문입니다. 왜 그럴까요? 그만큼 민감한 사안이기 때문입니다. 조직의 분위기는 언제 가장 어수선해질까요? 그렇습니다. 성과급 지급 시기가 되면 그러합니다. 삼성과 같은 대기업은 해마다 결산을 하고 거액을 성과급을 지급합니다. 삼성의 경우 PS(profit sharing)이 이뤄지는 계절이 되면, 뒤숭숭해지지요. 성과를 달성한 부서의 경우에는 최고 연봉의 절반이 지급되기도 하니까요. '성과를 보상하라' 지극히 당연하고 공정한 전략이자 올바른 기업이라면 반드시 행해야 하는 일이기도 하지요. 그럼에도 불구하고 성과에 따른 보상은 늘 '차등의 결과'를 낳습니다. 차이와 차별을 구별해야 함은 본문에서 강조한 바와 같습니다. 합리적인 차이를 통해 높은 성과를 달성한 구성원에 대해 구별되는 보상을 제공해야 하고, 그렇지 못한 구성원에 대해서는 더 높은 가치를 달성할 수 있도록 독려해야 하지요. 그러나 보상의 양만 놓고 보면, 늘 불편한 마음이 생기는 것은 사실입니다. 특히, 성과를 측정하는 과정이 합리적이지 않다거나, 성과를 달성할 수 있는 조건이 다른 경우, 성과의 차이와 이에 따른 보상의 차이는 인정한다 해도, 그 차액이 지나치게 커 보편적인 통념을 거스르는 경우, 혹은 그 반대로 차액의 차이가 미미해 인센티브로 기능하는 못하는 경우... 이처럼 보상은 늘 불편함을 수반합니다. 특히, 시장상황 등 여건의 불리함으로 인해 성과를 낼 수 없는 부문에 종사하는 구성원들의 경우는 '합리적 불만'이 가능하기도 합니다. 보너스를 받은 사람은 받은 사람대로, 배제된 사람은 배제된 사람대로 늘 불편한 맘이 일 수 있기 때문입니다.

보상전략은 그렇기에 과정과 결과, 그 이후가 매우 중요합니다. 보상체계를 구성하는 과정은 합리적이고 민주적이어야 합니다. 보상의 결과는 성과에 공헌한 양을 충분히, 공정하게 보상해야 합니다. 너무 적어서도, 너무 지나쳐도 곤란합니다. 보상이 행해지 이후는 매우 중요한 국면입니다. 보상 이후 어수선해진 분위기를 다잡기 위해서라도 경영의 리더십이 잘 발휘돼야 하는 시기이기도 합니다. 물론 과정과 결과에서 공정성과 합리성을 잘 충족했다면, 보상이후 발생하는 갈등이나 불만은 그만큼 줄어들 수 있습니다. 그러나 성과관리장과 보상전략장에서 공통적으로 지적한 것처럼, 성과측정이란 현실적으로 많은 제약이 따릅니다. 그 제약만큼 늘 구성원에게는 불만족으로 이어지기도 합니다. 따라서 리더의 역할이 중요합니다. 높은 성과로 높은 보상을 얻은 구성원에겐 축하와 함께 동료를 보살필 수 있는 동료애를 높이도록 해야 합니다. 저성과자에 대해서는 문제를 함께 진단하고 이를 개선할 수 있는 건설적 대안을 제시해야 합니다. 객관적으로 보기에 성과를 내기 어려운 상황임에도 기업이 유진해야 하는 부문이라면, 성과보상전략은 이들에 대해서 만큼은 좀 더 '조정된 프로그램'이 제공돼야 합니다. 성과에 의한 보상보다는 성과를 달성하는 과정에서 기울인 구성원의 공헌을 좀 더 면밀하게 관찰하고 이를 보상하는 전략을 끊임없이 탐구해야 합니다. 보상 이후의 어수선함을 다잡기 위해 다시 모두가 한 공동체의 구성원임을 인식케 하고 또 하나의 국면을 맞이토록 해야 하지요. 물론 말처럼 쉬운 일은 아닙니다. 그러나 경영은 늘 난제의 연속임을 잊지 말아야 합니다.

'성과주의'가 마치 최선의 윤리인양 말해지는 시대에 살고 있습니다. 성과에 대한 존중과 성과주의는 구별해야 합니다. 누구도 성과의 중요성을 부정하지 않습니다. 높은 성과를 존중하는 것 역시 모두가 가지고 있는 보편적 인식입니다. 그러나 성과주의는 다릅니다. 성과주의는 성과라는 추상이 교조화될 위험을 내포합니다. 성과만 난다면 모든 것이 선이라는 식의 성과 도그마에 빠질 위험이 있습니다. 절차와 과정은 무시되고 결과만이 존중되는, 잘못된 경영으로 전락할 위험이 큽니다. 절차와 과정은 결과 못지않게 중요합니다. 기업은 지속가능한 조직이며 실체입니다. '한번 장사하고 마는' 것이 아니지요. 그렇기에 고성과가 반드시 좋은 기업의 필요충분조건은 아닙니다. 좋은 기업은 성과가 낮은 시기를 경험할 수 있습니다. 그러나 지속가능성의 관점에서 본다면, 좋은 기업은 늘 의미 있는 성과를 창출합니다. 이윤이라는 성과뿐만 아니라 고객, 지역공동체, 소외계층, 미래세대 등을 위해 '유의미한 성과'를 창출하는 기업이 좋은 기업입니다. 본문에서는 성과주의에 내재한 한계와 문제를 지적했습니다만, 이는 전략의 측면에서만 이해돼서는 안 됩니다. 좋은 경영을 위해 근본적으로 성찰해야 할 대상이 바로 성과주의입니다. 이데올로기화 된 성과주의에 포획되지 말고, 좋은 성과가 무엇인지를 늘 고민하는 그런 경영이어야 합니다. 따라서 성과주의에 대응해 새로운 성과존중의 경영을 고민하고 정립해 나가야 할 시기입니다.

과 제

1) 내부노동시장과 외부노동시장의 차이를 이해하고 그 예를 조사해 토론해 봅시다.

2) 정규직과 비정규직 사이에 존재하는 임금 격차는 합리적 차이의 결과입니까, 아니면 불합리한 차별의 결과입니까. 합리적 차이라면 그 근거가 무엇인지, 불합리한 차별이라면 그 이유가 무엇인지를 다양한 자료를 인용해 토론해 봅시다.

3) 위 과제와 같은 맥락에서 우리사회에 있는 불합리한 차별 - 임금, 근로조건, 승진기회, 훈련기회, 사회보장수혜 등 - 의 예를 조사하고 토론해 봅시다. 개선방안을 나름대로 제시하고 도출해 봅시다. 여기에는 여성, 이주노동, 지역, 학별 등 다양한 차별의 요소가 포함됩니다.

4) 성과주의 임금체계는 어떤 점에서 유용하고, 또 어떤 점에서 불합리한지를 사례를 들어 토론해봅시다.

5) 성과주의를 대체할 수 있는 성과존중은 어떤 내용이 돼야 하는지를 함께 고민하고 토론해 봅시다.

해 석

1) "보상은 문자 그대로 무언가에 대한 것, 어떤 것을 상쇄하거나 보충하는 것을 말한다. 그러나 그 의미가 모든 나라에서 같은 것은 아니다. 미국에서 보상은 임금과 부가복지와의 동의어다. 노동 혹은 공헌의 대가로 교환되는 의미가 강하다. 그러나 중국의 경우, 보상은 생계에 필요한 기본적 요소를 상징하는 뜻글자다. 즉 중국은 보상은 생계에 필요한 필수적인 것을 제공하는 의미가 강하다."

2) "우리 연구의 핵심개념인 '내부노동시장'은 하나의 행정적 혹은 운영의 단위다. 마치 물리적인 공장과 같다. 그 안에서는 관리규칙과 프로세스에 의해 노동에 대한 대가와 노동력 배치가 이뤄진다. 내부노동시장은 기업의 규칙에 따라 움직이기에 시장적/경제적 요인에 따라 가격이 결정되는 외부노동시장과 다르다."

3) "외부노동시장과 내부노동시장은 서로 동떨어져 있기 보다는 연결돼 있다. 두 시장 사이의 왕래는 외부노동시장으로부터의 입직 혹은 그 시장으로 나가는 이직의 포트를 구성하는 여러 직무군에서 발견된다. 내부노동시장에 공백이 생기면 이는 이미 내부노동시장에 들어와 지위를 확보하고 있는 노동자가 승진을 통해 그 자리를 메운다. 결국, 내부노동시장의 직무는 외부노동시장의 경쟁압박으로부터 일정 정도 보호를 받고 있는 셈이다."

4) "내부노동시장에서 노동력을 할당하거나 가격을 매기는 관리규칙은 일정한 권리와 혜택을 내부노동시장의 구성원에게 부여한다. 이는 외부노동시장에 있는 노동력에게는 부여되지 않는 것이다. 예를 들어 내부노동시장의 구성원은 안정된 고용에 대한 권리를 가진다. 내부에서 직무기회가 생기면 이들에게 먼저 우선권이 주어진다. 심지어는 입직 지점도 내부노동시장의 구성원들이 먼저 장악하는 경우도 발생한다. 내부노동시장의 이러한 특징은 '산업적 봉건제' 혹은 '노동시장의 발칸화(고립화)', '직무에서의 특허권'등으로 불릴 수 있는 많은 문제와 직접적 연관성이 있다."

(1) Arthur M. Ross, "Do We Have a New Industrial Feudalism?"and Frederick Meyers, Ownership of Jobs:A Comparative Study, Institute of Industrial Relations, Monograph Series (Los Angeles: University of California, 1964),p. 11.

9

HR Motivation _창의와 동기

1
창의와 동기

앞서 살핀 보상전략을 구성원의 동기부여 측면에서 재구성하면 외적 보상을 중심으로 하는 동기부여 전략이다. 동기란 구성원의 내부에 존재하는 심리적 상태다. 경쟁력 있는 보상은 구성원으로 하여금 최선을 다하도록 동기를 유발할 수 있는 수단임에 틀림없다. 그러나 외적 보상만으로 동기부여가 완성되는 것은 아니다. 명성, 관심, 칭찬 등 내적 보상 역시 구성원의 자발적 동기를 높이는 데 필수적인 요소다.

특히 현대 경영은 구성원의 창의와 소통을 중시한다. 2012년 미국 인적자원관리협회(SHRM)는 고성과기업의 특징으로 구성원의 창의발현과 원활한 소통을 공통적 요소로 꼽은 바 있다. 창의와 소통의 중요성은 달리 설명을 필요로 하지 않는다. 새로운 시장의 개척, 고유한 경쟁력 확보는 구성원의 창의에 의해서 가능하며, 창의의 원활한 발현은 소통의 활성화에 기반을 두고 있다. 특히 창의의 지속적 발현과 관련해, 테레사 아마빌은 창의성의 원천은 내적 동기, 전문 지식과 경험, 창의성 스킨이며, “일 자체에 대한 흥미와 관심 같은 내적 동기가 중요”함을 강조하고 있다(정권택 외, 2015). 그만큼 창의의 질을 높일 수 있는 새로운 동기부여 전략이 현대 인적자원관리에 요구되고 있다.[(1)]

2

창의란 무엇인가

1. 이질적인 것의 결합으로서의 창의

창의란 무엇인가. 이 화두는 더 이상 새롭지 않다. 이미 경영이라는 활동이 생성된 시점부터 창의는 경영활동을 지배하는 행동원리로 자리 잡아 왔다. 창의란 창조와 다르다. 창조란 무에서 유를 만들어내는 과정이다. 이는 어쩌면 인간의 영역이 아니라 신의 영역일 수 있다. 경영전략의 차원에서도 창조는 커다란 부담을 야기한다. 태양아래 새로운 것이 없다는 격언은 창조의 본원적 불가능을 지적하는 일반론이기도 하다. 무에서 유를 창조하는 부담은 외려 창조를 멀리하게 한다.

그러나 창의는 다르다. 창의란 무에서 유를 만들어내는 창조가 아니다. 유에서 새로운 유로 변형, 전환시키는 과정이다. 일찍이 슘페터는 혁신을 정의함에 있어 '결합'에 주목했다. 결합이란 기존의 것을 다른 관점에서 새롭게 조합하는 것이다. 있는 것과 있는 것을 새로운 방식으로 재구성하는 것, 그것이 슘페터의 혁신이다.

창의는 슘페터적 혁신을 지속적으로 이뤄내는 과정을 의미한다. 혁신의 중요성은 경영학이 늘 강조해왔던 주제 중 하나다. 드러커는 고객창출을 위해 끊임없는 혁신을 주문했다. 혁신의 중요성은 아무리 강조해도 지나침이 없다. 문제는 "혁신의 습관화를 어떻게 이룰 수 있는가"다. 혁신의 습관화. 이는 창의를 기업의 문화로 발전시킴으로써 비로소 가능해진다. 문화를 구성원들의 습관화된 행위양식이라고 정의한다면, 창의적 문화란 창의적 접근이 습관화된 상태를 말하는 것일 게다. 창의적 접근은 뒤집어보기, 이질적인 것을 결합하기, 타인의 관점으로 바라보기 등으로 가능하다. 뒤집어보기는 다양한 시선으로 바라봄을 통해 아직까지 알려지지 않은 새로운 속성을 탐색하는 과정이다. 새로운 속성을 발견하고 이를 제품이나 서비스로 연결할 때 창의적 작품이 탄생한다.

둘째, 이질적인 것의 결합은 성공적 창의를 위한 더 일반화된 과정이다. 몇 년 전 상영된 영화 〈아바타〉의 성공은 이질적 결합인 창의의 본질을 적절히 드러낸다. 아바타는 감동적 스토리와 3D 기술의 결합이 만들어낸 작품이다. 영화 〈아바타〉가 주는 스토리에는 감동이 있다. 관객은 아바타를 통해 여러 개의 키워드를 스스로 발견한다. 지구, 환경, 소통, 미지의 세계, 오만과 독단, 믿음 같은 것이 대표적인 키워드다. 여기에 3D라는 기술이 결합되면서 재미의 질을 한층 높였다. 치밀하게 구성된 스토리가 3D 영상으로 실감나게 펼쳐지는 장면들에서 관객은 환호했다.

감동적 스토리와 3D는 기존에 있는 이질적인 것들이다. 감동적 스토리는 영화보다는 문학과 연극의 영역에서 잘 발전된 요소다. 여기에 기술적 세계의 3D가 결합되면서 감동은 드라마틱한 재미의 형식으로 포장되 더욱 생생하게 전달된다. 이제 4D 까지 등장하는 다양한 에니매이션은 영화사의 새로운 흐름을 만들기에 충분하다. 창의는 이러한 흐름을 창조하며 새로운 가치를 창출한다.

셋째, 타인의 관점에서 바라보기다. 타인의 관점이란 자기를 벗어난 외부의 관점이다. 바꿔 말하면, 자기에 매몰된 관점에서 벗어나기다. 자기에 매몰되면 자기 이외에는 아무것도 볼 수 없다. 타인을 바라보고 자기와 관련된 의미를 찾는 것이 타인의 관점으로 보기의 정수다. 1910년대 포드의 컨베이어벨트 혁명은 정육점의 트롤리에서 작안된 것이다. 당시의 시카고 정육점에서는 육중한 무게의 소나 돼지를 손질하기 위해 천장에 트롤리를 설치하고 이동시키는 데 사용했다. 헨리 포드는 이점에 착안해 차체를 움직이는 데 드는 육체적 힘을 컨베이어벨트로 대체했다. 테일러주의의 성공은 컨베이어 벨트의 발견 없이는 성공할 수 없다는 점에서 미국 초기의 자동차산업은 정육점에 커다란 빚을 지고 있는 셈이다.

타인을 보지 않으면 소리 없는 죽음을 맞기도 하는 것이 경영일선이다. 나이키의 최대 경쟁자는 아디다스가 아니라 닌텐도라는 사실에서 쉽게 발견된다. 타자기는 다른 타자기 회사와의 경쟁에서 도태된 것이 아니라 컴퓨터라는 새로운 산업에 의해 사라졌다. 시세

회사 역시 휴대폰의 등장으로 위기를 경험했으며, 시계에 패션을 결합한 신 개념을 찾을 때까지 고전을 면치 못했다. 이처럼 타인의 관점으로 바라보는 것은 기회의 창을 열기도 하고, 소리 없는 파멸로부터의 탈출구를 제공하기도 한다.

그렇다면 창의는 어떻게 발현되는가? 이장을 통해 살펴보고자 하는 주제다. 창의라는 문화를 구현하기 위해 필요한 요소는 무엇인가를 탐색한다. 자율, 동기부여, 권한위임, 영감주기, 개념 주기 등을 살펴볼 것이다

2. 자율과 창의

2.1 자율은 무질서가 아니다.

CEO를 투표로 뽑는다면? 승진대상자를 제비뽑기로 정한다면? 지어낸 말 같지만, 실제로 일선 경영현장에서 이뤄지고 있는 사실이다. CEO를 투표로 뽑는 곳은 고어(Gore)이고, 승진대상자를 제비뽑기로 결정하는 곳은 교세라다. 통상적인 이해를 넘어서는 파격적 관행의 뒤에는 자율을 부여하고자 하는 경영자의 고뇌가 담겨있다.

자율이란 타인의 지배나 구속에서 벗어나 자기 스스로의 원칙에 따라 행동하는 원리를 말한다. 극단적 자유인 방종과 구별되는 이유는 자율에는 행동을 규율하는 원칙이 존재한다는 점이고, 그 원칙이 스스로 만들어졌다는 점이다. 흔히 자율이라는 관념을 말함에 있어 책임을 강조하지만, 자율의 본래 의미에는 책임이라는 요소보다는 자발성에 대한 존중이 더 크게 자리잡고 있다.

자발성에 기초한 자율, 책임이라는 요소가 근본적으로 결여된 개념으로서의 자율은 질서와 부합할 수 있는가? 인위적 규율이나 일정한 행위에 대한 책임부과가 없다면 '스스로의 원칙에 따라 행동하는 원리인 자율성'은 무질서를 초래하기에 충분하다. CEO를 투표로 뽑거나 승진대상자를 제비뽑기하는 식이다. 그러나 구성원에 대해 자율을 보장하는 것이 반드시 무질서를 만들어 내는 것은 아니다. 외려 자율과 무질서를 동의어로 보는 것이야 말로 인간에 대한 근원적인 신뢰 부족에 기인하는 오류다.

경영학이 이러한 오류에 쉽게 빠지는 이유는, 근대경영학이 타인에 대한 구속, 감시, 통제에 기초한 개념에서 출발했기 때문이다(테일러주의로 근대 경영학이 시작했다고 보면 지난 100년간 경영학은 구속의 과학으로 발전해 온 것과 다름없으며, 탈산업사회가 진전되면서 그 구속의 효과에 대해 처음 반성적 회의를 하게 된 것이다). 근대 경영학의 지난 100년은 구속과 통제의 과학을 발전시킨 과정이었다. 이로 인해 자발성에 대한 철학적 근원에 대한 이해는 매우 부족한 것이 사실이다. 자발성을 무질서, 즉 통제라는 경영의 본질적 행위가 사라짐으로 인해 나타나는 비용으로 보는 견해가 일반적이라는 사실이 이를 반증한다.

2.2 칸트 윤리학에서의 자율과 현대 경영

자발성의 본래적 의미는 칸트의 윤리학에서 그 뿌리를 찾을 수 있다. 자연법칙의 보편성과 필연성을 인간 존재의 근원적 요소로 본 칸트는 인간의 본성을 이성에서 찾았다. 인간은 자유의지를 갖는 존재다. 아무런 제약을 받지 않는 자유의지가 행위를 결정할 수 있는 이유는 도덕법칙(the moral laws)이 자유의지를 도덕적 행위의 실천으로 인도하기 때문이다. 자연법칙이 자연이라는 세계에 보편적이고 필연적인 질서라고 한다면, 도덕법칙은 인간세계에 보편적이고 필연적인 질서다. 인간은 본래적으로 이성을 갖고 있다. 그 이성은 도덕법칙을 제정할 수 있는 능력을 갖고 있다.

인간은 스스로의 이성을 통해 도덕적 행위의 기준과 원리 – 이는 칸트에게는 보편적이고 필연적이다 – 를 찾아내고 정립하는 능력을 갖고 있으며, 이것이 이성적 능력이다. 인간은 이성적 능력뿐만 아니라, 이성적 의지도 갖고 있는데, 이성적 의지란 스스로 세운 도덕법칙을 자발적으로 자신에게 부여할 수 있는 의지를 말한다. 칸트의 실천이성은 바로 도덕법칙을 세우고 이를 스스로에게 부과하는 인간의 본성을 의미한다. 따라서 자율적인 인간은 "보편적으로 타당한 도덕법칙을 입법할 수 있으며, 이러한 도덕법칙을 지신에게 자발적으로 부과할 수 있음"을 의미한다. 도덕법칙을 세우거나 수용하는 데 있어 이외의 모든 방식은 타율적(heteronomous)인 것으로 규정된다. 오직 "자신에 의해 주어지지만, 여전히 보편적인, 그런 법칙만을 따른 사람", 그리고 "자신의 고유한 의지에 따라서만 행위하는 사람"만이 "자율적(autonomous)"이라고 불려질 수 있는 것이다(이장희, 2000, 218면).

칸트 윤리학의 자발성의 관점은 현대 경영이 새롭게 부여하는 자발성에 철학적 근원을 부여한다. 동시에 근대 경영학이 갖고 있던 자발성에 대한 인식의 오류를 발견케 한다. 자발성은 인간 존재에 대한 믿음에서 출발한다. 이는 인재 중심의 경영이 표방하는 중핵적 가치다. 자율이 의미가 있는 이유는 타인에 의한 구속과 자기 스스로에 의한 구속의 차이에서 온다. 전통적 근대경영은 관리행위였고, 관리행위는 감시와 통제로 이뤄졌다. 감시와 통제는 효율성을 높이는 데 어느 정도 성공했으나, 탈산업사회로의 이전과 함께 그 효능을 다했다. 타인의 구속 대신 스스로의 구속이 효과성을 높이는 데 기여한다는 사실이 밝혀지면서다.

3. 3M과 구글의 실험

자율의 부여는, 현대경영학에서는 전략적 지위를 획득했다. 창의의 발현을 위한 전제조건이 자율이기 때문이다. '자율에 의한 창의발현'의 예는 무수하다. 3M의 15%룰은 대표적 예다. 전 회장인 윌리엄 맥나이트는 근무시간의 15%에 대한 통제권은 구성원들에게 부여했다. 그 15%는 회사와의 계약에 따른 일이 아닌 '실험삼아 끄적거리는 일(experimental dooding)'에 사용토록 했다. 3M의 히트 상품인 포스트 잇, 스카치가드, 섬유보호제, 카펫보호제 등은 끄적거리다 나온 창의의 결실이었다.

3M의 15%룰은 구글에겐 20%룰로 확대된다. 근무시간 중 80%는 월급을 주는 프로젝트에, 나머지 20%는 스스로 선택한 개인연구에 투자하도록 했다. 역시 구글추천 검색어(google suggest), 애드센스, 오컷 등 구글의 작은 변화들은 20%룰의 산물이다. 반면, 자율에 대한 무지가 커다란 실패를 가져온 일도 있다. 애플컴의 공동창업자인 스티브 워

즈니악이 초기 휴렛 패커드에 근무하면서 개인용 컴퓨터의 개발을 제안했을 때, 휴렛 패커드의 경영진은 "그건 우선순위가 아니다. 쓸데없는데 시간낭비 하지 말라"고 핀잔을 주었다고 한다. 만약 자율시간부여제도가 있었다면 개인용 컴퓨터의 역사는 휴렛패커드가 썼을 수도 있다(버나드 지라드, 2010).

자율의 부여전략은 현실적 유용성이 매우 큰 것이 사실이다. 구글의 20%룰은 관리자들에게도 관리감독의 의무와 부담으로부터 해방될 수 있는 시간이었다는 것이 구글의 전언이다(버나드 지라드, 2010). 또한 잠재 인재들로 하여금 매력적인 회사로 느끼게 하고 이들을 끌어 모으는 모집효과도 있다. 명성을 얻고자 하는 구성원들의 욕망을 채워주는 효과도 있을 것이고 다소 성과가 낮은 직원들에게는 자신의 일을 보충할 수 있는 나머지공부의 시간이 되기도 한다.

〈출처: flickr, Haldane Martin(Google 사업장)〉

그러나 현실적 유용성 보다 더 의미있는 일은, 자율의 부여가 구성원에게 주는 메시지다. 생산성이 높아질 것이라거나 신제품이 나올 것이라는 희망에 앞서, 구성원들의 역량과 자발적 헌신에 대한 신뢰가 없다면 자율 부여 전략은 채택하기 힘들다. 신제품을 개발하거나 생산성을 향상시키는 일이라면 다른 많은 방법이 있기 때문이다. 그럼에도 불구하고 일정시간을 구성원이 스스로 통제하고 알아서 쓸 수 있도록 하는 정책은 인재에 대한 튼튼한 믿음이 없이는 가능하지 않다.

3

창의발현을 위한 전략

1. 인스피레이션과 창의

드림웍스(Dreamworks)의 경영은 영감(inspiration) 불어 넣기의 경영이다. 영감은 창의를 불러일으키고 구성원의 마음을 들뜨게 한다. 행복한 일이 되기 위해서는 늘 마음이 움직여야 한다. 직원들의 마음을 움직이게 하는 것은 무엇인가? 일에 영감을 불어 넣는 것이다. 영감이란 생기다. 생기를 불어 넣는 일이야 말로 리더의 가장 중요한 역할이다. 무엇을 위해 생기를 불어 넣어야 하는가?

직원의 마음을 움직이게 하는 동력은 '행복'에 있다. 행복은 물질적인 동시에 정신적이다. 행복의 물질적 측면은 행복의 기반이 되는 기본조건이다. 기본조건이 갖춰지지 않는다면 이뤄질 수 없는 것이 행복이기에 물질적 기반은 매우 중요하다. 그러나 이것만으로 행복이 완성되지 않는다. 행복은 정신적 측면이 더 강하다. 행복한 상태는 나를 충분히 인지하고 내가 가장 나다워지는 순간을 경험하는 상태다. 내가 가장 나다워지는 것, 이는 아리스토텔레스의 자기의 본성이 구현된 상태와 매우 유사하다.

교세라는 직원들이 각자의 일이 회사를 위해 얼마나 필요한 지 동기부여를 명확히 하는데 투자한다. 경영의 신으로 불리는 교세라 회장 이나모리 가즈오는 다음과 같이 강조했다.

"교세라는 나를 포함한 모든 직원의 정신적 물질적 행복을 추구하기 위해 존재한다. 그러므로 교세라는 고수익을 달성해 어떤 불황이 오더라도 끄떡없는 회사가 돼야만 한다. 이를 위해나는 앞장서서 필사적으로 일하고 있다. 여러분들도 자신의 생활을 지키며 행복하게 살고 싶다면 나를 따르라. 그것이 싫다면 그만둬라. 여러분의 행복을 위해서 나와 고락을 함께 할 사람이 필요하다"

행복이라는 키워드는 현대경영의 가장 중요한 가치를 담고 있다. 과거의 경영은 고객의 행복을 위해 종업원을 수단화했다. 고객은 기업의 생존을 결정하는 지위에 있으나, 그의 행복을 위해 기업 구성원이 하나의 수단으로 전락하는 것은 바람직하지 않다. 관념적으로 그러하나 실제적 효과의 측면에서도 그러하다. 행복하지 않은 종업원은 고객을 행복하게 할 수 없다. 인과관계를 명확히 하기 위해 우선순위에 대한 고민이 필요하다. 고객이 행복하면 종업원이 행복하다는 가설과 그 역의 가설 중 무엇이 맞는가? 고객이 행복하면 기업은 행복할지 모르나, 기업을 구성하는 종업원 – 실상 이들은 내부고객이다 – 은 반드시 행복한 것은 아니다. 오히려 고객의 행복 앞에서 소외되고 지칠지도 모른다. 고객의 행복은 기업의 생존과 성장을 위해 필요조건이나 지속가능성의 측면에서 볼 때 충분조건은 아니다. 종업원이 불행하고 지친다면 종국에는 고객의 행복을 유지할 수 없기 때문이다.

2. 권한위임 _ 벌거벗은 임금님인가

창의의 발현은 권한위임을 통해 실현된다. 구성원에게 실질적인 힘을 부여해야 실질적인 창의가 발현될 수 있기 때문이다. 오랫동안 권한위임(empowerment)은 경영학의 중요 의제로 논의됐으나 현장에서는 그다지 신통치 않은 반응이다. '권한위임'은 벌거벗은 임금님과 같은 존재가 되고 말았다. 권한위임은 잘 작동하지 않기 때문이다. 실제로 권한위임은 권한을 위임하는 상사도, 권한을 위임받는 부하도 선뜻 수락하기 힘든 경우가 많다. 상사의 경우, 권한을 자신의 재량에 따라 위임한다 해도 책임을 함께 위임할 수 없는 경우가 많다. 부하의 경우 위임받는 권한이 때로는 자신의 재량권을 행사할 수 있는 기회이기 보다는 부담일 경우가 많다. 경우에 따라서는 책임을 회피하거나 적어도 나눠지기 위해서 권한을 위임하는 경우도 있다. 이는 권한위임이라기 보다는 권한위임의 형식을 빈 책임전가에 불과하다. 아지리스(Argyris, 1999)는 이러한 진정성이 없는 권한위임을 벌거벗은 임금님에 비유했다. 누구도 겉으로는 부정할 수 없는 것. 그러나 속으로는 그것이 성공적이지 못하다고 모두들 인정하는 그런, 임금님의 보이지 않는 – 사실은 없는 – 옷처럼.

그러나 현장에서 잘 이뤄지지 않는다 하여 권한위임의 힘을 간과할 수 없다. 권한위임이야 말로 더 강한 직원을 만드는 데 효과적인 수단이기 때문이다. 권한을 위임할 때 직원들은 스스로를 더 우수한 자원으로 담금질하는 기회를 얻게 된다. 직원들은 단순한 종업원이 아니라 파트너로 인정받고 싶어 한다. 파트너로 인정받지 못할 때 그들은 직장을 떠난다. 미국에는 파트너로 인정받지 못하기 때문에 직장을 떠나는 근로자들이 매년 수천명에 이른다(마샬 골드스미스, 2010, 122면).

따라서 창의 발현을 꿈꾸는 기업은 임금님의 보이지 않는 옷처럼 전락한 권한위임을 올바르게 실천해 날개를 달아주어야 한다. 마샬 골드스미스는 더 강력한 직원을 만드는 올바른 권한위임의 방법을 다음과 같이 제시하고 있다.

우선, 책임을 질 수 있는 사람에게 권한을 부여해야 한다. 권한위임의 중요성을 부정하지 않으면서도 모두가 기피해 온 가장 큰 요인은 위임되는 권한에 대한 부담 때문이다. 권한이 부여돼도 실질적으로 이를 수행할 수 없다면, 권한위임은 오히려 해당 직원에겐 좌절을, 조직 전체에게는 시간낭비와 같은 비용을 초래할 것이다. 따라서 가급적 권한위임을 지속하되 해당 직원의 역량을 고려해 위임되는 권한의 양을 조절해나가는 스킬이 필요하다. 더 중요한 것은 권한위임이 원활하게 이뤄질 수 있도록 구성원의 역량을 함양시키는 데 지속적으로 노력해야 한다는 점이다.

둘째, 권한이 위임되면 불필요한 간섭을 줄여라. 반드시 필요한 경우가 아니라면 수임자의 결정이나 생각을 의심해서는 안 된다. 그 의심은 외려 자존심에 상처를 주고 나아가 생각하는 바를 드러내는 것을 꺼리게 만든다.

셋째, 권한 수임자가 진취적으로 자신의 능력을 계발할 수 있는 환경을 조성해야 한다. 무엇보다 과제를 수행할 때 필요한 자원을 사용할 수 있는 권한을 부여하는 것이 핵심이다. 필요한 역량을 갖춘 직원을 협업자로 지정하거나, 소요되는 예산을 집행할 수 있는 결정권을 부여하는 것 등을 고려할 수 있다.

임파워먼트가 효과적으로 작동하기 위해서는 구성원들의 동기부여가 필수적 요소다. 스스로에게 동기를 부여하지 못한다면 권한위임은 구속이나 부담으로 전락하고 만다. 필요한 자원 등 위에서 설명한 모든 것을 지원한다 하더라도 스스로 권한을 부여받고자 하고 그 권한으로 무언가를 성취해 낼 수 있도록 스스로를 격려하는 것, 이것인 권한위임을 완성하는 동기부여다. 동기부여는 외재적 동기부여와 내재적 동기부여로 나뉜다. 외재적 동기부여는 보이는 목표나 물질적 보상책을 사용하는 경우가 많으나 내재적 동기부여 보다 효과가 낮다. 빌 게이츠는 "훌륭한 프로그래머는 돈을 많이 벌겠다, 혹은 수십만 개를 팔겠다고 말하지 않는다. 그런 생각은 오히려 문제해결에 아무런 지침을 주지 않는다"고 잘라 말한다(버나드 지라드, 2010). 외재적 동기부여의 효과가 그리 크지 않음을 보여주는 사례다.

외재적 동기부여는 분명 필요한 요소다. 그러나 충분하지 않다. 충분하지 않을 뿐만 아니라 외재적 동기부여가 지나치게 강조될 경우에는 오히려 거래적 동기부여로 전락하고 만다. 거래적 동기부여란 외재적 보상이 이뤄지는 범위에서만 스스로 자발적이 되고자하는 경향이다. 100을 준다면, 100만큼의 일을 하겠다는 정도의 생각이다.

구글의 동기부여는 내재적 동기부여에 보다 초점이 두어져 있다. 내재적 동기부여가 충분히 이뤄진 구성원들은 모습부터 다르다. "의욕이 가득 차 있다. 무언가 고품질 소프트웨어를 만들겠다는 의지가 눈빛 속에 빛나고 있다" 구글이 생각하는 동기부여된 구성원의 모습이다. 내재적 동기부여의 핵심은 의욕을 가득 채우는 일이다. 의욕이 가득차기 위해서는 그 일의 의미와 그 일을 수행하는 자의 가치가 동일해야 한다.

3. 창의를 구조화하다 _ 트리즈

시간을 배분하고, 공간을 배분하고, 앞과 뒤를 바꾸어 보고, 부분과 전체를 따로 떼어내 보는 일. 최근 한국에서도 트리즈가 유행이다. 창의적 문제해결기법 쯤으로 번역될 수 있는 트리즈는 옛 소련에서 개발된 문제해결 기법이다. 여기에 창의를 엮어서 창의적 문제해결기법이라 이름할 수 있는데, 트리즈의 특징은 영감에 의존한 창의에서 시스템에 의존한 창의로, 창의 발현의 접근을 전환시킨데 있다.세계적인 트리즈 컨설팅 회사인 '젠스리(GEN3) 파트너스'의 상트페테르부르크 연구소의 사이먼 리트빈은 영감에 의존한 창의는 불안정하다고 말한다. 영감은 예측가능성이 낮을 뿐만 아니라 지속적이지도 않기 때문이다. 영감에 의존하는 창의 대신, 시스템에 의존한 창의발현이 필요한 이유가 여기에 있다.

트리즈는 러시아어인 'Teoriya Resheniya Izobretatelskikh Zadatch'의 준말로 영어로 번역해 보면 'Theory of Inventive Problem Solving'이다. 창의적 문제해결 이론 쯤으로 번역될 수 있다. 트리즈는 '모든 근본 원리는 결국 통한다'라는 기본 명제위에 서있다. 분야마다 발생하는 문제는 형태상 다르게 발현되지만, 본질이나 해결책은 유사하다. 따라서 이질적인 분야에서 외려 새로운 문제해결 방안을 찾는 것은 전해 낯선것이 아니다. 트리즈를 처음 고안한 겐리히 알츠슐러(Altshuller)는 다양한 분야에 존재하는 20만건 이상의 특허를 분석한 결과 서로 다른 분야기긴 하지만 몇 가지 종류로 유형화할 수 있음을 발견했다. 40가지의 문제해결 유형이 바로 트리즈로 완성됐다.

'모든 것은 통한다'는 트리즈의 기본명제는 '다른 곳에 답이 있다'라는 또 하나의 명제를 낳는다. 이점에서 오프 이노베이션의 단점을 극복한다. 통상 오픈 이노베이션은 문제를 사방에 알리고 이를 해결할 수 있는 사람을 찾는 식이다. 그러나 문제가 사방에 알려진다 해도 해결책을 제시하는 사람은 같은 분야에 있는 전문가들인 경우가 많다. 무엇보다 오픈 이노베이션은 동종 산업 분야에 해결책을 의뢰하는 꼴인데 경쟁사와 관련된다면 해답을 찾기란 더욱 곤란해진다.

트리즈가 오픈 이노베이션과 다른 점은 동일한 분야에서만이 아니라 이질적인 분야에서 답을 찾는 개방성에 있다. 사실 오픈 이노베이션은 본래 분야를 가리지 않고 다양한 분야에서 축적된 지식과 경험을 문제해결에 활용코자 고안된 것이었다. 그러나 운용상의 문제로 인해 동일 분야로 집중돼 왔던 것은 운용상의 문제일 뿐이다. 이를 고려한다면 트리즈는 오픈 이노베이션의 장점이었으나 그 동안 활용되지 못한 숨겨진 장점에 생명을 불어넣어 이를 완성한 것이라 보는 것이 타당할 지 모른다. 결국 분야를 넘나드는 해결책을 찾기 위해서는 전문용어에 갇힌 복잡성을 해체해 일반용어로 쉽고 간결하게 정의

하는 일이 선행돼야 한다. 재정의된 문제는 이제 관심을 갖고 있다면 누구나가 이해하고 이에 대한 자신의 지식과 경험에 바탕한 해답을 내 놓을 수 있는 공간을 만든 셈이다. 오픈 이노베이션의 창의적 변형이라 할 수 있다.[1)]

구글의 배너광고 문제 해결은 트리즈의 원리 중 하나인 시간을 분배하라는 원리를 잘 보여준다. 구글 보다 먼저 인터넷 검색엔진분야에서 최고의 기업으로 평가받는 기업은 야후다. 야후와의 차이점은 구글의 첫 검색화면에 배너광고가 없다는 점이다. 배너광고는 검색엔진 사업에서는 수익의 가장 큰 비중을 차지하는 요소였다. 야후 뿐만 아니라 모든 인터넷 검색엔진 업체는 배너광고를 통해 많은 수익을 올리고 있었다. 문제는 고객이 관심이 없는 광고까지 보여줘서 고객의 불만족이 높아진다는 사실이다. 충돌하는 문제는 수익과 고객의 불편이다. 수익을 선택하면 고객의 불만족을 가중시키게 되고, 고객을 만족시키자니 수익을 포기해야 하는 그런 모순이다. 트리즈의 물리적 모순인 '배너광고는 있기도 하고 없기도 해야 한다'를 해결하는 방법 중 하나는 그 중 하나를 포기하는 것이다. 그러나 이보다 좋은 대안은 둘 다 포기하지 않는 것이다. 즉 배너광고는 있기도 하고(수익을 위해서), 없기도 해야하는(고객의 만족을 위해서) 것이다. 이는 시간에 의한 분리(separation in time)의 원리로 간단히 풀린다. 즉 시간을 나누어 배너광고가 있는 시간과 없는 시간으로 분리해 운용하는 것이다. 이경원 교수의 예를 보면 이렇다. 구글의 첫 메인 화면에 배너광고는 없다. 그러나 검색자가 어떤 내용을 검색하면 그때 그 내용과 관련된 정보를 제공하면서 동시에 스폰서 링크라는 이름으로 이에 관한 광고 사이트가 한켠에 뜨게 하는 식이다(이경원, 2010).

1) 국내 일간지에 소개된 유명한 사례는 트리즈를 이해하는 데 도움이 된다. 아래는 한국경제신문의 인터뷰 기사 중 한대목이다. "일본에서 나온 '코 필터'란 제품이 있어서 우리(GEN3)가 개발해 준 것인데, 알레르기 비염이 있는 사람이 약을 먹을 수도 있지만 부작용이 있어요. 그래서 코에 필터를 끼는 데 문제는 호흡이 어려워진다는 것입니다. 우리는 그 문제를 해결해야 했어요. 문제를 일반화 해보면 결국 '공기에 포함된 인자를 걸러내는 것'이었어요. 우리는 자체 데이터베이스를 통해 먼지 입자가 가장 치명적인 분야가 어디인지 찾아봤습니다. 사람의 알레르기를 막기 위한 제품이라면 먼지입자가 100-1000개 정도 있다고 해서 사람이 죽지는 않지요. 하지만 어떤 산업에서는 먼지 입자가 하나만 있어도 문제가 될 수 있어요. 이를테면, 반도체공장의 클린룸이 예가 되겠죠. 그런데 그 노하우를 코에 적용하기엔 문제가 있었어요. 그래서 차선책으로 찾은 해답이 시멘트공장의 원심 분리를 통한 집진장치였습니다. 시멘트 원료를 분쇄할 때 미세 먼지가 발생하는 데, 오염을 막고 원료 손실을 줄이기 위해 그런 장치를 쓰고 있었습니다. 이것을 응용한 것이 코필터입니다." 비염환자를 위한 의료장치를 찾아내는 해결책이 결국은 시멘트 공장의 원심 분리 집진 장치에서 나왔다는 점이다. 마치 1912년 헨리 포드가 테일러의 원리를 컨베이어 벨트에 올려놓은 것은 시카고의 정육점 트롤리에서 왔다는 점을 상기시키는 대목이기도 하다. 이후 다양한 분야에서 트리즈 식의 문제해결에 대한 사례가 즐비하다. 한국산업기술대 교수 이경원은 구글 등의 몇 가지 사례를 세시하고 있다. (이는 한국경제신문에 소개된 것이다).

트리즈의 원리는 시간의 분리, 공간의 분리, 전체와 부분의 분리 등 다양한 원리를 시스템으로 구축해 놓고, 그 과정을 따라 가게 함으로써 문제해결로 이르게 한다. 창의는 이질적인 것의 결합이다. 그러나 이질적 결합은 결국 동일한 원리의 결합이라는 점을 트리즈는 강조하고 있는 것이다. 더 주목할 만한 것은, 창의가 시스템 위에 올려져 있다는 점이다. 마치 공장에서 자동차를 만들어내는 것처럼, 일정한 과정을 따라가면서 창의라는 상품 - 문제해결 - 을 찍어내는 것과 유사하다. 시스템의 종말을 선언한 터라 시스템 위에 올려져 있는 창의가 다소 낯설다. 그러나 시스템이 잘 작동하기 위해서는 그를 운용하는 자가 잘 작동해야 한다. 트리즈라는 창의의 공장이 잘 작동하기 위해서도 트리즈를 운용하는 사람의 창의적 능력이 배가돼야 함은 말할 것도 없다. 트리즈가 주는 교훈은 오픈 이노베이션의 시스템적 전환 보다는 외려 트리즈의 원리, 즉 창의의 원리를 훈련해야 하는 과제가 리더에게 아직까지 남아있다는 사실일 것이다.

트리즈의 권위자인 사이먼 리트빈에게 기자가 실패 사례를 들어달라 질문하자 그는 원두커피와 인스턴트 커피의 결합을 예로 들었다. 다음은 그의 답이다.

"원두커피를 마시려면 커피를 갈아야 하고 시간도 많이 걸립니다. 이에 비해 인스탄트 커피는 빨리 마실 수 있지만 맛이나 향기가 떨어집니다. 문제는 어떻게 하면 원두커피 같은 맛과 향을 내는 인스턴트 커피를 만드느냐였습니다. 단, 특별한 기계를 사용해선 안 되고 잔에 커피와 물만 부어야 합니다.

해결의 단초는 커피 입자가 클수록 향이 우러나는 데 시간이 걸린다는 점입니다. 따라서 입자 크기를 밀가루나 파우더처럼 작게 하면 향이 우러나는 시간도 줄어들겠죠. 그런데 이렇게 입자가 작은 커피를 마시면 이번엔 끈끈해져서 혀에 이물질이 붙는 느낌이 남습니다. 그래서 솔루션은 입자를 더 작게 만들어서 사람들이 느끼지 못하게 하는 것이지요. 지름 3마이크론(100만분의 1미터) 이하로 만들면 사람들이 느끼지 못합니다. 이렇게 문제를 해결해 나갔는데, 그래도 결국 이 아이디어는 제품화되지 못했습니다. 입자들이 너무 작아 정전기 작용으로 서로 달라붙는 문제가 남았기 때

문입니다. 하지만 이 문제 역시 언젠가는 해결이 돼 제품으로 나올 것이라 확신 합니다."

원두커피를 즐겨 마시는 나는 이 상품에 대박예감이 든다. 독자들이 한번 시도해 보면 어떨까.

4. 실패의 패러독스

'즉시 한다', '반드시 한다', '될 때까지 한다'가 일본전산의 모토다(김성호, 2010). 안되는 이유를 먼저 찾는 습관이 들어서는 안 된다는 게 나가모리 회장의 지론이다. 1973년 허름한 창고에서 네 명의 직원들로 시작한 일본전산은 현재 계열사 140개, 13만 직원을 고용하는 매출 8조원의 기업됐다. 불황기에 오히려 성장하는 회사로 정평나 있는 일본전산의 성장 뒤에는 일본전산식의 창의가 자리잡고 있다. 일본전산식의 창의란 다름아닌 문제해결에 몰입하는 문화다. 김성호(2010)은 일본전산의 철학을 문제에 대한 관점에서 시작한다. '문제는 해결하기 위해 존재한다'라는 다소 인과관계가 역전된 듯한 철학은 창의를 강제하는 사고방식이다. 문제를 해결하기 위해 어느 정도는 모두가 시간과 열성을 투자한다. 그러나 한번 벽에 부딪히면 '안 되는 이유'를 찾아 타협하는 모습을 보이기 십상이다. "끈질긴 놈이 마지막엔 웃게 돼 있다"는 기업풍토는 창의를 발현시키는 원동력이기도 하다.

'실패를 용인하라'라는 구호는 스탠포드 대학의 머튼에 의해 처음 강조됐다. 실패를 처벌하지 말고 나태를 처벌해야 한다는 처벌론 역시 창의를 만들어 나가는 데 중요한 실천원리다. 실패를 처벌하면 성공의 기회비용은 그만큼 커진다. 성공의 기회비용이 커질수록 다양한 시도는 줄어들 수밖에 없고 이는 성공의 기회를 줄이는 악순환의 고리를 만들어낸다. 성공의 빈도를 높이기 위해서는 창의적 시도의 빈도를 높여야 하고, 창의적 시도는 늘 실패와 함께 할 수밖에 없다. 실패의 성공이라는 역설을 잘 설명해 내는 사례는 코카콜라나 포스트 잇에서부터 비아그라에 이르기까지 다양하다. 코카콜라는 소화제를 만드는 과정에서 실패의 산물로 나타난 성공의 과실이며, 포스트 잇 역시 유리테이프를 만들다 끈적임이 떨어지는 실패물을 언제라도 흔적 없이 떼었다 붙였다 할 수 있는 새로운 상품으로 발전시키니 결과다. 비아그라 역시 심장약을 개발하던 과정에서 임상실험 중 부작용을 새롭게 발견해 성의 혁명으로 발전시킨 결과다.

이점에서 본다면 실패와 성공은 동전의 양면과 같다. 모든 실패는 성공을 잠재하고 있고, 동시에 성공은 실패로 쉽게 전락할 가능성도 있다. 실패를 성공으로 연결지우는 끈은 창의다. 실패에서 성공의 측면을 바라볼 수 있게 하는 다양한 힘이 다름 아닌 창의다. 실패는 그렇기에 창의가 발현될 수 있는 조건이기도 하다. 문제와 실패는 창의를 발현시키는 기회이자 조건이다. 창의를 발현시키기 위해서는 성공과 실패를 넘어 시도 그 자체의 기회를 폭 넓게 제공하는 것이 필요하다. 한 번의 시도가 실패할 경우 비용을 수반하기 마련이다. 경우에 따라서는 막대한 비용이 초래되기도 한다. 그러나 비용을 두려워해 시도의 기회를 제공하지 않는다면 당장의 비용을 막을 수는 있지만 성공이라는 목표 역시 달성될 수 없다. 창의를 위한 기회와 공간을 허용하는 것. 이는 비용을 감수하고라도 성공시키겠다는 의지의 표현이다. 그러나 더 중요한 것은 창의적 시도는 반드시 성공할 수 있다는 믿음이 없이는 불가능하다.

일본전산의 실패담은 이 점에서 주목받을 만하다. 감점주의를 가점주의로 대체해 실패의 기회비용을 제거한 일본전산은 실패를 적극적으로 보상하는 철학을 갖고 있다. 김성호(2010)가 들려주는 일본전산의 실패담 중 한 대목이다.

> "일본전산 직원들이 직접 쓴 〈도전의 길〉이라는 책자에 이런 글이 있다. 1979년에 있었던 일로, 당시 입사 3년차였던 핫토리 세이치에 관한 얘기다. 핫토리 세이치는 1977년 에 입사해 나가모리 사장과 고베 히로시 같은 선배들의 뜨거운 열정을이어 받아 영업에 열의를 보였다. 그러나 1980년에 그가 영업한 핸드마사지기 제조사가 부도를 내는 바람에 모터 대금 7천만엔을 회수할 수 없게 됐다. 이로 인해 일본전산의 자금흐름이 악화됐고 위기에 내몰렸다. 나가모리 사장도 이때는 '정말 회사가 망할지도 모른다'는 생각까지 들었다고 한다. 그 일을 벌인 장본인인 핫토리 당시 주임은 그렇게 열심히 뛰고 고생해 얻은 결과가 나쁘게 나오고 보니

실망감이 컸다. 회사에 큰 손해를 끼쳤으니 미안한 생각에 잠 한숨 잘 수 없었다고 고백했다. 부도를 낸 회사도 다른 거래회사처럼 자신이 직접 개척한 회사였다. 우연한 기회에 길거리에서 받은 통신 판매용 책자에 마사지기가 소개돼 있는 것을 보고 회사명과 주소, 전화번호를 메모했다가 직접 방문해 개척영업을 한 것이다. 발로 뛰어 얻어낸 자신의 거래처였다. 최선의 노력을 다해 거래를 트고 거래처를 필사적으로 늘려가던 시기였다. 그런 거래처가 부도를 냈으니 핫토리의 입장에서는 실패할 일을 찾아서 한 것 같은 자책감을 씻을 수 없었다. 그러던 때, 나가모리 사장이 핫토리를 불렀다. 그리고 단 한마디로 상황을 정리해주었다.

"이번 일로 자네 공부 많이 했지? 공부했으면 됐다"

실패의 이유를 깨닫고 앞으로 더 열심히 하면 된다는 말이었다. 나가모리 사장은 열심히 한 것에 대해서는 호통치지 않는다. 당연한 일을 실수하거나 작은 일을 소홀히 했을 때 호통을 친다. 대수롭게 여겼던 그런 작은 것 때문에 나중에는 더 큰일이 터질 수 있기 때문이다"

-김성호, 2010, 〈일본전산이야기〉중에서

실패를 용인하고 오히려 적극적으로 보상하라는 역설은 창의를 완성하는 정설이다. 이는 레토릭을 넘어선다. 실패 속에서 성공을 찾을 수 있다는 자신감. 시도 그 자체가 의미가 있으며 성공은 나중이라는 믿음. 구성원은 꼭 성공을 만들어 나갈 역량이 있다는 구성원에 대한 믿음. 시도의 기회와 공간을 제도화해내는 투자. 이늘이 실패의 역설을 창의의 정설로 만들어가는 요소들이다.

5. 집단사고에 대한 경계

1986년 챌린저호의 실패에 대한 심리학적 해석은 어빙 제니스의 집단사고(group thinking)에 의해 잘 설명된다. 몇 차례의 발사시기를 연기해야 만 했던 챌린저호는 결국 무리한 발사시도 끝에 폭발사고로 마감했다. 보는 이이 충격은 말할 것노 없었고, 냉전의 시대의 끝자락이긴 했지만 우주개발을 선도한다는 미국의 자존심도 함께 무너졌다. 챌린저호의 발사 여부를 둘러싼 논란은 NASA 내부에서도 끊임없는 토론으로 이어졌었다고 전해진다. 그러나 몇 차례의 발사시기 연기는 전문가들에게 커다란 부담을 부과했다. 결국 마무리 토론은 누구도 '발사시기를 연기해서는 안된다'는 집단사고에 매몰되고 만다. 무리한 발사시도가 이뤄졌고, 그 결과는 참혹했다.

집단사고란 제니스(Irving Janis, 1990)의 용어다. 응집력이 강한 집단 구성원들이 판단을 함에 있어 만장일치를 이루려는 경향이 강해 잘못된 판단에 이르는 현상을 말한다.

> "The advantages of having decisions made by groups are often lost because of powerful psychological pressures that arise when the members work closely together, share the same set of values and above all, face a crisis situation that puts everyone under intense stress." P) 380 … (1)

집단사고는 집단의 목표나 의식으로 인해 집단을 구성하는 개별구성원의 사고가 개별화되지 못하는 데서 초래되는 불합리한 결과다. 집단의 역동성은 구성원들의 개별적 사고가 보장되고 존중될 때에만 유지된다. 개별적 사고를 허용하는 공간이 협소하다면 극단적 집단주의에 빠질 가능성이 높아진다.

인류의 역사 중 참혹한 역사는 대부분 집단사고의 극단적 발현에 기인하는 경우가 많다. 1차 대전 이후 독일에서의 나치즘의 발흥 역시 무너진 자존심을 회복하고자 하는 독일인의 집단사고가 빚어낸 비극이다. 프롬은 이를 '자유로 부터의 도피'의 결과로 본다. 인류에게 자유란 많은 피의 대가를 치르고 얻은 보상이었다. 중세의 암흑기와 근대의 절대왕정을 거치면서 평범한 인간에게 자유란 투쟁 없이는 얻어질 수 없는 힘겨운 소망이었다. 민주주의의 가치를 새로이 발견하고 이를 실현하는 과정 역시 힘겨운 투쟁의 과정이기도 했다. 그리고 마침내 민주와 자유를 획득했다. 그러나 그 자유는 자신을 자유롭게 하기 보다는 오히려 무질서와 방종을 불러일으키고 만다. 뒤르켕의 아노미(anomie)와 같은 상황에서 인간은 그토록 원했던 자유로부터 도피하고 만다. 그 도피처는 권위주의와 자동형 인간이다. 절대자로 부터의 군림을 받아들임으로써 자유가 주었던 불안감을 해소하고자 하는 생각, 권위주의로 도피하고 스스로는 자동형 인간이 되고자 하는 불합리한 소망이 집단사고를 형성하면서 나찌는 부흥할 수 있었다. 프롬의 해석에서 나는 집단사고의 광기를 본다. 그 광기는 국가사회를 삼켜버릴 수도 있다. 하물며 기업은 어떠할까.

집단사고에 대한 경계는 논어의 화이부동의 정신과 맞닿아 있다. 논어의 자로편에 '군자는 화이부동하고 소인은 동이불화한다'라는 글귀가 있다.[2] 신영복에 따르면, 이에 대한 일반적인 해석은 "군자는 화목하되 부화뇌동하지 아니하며, 소인은 동일함에도 불구하고 화목하지 못한다"라 한다. 특히, 화(和)와 동(同)을 대비로 보지 않는다는 점을 신영복은 강조한다. 화는 화목하고 서로 잘 어울린다는 의미이나 이것이 자기의 입장이 없이 부화뇌동하는 동으로 이해해서는 안된다는 뜻이다(신영복, 2004).

> "화(和)의 논리는 다양성을 인정하는 관용의 논리이면서 나아가 공존과 평화의 원리입니다. 그에 비하여 동(同)의 논리는 지배, 흡수, 합병의 논리입니다. 동의 논리 아래에서는 단지 양적 발전만이 가능합니다. 질적 발전은 다양한 가치가 공존하는 화의 논리에 의해서만 가능한 것이라 할 수 있습니다. 따라서 위의 구절(화동론)은 다음과 같이 읽는 것이 옳다고 생각합니다. '군자는 다양성을 인정하고 지배하려 하지 않으며, 소인은 지배하려 하며 공존하지 못한다.'"
>
> –신영복, 2004, 163면

화이부동에 대한 신영복의 탁월한 해석은 경영이 추구해야 할 올바른 길을 담고 있다. 그의 해석 안에는 다양성을 인정하고 지배하려 들지 않는 리더의 모습이 있고, 외부와 공존해야 하는 기업의 의무도 있으며, 집단사고에 대한 경계도 있다. 창의와 관련한 깊은 철학이 담겨 있는 것은 창의의 조건은 화와 동을 구별하는 데 있다는 점이다. 기업은 늘 효율성의 덫에 사로잡혀 일사분란함을 추구한다. 그 일사분란함은 다사분란함으로 재정의돼야 한다. 집합적으로 행동하되 개별적으로 사고하라는 교육학의 명제처럼 '동(同)'에 대한 경계는 늘 살아있어야 한다. 이는 창의를 구현하는 철학적 기반이기도 하고, 집단사고를 경계하는 실천이기도 하다.

---

2) 子曰, 君子和而不同 小人同而不和 – 子路

[토론] 창의를 이끌어 내기 위해서는 외적 보상이 중요한가, 내적 보상이 중요한가.

창의와 관련해 내적 보상을 강조하는 입장과 외적 보상을 강조하는 입장이 대립하고 있다. 두 입장 중 어느 입장을 지지하는가. 다음은 정권택 외(2015)에서 요약해 발췌했다.

1) 창의성은 내적 동기로부터 나온다 (테레사 아마빌)

테레사 아마빌은 창의성의 원천은 내적 동기, 전문 지식과 경험, 창의성 스킬이며, "일 자체에 대한 흥미와 관심 같은 내적 동기가 중요하다"고 강조했다. 내적 동기를 유인하는 방식으로 1) 강력한 미션 2) 일에 대한 사회적 의미 부여 3) 개인의 성취욕구 자극(업무순환을 통한) 등이 중요하다.

2) 창의성은 외적 보상으로부터 나온다 (로버트 아이젠버거)

"외적 보상은 금전적 보상과 비금전적 보상으로 나뉜다. 금전보상은 보너스, 승진, 복지혜택 등의 보상을 말하고, 비금전적 보상은 칭찬, 인정, 긍정적 피드백을 포함한다. 연구에 따르면 창의성을 보상하는 데 비금적 보상이 더 효과가 크다. 칭찬과 인정이 내적 동기를 향상시키고 조직 내 우호적 분위기를 조성하기 때문이다." -226면

"1989년 미국과 일본 기업을 대상으로 금전보상과 아이디어 제안과의 상관관계를 분석한 연구결과, 미국 기업의 아이디어당 평균 보상액은 602달러로, 일본 기업의 2.83달러보다 훨씬 높았지만, 인당 아이디어 제안 수는 일본 기업이 37.4건, 미국 기업이 0.12건으로 일본이 오히려 높았다. 연구자들은 이 결과를 놓고 일본 기업들이 직원들에게 자신이 제안한 아이디어가 조직을 변화시킨다는 성취감을 안겨줬기 때문이라고 분석했다." -227면

"외적 보상은 직원들의 업무 수행을 제한하기도 하지만, 동시에 해당 업무가 조직 내에서 중요하다는 것을 조직구성원에게 알리는 역할을 한다. 해당 직원은 자신감을 갖고 업

무에 대해 주인 의식을 갖게 된다."

"창의적 노력에 대한 보상이 명시적으로 이뤄지면 노력-보상에 대한 학습효과가 있다. 이후 다른 일을 추진할 때도 창의성을 발휘하고자 하는 경향으로 이어지는데, 이를 학습된 근면성(learned industriousness)라고 한다. 특히 창의성을 끌어내는 확산적 사고(divergent thinking)을 높일 수 있다." -226면

확산적 사고란 1967년 미국 심리학자 길포드(j. P. Guilford)가 제안한 개념으로, 문제해결을 위해 광범위한 정보를 탐색하고 여러 가지 해결책을 찾아내는 방식을 말함. 이미 알고 있는 정보에서 적합한 해결책을 도출하는 수렴적 사고(convergent thinking)과 구별된다.

"보상방법에 대해서도 고민해야 한다. 2015년 토론토 대학교 연구진은 3,000개 기업을 대상으로 설문조사 한 결과, 개인별로 성과에 대한 금전보상을 지급한 경우에는 혁신적인 상품개발과 새로운 아이디어가 증가하지 않은 반면, 팀에게 단체 보상을 한 경우에는 조직의 창의성이 크게 높아진 것으로 나타났다. 일반적으로 창의성과 혁신은 직원들의 협업을 통해 만들어지는 데 단체보상이 조직원의 협업을 장려하는 촉매로 작용한 결과다. 단체에 창의적 성과를 보상하면 조직 차원의 협력과 커뮤니케이션이 활발해지면서 혁신적인 아이디어들이 나온다. 아울러 복리후생을 지원하는 경우에 더 창의적인 성과를 내는 경향이 있다는 사실이 확인됐다. 의료비나 학자금 같은 지원을 받게 되면 직원들은 회사와 자신의 관계를 장기적인 관점에서 바라보고 고용안정을 느끼기 때문이다." -227면

3) 당신의 입장은 무엇인가, 근거는 무엇인가.

요 약

이 장에서는 창의에 대해 살폈습니다. 현대 인적자원관리에서 가장 비중을 두고 고민하는 주제는 바로 창의입니다. 조직의 경쟁력을 높이는 방편이기도 하지만, 인간은 누구나 창의적인 존재를 욕망하고 있기 때문이기도 합니다. 인적자원관리는 창의에 대한 욕망을 성과에 직접 연동시킨다는 점에서 매우 영리한 전략이기도 합니다. 그러나 직장에서의 삶이 피할 수 없는 조건이라면, 보다 창의적인 일을 통해서 자신을 발전시키는 기회를 확장하는 것은 나쁘지 않을 수 있습니다. 어쩌면 성과를 지향하는 조직의 욕구와 자아를 실현코자 하는 구성원의 욕구가 창의라는 지점에서 서로 타협될 수 있을지도 모르겠습니다.

창의는, 그러나, 말처럼 쉽지는 않습니다. 창의를 창조와 구별한 것도 이 때문입니다. 창의가 지나치게 강조되면 또 다른 피로로 누적되는 것이 현실이기도 합니다. 창의가 조직의 장기적 발전에 기여하면서 동시에 구성원의 직장 속 삶에서의 질에 보탬이 되려면, 창의의 주체가 구성원이 돼야 합니다. 조직이 원하는 창의는 이미 창의가 아니라 새로운 이윤추구 방식을 하나 더 생각하는 것에 지나지 않을수도 있습니다. 외려 업무와 관련 없는 새로운 생각들을 할 수 있도록 할 때, 새로운 성과를 목적이 아닌 우연한 결과로 사고할 때 비로소 의미 있는 창의가 될 수 있지 않을까요.

화이부동을 강조하고자 합니다. 창의는 개성의 발현이어야 하고 모두가 동일해지는 것을 거부하는 일입니다. 동일성을 추구하는 것은 근대적이며 폭력이 될 수 있습니다. 어쩌면 그 자체가 가능한 일이 아닐지도 모릅니다. 서로 화(和)할 수 있되 동일해지지 않도록 구성원 하나 하나가 살아 있는 조직, 그것이 아마도 창의를 통해 도달하고자 하는 조직의 모습이 아닐까요.

과 제

1) 창의란 무엇일까, 다시 한 번 자신만의 개념을 만들어 보세요.

2) 창의가 놀이가 아닌 부담스런 노동이 되는 사례를 조사하고 토론해 보세요.

3) 창의를 통해 조직과 구성원이 모두 윈-윈한 결과를 조사하고 토론해 보세요.

4) 한국 기업은 창의를 얼마나 존중하고 지원하는 지에 대해 조사하고 토론해 보세요.

해 석

1) "집단에 의한 의사결정은 종종 자신의 고유한 장점을 놓치는 경우가 많다. 강력한 심리적 압박이 형성될 때 특히 그렇다. 구성원들이 지나치게 긴밀한 관계에서 일을 할 때, 가치에 대한 공유가 획일화에 이를 때, 무엇보다 구성원 모두가 과도한 스트레스로 압박받을 만한 위기상황에 직면할 때 심리적 압박은 어느 때 보다 심각해진다."

(1) 이 장은 〈공존을 위한 또 하나의 선택〉(신은종, 2011, 가디언 출판) 중 창의에 관한 장을 약간 손질해서 옮겼다.

10

HR Separation _이직과 해고

1

이직과 전략적 관리

1. 이직

이직(移職)이란 조직과 구성원의 분리를 의미한다. 구성원은 다양한 이유로 조직을 떠난다. 조직 역시 다양한 이유로 구성원을 떠나보낸다. 구성원은 좀 더 나은 직장을 찾아 떠나기도 하고, 일의 세계에서 은퇴하기도 한다. 조직은 구성원의 역량이 불필요해지거나 구성원의 성과가 낮을 경우 해당 직원을 방출한다. 환경의 변화 등에 따라 조직 전체의 효율성을 높이기 위해 인력을 감축하기도 하거니와 이때에는 대규모의 이직이 발생하기도 한다.

이직에는 자발적 이직과 비자발적 이직이 있다. 자발성의 여부는 구성원의 판단에 따른 기준이다. 좀 더 나은 직장으로 옮기거나 교육, 육아 등을 이유로 조직을 떠나는 경우, 이는 자발적 이직에 해당할 수 있다. 반면, 조직의 필요에 따라 인원 감축으로 인해 구성원이 방출될 경우, 이는 비자발적 이직이다. 흔히 '정리해고'라 불리는 인원감축은 경기변동, 산업구조개편 등으로 인해 인원감축 없인 정상적인 사업의 유지가 곤란할 경우에 행해지는 인력조정방안이다. 이 경우, 노동자의 의지와 상관없이 경영상의 이유에 의해 해고가 이뤄진다는 점에서 비자발적 이직의 대표적 예라 할 수 있다. 자발성 유무에 따라 이직하는 노동자에 대한 사회적 보호에 차이가 있다. 예를 들어, 고용보험(실업보험)의 경우, 원칙적으로는 자발적 이직이 아닌 비자발적으로 이직하는 노동자를 대상으로 구직급여 등 혜택을 부여하기도 한다.

다만, '자발성'에 대한 판단은 신중을 기해야 한다. 형식적으로는 자발적 이직의 형식을 취하고 있으나 실제 내용상으로는 비자발적 이직, 곧 해고인 사례가 많기 때문이다. 소위 희망퇴직이나 명예퇴직으로 불리는 퇴직은 자발적 이직의 형식을 취하고 있으나 노동자의 의지로는 극복할 수 없는 조건에 처한 상황에서 일어나는 이직이라는 점에서 비자발적 이직이다. 권고사직 역시 노동자가 조직으로부터 이직을 권유받아 '자발적'으로 판단하는 것처럼 보이지만, 외양과 달리 해고와 유사한 비자발적 이직이다. 여성의 경우, 육아를 위해 직장을 그만두는 사례가 많다. 특히 육아의 비용을 사회적으로 분담할 수 있는 시스템이 부족한 한국의 경우, 육아와 직장생활을 동시에 행하기 곤란하여 퇴직하는 여성이 늘고 있다. 만약 육아와 직장생활을 병행할 수 없어 불가피하게 퇴직을 선택하는 경우, 이는 자발적 이직으로 보아야 하는가. 상황과 조건에 의해 강요된 퇴직이라는 점, 육아는 비단 개인의 삶을 위한 선택에 그치지 않으며 국가 공동체의 유지 존속을 위해 필요한 사회적 공헌이라는 점 등을 고려하면 비자발성이 매우 큰 이직이라 할 수 있다.

2. 이직의 여러 측면

2.1 구성원의 측면

구성원의 자아실현, 좀 더 나은 소득 등을 위해 자신에게 더 필요한 직장을 탐색하고 옮겨갈 수 있다. 다양한 경력을 쌓기 위해 새로운 분야로 진출하는 등 경력개발과 관리를 위한 이직도 주변에서 많이 볼 수 있다. 우리 헌법은 직업선택의 자유를 보장하고 있거니와 모두는 자신의 필요에 따라 자신의 선택으로 다양한 직업을 선택할 수 있는 자유가 있는 만큼 자발적 이직을 제한하는 불합리한 장벽이 없어야 한다.

자발적 이직은 구성원에게 새로운 기회를 부여할 수 있고 이를 통해 구성원의 삶의 질과 양식을 한 단계 높일 수 있다. 그러나 비자발적 이직의 경우, 구성원은 많은 곤란에 처한다. 고용관계가 단절될 경우, 구성원은 소득의 중요한 원천을 잃게 되며, 이로 인해 생활을 유지할 수 있는 경제적 기반이 침식될 수 있다. 또한 일은 소득을 얻는 수단을 넘어 자신의 소질과 능력을 발휘해 성취감을 얻고 사회가 필요로 하는 가치 생산에 참여하는 삶의 기반이기도 하다. 자신의 의지와 상관없이 조직에 의해 방출될 경우, 그는 자아실현에 필요한 공간 중 하나인 직장으로부터 단절됨으로써 자존감의 하락, 존재감 저하, 주변으로부터 쏟아지는 부정적 인식 등 많은 곤란에 처하게 된다.

2.2 기업의 측면

경영에 있어서도 이직은 긍정적 측면과 부정적 측면을 동시에 가지고 있다. 이직은 조직 내 인적 자원의 순환을 이루는 과정이라는 점에서 새로운 활력을 부여할 수 있는 가능성을 높인다. 이직으로 통해 새로운 인재가 유입될 수 있는 기회가 확보되므로 조직이 필요로 하는 역량을 얻고 문화를 개선할 수 있는 이점이 있다.

구체적으로 살펴보면, 이직은 새로운 정보와 지식을 갖춘 신입직원을 조직 내로 유입함으로써 기존의 낡은 방식에 매몰된 직무수행 관행을 바꿀 수 있다. 특히, 외부로부터 들어오는 신선한 아이디어는 혁신을 희망하는 기업이나 정체를 경험하고 있는 기업에게는 매우 중요한 자산이다. 장기근속한 직원이 이직하는 경우에는 보상비용이 줄어들기도 하고 조직 전체를 젊은 조직으로 재탄생시킬 유리함도 있다. 또한 재능있고 성과가 높은 새로운 인적 자원을 유입시킬 수 있는 기회도 생길 수 있다. 저성과자나 조직의 분위를 해치는 구성원을 내보냄으로써 구성원들의 직무윤리를 좀 더 강화할 수 있는 가능성도 있다는 점에서 이직은 조직에게 유리한 결과를 가져 올 수 있다(Mellow, 2002). 인원감축이 필요한 조직의 경우, 이직을 통해 경영에 필요한 적정규모의 인력을 조성함으로써 효율성을 높일 수 있다.

> "Turnover can, however, be beneficial. It can allow the organizations to hire new employees with more current training who are not locked into existing ways of doing things. Fresh ideas from outsiders can be critical to

organizations that have become stagnant and are in need of innovation. Turnover can also lower the average tenure of employees and translate into lower payroll expenses. Turnover also affords opportunities to promote talented, high performers. Finally, when poor performers or disruptive employees leave the organization, morale can improve among coworkers."

—Mellow, 2002, 377면 P) 420 ··· (1)

그러나 높은 이직률은 다양한 측면에서 부정적 효과를 낳는다. 특히, 이직으로 인한 경제적 비용은 시차를 두고 발생한다. 채용투자가 비용을 전환되는 등 당장 비용이 발생하는 경우도 있으나 시간을 두고 점차 부정적 효과가 확산되면서 조직 자체의 경쟁력을 잠식할 위험도 크다.

첫째, 이직에 따른 직접적인 비용이 적지 않다. 채용에 대한 투자는 직원의 이직과 함께 고스란히 비용으로 남는다. 한국경영자총협회(한국경총)에 따르면, 신입사원이 채용 후 1년 이내에 직장을 떠나는 비율이 27%를 넘는다고 한다(2016년 기준). 시계열분석자료는 청년세대의 이직률이 심각한 수준에 이르고 있음을 나타내기도 하고 있다. 한국고용정보원의 분석에 따르면, 2005년부터 2013년까지 청년세대의 고용유지율을 분석한 결과 10명 중 5명 이상이 취업 후 6개월 뒤에 퇴사하는 것으로 나타났다. 높은 이직률은 기업에게는 채용에 대한 지속적인 투자를 감소시키는 유인으로 작용할 가능성도 크다. 신입직원의 이직률이 높을 경우, 채용에 투자를 확대하는 것은 그만큼 비용이 높아질 위험이 크기 때문이다. 시어스 로벅의 분석에 따르면, 이직률이 높을수록 고객 만족도가 떨어지므로 기업으로서는 치명적일 수 있다.

미국의 경우 이직으로 인한 비용은 상식을 초월한다. 거대한 의약회사인 머크앤컴패니의 경우에는 이직비용인 노동자의 평균 연봉의 150~200%에 달하기도 하고, 미국의 경우, 대부분의 대기업은 막대한 이직비용으로 몸살을 앓고 있다고 하는 데, 한 조사에 따르면, 1천명 이상을 고용하는 기업의 경우 연간 자발적으로 회사를 떠나는 노동자의 비율이 21%에 이르며, 5천명 이상을 고용하는 기업의 경우에는 그 비율인 26%로 더 높다고 한다.

"The economic costs of turnover can be staggering. (...) it was noted that one technology company calculated turnover costs to average $200,000 per employee. Merck and Company, the pharmaceutical giant, has estimated that its turnover costs are between 150 percent and 250 percent of the employee's annual salary. Sears Roebuck estimated that turnover among its retail sales staff amounted to $110 million annually, which constituted 17 percent of its operating income. Sears also found a strong negative correlation between employee turnover and customer satisfaction. Merck and Sears are not alone; most large employers suffer from excessive turnover costs. A recent survey found that at companies with more than 1,000 employees, annual voluntary resignations averaged 21 percent. for employers with more than 5,000 employees, the rate climbed to 26 percent."

-Mellow, 2002, 377면 P) 420 … (2)

둘째. 높은 이직률은 기업에 대한 부정적 이미지를 강화한다. 높은 이직률은 대부분 높은 노동 강도, 비민주적인 조직문화, 의사소통의 단절, 불공정한 보상체계, 경력개발 기회의 부재 등과 직접적으로 연관돼 있다. 이점에서 이직률이 높다는 사실은 기업 내에 존재하는 부정적 요소를 드러내는 징후이기도 하다. 따라서 기업은 조직 전반에 대한 진단을 통해 이직률을 높이는 요소들을 진단하고 개선해 나가는 기회로 삼아야 한다. 부정적 이미지가 높아질수록 기업은 유능한 인재를 유입하는 데 불리하며 생산성 하락을 감수해야 할 경우도 많아진다.

셋째, 해고로 인한 이직이 증가할 경우, 조직 분위기를 해치는 결과를 초래할 수 있다. 고용불안이 가중되면 구성원들은 일에 몰입할 수 없으며 그만큼 생산성이 저하된다. 동료와의 경쟁도 과다해질 수 있다. 살아남기 위해서 야근을 자청하는 등 거래비용(bonding cost)이 발생하기도 하며, 동료들 간의 불화와 갈등이 심해질 확률도 높아진다. 불안정으로 인해 조직의 분위기가 어수선해질 경우, 생산성 하락은 물론이고 조직의 분위기를 다잡는데도 어려움이 커질 수 있다.

넷째, 고객만족도에도 악영향을 초래한다. 시어스 로벅에 따르면, 판매사원의 이직은 고객의 만족도에도 부정적으로 영향을 미친다. 조직의 목표와 문화는 물론 고객의 성격을 잘 알고 있는 직원이 회사를 떠날 경우, 고객은 그 만큼 세심한 배려를 받을 수 있는 확률이 떨어진다는 점에서 높은 이직률은 고객의 만족도 하락을 초래한다. 이는 다만 시어스와 같은 유통업이나 서비스업에만 해당하는 일은 아닐 수 있다.

2.3 사회적 측면

앞서 살핀 바와 같이, 이직은 구성원과 기업 모두에게 부정적인 효과와 긍정적인 효과를 동시에 지닌다. 그러나 구성원의 의지에 반하는 비자발적 이직이 높아지는 경우, 노동자의 소득 기반이 침식됨은 물론 기업 경영에 있어서도 많은 문제를 초래할 수 있어 사회 전체적으로는 비용이 증가할 가능성이 높다. 특히 무분별한 정리해고는 노사갈등을 심화시켜 사회 전반의 불신과 갈등을 높이고 사회의 활력을 떨어뜨리는 만큼 신중을 기해야 한다.

3. 전략적 이직관리

높은 이직 비용과 부정적 효과를 고려할 때, 이직을 전략적으로 관리하는 것은 현대 기업 경영에 있어 무엇보다 중요한 과제다. 마틴(Martin)과 바르톨(Bartol)은 이직의 전략적 관리가 필요하다는 점을 일찍이 제기한 경영학자다. 마틴-바르톨의 전략적 이직관리 모형(1985)은 대체가능성과 성과창출가능성 등 두 차원으로 구성된다.

성과-대체모형은 기업의 전략적 이직관리를 위해 대상 직원의 대체가능성과 성과창출 가능성을 종합적으로 판단해 결정할 것을 제안하고 있다. 예를 들어, 성과가 높고 대체가 불가능한 고성과자가 이직을 고려할 경우, 기업은 적극적인 투자와 다양한 지원 등 광범위한 보유전략(retention)을 추진해야 한다. 반면, 성과가능성이 낮은 경우에는 이직을 통한 고용관계 단절이 기업의 경쟁력 유지에 유리하다.

[마틴-바르톨의 성과-대체 모형]

<table>
<tr><td colspan="2" rowspan="2"></td><td colspan="2">대체가능성</td></tr>
<tr><td>어려움</td><td>쉬움</td></tr>
<tr><td rowspan="3">성과가능성</td><td>높음</td><td>◇대체 불가능한 고성과직원
◇이직효과: 부정적(매우 큼)
◇대응전략: 직원에 대한 투자/ 다양한 지원 확대</td><td>◇대체가 용이한 고성과직원
◇이직효과: 부정적
◇대응전략: 훈련 투자 확대</td></tr>
<tr><td>평균</td><td>◇대체 불가능한 평균 성과자
◇이직효과: 부정적(상대적)
◇대응전략: 성과향상을 위한 인센티브 부여 / 다양한 지원확대</td><td>◇대체 용이한 평균성과자
◇이직효과: 신규채용비용보다 높을 경우에는 부정적
◇대응전략: 성과향상을 위한 인센티브 부여</td></tr>
<tr><td>낮음</td><td>◇대체 불가능한 저성과자
◇이직효과: 단기적으로는 부정적이나 장기적으로는 긍정적
◇대응전략: 성과개선을 위한 훈련투자 / 다양한 지원 확대/ 혹은 고용관계 단절</td><td>◇대체 용이한 저성과자
◇이직효과: 긍정적
◇대응전략: 성과개선을 위한 지원 혹은 고용관계 단절</td></tr>
</table>

(출처: Martin, David C. and Barton, Kathryn, "Managing Turnover Strategically" Personal Administrator, Vol. 30, p.63; Mellow, 2002:37면에서 수정해 인용)

다만, 유의할 점은 마틴과 바르톨이 강조하는 것처럼, 성과가 낮은 경우라 하더라도 대체가능성의 높고 낮음과 상관없이 성과개선을 위한 적극적 투자와 다양한 지원이 필요하다는 점이다. 고용관계 단절은 기업이 선택하는 최후의 수단이 돼야 한다. 해고를 통해 성과를 높이려는 비용중심의 인력관리는 단기적으로는 비용절감 효과가 있을지 모르지만 장기적으로는 기업의 지속가능한 성장에 도움이 되지 않는다. 기업은 무엇보다 직무능력 향상과 소양함양을 위해 먼저 투자해야 한다. 지원과 투자가 해고 등 이직을 결정하는 데 선행돼야 한다.

2

퇴직

1. 퇴직

퇴직이란 구성원의 자발적 의사에 의한 노동관계(고용관계)의 종료를 의미한다. 임의퇴직, 합의퇴직, 정년퇴직 등 다양한 퇴직 유형이 있다. 퇴직은 뒤에서 살펴보는 해고와 달리 구성원의 자발적 의사에 의한 노동관계의 종료라는 점에서 자발적 이직에 해당한다.

한국의 근로기준법은 해고에 의한 노동관계의 종료만을 규율하고 있다. 퇴직에 관한 사항은 취업규칙으로 정할 수 있도록 하고 있다. 따라서 해고라는 방식 이외에 다른 방식으로 노동관계를 종료할 경우, 원칙적으로는 민법의 원리 - 고용의 원칙, 신의칙 등 - 에 따라야 한다. 다만 뒤에서 보는 바와 같이 '퇴직'이라 불려도 노동자의 의사에 상관없이 노동관계를 종료시키고자 하는 경우에는, 퇴직이 아닌 해고이므로 해고에 대한 법리와 규정이 준용된다.

2. 합의퇴직과 임의퇴직

2.1 합의퇴직

합의퇴직이란 노동자의 사직의사 표시에 대해 사용자가 수락함으로써 이뤄지는 퇴직을 말한다. 정년 전에 노동자의 희망에 따라 특별한 보상을 한 후 퇴직케 하는 소위 '명예퇴직'이나 '희망퇴직'도 다른 사정이 없다면 합의퇴직에 포함된다. 다만, '명예퇴직'과 관련해 근로자의 권리가 문제될 수 있다. 명예퇴직은 주로 구조조정의 일환으로 사용되고 있기 때문에 그 과정에서 노동자가 사직원을 제출했을 때, 그 진의(眞意)가 문제될 수 있다. 노동자의 의사표시가 진의가 아닌 의사표시일 경우 상대방이 진의가 아니라는 것을 알았거나 알 수 있었다면 그 의사표시는 무효이기 때문이다(민법 제107조). 사직 의사표시의 진의 여부는 '사직원을 내는 행위'에 대한 진의면 충분하고 '진정으로 퇴직을 원하는 지'에 대한 진정한 의사까지를 포함하지 않는다는 것이 법원의 입장이다.[(1)]

예를 들면, 구조조정의 일환으로 명예퇴직 제도를 도입하고, 선정기준에 해당하는 노동자가 명예퇴직을 위해 사직원을 제출했다면, 이때의 사직원 제출 행위는 진의의 의사표시로 해석되므로 해고의 문제는 발생하지 않는다.[(2)] 또한 노동자가 뒤에서 설명하는 경영상 해고의 대상자에 선정될 수 있다고 스스로 판단하고 퇴직금을 우대해 주는 명예퇴직을 선택해 제출한 사직원은 강요에 의한 사직원으로 볼 수 없다.[(3)]

2.2 임의퇴직

합의퇴직과 구별되는 것이 임의퇴직이다. 임의퇴직이란 노동자가 사직할 의사를 표시했음에도 불구하고 사용자의 수락이 없는 경우, 노동자가 일방적으로 노동관계를 종료시키는 것을 의미한다. 기간을 정한 근로계약의 경우라면, 임의로 퇴직한 노동자에 대해서는 사용자가 고용계약위반을 이유로 민법상 손해배상을 청구할 수 있다. 사용자에게는 기대이익, 즉 정해진 기간 동안 노동자가 노무를 제공할 것이라는 이익이 발생하기 때문이다. 반면, 기간을 정함이 없는 근로계약의 경우에는 노동자는 언제든지 사직의사를 표시할 수 있고 손해배상 문제도 발생하지 않는다.

3. 정년퇴직

3.1 정년제도와 정년퇴직

정년퇴직은 정년제도에 따라 발생하는 퇴직이다. 모든 기업은 정년제도를 두고 있다. 노동자가 일정한 연령에 도달하면 그의 의사나 능력과 상관없이 고용관계를 종료시키는 제도다. 해고예고 등 특별한 사전 조치 없이 정년으로 정한 기간이 도래하면 고용관계가 자동으로 소멸된다.

3.2 정년의 적정 수준

정년의 적정수준은 노사 당사자의 합의에 따라 정하는 것이나(혹은 취업규칙에 의해), 사회통념상 수용할 수 없는, 현저히 낮은 정년수준은 민법상 무효가 될 수 있다. 직위나 직급에 따라 서로 다른 정년을 정할 수 있다. 다만 이때에도 정년의 차이는 사회통념상 수용될 수 있는 수준이어야 한다. 다만, 성이나 국적, 신앙, 사회적 신분 등에 따라 정년에 차이를 두는 것은 허용되지 않는다. 또한 정년제도와 달리 일정한 기간 내에 승진하지 못하는 경우 강제로 퇴직하는 소위 '직급정년제'는 해고에 해당한다. 직급정년제는 이름과 달리 정년제가 아니며 따라서 다른 정당한 사유가 없는 한 무효다.[4]

3.3 정년 연장

최근 고령화의 진전과 함께 정년연장에 관심이 모이고 있다. 정년연장은 단체협약이나 취업규칙으로 연장되는 기간을 명시함으로써 가능하다. 이 경우에는 연장된 기간이 경과할 때 정년퇴직이 발생한다. 다만, 정년연장만을 이유로 호봉을 낮추는 등 기존의 근로조건을 저하시키는 것은 허용되지 않는다.

이와 관련해 한국은 최근 고령자고용촉진법을 개정, 60세 정년을 의무화하고 있다. 그러나 정년이 도래하기 전이라도 자발적 퇴직 형식으로 정년 이전에 퇴직이 가능하다는 점에 유의할 필요가 있다.

4. 당연퇴직

4.1 고용관계의 자동소멸

당연퇴직이란 일정한 사유가 발생할 경우 자동적으로 고용관계가 종료되는 제도를 말한다. 법이 정하는 사유가 발생하거나 단체협약 등으로 규정할 경우 당연퇴직이 가능하다. 다만 이때에도 사회통념상 합리성을 충족해야 한다.

4.2 기간을 정한 고용계약의 경우

기간이 정해져 있는 고용계약의 경우, 정한 기간이 도래함과 동시에 고용관계는 소멸된다. 해고예고 등과 상관없이 퇴직효과가 발생한다. 다만 고용관계의 갱신을 기대할 수 있는 상황일 경우에는 퇴직이 아닌 해고다.

특히 노동계약의 기간이 형식적인 절차에 불과한 경우 – 즉, 계약직 등 기간제 노동자라 하더라도 노동계약이 2–3년씩 지속적으로 반복 갱신된 경우 – 에는 기간이 도래했다는 이유만으로는 퇴직효과가 발생하지 않는다. 기간제 노동자의 노동계약과 관련해 2017년 대법원의 판례를 아래에 인용한다.

> “기간을 정하여 근로계약을 체결한 근로자의 경우 기간이 만료됨으로써 근로자로서의 신분관계는 종료되고 근로계약을 갱신하지 못하면 갱신 거절의 의사표시가 없어도 당연 퇴직되는 것이 원칙이다. 그러나 근로계약, 취업규칙, 단체협약

등에서 기간만료에도 일정한 요건이 충족되면 당해 근로계약이 갱신된다는 취지의 규정을 두고 있거나, 그러한 규정이 없더라도 근로계약의 내용과 근로계약이 이루어지게 된 동기 및 경위, 계약 갱신의 기준 등 갱신에 관한 요건이나 절차의 설정 여부 및 실태, 근로자가 수행하는 업무의 내용 등 당해 근로관계를 둘러싼 여러 사정을 종합할 때 근로계약 당사자 사이에 일정한 요건이 충족되면 근로계약이 갱신된다는 신뢰관계가 형성되어 있어 근로자에게 근로계약이 갱신될 수 있으리라는 정당한 기대권이 인정되는 경우에는, 사용자가 이를 위반하여 부당하게 근로계약의 갱신을 거절하는 것은 부당해고와 마찬가지로 아무런 효력이 없으므로, 근로자로서는 근로계약기간이 만료된 후에도 갱신 거절의 유효 여부를 다툴 법률상 이익을 가진다."(5)

"기간제 및 단시간근로자 보호 등에 관한 법률('기간제법'이라 한다) 제4조가 사용자는 2년의 기간 내에서 기간제 근로자를 사용할 수 있음이 원칙이고, 기간제 근로자의 총 사용기간이 2년을 초과할 경우 기간제 근로자는 기간의 정함이 없는 근로자로 본다고 규정하고 있더라도, 입법 취지가 기본적으로 기간제 근로계약의 남용을 방지함으로써 근로자의 지위를 보장하려는 데에 있음을 고려하면, 위 규정에 의하여 기간제 근로자의 갱신에 대한 정당한 기대권 형성이 제한되는 것은 아니다. 따라서 기간제 근로계약이 기간제법의 시행 후에 체결되었다고 하더라도, 그에 기한 근로관계가 반드시 2년 내에 종료된다거나 총 사용기간이 2년을 넘게 되는 갱신기대권이 인정될 수 없다고 볼 것은 아니다. 기간제 근로자에게 정당한 갱신기대권이 인정될 수 있는 경우에는 최초 계약의 근로관계 개시일 부터 2년이 지난 시점에 당연히 근로관계가 종료될 것이라고 가정하여 그 시점이 경과되었다는 이유만으로 갱신 거절의 효력을 다투는 소의 이익을 부정할 것은 아니다."(6)

3

해고

1. 해고의 개념과 특징

퇴직이 노동자가 자발적으로 노동관계를 종료시키는 과정이라면 해고는 사용자에 의해 노동관계가 소멸된다는 점에서 양자는 구별된다.

1.1 정당한 이유

근로기준법(제23조)은 정당한 이유가 없다면 해고는 물론 정직, 전직 등 처벌을 금지하고 있다. 그러나 '정당한 이유'가 무엇인가에 대해서는 논란이 있다. 판례는 정당한 이유를 "사회통념상 근로관계를 계속할 수 없을 정도로 근로자에게 책임 있는 사유가 있다든가 부득이한 경영상의 필요"로 본다. 노동자의 '책임 있는 사유'가 노동관계를 계속 유지할 수 없을 만큼의 중대한 정도에 이르렀는지 여부는 사업의 목적이나 성격, 종류, 사업장의 여건, 노동자의 지위나 직종, 업무내용, 잘못의 동기, 경위, 작업장에서의 위계질서를 문란 시킬 만한 위험 등 기업의 질서에 미칠 영향 등을 종합적으로 고려해 판단해야 한다. '정당한 이유'를 판단할 때는 노동자와 기업의 이익을 균형 있게 고려해야 한다.[7] 노동자 이익의 측면에서는, 해

고의 사유가 된 노동자의 의무위반 사항의 종류, 중요성, 빈도, 노동자가 그동안 행한 행태와의 관련성, 사용자의 공동과실책임, 근무연수, 연령, 부양의무의 범위, 해고시점에서 노동시장의 상황, 전직 가능성 등을 고려해야 한다. 기업의 이익 역시 고려해야 하거니와 사업의 기능 유지, 재산적 피해와 위험 발생 방지, 대외적 평판의 추락, 직장 내 다른 노동자에 대한 보호 등이 고려사항에 포함된다.

1.2 정당한 이유에 대한 헌법재판소의 입장

정당한 이유에 대해서는 아직까지도 논란이 있다. 특히 사회통념상 노동관계를 계속할 수 없는 정도의 책임은 판단하기가 곤란해 불명확성이 존재하는 만큼 헌법의 명확성의 원칙에 위배된다는 주장이 있다. 그러나 근로기준법의 이 조항에 대한 위헌소원에 대해, 헌법재판소는 정당한 이유가 비록 추상적인 용어이나 노동자의 책임 있는 사유에 대한 전체적 윤곽을 파악할 수 있을 정도로 판례가 축적돼 있어 헌법의 명확성 원칙에 위배되지 않는다고 하면서 다음과 같이 설명하고 있다.

첫째, 노동자의 책임 있는 사유가 일신상의 이유, 행태상의 이유, 경영상의 이유 등으로 유형화돼 있어 전체적인 윤곽을 파악할 수 있다.

둘째, 공정한 고지(예고)를 한다면 예측가능성이 있다.

셋째, 합리적 기준이 제시돼 자의적으로 해석하고 적용할 여지가 크지 않다.

넷째, 입법 기술적으로 개선이 곤란하며 - 곧, 정당한 이유를 더 명확하고 구체적으로 법에 기술하기가 곤란하며 - 변화하는 사회에 대한 법규범의 적응력 확보를 위해 보충적 해석과 판례의 집적을 통해 의미를 확인·발전시키는 것이 부적절하지 않다.(8)

1.3 절대해고 금지 사유

정당한 이유 이외에도 해고가 절대적으로 금지되는 경우가 있다. 우선, 업무상 부상이나 질병으로 요양이 필요해 일을 하지 못한 경우에는, 일하지 못한 기간과 그 후 30일 동안에는 해고가 금지된다. 여성의 경우, 출산으로 인한 휴가 등으로 일을 하지 못한 경우에도 마찬가지다. 휴가 등 쉰 기간과 그 후 30일 동안은 해고를 할 수 없으며, 육아휴직 동안에도 마찬가지다.

근로기준법

제23조(해고 등의 제한)

① 사용자는 근로자에게 정당한 이유 없이 해고, 휴직, 정직, 전직, 감봉, 그 밖의 징벌(이하 "부당해고등"이라 한다)을 하지 못한다.

② 사용자는 근로자가 업무상 부상 또는 질병의 요양을 위하여 휴업한 기간과 그 후 30일 동안 또는 산전(産前)·산후(産後)의 여성이 이 법에 따라 휴업한 기간과 그 후 30일 동안은 해고하지 못한다. 다만, 사용자가 제84조에 따라 일시보상을 하였을 경우 또는 사업을 계속할 수 없게 된 경우에는 그러하지 아니하다.

---

2. 징계해고

2.1 징계해고의 개념

징계해고란 노동의 귀책사유로 인한 해고를 말한다. 해고는 노동자의 소득기반이 파괴되고 기업의 측면에서 축적된 숙련의 상실, 노동의욕 상실 등 부정적 효과를 수반한다는 점에서 신중을 기할 필요가 있다. 근로기준법은 해고에 있어 신중을 기할 것을 사용자의 의무로 부과하고 있다. 사회통념에 비추어 보았을 때, 계속해서 노동관계를 유지하는 것이 곤란할 만큼의 잘못이 있을 경우에만 해고가 가능하다. 따라서 노동자의 잘못이 이에 이르지 못할 경우에는 해고해서는 안 되며, 필요하다면 잘못의 정도에 부합하는 해고 이외의 징계방안(정직, 감봉, 견책 등)을 적용할 수 있다.

2.2 해고 사유의 정당성

(1) 근무태도 불량

무단결근, 정당한 업무명령 거부, 근무태만, 직장질서문란, 회사명예 실추 등 근무태도 불량은 해고사유에 해당할 수 있다. 구체적인 사례를 통해 살펴보자.

가. 무단결근

무단결근이란 사용자의 승인 없이 결근하거나 사용자의 정당한 출근명령에도 불구하고 불복하는 경우로, 노동계약 상 성실의무를 위반하는 대표적 사례다. 해고의 정당성과 관련해서는 무단결근 일수가 문제가 되는 데, 원칙적으로는 단체협약이나 취업규칙으로 정할 문제이며, 통상 3일 이상의 무단결근은 해고 사유에 해당하는 것으로 본다.

다만, 대법원은 기업의 인사위원회의 규정 등에 명시된 무단결근 조항을 해석함에 있어 신중을 기할 것을 요구하고 있다. '7일 이상의 무단결근'을 해고 사유로 규정한 회사의 사례에서, 대법원은 시간적 제한이 없이 합계 7일 이상의 무단으로 결근한 모든 경우를 포함하는 것이 아니라 '상당한 기간' 내의 무단결근 일수만을 고려해야 한다고 판시하고 있다. 해당 판례를 인용한다.

> "회사의 인사위원회규정에 '7일 이상 무단결근하였을 때'에 대하여 5가지 징계의 종류 중 해고처분만을 할 수 있도록 규정하고 있으며, 단체협약에도 '정당한 사유 없이 7일 이상 무단결근하였을 때'를 징계위원회에 회부할 수 있는 사유로 규정하고 있다면, 해고는 징계처분 중 가장 무거운 처분으로서 사회통념상 고용계약을 계속시킬 수 없을 정도로 근로자에게 책임이 있는 사유가 있는 경우에야 할 수 있는 것인 점에 비추어 인사위원회규정에 의한 징계해고사유인 '7일 이상 무단결근 하였을 때'란 일정한 시간적 제한이 없이 합계 7일 이상의 무단결근을 한 모든 경우를 의미하는 것이 아니라 상당한 기간 내에 합계 7일 이상의 무단결

근을 한 경우를 의미한다고 제한적으로 해석하여야 한다."[9]

> "원고가 1991년 1월에 5회, 1992년 3월에 2회 무단결근을 하여 1년 2개월에 걸쳐 합계 7회의 무단결근을 한 것이라면, 이는 사회통념상 고용관계를 계속할 수 없을 정도로 상당한 기간 내에 7회 이상의 무단결근을 한 것이라고 볼 수는 없으므로 이는 인사위원회규정 소정의 징계해고사유에 해당되지 않는다고 할 것이다."[10]

무단결근을 이유로 해고하는 경우도 구체적인 사정을 고려해야 한다. 형사사건으로 인한 구속이나 교통사고 등으로 입원한 경우처럼 회사가 그 사정을 잘 알고 있거나, 노동자가 결근사실을 통보할 수 없는 객관적 사정이 있을 경우에는 무단결근만을 이유로 해고 할 수 없다.[11]

나. 정당한 업무명령 거부

사용자의 정당한 업무지시에 대해 타당한 이유 없이 불복하는 경우 노동계약 의무 위반, 직장규율 질서 문란, 노사신뢰 저해 등을 초래하므로 해고 사유에 해당할 수 있다. 경영자가 행하는 전직·전보 등 재배치는 인사권의 하나로 경영권의 중요한 내용이다. 그러나 전직·전보 처분이 실질적으로는 징계처분의 일환으로 이뤄졌고 이로 인해 노동자가 입는 생활상의 불이익의 정도가 큰 반면, 진보의 업무상 필요성이 적을 경우에는 그 전직처분은 무효다.

대법원은 "전보나 전직은 원칙적으로 인사권자인 사용자의 권한에 속하므로 업무상 필요한 범위 내에서는 상당한 재량을 인정하여야"한다고 판시했다. 그러나 이 전보가 "근로기준법 등에 위반하거나 (사용자의) 권리남용에 해당하는 등의 특별한 사정이 있는 경우에는 허용되지 않는다."[12]

따라서 "전직처분이 정당한 인사권의 범위 내에 속하는지 여부는 전직명령의 업무상의 필요성과 전직에 따른 근로자의 생활상의 불이익과의 비교교량, 근로자 본인과의 협의 등 전직명령을 하는 과정에서 신의칙상 요구되는 절차를 거쳤는지의 여부 등에 의하여 결정되어야 한다"고 대법원은 판시하고 있다. 해당 사례에 대한 구체적 내용을 아래에 인용한다.

> "항공회사가 운전원인 근로자에게 소음 방지를 이유로 이어폰을 착용하고 교신을 들을 것을 지시했으나 근로자가 안전운전을 이유로 이에 따르지 않자 인사위원회에서 근로자에 대해 견책 및 타부서 전출을 결정하고 이에 근로자에 대하여 아무런 사전 협의를 거치지 아니하고 제주지점으로 전보발령을 한 사안에서, 근로자가 근무지를 서울에서 제주로 변경하게 되면 주거나 교통, 자녀 교육, 부부생활 등의 점에서 상당한 생활상의 불이익을 입을 것으로 보여지고, 더구나 회사는 제주지점에서 운전원을 필요로 하는 구체적 사정을 주장·입증하지 아니할 뿐만 아니라 제주지점의 운전원은 현지 채용이 원칙으로서 제주지점에서도 마지못해 당해 근로자를 받아들였다는 점 등에 비추어 보면, 근로자에 대한 전보명령은 근로자의 상당한 합리성이 있는 이어폰 착용 거부에 대한 보복의 수단으로서 실질적으로는 징계처분의 일환으로 이루어진 것으로 보이고 전보로 인하여 근로자가 입는 생활상의 불이익의 정도보다 전보에 대한 업무상의 필요성이 크다고 볼 수 없어 근로자에 대한 전보처분은 무효다."[13]

연장근로와 관련해서는 노동자의 거부 행위가 정당한 것으로 인정된다. 따라서 노동자가 "관행상 계속 행해지는 연장근로를 거부하는 행위는 정당한 권리의 행사"로서 징계사유에 해당하지 않는다.[14]

다. 근무성적 불량

성과저조 등 근무성적 불량이 해고 사유에 해당하는 지에 대해서는 많은 논란이 있다. 특히 최근 저성과자에 대한 해고 문제가 사회적 논란이 되고 있어 이에 대해 명확히 이해할 필요가 있다. 저성과자의 개념과 관련된 판례는 "해당 근로자에게 그의 직위와 보수에 비추어 일반적으로 기대되는 최저한의 실적"에 미치지 못하는 자를 저성과자로 규정하고 있다.[15] 근무성적이 지속적으로 불량한 자, 즉 노동자가 반복하여 불완전한 노무(혹은 업무수행실적)를 제공하거나 정상적인 작업능력을 밑도는 열등한 급부를 제공할 경우 저성과자에 해당한다고 볼 수 있다(김승휘, 2012). 다만, 저성과는 단순히 일회적인 성과부족을 의미하지 않으며 지속적으로 나타난 결과로 보는 것이 타당하다.

> "실제로 근무성적 평정결과가 3년 연속 최하위인 경우, 2년 연속 종합평가 하위 10%에 해당하여 해고된 경우, 약2년 간의 미수금 관리실적이 현저히 부진한 경우, 보험금 거수실적이 다년간 현저히 낮은 경우 등 성과의 낮음이 장기간 지속되는 경우에 해고가 이뤄지는 것이 일반적이다"
>
> -김승휘, 2012

라. 직장질서 문란

사업장이탈, 출근부 부정기입, 음주나 도박, 욕설·폭언·위협, 직장 내 성희롱 등이 이에 해당한다. 무단으로 사업장을 이탈하거나 출근부에 사실과 다르게 부정으로 기입하는 행위, 음주나 도박 등이 작업장이나 기숙사 등에서 행해지는 경우 해고 사유가 될 수 있다. 욕설이나 폭언이 반복적으로 행해지고 직장규율을 해칠 만큼 심각하거나 직장 내 성희롱은 해고 사유에 해당한다.[16]

마. 명예실추

직장의 내부 사실을 공표해 기업의 비밀을 누설하거나 명예, 신용 등을 훼손하는 해고 사유에 해당할 수 있다. 사내 여론조사나 유인물 배포행위 등으로 사회적 물의를 빚거나 회사의 명예를 실추시키는 사례가 있다. 이와 관련해 대법원은 사내 여론조사나 유인물 배포 행위의 정당성 여부와 해고사유에 해당하는 지에 대해 다음과 같이 판시했다.[17]

첫째, 여론조사나 유인물 배포는 그 자체를 금지할 사항은 아니다. 그 정당성 여부는 여론조사나 유인물의 내용이나 방법, 이로 인해 기업에 미치는 영향을 기준으로 판단해야 하면 단순히 회사의 방침만으로 결정할 일은 아니다.

> "회사가 취업규칙에서 여론조사나 유인물의 배포에 관하여 회사의 사전 승인을 얻도록 하고 있다고 할지라도 근로자들의 근로조건의 유지·향상이나 복지 증진을 위한 정당한 행위까지 금지할 수는 없는 것이므로 그 행위가 정당한가 아닌가는 회사의 승인 여부만을 가지고 판단할 것은 아니고, 그 유인물의 내용, 매수, 배포의 시기, 대상, 방법, 이로 인한 기업이나 업무에의 영향 등을 기준으로 하여야 한다."(18)

둘째, 배포된 유인물의 내용이 사용자의 인격, 신용, 명예 등을 훼손할 염려가 있고 사실관계가 일부 허위이거나 표현이 과장됐다 하더라도 문서배포의 목적이 타인의 권리를 침해하려는 데 있지 않고 노동조건의 개선에 있다면 노동자의 정당한 활동 범위에 포함된다.

> "유인물로 배포된 문서에 기재되어 있는 문언에 의하여 타인의 인격, 신용, 명예 등이 훼손 또는 실추되거나 그렇게 될 염려가 있고, 또 그 문서에 기재되어 있는 사실관계의 일부가 허위이거나 그 표현에 다소 과장되거나 왜곡된 점이 있다고 하더라도 그 문서를 배포한 목적이 타인의 권리나 이익을 침해하려는 것이 아니라 근로조건의 유지·개선과 근로자의 복지 증진 기타 경제적·사회적 지위의 향상을 도모하기 위한 것으로서 그 문서의 내용이 전체적으로 보아 진실한 것이라면 이는 근로자들의 정당한 활동범위에 속한다."(19)

(2) 범법행위

노동계약에서의 사용자는 계약에 의거해 노동력을 활용할 수 있는 지휘·명령권을 행사할 수 있다. 따라서 사회적으로 비난의 대상이 되는 범법행위에 대해서는 사용자는 원칙적으로 이에 대한 책임을 추궁할 권리가 없다. 다만, 노동자의 범죄행위로 인해 노무제공 의무를 을 실추한 경우 등에 있다.

이와 관련해 대법원은 유죄확정판결을 해고사유로 정한 회사의 경우에는 항소심의 진행 등 '확정' 판결이 나기 전에 행한 해고는 무효임을 판시하고 있다.

> "근로자가 범죄행위로 인하여 유죄의 확정판결을 받은 사실을 징계규정에 해고사유(당연 퇴직사유나 휴직 중에 있는 근로자에 대한 퇴직사유의 경우와는 다르다)로 규정하는 것은 그 범죄행위로 인하여 근로자의 기본적인 의무인 근로제공의무를 이행할 수 없는 상태가 장기화되어 근로계약의 목적이 달성될 수 없는 경우뿐만 아니라 그 범죄행위로 인하여 사용자인 회사의 명예나 신용이 심히 실추되거나 거래관계에 악영향을 끼친 경우 또는 사용자와 근로자간의 신뢰관계가 상실됨으로써 근로관계의 유지가 기대될 수 없는 경우에도 근로계약상의 의무를 침해한 것으로 보기 때문이라고 할 것이므로, 징계규정상의 해고사유인 '유죄의 확정판결을 받은 자' (중략)를 '근로제공이 불가능한 신체의 구속 상태가 해소되지 아니하는 내용의 유죄판결(예컨대 실형판결)을 받은 자'만을 의미하는 것으로 볼 수는 없다. 그런데 징계처분이 적법하기 위하여는 처분 당시에 징계사유가 존재하여야 할 것이므로 처분 당시에 유죄판결이 확정되어야 하고 처분 당시 유죄판결이 확정되지 아니한 이상 징계처분 후에 확정된다고 하여 하자가 치유된다고 볼 수는 없는 것인바, 기록에 의하면, 피고 회사는 1994. 10. 1. 원고를 징계해고 하였는데, 원고는 이 사건 사고로 인하여 1994. 11. 29. 기소되었으므로(생략), 단체협약 등 징계규정 소정의 '유죄의 확정판결을 받은 자'에 해당하지 아니하였다고 할 것인데도, 피고가 이를 징계사유로 삼은 것은 잘못이라고 할 것이다."[20]

기타 회사의 건강한 질서를 해치는 폭행, 업무와 관련해 회사의 재산을 횡령하거나 뇌물수령, 공금유용 등도 해고 사유에 해당한다.

(3) 경력 등 사칭 및 전과 등 은폐

경력이나 학력을 허위로 기재하는 경우 채용과정에서 기업의 판단에 영향을 미칠 수 있으므로 해고 사유가 될 수 있다. 다만, 이 경우에도 경력사칭의 동기와 내용, 이로 인해 기업의 인사관리 등 질서를 현저히 침해하는 경우에 한해 해고의 정당성이 인정된다. 무엇보다 경력이나 학력을 허위로 기재할 경우, 사용자가 이 사실을 알았다면 노동계약을 체결하지 않았을 것이라 인정되는 정도에 이를 때 비로소 해고의 정당한 이유에 해당한다. 이와 관련한 대법원 판례의 요지를 아래에 수정해서 인용한다.

> "근대적 기업에 있어서 사용자가 노동자를 고용함에 있어서 경력 등을 기재한 이력서를 요구한 이유는 노동자의 기능, 경험 등 노동력 평가의 자료로 활용하기 위해서 뿐만 아니라 그 노동자의 직장에 대한 정착성, 기업질서, 기업규범에 대한 적응성 기타 협조성 등 인격조사자료로 활용함으로써 노사간의 신뢰관계의 설정이나 기업질서의 유지안정을 도모하고자 하는 데에도 그 목적이 있다. 따라서 노동자가 그 이력서에서 그 경력을 은폐하거나 사칭한 내용이 위 두 가지 목적 중 어느 것에 관계되든지간에 사용자의 노동자에 대한 신뢰관계나 기업질서 유지 등에 영향을 주는 것으로써 그 전력사칭이 사전에 발각되었다면 사용자는 고용계약을 체결하지 아니하였거나 적어도 동일조건으로는 계약을 체결하지 아니하였을 것으로 인정되는 정도의 것이라면 그 노동자에 대한 징계해고사유가 된다."[21]

학력사칭과 관련해, 높은 최종학력을 낮게 사칭하는 이른바 '소극적 사칭'에 대한 서울행정법원의 판례 역시 주목할 만하다. 실제로 4년제 대학을 졸업하였음에도 최종 학력을 고등학교 졸업으로 기재한 경우가 이에 해당한다. 해당 판례를 요약해 인용한다.

> "[이 경우에도] 회사(주로 고졸 생산직이 다수를 이루는 회사임)가 노동자를 채용하면서 학력에 관한 조건을 구체적으로 명시하지 않았고, 대졸 신입 직원의 경우 위화감을 조성할 수 있다는 회사의 이유가 합리적이지 않다는 점, 해당 노동

자가 용접기능사 자격증을 취득하고 생산직 노동자로 채용된 것이어서 최종 학력 자체는 근로계약의 본질적인 내용과 직접적인 관련성이 없는 점, 해당 노동자가 회사에 취업한 이래 담당업무를 받아들이는 자세가 불량하고 상급자가 업무지시할 때 부담을 느끼며, 직원 간에 위화감을 조성하는 등 업무의 능률과 직장내 인화단결에 저해를 주었다고 볼 만한 사정이 없는 점 등에 비추어 보면, 해당 노동자의 학력사칭은 사전에 발각되었다면 원고는 노동계약을 체결하지 아니하였거나 적어도 동일조건으로는 계약을 체결하지 아니하였을 것이라는 인과관계가 건전한 상식에 비추어 인정될 수 있을 정도로 중대한 경력사칭이라고 보기 어렵다."[22]

(4) 이중취업 및 겸업 등

투잡(two jobs) 혹은 N-잡이 점차 증가하고 있다. 이중취업이나 겸업은 그 자체만으로는 해고사유에 해당하지 않는다. 다만 이로 인해 작업능률이나 실적이 저하되거나 직장의 규율 문란, 비밀누설 등 경영상 피해가 입증된다면 해고사유가 될 수 있다. 취업규칙 등에 제한이 없다면 노동자의 겸업을 전면 금지하는 것은 노동시간 이외의 시간을 자유롭게 사용하는 것을 제한하므로 합리성이 떨어진다. 다만, 겸업으로 인해 작업능률이 저하되거나 회사의 경영에 영향을 미칠 수 있으므로 겸업 시 회사의 승낙을 얻도록 취업규칙 등에 정하는 것은 부당하지 않다.[23]

2.3 절차의 정당성

(1) 서면통지

해고가 효력을 발휘하기 위해서는 사용자가 해고의 사유와 시기를 서면으로, 사전에 통지해야 한다. 이때 사용자의 해고통보는 그 이유를 명확히 해야 하며 해당 노동자가 구체적으로 이해할 수 있어야 한다. 구두통보는 원칙적으로 해고의 효력이 없으므로 사용자는 반드시 서면으로 해고의 구체적 사유를 적어 통보해야 한다. 대법원은 다음과 같은 판결을 통해 서면통지의 중요성을 강조하고 있다.

> "근로기준법 제27조는 사용자가 근로자를 해고하려면 해고사유와 해고시기를 서면으로 통지하여야 효력이 있다고 규정하고 있는데, 이는 해고사유 등의 서면 통지를 통하여 사용자에게 근로자를 해고하는 데 신중을 기하게 함과 아울러, 해고의 존부 및 시기와 사유를 명확하게 하여 사후에 이를 둘러싼 분쟁이 적정하고 용이하게 해결될 수 있도록 하고, 근로자에게도 해고에 적절히 대응할 수 있게 하기 위한 취지이므로, 사용자가 해고사유 등을 서면으로 통지할 때에는 근로자의 처지에서 해고사유가 무엇인지를 구체적으로 알 수 있어야 한다."[24]

근로기준법

제27조(해고사유 등의 서면통지)

① 사용자는 근로자를 해고하려면 해고사유와 해고시기를 서면으로 통지하여야 한다.

② 근로자에 대한 해고는 제1항에 따라 서면으로 통지하여야 효력이 있다.

③ 사용자가 제26조에 따른 해고의 예고를 해고사유와 해고시기를 명시하여 서면으로 한 경우에는 제1항에 따른 통지를 한 것으로 본다.

---

(2) 해고 예고

해고 이전 사용자는 적어도 30일 이전에 예고해야 한다. 예고를 하지 않을 경우에는 30일 분의 임금(통상임금)을 지급해야 한다. 또한 해고가 부당할 경우 노동자는 노동위원회에 부당해고 구제를 신청할 수 있다. 해고예고제도의 근본적인 목적은 노동가 해고에 대비해 새로운 일자리를 구할 수 있는 시간적이고 경제적인 여유를 주려는 데 있다. 대법원은 해고예고의 취지를 아래와 같이 명시하고 있다.

> "근로기준법 제26조에서 사용자가 근로자를 해고하는 경우 적어도 30일 전에 예고를 하여야 하고, 30일 전에 예고를 하지 아니하였을 때에는 30일분 이상의

통상임금을 지급하도록 규정한 취지는 근로자로 하여금 해고에 대비하여 새로운 직장을 구할 수 있는 시간적 또는 경제적 여유를 주려는 것이므로, 사용자의 해고예고는 일정 시점을 특정하여 하거나 언제 해고되는지를 근로자가 알 수 있는 방법으로 하여야 한다."[25]

근로기준법

제26조(해고의 예고) 사용자는 근로자를 해고(경영상 이유에 의한 해고를 포함한다)하려면 적어도 30일 전에 예고를 하여야 하고, 30일 전에 예고를 하지 아니하였을 때에는 30일분 이상의 통상임금을 지급하여야 한다. 다만, 천재·사변, 그 밖의 부득이한 사유로 사업을 계속하는 것이 불가능한 경우 또는 근로자가 고의로 사업에 막대한 지장을 초래하거나 재산상 손해를 끼친 경우로서 고용노동부령으로 정하는 사유에 해당하는 경우에는 그러하지 아니하다.

제28조(부당해고등의 구제신청)

① 사용자가 근로자에게 부당해고등을 하면 근로자는 노동위원회에 구제를 신청할 수 있다.

② 제1항에 따른 구제신청은 부당해고등이 있었던 날부터 3개월 이내에 하여야 한다.

---

3. 경영상 이유에 의한 해고 (소위 정리해고)

3.1 개념

경영상 해고란 산업구조의 변화, 기술 변화 등 경영환경에 대응하기 위해 기업의 잉여인력을 감축하거나 인원구성을 변경하기 위해 행하는 해고다. 노동자의 귀책 사유를 요건으로 하지 않는다는 점에서 징계해고와 구별된다. 경영상 해고는 기업의 유지 존속을 위해 불가피하게 행해지는 해고이나, 남용될 경우 노동자의 생존과 생활을 위협하고 사회불안을 가중시킬 수 있는 만큼 신중히 행사돼야 한다.

3.2 경영상해고의 정당성

경영상 해고는 사회적 부작용이 큰 만큼 불가피한 상황이라 하더라도 신중하게 행사돼야 한다. 근로기준법은 경영상 해고의 정당성 요건을 엄격히 규율하고 있다.

(1) 긴박한 경영상의 필요

경영상 해고가 정당하기 위해서는 긴박한 경영상의 필요성이 존재해야 한다. 집단적 해고나 인력조정이 이뤄지지 않는다면 회사가 도산하는 등 고도의 위기에 처할 개연성이 명백해야 한다. 집단적 해고를 단행하지 않는다면 회사가 도산의 위기에 처할 명백한 이유가 존재하거나 경영악화로 사업을 계속할 수 없는 경우, 재정상 심각한 위기에 놓일 개연성이 있는 경우에 한하여 정당한 경영상 해고가 인정된다. 대법원은 이에 더해 장래에 올 수 있는 위기에 미리 대처할 필요가 있는 경우도 '긴박한 경영상의 필요'에 포함하고 있으나 이때에도 객관적 합리성이 인정돼야 한다.

> "근로기준법 제24조 제1항에 의하면, 사용자가 경영상 이유에 의하여 근로자를 해고하려면 긴박한 경영상의 필요가 있어야 한다. 여기서 긴박한 경영상의 필요라 함은 반드시 기업의 도산을 회피하기 위한 경우에 한정되지 아니하고, 장래에 올 수도 있는 위기에 미리 대처하기 위하여 인원 감축이 필요한 경우도 포함되지만, 그러한 인원 감축은 객관적으로 보아 합리성이 있다고 인정되어야 한다."(26)

명백한 긴박성을 판단하기 위해서는 총자본수익률, 고정자본 구성비율, 영업실적, 채무금 상황 등 다양한 요소를 종합적으로 고려해야 한다. "자본금이 8억 원인 회사가 계속적인 노사분규로 1년 동안 4억 원의 적자가 발생하고 경영사정이 호전될 전망이 보이지 않을 경우 고도의 위기에 처했다"고 본 사례(대판90 누 9421)가 있다. 반면, "대폭적인 적자를 예상하여 정리해고를 단행했으나 손실액이 예상보다 25%가 적었던 점, 수출이 지속되고 있고 원료가격 인하, 금융여건 호전 등 여건이 회복되고 있다는 점에서 이 해고는 부당하다"는 판례(대판, 89 다카 24445)도 있다.

(2) 해고회피 노력

해고회피노력을 다해야 한다. 긴박한 경영상 이유가 발생한다 해도 곧바로 해고에 의존해서는 안 되며 기업은 해고를 회피하기 위한 가능한 노력을 모두 기울여야 한다. 경영방침 개선, 작업과정의 합리화, 경영진 교체, 하도급 해약 등을 통해 가급적 비용을 줄이는 자구노력을 기해야 한다. 특히 경영이 위기에 빠지는 데 적절히 대응하지 못한 경영진에 대해서 책임을 묻는 등 자정 노력도 기울여야 한다. 사무실의 규모를 축소하고 임원의 임금을 동결, 신규채용 절제 등 비용 절감을 위한 자구노력을 성실히 이행해야 한다. 연장근로 축소, 근로시간 단축 등 일자리를 나누거나 불필요한 작업을 최소화하는 노력을 성실히 이행해야 한다. 일시휴업이나 희망퇴직자를 모집해 비자발적 이직을 최소화하도록 노력해야 한다.

대법원은 경영상 이유에 의한 해고의 요건 중 해고회피노력에 대해,

> "[중략] '해고를 피하기 위한 노력을 다하여야 한다'는 것은 경영방침이나 작업방식의 합리화, 신규채용의 금지, 일시휴직 및 희망퇴직의 활용 및 전근 등 사용자가 해고범위를 최소화하기 위하여 가능한 모든 조치를 취하는 것을 의미하고, 그 방법과 정도는 확정적·고정적인 것이 아니라 그 사용자의 경영위기의 정도, 정리해고를 실시하여야 하는 경영상의 이유, 사업의 내용과 규모, 직급별 인원상황 등에 따라 달라지는 것이다"[27]라고 판시했다.

은행합병과 관련한 대법원의 판례는 해고회피 노력의 구체적 양상을 보여주거니와 아래에 인용한다.

> "합병 전 00은행은 존립의 위기에 직면한 상황에서 금융감독위원회와 예금보험공사에 경영개선계획을 제출하고 합병을 성공시키는 등의 노력을 통하여 예

금보험공사로부터 3조 2,642억 원의 공적자금을 지원 받아 회생의 기회를 마련하였던 점, 신규채용을 중단하고 월평균임금의 8개월분에 해당하는 특별퇴직금을 지급하기로 하여 희망퇴직자를 모집하였던 점, 희망퇴직자 중 일부를 계약직으로 전환하여 재취업시키고, 일부는 자회사나 관련 업체에 취업 알선하였으며, 또 일부에 대하여는 재취업을 위한 연수를 실시하는 등 퇴직자를 배려하는 상당한 조치를 취하였던 점, 노동조합과의 협의 과정을 거쳐 당초 356명 해고계획에서 282명만을 해고하는 것으로 해고인원을 감축 합의하였던 점을 고려해 보면, 피고 은행은 해고회피노력을 다하였다고 할 것이다. 한편, 피고 은행이 합병 후 260개 점포를 폐쇄하고 본부조직도 총 67개 부서를 통폐합하여 34개 부서만 남긴 사정에 비추어 보면 피고 은행은 심각한 인원과잉상태에 있었다고 보이므로 원심이 지적하고 있는 하향배치전환 또는 전적 등의 방법으로 해고를 회피할 수 있었다고 볼 특별한 사정이 없는 한 그 사정을 들어 피고 은행이 해고회피노력을 다하지 않았다고 할 수 없다."(28)

(3) 합리적인 대상자 선정

합리적이고 공평한 대상자를 선정해야 한다. 대상자 선정은 매우 중요한 과정이다. 기업의 이익을 고려하면서도 노동자의 생활보호와 균형을 이루어야 한다. 대상자의 합리적 선정에 대한 일률적 기준은 아직까지 마련되지 않았으나, 주로 노동자의 근속기간, 가족상황 등 생활보호적 측면을 고려해야 하며, 업무수행능력, 기여도 등 기업의 이익도 절충해야 한다.

"직원을 감원함에 있어 평소 근무성적, 상벌관계, 경력, 기능의 숙련도 등 다양한 기준에 따라 감원대상자를 선정한 것은 정당하다"는 판례(대판 86 누 690)가 있으며, "장기근속자를 우선적 해고 대상자로 선정한 것은 정당성이 없다"는 판례(대판 92 다 34858)도 있다. "퇴직금 이외에 별도의 퇴직수당을 지급하는 방법을 통해 희망퇴직자를 모집하고, 이를 먼저 퇴사시키는 것"은 해고대상자 선정의 공정성이 인정된다는 판례가 있다. 해고대상자의 선정범위는 감원의 원인이 된 경영합리화의 조치로 폐지되는 직무와 동일하거나 유사한 부문의 노동자를 대상으로 하여야 한다. 곧, 조직개편과 관계없는 직종, 직급을 우선 해고대상자로 선정할 경우에는 정당성이 인정되지 않는다.

(4) 성실한 협의와 예고

노동자 대표와 성실한 협의가 선행돼야 한다. 경영상 해고는 불특정다수의 노동자가 귀책사유 없이 직장을 잃는다는 점에서 기업 구성원과의 성실한 사전협의가 필수적이다(근로기준법 31조3항). 노동자 대표와 관련, 노동자 과반수로 조직된 노동조합이 있는 경우에는 그 노동조합이 대표자가 되며, 그렇지 아니한 경우에는 노동자의 과반수를 대표하는 자를 선정해야 한다. "사용자가 근로자대표에게 경영상 해고계획을 통보했다 하더라도 해고회피방법, 해고대상자 선발기준, 경영상 해고가 필요한 이유 등에 대해 충분히 설명하지 않거나, 근로대표의 협의 요구에 응하지 않은 경우, 일방적으로 회사의 방침을 제시하고 고의로 협의를 무산시킨 경우"에는 성실한 협의가 이뤄진 것으로 볼 수 없어 무효다. 또한 50일 이전에 해고계획을 통보해야 한다. 해고예고 기간을 50일 이상 둠으로써 새로운 직장을 찾을 수 있는 시간적 여유를 제공해야 한다.

근로기준법

제24조(경영상 이유에 의한 해고의 제한)

① 사용자가 경영상 이유에 의하여 근로자를 해고하려면 긴박한 경영상의 필요가 있어야 한다. 이 경우 경영 악화를 방지하기 위한 사업의 양도·인수·합병은 긴박한 경영상의 필요가 있는 것으로 본다.

② 제1항의 경우에 사용자는 해고를 피하기 위한 노력을 다하여야 하며, 합리적이고 공정한 해고의 기준을 정하고 이에 따라 그 대상자를 선정하여야 한다. 이 경우 남녀의 성을 이유로 차별하여서는 아니 된다.

③ 사용자는 제2항에 따른 해고를 피하기 위한 방법과 해고의 기준 등에 관하여 그 사업 또는 사업장에 근로자의 과반수로 조직된 노동조합이 있는 경우에는 그 노동조합(근로자의 과반수로 조직된 노동조합이 없는 경우에는 근로자의 과반수를 대표하는 자를

말한다. 이하 "근로자대표"라 한다)에 해고를 하려는 날의 50일 전까지 통보하고 성실하게 협의하여야 한다.

④ 사용자는 제1항에 따라 대통령령으로 정하는 일정한 규모 이상의 인원을 해고하려면 대통령령으로 정하는 바에 따라 고용노동부장관에게 신고하여야 한다.

⑤ 사용자가 제1항부터 제3항까지의 규정에 따른 요건을 갖추어 근로자를 해고한 경우에는 제23조제1항에 따른 정당한 이유가 있는 해고를 한 것으로 본다.

3.3 우선 재고용

경영상 해고는 노동자의 귀책사유 없이 경영위기, 산업구조의 변동 등에 기인한 해고인 만큼 기업은 해고에 신중을 기해야 함은 물론 해고 이후에도 정상화를 위해 최선의 노력을 다해야 한다. 기업의 정상화의 결과 역시 해고된 노동자에게 수혜가 우선적으로 돌아가야 함은 물론이다. 우리 법은 이와 관련해 소위 리콜(recall) 의무를 규율하고 있다. 즉, 경영상 해고를 단행한 기업이 경영사정이 나아져 신규채용이 필요한 경우에는 해고된 노동자가 원한다면 그를 우선적으로 고용해야 한다.

근로기준법 제25조(우선 재고용 등)는 "제24조에 따라 근로자를 해고한 사용자는 근로자를 해고한 날부터 3년 이내에 해고된 근로자가 해고 당시 담당하였던 업무와 같은 업무를 할 근로자를 채용하려고 할 경우 제24조에 따라 해고된 근로자가 원하면 그 근로자를 우선적으로 고용하여야 한다."고 규정하고 있다. 그러나 벌칙조항이 없어 기업이 재고용의 의무를 다하지 않을 경우 이를 강제할 수단이 없다. 다만 해당노동자는 이 규정에 따라 취업청구권이 방생하므로 이를 근거로 사용자에 대해 민사상 손해배상을 제기할 수 있다.(29)

4

저성과자 관리

1. 가장 곤혹스런 일

미국의 경영자에게 경영에 있어 가장 곤혹스런 일이 무엇인가 물어보면 두 가지를 드는 경우가 많다. 그 하나는 해고이고 또 다른 하나는 평가다. 평가와 해고는 '언제나 불편함을 동반하는 일'이지만, 뒤집어 생각하면 경영의 성공을 위해 필요한 가장 전략적인 지점이기도 하다(여기서 전략적이란 말은 매우 비인간적이어 보인다. 그러나 기업경영이 짊어진 숙명과도 같은 것이 평가와 해고다). 우리나라의 경영자도 마찬가지다. 특히 한국의 노동관계법은 해고에 대해 미국 등 서구와 비교해 볼 때 상대적으로 엄격히 규율하고 있어, 그 어려움은 미국의 경영자에게 비할 바 아닐지도 모르겠다. 해고에 대한 제한의 정도는 나라마다 다르지만, 그 제한의 정도가 심할수록 저성과자에 대한 관리는 더욱 어려워진다.

저성과자에 대한 관리, 이는 인재 중심 경영을 표방하는 현대 인적자원관리가 직면한 힘겨운 도전이다. 인재중심의 철학과 저성과자의 관리를 어떻게 조화시킬 수 있는가? 저성과자를 관리하는 방식은 나라마다, 기업마다 다르다. 해고의 자유가 폭넓게 인정되어 있는 미국의 경우에는 성과평가 결과에 따라 솎아내는 전략(rank and yank)이 일반적이다. 해고 자유의 한 측면만을 보면 한국 경영자들이 부러워 할 만큼 채용과 해고의 자유가 폭 넓게 보장되고 있다. 그러나 해고의 자유(firing at will)가 사회적으로 정당성이 인정되는 이유는 해고의 사회적 비용이 상대적으로 적기 때문이다.

미국은 2차 대전 이후 오랜 동안 강한 경제를 지속해 왔고 그 만큼 일자리도 넉넉히 만들어져 왔다. 2000년 대 들어서 일자리와 질의 문제가 생겨 해고가 사회적인 문제로 대두되고 있기는 하지만, 그 이전 오랜 동안 황금기를 경험한 그들은 해고의 관행이 그대로 받아들여지기에 충분한 기간이었다. 게다가 미국의 경우에는 횡적 노동시장이 잘 발달돼 있으며, 노동시장의 분절도 크게 눈에 띄지 않는다. 즉, 중소기업에서 일하면서 경력을 쌓아 대기업으로 전직하는 것 역시 매우 자유롭다. 따라서 단순히 해고자유의 관행만을 우리식으로 가져다가 해석하는 것은 곤란한 일이다.

2. 저성과자에 대한 전략적 관리

초일류기업이라 일컬어지는 많은 기업들은 대부분 성과개선 프로그램을 보유하고 있다. 저성과자가 발생하면 이들에게 패자부활을 위한 기회를 부여하는 방안이다. GE, 모토롤라, HP, 마이크로 소프트 등 익숙한 기업들은 대부분 성과개선 프로그램을 통해 재활의 기회를 부여하되, 개선의 가능성이 낮은 직원들은 퇴출시킨다. 그러나 성과개선 프로그램은 실제로는 성과를 개선시키기 위한 훈련프로그램이 아니라 해고를 정당화하는 절차적 수단으로 전락하기도 한다. 그 만큼 저성과자에 대한 전략적 관리는 어려운 과제임에 틀림없다. 나 역시 명확한 해법을 가지고 있는 것은 아니다. 다만, 인적자원관리의 철학에 근거해 두 가지 점을 제시함으로써 문제점을 명확히 하고자 한다.

2.1 리더를 먼저 처벌하라

우선 저성과자 관리 프로그램이 합리성을 충족하려면, 리더의 책임을 명확히 하는 것이 필요하다. 저성과자의 출현은 리더십의 실패의 결과다. 인적자원관리는 모든 인간은 저마다 독특한 역량을 갖고 있다고 전제한다. 역량을 발휘할 수 있도록 선제적이고 공격적으로 투자돼야 한다. 역량을 갖는 자산은 투자와 결합되면 '언제나' 성과를 내기 때문이다. 따라서 저성과자의 출현은 첫째 투자가 적정히 또는 충분히 이뤄지지 못했거나, 둘째 투자로 커진 역량을 발휘할 수 있는 기회를 부여하지 못했거나, 셋째 그 기회에서 성공할 수 있도록 훈련시키지 못했기 때문이다.

인간을 역량을 보유한 자원으로 보는 현대 인적자원관리의 관점에서는 저성과자의 출현은 직원의 실패라기보다는 경영리더십의 실패다. 따라서 저성과자의 출현은 경영진을 평가하는 중요한 요소가 돼야 한다. 경영진에 대한 평가는 논외로 하고, 저성과자의 출현은 경영의 실패에 기인하므로, 저성과자를 퇴출해야 한다면, 먼저 경영의 실패에 대한 반성에서 시작돼야 한다. 저성과자를 출현케 하는 경영의 실패 원인을 먼저 진단하고 이를 모든 직원들에게 명백히 밝히되, 저성과자 해고에 앞서 무능한 경영진을 먼저 처벌하는 것이 필요하다. 그러나 초우량기업 중 어떤 기업도 저성과자 관리프로그램을 운용함에 있어 저성과자를 속출시킨 경영진에 대해 일정한 형태의 책임을 물었던 사례는 찾기 힘들다. 따라서 저성과자에 대한 적정한 관리는 경영의 실패를 진단하고 저성과자를 생산하는 구조, 리더십, 제도 등에 대한 철저한 진단과 개선이 우선돼야 한다.

2.2 퇴출관리는 신중해야

저성과자, 소위 C-Player에 대한 일상화된 접근은 퇴출관리다. 퇴출관리란 퇴출도 전략적으로 관리하라는 의미다. 경영자들의 고충을 조사한 한 미국의 연구결과를 보면, 경영자들이 가장 어려워하는 일은 해고가 1순위, 성과평가가 2순위다. 신자유주의적 관리방식이 팽배한 미국에서도 해고가 가장 곤란하고 힘든 일로 꼽히는 것을 보면, 해고는 제도의 문제를 넘어서 삶의 문제임에 틀림없다. 미국은 제도상 해고의 자유가 완전히 보장돼 있다 해도 과언이 아니다. 미국의 경영자에게 보장돼 있는 채용의 자유(hire at will)의 해고의 자유(fire at will)의 점잖은 표현일 뿐이다. 사전 예고 의무 정도가 지워져 있을 뿐이며, 가뜩이나 대부분 계약기간이 정해져 있는 비정규직이 많아 계약이 갱신하지 않는다면 경영자들은 쉽게 인력을 정리할 수 있다. 제도적으로 해고의 자유가 보장돼 있음에도 불구하고 실제로 해고를 결정하기엔 고뇌가 따른다는 점을 보면, 해고란 쉽지 않은 의사결정임에 틀림없다.

해고는 저성과자를 방출시킨다는 점에서 기업의 경쟁력을 유지할 수 있는 좋은 방편으로 이해되지만, 인적자원관리에는 항상 이면이 존재한다. 생산관리나 재무관리 등 다른 영역과 달리 인적자원관리가 특수한 성격을 띠는 이유는 관리의 대상이 '사람'이기 때문이다. 저성과자의 무분별한 해고는 많은 문제점을 수반한다. 우선 저성과자 퇴출은 기업의 '분위기'를 어수선하게 만든다. 특히나 지금처럼 구조조정이 상시화돼 있는 상황에서는 퇴출은 고용불안 심리를 실제 이상으로 증폭시키는 경향을 갖는다. 개별적으로 생산성이 하락함은 물론이고 동료와의 협업관계 붕괴, 무력감 증폭, 스트레스로 인한 몰입하락 등 생산성을 떨어뜨리는 요인으로 작용한다. 반면, 퇴출이 적절히 관리되지 않으면 부정적 측면이 부각될 수도 있다.

문제는 퇴출대상자를 선정함에 있어 객관적이고 공정한 평가가 현실적으로는 불가능하다는 점이다. MBO, BSC, 다면평가 등 새로운 도구들이 많이 개발돼 활용되고 있지만, 어떤 도구들도 공정성과 객관성을 충족하지 못하는 것이 현실이다. 실제로 객관적이고 공정한 기준이 현실에서는 존재하지 않기 때문이기도 하다. 결국 기준이나 절차보다는 최고경영자의 의중이 절대적인 기준이 된다.

최소한의 민주적 장치를 도입하는 것이 차선책이다. 추상적 해법일 수 있으나, 구성원의 민주적 참여를 통해 기준과 절차를 명확히 하고 합의해 나가는 것이다. 무엇보다 경영진은 퇴출이나 해고를 최후의 수단으로 고려하고 활용에 신중을 기해야 하는 것은 물론이다. 앞으로 저성과자관리의 합리적 방안이 무엇인지에 대한 보다 적극적인 토론이 필요하며, 퇴출되는 인력에 대한 사회적 지원책이 폭 넓게 마련돼야 한다.

요 약

이직과 해고는 매우 민감한 사안이지요. 특히 해고는 더욱 그러합니다. 사회안전망이 적절히 보장돼 있지 않은 우리 사회에서 해고는 노동자의 삶의 기반을 위협합니다. 그만큼 해고에는 신중을 기해야 합니다. 기업의 사정도 헤아려야 하지요. 경쟁이 심화되고 있는 경영환경에서 인력구조의 조정과 변동은 기업의 유지와 존속에 필요한 일이기 때문이다. 그러나 한국에서 일어나는 많은 해고는 비용절감을 위한 방편으로 남용되고 있고 정당성이 충족되지 못하는 경우도 빈번합니다. 노동자의 삶과 기업의 경쟁력을 동시에 고려하고 균형있게 조화하기 위한 방안들이 보완될 필요가 있습니다. 무엇보다 사회안전망 확충이 필요합니다. 고용보험이 실질적인 안전망이 될 수 있도록 자격요건, 수혜범위, 수혜기간 등을 개선할 필요가 있지요.

인적자원관리전략의 측면에서 보자면, 이직관리는 '전략적'이어야 합니다. 전략적 관리라 하면 조금은 건조해 보여 '인간'이라는 중심성에서 벗어나 보입니다. 아니 실제로 그러합니다. 이점에서 이직관리는 어쩔 수 없는 한계를 가지고 있는 것이기도 합니다. 이 장 전반에 걸쳐 염두에 두고 있었던 점은 올바른 채용이 전략적 이직관리의 처음이자 마지막이라는 사실입니다. 채용에 대해서는 채용장에서 전략적 요소 여럿을 살펴봤었지요. 채용에 투자하고 올바른 인재를 유입하라. 유입된 인재에 대해서는 고용을 안정시키고 적극적인 교육훈련을 통해 자원적 가치를 높이라. 이 조건이 충족된나면 이직과 해고는 그다지 어려운 과제가 되지 않을 수 있습니다.

저성과자 해고에 대해서는 아직도 많은 논란이 있는 것이 사실입니다. 본문에서 설명한 것처럼, 저성과자의 출현은 단지 노동자의 책임만은 아닙니다. 채용에서 육성과 활용에 이르는 인적자원관리 전반을 책임지는 경영자의 몫이 더 큽니다. 본문에서 강조한 바와 같이, 저성과자의 출현은 리더의 실패에 기인하는 만큼 리더를 먼저 처벌하는 것이 공정하다 할 수 있습니다. 저성과를 이유로 해고하는 것은, 일부 경영자들이 주장하는 것처럼 공정한 인적자원관리를 위해 필요한 것으로 볼 수도 있습니다만, 여전히 정당성과 공정성에 있어 커다란 문제가 있습니다. 우리 법은 정당한 이유가 있는 경우 징세고 해고할 수 있도록 허용하고 있습니다. 지속적인 저성과가 노동자의 일신상의 문제 혹은 행태상의 문제로 인해 발생했다면 이는 관련법과 절차에 따라 당사자를 해고할 수 있습니다. 그러나 '저성과'만을 이유로 해고할 수 있는 길을 여는 것은 여러 면에서 곤란함이 큽니다. 특히, 성과를 공정하게 측정하는 일이란, 성과관리장에서도 설명한 것처럼 난제 중 하나지요. 현실적인 타협책으로 성과평가제도를 설계하고 운용하는 과정에 노동자가 주체로 참여할 수 있도록 하는 방안은 고려해 볼만합니다. 물론 실질적인 참여가 전제돼야 하구요. 이러한 현실을 고려하면, 저성과자에 대한 해고 문제는 결국 해법 없이 갈등만을 초래할 확률이 높습니다. 그렇다면, 슬기로운 해법은 이에 대한 논의를 중단하는 것일 수 있습니다. 외려 저성과자가 나타나지 않을 수 있도록 필요한 선제조치가 무엇인지를 더 깊게 고민하고 실천하는 것이 인적자원관리다운 해법이기도 합니다. 여기에는 저성과자가 낮은 성과의 늪에서 빠져나올 수 있도록 교육과 훈련을 강화하는 것도 포함됩니다.

과 제

1) 이직의 장점과 단점을 노동자와 기업의 측면에서 정리해 보세요.

2) 전략적 이직관리를 위해 필요한 올바른 채용전략은 무엇인지, 토론하세요.

3) 징계해고의 요건 중 '사회통념상 노동관계를 지속할 수 없을 정도의 중대한 귀책사유' 개념을 다시 한번 고민해보고 다양한 예를 조사하세요.

4) 경영상 해고의 실제 사례를 분석해보고 헌법과 근로기준법의 근본 취지에 부합하는지를 토론하세요.

5) 저성과자 해고의 사례를 수집하고, 해당 사례가 헌법과 근로기준법의 취지에 입각해 정당한지 여부를 토론하세요.

해 석

1) "이직은 조직에게 혜택을 가져오는 측면도 있다. 조직은 새로운 정보와 지식을 갖춘 신입직원을 조직내로 유입함으로써 기존의 낡은 방식에 매몰된 직무수행에 변화를 가져올 수 있다. 외부로부터 들어오는 신선한 아이디어는 혁신을 희망하는 기업이나 정체를 경험하고 있는 기업에게는 매우 중요한 자산이다. 장기근속한 직원이 이직하는 경우에는 보상비용이 줄어들기도 하고 조직 전체를 젊은 조직으로 재탄생시킬 유리함도 있다. 또한 재능있고 성과가 높은 새로운 인적 자원을 유입시킬 수 있는 기회도 생길 수 있다. 저성과자나 조직의 분위를 해치는 구성원을 내보냄으로써 구성원들의 직무윤리를 좀 더 강화할 수 있는 가능성도 배제할 수 없다."

2) "이직의 경제적 비용은 시차를 두고 발생하기도 한다. 한 테크놀로지 회사의 이직비용은 노동자 1인당 20만 달러에 달한다는 보고도 있다. 거대한 의약회사인 머크앤컴패니의 경우에는 이직비용인 노동자의 평균 연봉의 150-200%에 달하기도 한다. 시어스 로벅 역시 판매사원의 이직으로 연간 1억 달러가 넘는 비용이 발생한다고 한다. 시어스는 특히 이직률이 높을수록 고객 만족도가 떨어지는 문제가 있다고 밝혔다. 단지 머크나 시어스만의 문제는 아니다. 대부분의 대기업은 막대한 이직비용으로 몸살을 앓고 있다. 최근 한 조사에 따르면, 1천명 이상을 고용하는 기업의 경우 연간 자발적으로 회사를 떠나는 노동자의 비율이 21%에 이른다. 5천명 이상을 고용하는 기업의 경우에는 그 비율인 26%로 더 높다."

(1) 하갑래, 근로기준법. 2012. 636면
(2) 대법원 판례, 2003.4.22. 2002다11458; 하갑래, 2012. 636면에서 재인용
(3) 하갑래, 근로기준법. 2012. 637면
(4) 노동부 질의회시, 근기 01254-1565. 1992.9.17.; 하갑래, 2012. 644면에서 재인용)
(5) 대법원 2017.10.12, 선고, 2015두59907, 판결
(6) 대법원 2017.10.12, 선고, 2015두59907, 판결
(7) 헌법재판소 2005.3.31. 2003 헌바12, 결정
(8) 이상은 헌재 2013.12.26. 2012헌바375의 결정요지를 수정해서 인용
(9) 대법원 1995. 5. 26. 선고 94다46596 판결
(10) 대법원 1995. 5. 26. 선고 94다46596 판결
(11) 하갑래, 근로기준법, 2012. 688면
(12) 대법원 1997. 12. 12. 선고 97다36316 판결
(13) 대법원 1997. 12. 12. 선고 97다36316 판결
(14) 하갑래, 근로기준법, 2012. 690면
(15) 대법원 1991. 3. 27. 선고 90다카25420판결
(16) 하갑래. 근로기준법. 2012. 694-5면
(17) 대법원 1997. 12. 23. 선고 96누11778 판결
(18) 대법원 1997. 12. 23. 선고 96누11778 판결
(19) 대법원 1997. 12. 23. 선고 96누11778 판결
(20) 대법원 1997. 5. 23. 선고 97다9239 판결
(21) 대법원 1985. 4. 9. 선고 83다카2202 판결
(22) 서울행정법원 2008. 4. 3. 선고 2007구합31560 판결
(23) 하갑래. 근로기준법. 2012. 706면
(24) 대법원 2015.11.27, 선고, 2015두48136, 판결
(25) 대법원 2010.4.15, 선고, 2009도13833, 판결
(26) 대법원 2012. 6. 28. 선고 2010다38007 판결
(27) 대법원 2004. 1. 15. 선고 2003두11339 판결
(28) 대법원 2002. 7. 9. 선고 2001다29452 판결
(29) 하갑래, 근로기준법, 2012, 678면

|참고문헌|

· 가와카미 신지, 정미란 역(2005), 「위대한 기업의 인재경영전략」 지식나무
· 개롤드 마클, 갈렙앤컴퍼니 역(2007), 「성과관리 시스템의 패러다임을 바꿔라」 교보문고
· 고영복(2000), 「사회학 사전」 사회문화연구소
· 김성호(2010), 「일본전산 이야기」 쌤앤파커스
· 김수행·안삼환·정병기·홍태영(2003), 「제3의 길과 신자유주의」 서울대학교출판부
· 더글러스 맥그리거, 한근태 역(2006), 「기업의 인간적 측면」 미래의 창
· 랠프 크리스텐슨, 김영기 역(2009, 「전략적 HR 로드맵」 리드리드출판
· 로버트 캐플란·데이비드 노턴(1998), "균형성과표-미래지향적인 성과측정 시스템"
· 루스 밀키맨, 이종인 역(1998), 「공장이여 잘 있거라」 황금가지
· 리처드 던킨, 박정현 역(2001), 「피, 땀, 눈물: 노동은 어디로 진화하는가」 바다출판사
· 마샬 골드스미스(2010), "힘을 실어줘야 강한 직원이 나온다", 동아 비즈니스 리뷰 122
· 맥그리거·더글러스, 한근태 역(2006), 「기업의 인간적 측면」 McGrawHill/미래의 창
· 미타니 고지, 김정환 역(2013), 「경영전략 논쟁사」 엔트리
· 박기찬·이윤철·이동현(2005), 「경영의 교양을 읽는다」 더난출판사
· 박우성·이병하(2016), "역할급의 이론적 검토와 시사점", 노동정책연구(제16권 제2호:93-121), 한국노동연구원
· 박제성(2017), "디지털 노동관계와 노동법: 반응하는 신체의 관할권 문제", 노동법연구(제42호)
· 버나드 지라드, 이영숙 역(2010), 「구글은 일하는 방식이 다르다」 예문
· 성낙선(2005), "슘페터, 경제발전 그리고 기업가의 역할", 경제학연구(53권 4호:147-171)
· 스튜어트 크레이너, 박희라 역(2001), 「경영의 세기」 더난출판사
· 신광영·이병훈 편(2010), 「일의 가격은 어떻게 결정되는가 I: 한국의 임금결정 기제 연구」 한울아카데미
· 신영복(2004), 「강의: 나의 동양고전 독법」 돌베게
· 신영철(2016), 「정의로은 건설을 말하다: 한국 건설산업의 현실과 과제」 한스컨텐츠
· 신은종(2011), 「노사관계역사 200년」 북넷
· 신은종(2005), "비정규근로자의 노동조합 가입성향과 대표성 격차에 관한 경험적 연구: 비정규고용형태별 선호구조의 차이를 중심으로", 산업관계연구(15권 1호:79-94)
· 신은종(2005), "비정규노동의 자발성에 관한 경험적 연구", 인사조직연구(13권 3호:43-71)
· 신은종(2009), "고성과작업장의 '고성과'는 무엇에 의해 결정되는가?: 번들효과와 핵심 관행 탐색을 중심으로", 산업관계연구(19권 4호:43-69)
· 아담 스미스, 김수행 역(2014), 「국부론(상)」 비봉출판사
· 안드레 가보, 심현식 역(2000), 「자본주의 철학자들」 황금가지
· 알랭 쉬피오, 박제성 역(2017), 「노동법 비판」 도서출판 오래
· 에드워드 P. 톰슨, 나종일 역(2000), 「영국노동계급의 형성(상·하)」 창비
· 유규창·박우성(2017), 「리더를 위한 인적자원관리」 창민사

· 윤진호(2010), "한국의 임금체계: 어떻게 변화해야 할까"
· 이경원(2010), 「Let's Master TRIZ_ 구글, 첫 화면엔 배너광고가 없다」 한국경제신문. (2010. 7. 22.)
· 이정길(2013), "기업의 본질에 대한 개혁주의 인간론적 이해", 로고스경영연구(11권 1호:101-120)
· 이정우(2009), 「철학사전」 중원문화
· 임창희(2014), 「인적자원관리론」 비엔엠북스
· 정권택 외(2015), 「인재경영을 바라보는 두 시선」 삼성경제연구소
· 정권택·예지은 편(2017), 「실리콘밸리 사람들은 어떻게 일할까」 삼성경제연구소
· 제프리 페퍼, 윤세준 역(2001), 「휴먼 이퀘이션」 지샘
· 조지프 슘페터, 변상진 역(2011), 「자본주의, 사회주의, 민주주의」 한길사
· 존 킨, 양현수 역(2017), 「민주주의의 삶과 죽음」 교양인
· 짐 콜린스, 김명철 역(2010), 「위대한 기업은 다 어디로 갔을까」 김영사
· 클라우스 슈밥 외 26인, 김진희·손용수·최시영 역(2016), 「4차 산업혁명의 충격」 흐름출판
· 프레드릭 테일러, 박진우 역(2006), 「과학적 관리의 원칙」 박영사
· 피터 드러커, 이재규 역(2002), 「미래경영」 청림출판
· 피터 드러커 외, 현대경제연구원 역, 「성과측정」 21세기북스
· 하갑래(2010), 「집단적 노동관계법」 중앙경제사
· 하갑래(2012), 「근로기준법」 중앙경제사
· 한국기업교육학회(2010), 「HRD 용어 사전」 중앙경제사
· 한병철, 김태환 역(2012), 「피로사회」 문학과지성사
· 한태영(2015), 「인사평가와 성과관리」 시그마프레스
· 해리 브레이버만, 이한주·강남훈 역(1998), 「노동과 독점자본」 까치
· 홍성민(2016), "기술이 주도하는 미래사회, 일자리 및 고용 패러다임의 변화와 대응방안", 〈일과 미래〉 한국노동경제학회 2016년 하계 학술대회 자료집, (사)한국노동경제학회
· 황수경(2005) "연공임금을 다시 생각한다", 노동리뷰, 한국노동연구원
· Argyris, Chris(1998), "Empowerment: The Emperor's New Clothes", Harvard Business Review(Vol. 76(3), 98-105)
· Armstrong, Michael and Baron, Angela(2002), 「The Job Evaluation Handbook」 CIPD Publishing
· Armstrong, Micheal(2016), 「Armstrong's Handbook of Management and Leadership for HR」 Koganpage
· Coase, R. H.(1937), "The nature of the firm", Economica(Vol.4(16), 386-405)
· David E. Bowen, Gerald E. Ledford, Jr. and Barry R. Nathan(1991), "Hiring for the Organization, Not the Job", The Executive(Vol. 5(4)(Nov. 1991), 35-51)
· Davis J.H., F.D. Schoorman and L. Donaldson(1997), "Toward a stewardship

theory of management", The Academy of Management Review(Vol. 22(1), 20-47)
· Delery, John E. and D. Harold Doty.(1996), "Modes of Theorizing in Strategic Human Resource Management: Tests of Universalistic, Contingency, and Configurational Performance Predictions", The Academy of Management Journal(Vol. 39(4), 802-835)
· DeNisi, Angelo S. and Ricky W. Griffin(2013), 「Human Resource Management」 Houghton Mifflin
· Doeringer, Peter B. and Micheal J. Piore(1970), 「Internal Labor Markets and Manpower Analysis」 M.E. Sharpe
· Eisenhardt, K.(1989), "Agency Theory: An assessment and review", Academy of Management Review(Vol. 14(1), 57-74)
· Gautnam and Barney(2013), "impact of information technology capital on firm scope and performance: the role of asset characteristics", AMJ(Vol. 56(4), 1125-1147)
· George C. Thornton III and Deborah E. Rupp(2006), 「Assessment Centers in Human Resource Management: Strategies for Prediction, Diagnosis, and Development」 Psychology Press
· Glueck, William F.(1983), 「Personnel: a diagnostic approach」 Business Publications
· Holt, David H.(1993) 「Management: Principles and Practices」 Prentice Hall
· Hysanori Hamashita and Kanako Ueno, 황소연 역. 「경영의 절대지식 50」 새로운 제안
· Ichiowski, Casey., Thomas A. Kochan, David Levine, Craig Olson and George Strauss(1996), "What Works at Work: Overview and Assessment", Industrial Relations(Vol. 35(3), 299-333)
· Jackson, Susan.(1987), "Linking competitive strategies with human resource management" The Academy of Management Executive(Vol. 1(3), 207-219)
· Jenson, M. and Meckling W.(1976), "Theory of the Firm: Managerial behavior, agency costs and ownership structure", Journal of Financial Economics(Vol. 3(4), 305-360)
· Jones, G. R. and P. M. Wright(1992), "An economic approach to conceptualizing the utility of human resource management practices. in K. Rowland & G. Ferris (eds) 〈Research in personnel and human resources managment〉 Vol.10:271-299. JAI Press
· Kessler E.(2013), 「Encyclopedia of Management Theory」 Sage
· Lengnick-Hall, Cynthia A. and Mark L. Lengnick-Hall(1988), "Strategic Human·Resources Management: a Review of the Literature and a Proposed Typology", Academy of Management Review(Vol. 13(3), 454-70)
· MacDuffie, J. P.(1995), "Human resource bundles and manufacturing

performance: organizational logic and flexible production systems in the world auto industry", Industrial and labor relations review(Vol. 48, 197–221)

· Mellow, Jeffrey A.(2002), 「Strategic Human Resource Management」 Thomson Learning

· Milkovich, George T. and Jerry M. Newman(2014), 「Compensation」 Irwin McGraw-Hill

· Murray, Robin(1988), "Fordism and Post-Fordism", Royal Commission on Trade Unions and Employers' Association 1965–1968 Report. London

· O'Reilly, C. A., Chatman, J. and Caldwell, D. F.(1991), "People and organizational culture: A profile comparison approach to assessing person-organization fit", Academy of Management Journal(Vol. 34(3), 487–516)

· Pfeffer, Jeffrey(1995), "Producing Sustainable Competitive Advantage Through the Effective Management of People", Academy of Management Executive(Vol. 9(1), 55–69)

· Phillips, Jack, J.,이만표 역(2001), 「글로벌 인적자원개발」 한국언론자료간행회

· Rodgers, R. and Hunter, J. E. (1991), "Impact of management by objectives on organizational productivity", Journal of Applied Psychology Vol. 76(2), 322–336)

· Saori Yanagizawa and Hisataka Furukawa(2016), "Fitness of Job Type and Management by Objectives: Mediating Effects of Perception of Effectiveness and Goal Commitment and Moderating Effects of Supervisor's Behavior", Japanese Psychological Research(Vol. 58(4), 297–309)

· Senge, Peter M.(2006), 「The Fifth Discipline: The Art & Practice of The Learning Organization」 Crown Publishing Group

· Stewart, Matthew(2009), 「The Management Myth: Debunking Modern Business Philosophy」 W.W.Norton&Company (한국에서는 〈위험한 경영학〉으로 번역 출판)

· Susan E. Jackson(2013), "Behaviorial Perspective of Strategic Human Resources Management" – Kessler F. (ed) 〈Encyclopedia of Management Theory〉 Sage

· Werner, Jon M. and Randy L DeSimone(2006), 「Human Resource Development」 Thomson South-Western

· Williamson, Oliver(1979), "Transaction cost economics: the governance of contractual relations", Journal of Law and Economics(Vol. 22(2), 233–261)

· Wright and McMahan(1992), "Theoretical Perspectives for Strategic Human Resource Management", Journal of Management(Vol. 18(2), 295–320)

· Yang, Baiyin, Karen E. Watkins and Victoria J. Marsick(2004), "The construct of the learning organization: Dimensions, measurement, and validation", Human Resource Development Quarterly(Vol.15, Issue 115(1), 31–55)

|찾아보기|

| ㅇ |

| ㅈ |

| ㅊ |

| ㅋ |

| ㅌ |

저 자 **신 은 종**
단국대학교 경영학과 교수

고려대학교(사회학)를 졸업하고 미시간주립대학교에서 박사학위(인적자원관리/노사관계 전공)를 받았다. 고용노동부(1994-2003, 행정고시 36회), UC 버클리대학(2015, 방문교수), 삼성경제연구소(2010, 초빙연구위원), 공기업 경영평가단(2008-2010, 평가위원), 인사혁신처(2017-, 평가위원), 경기지방노동위원회(2009-2011, 공익위원) 등에서 일했다.

〈International Journal of Human Resource Management〉, 〈Journal of Industrial Relations〉, 〈인사관리〉, 〈경제와사회〉, 〈산업관계연구〉, 〈산업노동연구〉, 〈노동정책연구〉 등에 공화주의 노사관계, 고성과작업장, 비정규노동, 사회자본, 근로시간, 일-가정양립, 파업, 간접고용 등에 관한 논문을 발표했다.

「Politics of Industrial Relations In Korea, LAP」, 「공존을 위한 또 하나의 선택, 가디언」, 「노사관계역사 200년, 북넷」을 쓰고 「Korean Business and Management, Hollym」, 「한국노사관계 시스템 진단과 발전방향 모색, 한국노동연구원」을 공저했다. 「창업경영 MBA 20/20, Y&P」을 같이 번역했다.

미국 고용관계학회 최우수논문상(2002), 한국고용노사관계학회 우수논문상(2006)을 수상했다.

인적자원관리

전략을 넘어 지속가능 인재경영으로

발 행	2018년 1월 20일
저 자	신 은 종
발 행 인	조 승 옥
발 행 처	도서출판 **사람**과 **경영**

주 소	경기도 고양시 일산서구 대화1로 70
등 록	2010년 6월 7일 / 제 2010-000069호
전 화	070) 4255-1095
팩 스	031) 922-1095
I S B N	978-89-98581-35-0

정 가	23,000원

※인지는 저자와 협의하에 안붙입니다.